베네수엘라의 실험
차베스 정권과 변혁의 정치

베네수엘라의 실험
차베스 정권과 변혁의 정치

1판 1쇄 | 2013년 5월 10일

지은이 | 조돈문

펴낸이 | 박상훈
주간 | 정민용
편집장 | 안중철
책임편집 | 최미정
편집 | 윤상훈, 이진실
제작·영업 | 김재선

펴낸 곳 | 후마니타스(주)
등록 | 2002년 2월 19일 제300-2003-108호
주소 | 서울 마포구 합정동 413-7번지 1층 (121-883)
전화 | 편집_02.739.9929 제작·영업_02.722.9960 팩스_02.733.9910
홈페이지 | www.humanitasbook.co.kr

인쇄 | 천일_031.955.8083 제본 | 일진_031.908.1407

값 17,000원

ⓒ 조돈문, 2013
ISBN 978-89-6437-180-0 94300
      978-89-90106-64-3 (세트)

이 도서의 국립중앙도서관 출판시도서목록(CIP)은 e-CIP 홈페이지(http://www.nl.go.kr/ecip)에서
이용하실 수 있습니다.(CIP제어번호: CIP2013004846)

베네수엘라의 실험
차베스 정권과 변혁의 정치

조돈문 지음

후마니타스

민하 미숙에게

함께하지 못한 시간들을 위해

| 차례 |

책머리에 11

제1부_차베스 정권의 변혁성과 불안정성 15

1장 차베스 정권의 변혁성과 체제 이행의 정치
    1. 문제의 제기 19
    2. 제4공화국과 사회적 양극화 22
    3. 차베스 정권의 변혁성과 체제 이행의 정치 30
    4. 토론 및 맺음말 44

2장 차베스 정권과 불안정성의 정치
    1. 들어가는 말 51
    2. 정치적 불안정 연구의 배경 및 연구 방법 53
    3. 차베스 정권의 부침과 평가 변화 62
    4. 차베스 정권 불안정성의 구조적 요인과 대응 전략 67
    5. 토론 및 맺음말 75

제2부_차베스 정권과 노동계급 81

3장 좌파 정권과 노동조합운동의 딜레마
    1. 문제의 제기 87
    2. 베네수엘라 노동조합운동과 국가 89
    3. 차베스 정권과 노동조합운동 96
    4. 토론 및 맺음말: 좌파 정권과 노동조합운동의 딜레마 108

4장 차베스 정부 시기 노동자들의 노동조건

1. 문제의 제기 113
2. 차베스 정부 시기 노동자들의 존재 조건 115
3. 차베스 정부와 코포라티즘 체제 123
4. 맺음말 145

제3부_차베스 정권과 공동경영의 정치 151

5장 베네수엘라 공동경영의 정치: 행위 주체들의 전략과 상호 영향의 동학을 중심으로

1. 들어가는 말 159
2. 차베스 정권의 변혁성과 공동경영 실험 161
3. 공동경영의 정치와 행위 주체들의 전략 168
4. 토론 및 맺음말: 행위 주체들의 전략과 상호 영향의 동학 182

6장 차베스 정부의 국유화 정책과 국민 여론

1. 들어가는 말 189
2. 국유화의 정치와 연구 방법 191
3. 식품 산업 국유화와 국민 여론 200
4. 토론 및 맺음말 212

7장 공동경영 기업의 경영 성과: 인베팔과 인베발의 비교 연구

1. 들어가는 말 217
2. 공동경영 기업의 특성: 국유화와 공동경영 전환 219
3. 노동자 투쟁과 사유 기업 국유화 222
4. 공동경영 기업의 경영 성과 227
5. 맺음말 241

8장 베네수엘라 공동경영의 실천: 인베팔과 인베발의 비교 연구

    1. 들어가는 말 247
    2. 인베팔-인베발 사례연구의 배경 248
    3. 인베팔: 공동경영의 실천과 후퇴 251
    4. 인베발: 공동경영에서 노동자 통제로 263
    5. 인베팔과 인베발의 공동경영 비교 분석 269

제4부_차베스 정권과 변혁성의 정치 281

9장 차베스 정권과 변혁성의 정치: 불가역성의 관점에서 본 변혁 실험

    1. 베네수엘라 좌파 집권의 비교 역사적 맥락 283
    2. 21세기 사회주의와 베네수엘라의 실험: 변혁성 vs 대중주의 285
    3. 공동경영과 변혁적 실험의 동학 288
    4. 변혁 추진 전략: 양분 전략과 불안정성의 정치 290
    5. 의사 코포라티즘 체제와 노동계급 형성의 실패 294
    6. 변혁 실험의 성과와 불가역성 과제 297
    7. 베네수엘라 변혁 실험의 실천적 함의 301

덧붙이는 글 311
참고문헌 319
찾아보기 337

| 표 차례 |

표 1-1 | 계층별 정부 정책에 대한 의견 및 정치적 태도(1995, 1998년) 28
1-2 | 계층별 차베스 소환 투표 의향(2004년 6월말) 43
1-3 | 제4공화국과 차베스 정권 비교 45
1-4 | 계급별 차베스 정권 변혁성에 대한 입장 47
2-1 | 베네수엘라 주요 선거 및 정치 일정 59
2-2 | 베네수엘라 거시 경제 지표 63
2-3 | 연도별 차베스 직무 수행 평가 및 정책 만족도 64
2-4 | 계층별 연도별 차베스 정부 직무 수행 평가 및 정책 만족도 변화 65
2-5 | 차베스 정부 부문별 정책 만족도 66
2-6 | 차베스 지지 여부와 사회경제 체제 68
2-7 | 체제 유형의 상응성과 정치적 정체성 70
2-8 | 체제 유형의 상응성과 차베스 지지율 71
2-9 | 체제 유형의 상응성과 집단별 분포 72
2-10 | 실용주의자 집단의 정치적 성향과 계층 분포 74
2-11 | 미션 수혜와 차베스 지지율 75
3-1 | CTV-Fedecámaras의 총파업-직장폐쇄 투쟁 99
4-1 | 거시 경제 지표 및 노동시장 실태 변화 116
4-2 | 최저임금 및 취업자 소득 변화 추이 117
4-3 | 불평등 지표 변화 추이 118
4-4 | 노동조합 및 단체협약 숫자 추이 120
5-1 | 국유화·공동경영의 정치화: 제4공화국과 차베스 정부의 비교 169
5-2 | 국유화를 둘러싼 대립 구도 175
6-1 | 사유재산 점유 건수(2005~09년) 192
6-2 | 식품 산업 국유화에 대한 국민 여론 분포 201
6-3 | 설명 변인의 범주별 국유화 의견 201
6-4 | 국유화 의견의 회귀분석 203
6-5 | 국유화 의견에 대한 기관 평가의 효과 205
6-6 | 기관 평가의 분포 205
6-7 | 차베스 평가와 자본 평가의 교차 분포 206
6-8 | 차베스 평가와 자본 평가에 따른 국유화 의견 207
6-9 | 이념적 성향의 분포 209
6-10 | 이념적 성향과 국유화 의견의 교차 분포 209
6-11 | 이념 지향 범주별 기관 평가 및 국유화 의견 210
6-12 | 이념 지향과 차베스 평가에 따른 국유화 의견 211
7-1 | 베네수엘라 기업의 유형화와 공동경영 기업의 차별성 220
7-2 | 공장 가동 현황 및 경영 성과 비교 240

8-1 | 인베팔과 인베발의 공동경영 단계별 특성 비교 250
8-2 | 인베팔과 인베발의 공동경영 특성 비교 271
9-1 | 중남미 좌파 집권의 역사적 맥락 284
9-2 | 사회·경제 체제의 핵심 운영 원리 비교 286
9-3 | 중남미 좌파 정권의 두 모델 293
9-4 | 브라질과 베네수엘라의 정부-노동 관계 비교: 노동 체제 295

| 그림 차례 |

그림 4-1 | 의사 코포라티즘 체제의 노동조건 결정 메커니즘 147
    8-1 | 인베팔의 조직도 259
    8-2 | 인베발의 조직도 265

| 약어 |

약어	원어	우리말
AD	Acción Democrática	민주행동당
CANTV	Compañía Anónima Nacional de Teléfonos de Venezuela	베네수엘라전화전국합자회사
CBST	Central Bolivariana Socialista de Trabajadores y Trabajadoras de la Ciudad, el Campo y el Mar	전국노동자볼리바르사회주의자총연맹
CCLP	Comité contra la Criminalización de las luchas populares	대중투쟁형사범죄화반대위원회
CCURA	Corriente Clasista, Unitaria, Revolucionaria y Autónoma	계급주의통합혁명자율성흐름
CMR	Corriente Marxista Revolucionaria	혁명적마르크스주의흐름
Copei	Partido Social-Cristiano Copei	사회기독당
Covinpa	Cooperativa Venezolana de Industria de Pulpa y Papel	베네수엘라펄프제지산업협동조합
CTR	Colectivo de Trabajadores de Revolución	혁명노동자회
CTV	Confederación de Trabajadores de Venezuela	베네수엘라노동자총연맹
CUT	Central Ùnica dos Trabalhadores	통합노동자총연맹(브라질)
CUT	Central Unitaria de Trabajadores	통합노동자총연맹(칠레)
CUTV	Confederación Unitaria de Trabajadores Venezolanos	베네수엘라노동자총동맹
CVG	Corporación Venezolana de Guayana	과야나베네수엘라기업집단
FBT	Fuerza Bolivariana de Trabajadores	볼리바르노동자세력
Fedecámaras	Federación de Cámaras y Asociaciones de Comercio y Producción de Venezuela	베네수엘라상공업협회
Fedepetrol	Federación de Trabajadores Petroleros	석유노동자연맹
FRETECO	Frente Revolucionario de Trabajadores de Empresas en Cogestión y Ocupadas	공동경영및점거기업노동자혁명전선
FSBT	Fuerza Socialista Bolivariana de Trabajadores	볼리바르사회주의노동자세력[구FBT]
MSL	Movimiento de Solidaridad Laboral	노동연대운동
MVR	Movimiento V República	제5공화국운동
PCV	Partido Comunista de Venezuela	베네수엘라공산당
PDVAL	Productora y Distribuidora Venezolana de Alimentos S.A.	베네수엘라식품생산유통공사
PDVSA	Petróleos de Venezuela S.A.	베네수엘라석유공사
Provea	Programa Venezolano de Educación-Acción en Derechos Humanos	베네수엘라인권교육및행동프로그램
PSUV	Partido Socialista Unido de Venezuela	베네수엘라통합사회당
SINSOTRAIN	Sindicato Socialista de los Trabajadores de la Inveval	인베발사회주의노동조합
SUTISS	Sindicato Único de Trabajadores de la Industria Siderúrgica y sus Similares	철강산업통합노동조합
UNT	Unión Nacional de Trabajadores	전국노동자동맹
URD	Unión Republicana Democrática	민주공화연합
VTV	Venezolana de Televisión	베네수엘라텔레비전

| 책머리에 |

세상이 중남미에 주목하는 것은 변혁적 실험에 대한 기대 때문일 것이다. 필자도 다르지 않다.

  소련과 동구권이 붕괴한 것은 사회주의의 한 모델, 국가사회주의 모델의 실패에 불과했다. 필자는 소련과 동구권의 국가사회주의 실천에 대해 비판적이었고, 그들의 실패는 하등 놀랄 일이 아니었다. 하지만 세상은 사회주의의 한 모델이 아니라 사회주의라는 자본주의의 대안 체제 자체의 파산으로 받아들였다. 세상은 어떤 사회주의인가에는 관심이 없었고, 그것이 역사의 종언이라고 단정했다.

  남아 있는 현실 사회주의 국가들도 자본주의의 완승을 의심하게 하지는 못했다. 인민을 굶기면서도 지배 세력이 권좌를 세습하며 인민을 추방하는 북한은 비웃음의 대상에 불과했고, 쿠바는 양키 제국주의를 비난하면서도 제국 관광객들의 축축한 달러에 목을 매는 단작경제monoculture의 외딴섬에 지나지 않았고, 중국은 세계의 공장으로서 막강한 외환 보유고에도 불구하고 미국 자본주의 부침에 일희일비하며 '바닥을 향한 경주'race to the bottom를 주도하는 세계 노동계급의 애물단지가 되어 버렸다.

1990년대 기대를 모으며 재집권한 유럽의 좌파 정당들은 붕괴된 소련과 동구권을 대체할 어떤 변혁적 모델도 보여 주지 못했다. 1970년대 공동결정제, 임노동자 기금제와 우데발라 모델을 선보였던 스웨덴의 실험에 버금가는 변혁적 실험은 거기에 없었다. 경제적 통합에 머물던 유럽통합에 사회적 성격을 부과하기 위한 유럽의 사회적 모델European Social Model의 구축 노력은 2000년 리스본 전략Lisbon Strategy으로 구체화되었고 2005년 중간 평가 이후 좀 더 실질적인 공세적 추진이 시도되었지만 이미 좌파 집권 붐은 끝난 뒤였다.

그런 가운데 2003년 1월 브라질 뽀르뚜 알레그레의 세계사회포럼에 20여만 명의 세계인들이 운집한 것은 바로 중남미의 좌파 집권, 특히 브라질 룰라 정부에 거는 기대감 때문이었다. 전 세계 좌파들은 새로운 대안적 변혁 실험을 브라질 노동자당에 기대하며 환호했던 것이다. 그렇게 룰라는 세계 노동계급과 좌파 집단의 희망이 되었다. 하지만 2년 후 같은 자리에서 개최된 세계사회포럼에서 쏟아진 룰라에 대한 야유는 또 한차례의 좌절과 실망의 표출이었다. 노동자당은 은행 및 기간산업의 국유화, 외채 지불 중지, 급진적 토지개혁 등 변혁 정책들을 당론으로 주창해 왔지만 룰라 정부는 토지개혁을 제외하면 이렇다 할 변혁 정책들을 실천하지 않았다. 특히 좌파들의 분노를 산 부분은 룰라 정부가 자본주의 시장경제와 사적 소유권 체계의 틀에 갇혀 사유화 기업의 재국유화를 추진하지 않았다는 점이었다. 그런 까닭에, 2005년 1월 세계사회포럼의 환호는 베네수엘라의 차베스Hugo Rafael Chávez Frías에게 향하고 있었고, 차베스는 21세기 사회주의 선언으로 화답했다. 이윽고 차베스 정부는 사기업 국유화와 공동경영 전환을 추진하며 21세기 사회주의의 전망을 열어 가기 시작했다.

룰라의 브라질과 차베스의 베네수엘라는 중남미 좌파 정권들의 대조적인 두 개의 전형으로 꼽히고 있다. 룰라의 브라질은 정치사회적 안정 속에서 개혁을 추진한 반면, 차베스의 베네수엘라는 정치사회적 불안정 속에서 변혁을 추진한 것으로 평가되고 있다.

차베스의 베네수엘라를 보는 시각은 양분되어 있다. 한편에서는 차베스 정권을 집권 연장에만 연연하는 대중주의로 규정하는 반면, 다른 한편에서는 차베스 정권을 진정한 사회변혁을 추구하는 사회주의로 규정한다. 이런 대조적 시각은 베네수엘라의 사회 변화와 동학을 분석하는 관점에서 비롯되었지만, 일련의 정권 전복 기도들과 함께 차베스 정권의 정치적 위기 상황이 심화되며 점차 반反차베스와 친차베스라는 정치적 입장과 결합하게 되었다. 그 결과, 차베스 정권을 대중주의로 규정하는 세력 내에서는 차베스 정권의 성과가 폄하되는 반면, 차베스 정권을 사회주의로 규정하는 세력 내에서는 차베스 정권에 대한 비판적 평가가 억압되어 왔다. 결국, 이성은 감성에 의해 구축되고, 차베스 정권의 성격과 성과에 대한 과학적 분석과 객관적 평가는 어렵게 되었다. 이 책은 이런 문제의식에서 출발한다.

베네수엘라의 실험을 분석하면서 변혁의 실천과 함께 정치적 불안정성에 주목하게 되었고, 변혁의 성과를 평가함에 있어 불가역성不可逆性, irreversibility의 측면이 중요한 기준으로 검토되어야 한다는 관점을 갖게 되었다. 차베스 시기 좌파 정권의 재창출과 변혁 실험은 차베스 개인의 지지도에 과도하게 의존하며 차베스 개인의 의지에 의해 크게 좌우되고 있었다. 아직 중남미 좌파 붐은 맹위를 떨치고 있으며 베네수엘라의 좌파 정권과 변혁 실험의 향배가 중남미 좌파 붐의 지속 여부에 큰 영향을 미칠 것은 자명하다. 그런 까닭에 차베스 정권의 정치적 불안정성과 변혁 실험의 불가역성 문제는 더욱더 중요한 관심사가 되고 있다.

이 책은 차베스 정권 실험의 변혁적 실체와 성과를 분석하며, 차베스 정권의 변혁 추진 전략의 동학과 결과를 설명하고자 한다. 제1부는 차베스 정권의 변혁성과 불안정성을 분석하고, 제2부는 노동계급의 딜레마와 주체 형성 문제를 검토하고, 제3부는 공동경영을 둘러싼 사회적 행위 주체들의 전략과 함께 사례연구를 통해 공동경영의 실질적 실천과 성과를 분석하고, 제4부에서는 베네수엘라 변혁 실험의 실천적 함의를 논의한다.

이 책의 제1~8장은 『라틴아메리카연구』, 『경제와 사회』, 『산업노동연구』, 『동향과 전망』, 『현상과 인식』에 게재되었던 원고들을 수정·보완한 것들이고,[1] 제4부는 새로 집필했다. 수정 게재를 허락해 준 한국라틴아메리카학회, 비판사회학회, 한국산업노동학회, 한국사회과학연구소, 한국인문사회학회에 감사를 표한다. 늘 필자의 글을 검토하고 좋은 의견을 주는 조교 김직수 님, 그리고 좋은 책을 만들어 주신 후마니타스 관계자들께도 감사를 드린다.

중남미 연구를 본격적으로 시작한 지 어느덧 25년의 시간이 흘렀다. 그동안 현지 조사 연구를 위해 중남미에서 보낸 시간만 해도 1년 반은 족히 되는 것 같다. 나는 연구와 외부 활동으로 시간도 잃고 마음의 여유도 잃었던 듯하다. 함께하지 못한 시간들과 고마운 마음을 담아 미숙과 민하에게 이 책을 전한다.

2013년 4월
조돈문

1_이 책에 실린 각 장의 원논문 출처는 다음과 같다.
- 1장_『동향과 전망』 77호, 한국사회과학연구소, 2009.
- 3장_『산업노동연구』 16-2호, 한국산업노동학회, 2010.
- 4장_『라틴아메리카연구』 26-1호, 한국라틴아메리카학회, 2013.
- 5장_『현상과 인식』 115호, 한국인문사회과학회, 2011.
- 6장_『라틴아메리카연구』 24-4호, 한국라틴아메리카학회, 2011.
- 7장_『라틴아메리카연구』 25-3호, 한국라틴아메리카학회, 2012.
- 8장_『경제와 사회』 95호, 비판사회학회, 2012.

제1부

차베스 정권의
변혁성과 불안정성

제1부는 차베스 정권의 변혁적 성격과 함께 제4공화국과의 차별성 여부를 검토하며 정권의 위기 상황이 극복된 이후에도 정치적 불안정성이 지속되는 현상에 대한 인과적 설명을 시도한다.

베네수엘라는 지난 10여 년 동안 중남미에 등장한 좌파 정권들의 두 유형 가운데 브라질과는 달리 정치적 불안정 속에서 변혁 정책을 추구하는 유형을 대변한다. 차베스 집권 후 구지배 세력은 반차베스 세력의 핵심을 구성하며 일련의 총파업과 쿠데타 등으로 정권 전복을 시도해 왔다. 선행 연구들은 차베스 정권의 성격을 대중주의 혹은 사회주의로 규정하며 양분된 가운데, 차베스 정권의 동학에 대한 체계적인 인과적 설명은 제시하지 못하고 있다. 제1장은 제4공화국과 대비되는 차베스 정권의 차별성을 규명하고, 누가, 왜 차베스 정권에 대해 반발하고 있는지에 대해 구조적 설명을 제시한다.

첫째, 차베스 정권은 제4공화국의 신자유주의 경제정책을 폐기하고 석유산업을 포함한 국가 기간산업의 국유화를 추진하는 한편, 국유 기업들을 중심으로 노동자들과의 공동경영으로 전환하는 등 변혁적 정책들을 추진했다. 이처럼 사회주의 경제체제로의 이행을 추진하고 있을 뿐만 아니라 권력 체계 변혁을 통해 저항 세력을 무력화하고 이행 주체를 형성하는 데도 박차를 가하고 있다.

둘째, 차베스 정권의 변혁적 정책에 대해 사회 계급들은 계급적 이해관계에 기초해 상반된 반응을 보이고 있다. 중상층계급은 정치권력 상실과 사유재산제 훼손에 반발하는 반면, 하층계급은 사유재산권의 규제 강화를 포함한 사회주의적 변혁 정책뿐만 아니라 권력 체계 재편과 주체적 직접민주주의 실천에 대해서도 여타 계급들에 비해 더 적극적으로 지지한다.

셋째, 구지배 세력이 차베스 정권에 맞서 쿠데타 등 극단적 방법으로 정권 전복을 시도하는 핵심적 원인은 사유재산권을 침해하는 사회주의적 변혁 정책에 대한 공포심이다. 따라서 차베스 정권을 둘러싼 양대 진영의 충돌은 자본주의 시장경제 체제를 수호하려는 세력과 새로운 사회주의 체제로 이행하려는 세력 사이의 충돌로서 피할 수 없는 체제 이행의 비용이라 할 수 있다.

베네수엘라 차베스 정권은 변혁적 성격과 함께 높은 수준의 정치적 불안정성을 보이고 있다. 차베스 정권의 정치적 불안정성은 정권 전복을 위한 총파업-직장폐쇄, 쿠데타 등에 의한 정권의 위기 상황이 극복된 뒤에도 지속되고 있다. 위기 이후의 위기 없는 불안정성은 위기 시기의 불안정성과는 다른 특성을 지니고 있지만 아직 체계적으로 설명되지 않고 있다. 제2장은 이런 위기 없는 불안정성의 특성과 그 구조적·전략적 요인들을 규명한다.

베네수엘라인의 절대다수가 자본주의 체제를 바람직한 사회경제 체제로 간주하고 있으며 차베스 지지자들도 다르지 않다. 따라서 차베스 정권이 변혁적 정책들을 추진하면 친차베스 진영은 상당 부분의 이탈과 함께 크게 위축되는 반면, 반차베스 진영은 더욱 결집되며 저항의 강도를 높이게 된다. 이처럼 차베스 정권 지지율보다 변혁 정책 지지율이 낮으며, 차베스 정권 지지자들의 다수가 변혁 정책에 거부감을 갖는 현실 자체가 변혁성의 정체성을 지닌 차베스 정권이 정치적 불안정성을 피할 수 없게 하는 구조적 조건이다.

차베스 정권의 변혁성을 적정 수준으로 평가하는 세력과 변혁의 미흡을 비판하는 세력을 합하더라도 차베스 정권을 변혁성 과잉으로 평가하는 반차베스 진영에 비해 매우 왜소한 규모에 불과하다. 이런 구조적 문제점을 극복하기 위해 차베스 정권은 사회경제 체제에 관한한 변화를 원하지도 않고 변화를 인정하지도 않는 실용주의자 집단을 표적으로 차베스 정권과 변혁 정책에 대한 지지를 유도·강화하는 전략을 펼치고 있으며, 그 핵심이 양분 전략이다. 양분 전략은 "친구 아니면 적" 가운데 양자택일을 강요하는 전략으로서 차베스 지지자들에 대해 내적 결속력을 강화하고 차베스 정권의 변혁 정책을 수용하도록 압박하는 전략이다. 양분 전략은 반차베스 진영의 거부감과 위기의식을 자극해 차베스 정권에 대한 저항을 강화하는 결과를 수반하기 때문에, 베네수엘라 사회의 정치적 양극화를 더욱 진전시키며 공존 대신 대립과 갈등을 통해 정치적 불안정을 심화하고 있다.

이처럼 위기 시기의 불안정성이 주로 구지배 세력의 정권 전복 기도에 의해 야기된 반면, 위기 이후의 불안정성은 차베스 정권의 전략적 선택에 따른 결과이며 변혁 정책 추진을 위해 피하기 어려운 구조적 요인에 기초해 있다.

| 1장 |

차베스 정권의 변혁성과 체제 이행의 정치

1. 문제의 제기

1990년대 말부터 중남미를 풍미하기 시작한 좌파 집권 붐은 10년 이상 지속되고 있으며, 이렇게 등장한 좌파 정권은 대체로 두 유형으로 나뉘고 있다. 하나는 정치적 안정 속에서 개혁 정책을 추구하는 유형이고, 다른 하나는 정치적 불안정 속에서 변혁 정책을 추구하는 유형이다. 그 대표적인 예로 각각 브라질과 베네수엘라가 꼽히고 있다.

베네수엘라는 1998년 12월 대통령 선거에서 차베스Hugo Rafael Chávez Frías가 당선되어 이듬해 2월 2일 대통령직에 취임한 이래 극심한 정치적 불안정을 겪어 왔다. 차베스 정권과 반차베스 세력 사이의 대립은 2001년 11월 특별법 제정 이후 격화되기 시작해 12월의 특별법 반대 총파업 투쟁을 필두로 다음 해 4월에는 쿠데타가 발발해 반차베스 세력이 차베스를 구금하고 48시간 동안 국가권력을 장악한 바 있다. 2002년 12월에는 석유산업을 중심으로 한 반정부 총파업이 10주간에 걸쳐 전개되었고, 야당들은 제헌의회 국민투표와 총선 등 일련의 선거들을 보이콧하기도 했다.

차베스 정권 시기에 대한 연구들은 대체로 차베스 정권의 성격 규정에 초점을 맞추고 있으며, 차베스 정권에 대한 상반된 평가에 기초해 있다. 대중주의론은 차베스 정권을 대의 민주주의를 파괴한 대중주의 독재로 규정하며 부정적으로 평가하는 반면, 사회주의론은 차베스 정권을 기층 중심 참여 민주주의에 기초한 사회주의 정권으로 규정하며 긍정적으로 평가하고 있다.

대중주의론에 따르면, 차베스 정권은 의회를 중심으로 한 대의 민주주의 원칙을 폐기하고 국가권력을 독점하고 있으며, 의미 있는 사회 변화 없이 사회적 약자들에게 직접적으로 시혜를 베풂으로써 온정주의적 관계를 형성해 대중의 지지를 매수한다는 점에서 전형적인 대중주의로 규정된다(McCoy 2005; Arenas & Gómez 2006; Petkoff 2005; Penfold-Becerra 2007). 다만 노동계급의 조직화와 코포라티즘의 제도화에 기초한 전통적 대중주의가 아니라 정치제도 밖에서 사회적 소외 세력들의 지지를 동원한다는 점에서 페루의 후지모리와 같은 신대중주의로 분류된다. 차베스의 목표는 사회적 변혁이나 사회적 약자를 위한 통치가 아니라 차베스 개인을 중심으로 한 권력의 독점과 재생산에 있다는 것이다. 이들에 따르면, 베네수엘라 사회는 제4공화국 시기와 비교해 민주에서 독재로, 사회적 통합과 합의의 정치에서 사회적 양극화와 대립의 정치로 후퇴했다고 한다.

한편, 사회주의론은 제4공화국 시기를 대의 민주주의의 외양을 갖추었을 뿐 실질적으로는 양대 정당과 상층계급이 국가의 부와 권력 자원을 독점했고, 도시 빈민들의 반정부 봉기들이 발발하는 등 정치적 불안정을 겪었으며, 따라서 사회적 합의가 아닌 지배 세력의 일방적이고 억압적인 지배에 불과했다고 본다(Ellner 2008; Wilpert 2007; Domínguez 2007; Piper 2007; Sustar 2007; Collins 2005). 따라서 대중주의론은 제4공화국 시기에 대한 잘못된 이해에 근거해 있으며, 이는 계급 이익에 기초한 구조적 분석의 결여에서 비롯되었다고 비판한다. 한편 차베스 정권은 석유 수입의 사회적 활용과 부의 재분배를 통해 하층 시민들에게 실질적인 물질적 혜택을 주었으며, 제4공화국하에서 소외되었던 세력들을 동원해 국가 정치과정에 참여할 수 있게 한 것은 직접민주주의의 성과라며 긍정적 평가를 내리고 있다.

대중주의론과 사회주의론은 제4공화국과 차베스 정권의 성격 규정뿐만 아니라 차베스 정권의 차별성에 대해서도 상반된 분석을 제시하고 있다. 하지만 두 이론 모두 차베스 정권에 대한 구지배 세력의 극단적 저항에 대해 체계적 분석을 내놓지 못하는 한계를 보이고 있다. 이 장에서는 첫째, 제4공화국과 대비되는 차베스 정권의 차별성을 규명하고, 둘째, 누가, 왜 차베스 정권에 대해 반발하고 있는지에 대해 체계적인 설명을 제시하고자 한다.

대통령 차베스가 매주 최소 한 차례 이상 국민들과의 대화 시간을 가질 뿐만 아니라 다양한 계기에서 무수히 많은 발언을 하고 있으며 거리에는 "사회주의가 아니면 죽음"socialismo o muerto 등 급진적 구호들이 난무하는 조건 속에서, 대통령 발언이나 공식 문건의 분석에는 신중함이 요구된다. 따라서 이 장은 구조적 시각에서 차베스 정권의 정책적 실천 및 베네수엘라 사회의 변화를 분석하는 접근 방법을 취한다. 베네수엘라 사회 세력들 간의 이해관계 갈등 및 역학 관계의 심층적 이해를 위해서는 체제 이행의 정치 관점이 요구되며, 체제 이행의 핵심은 변혁적 정책과 이행 주체의 형성이다. 이런 연구 작업을 통해 대중주의론과 사회주의론을 평가·극복하고 차베스 정권 변혁적 실천과 베네수엘라 사회 동학의 진정한 의미를 확인할 수 있을 것이다.

2. 제4공화국과 사회적 양극화

제4공화국 뿐또피호 체제와 지배 세력

군사독재 정권에 대한 시민사회의 저항이 10년 정도 지속되던 가운데 군부 내 자유주의 세력이 합류해 1958년 1월 23일 히메네스Pérez Jiménez 장군을 축출했다. 시민사회와 군부로 구성된 혁명위원회junta는 연말까지 대선과 총선을 치르기로 결정했고 예정대로 12월에 선거를 실시했다. 이렇게 시작된 제4공화국은 1957년 12월 뉴욕 3당 선언에서 1961년 제정 헌법에 이르는 일련의 협약들에 기초해 대의 민주주의를 실시하게 되었다.[1] 그 핵심적 내용은 집권 정당이 다른 정당들의 입장을 존중하는 방식으로 정당들이 권력을 분점하고, 엘리트들은 과거의 반목과 질시를 극복하고 상호 존중하며, 개인의 권리와 자유를 중시하고, 경제 발전을 위한 국가의 적극적 역할을 인정하고, 부와 권력의 재분배는 절차적 민주주의가 공고화될 때까지 미루며, 냉전 체제하에서 미국의 입장을 지지한다는 것 등이다. 이 가운데 정부, 정당들, 주요 사회 세력들 사이의 권력 분점 체계 구축을 규정한 것이 뿐또피호 협약Pacto de Punto Fijo이다.

뿐또피호 체제란 뿐또피호 협약에 기초한 권력 체계로서 뿐또피호 협약을 포함한 일련의 협약 체결에 참여한 핵심 세력들이 제4공화국의 지배 세력을 구성했다. 이들은 AD(민주행동당Acción Democrática), Copei(사회기독당Partido Social-Cristiano Copei), URD(민주공화연합Unión Republicana Democrática) 등

---

[1]_뿐또피호 체제와 제4공화국에 대해서는 Myers(2004, 14-24; 2007, 17-28), Collins(2005, 367-371), 김기현(2003, 317)을 참조할 것.

세 정당 엘리트들과 재계 및 가톨릭 엘리트들이었고, 공산당을 포함한 좌파 정당들은 배제되었다. 이제 정치권력은 군부에서 정당 엘리트들에게 이전되었고, 그 중심에는 AD와 Copei 정치인들이 있었다. AD와 Copei는 뿐또피호 협약의 설계를 주도했으며 노동자, 농민, 교사와 전문직 조직체들을 포함한 주요 사회집단들을 통제하고 있었다. AD와 Copei가 번갈아 집권하며 권력을 분점함으로써 제4공화국은 양당 체계에 기초해 정치적 안정을 유지할 수 있었다.

권력 분점과 함께 제4공화국의 정치적 안정을 가능하게 했던 양대 축 가운데 다른 하나는 석유 수입에 기초한 안정적 경제성장이었다. 석유 수입의 안정적 증대로 베네수엘라 경제는 1970년대 말까지 팽창기를 구가했으며 국내총생산GDP도 1977년에 절정을 이루었다.[2] 안정적인 석유 수입에 기초해 정부는 보편 교육과 건강보험을 무료로 제공하는 등 복지국가 정책을 전개할 수 있었고, 1976년에는 석유산업과 철·금속 광산들을 국유화하는 한편, 적극적인 산업화 정책을 꾸준히 추진해 나갔다. 하지만 이런 안정적 경제성장과 개입주의 정책에도 불구하고 산업의 다각화는 진전되지 않았고 석유 수입에 대한 의존도는 더욱더 높아졌다. 막대한 석유 수입으로 인해 베네수엘라 화폐가 높게 평가되면서 수입품의 가격은 하락하고 수출품의 가격경쟁력은 상실되어 석유산업을 제외한 여타 산업들의 성장은 큰 제약을 맞게 되었다. 그뿐만 아니라 물적·인적 자원의 빈곤과 함께 생산기술의 낙후성으로 인해 비석유산업 부문은 낮은 생산성을 벗어나지 못하고 있었다.

2_경제적 부침 및 석유 수입 관련성에 대해서는 Granadillo(2007, 243-7), Ross(2007, 258-267), Weisbrot & Sandoval(2008, 6-8), Collins(2005, 368-371)를 참조할 것.

신자유주의 경제정책과 사회적 양극화

1978년부터 석유 수입이 지속적으로 감소하면서 국내총생산도 동반 하락하기 시작했으며, 이에 따라 베네수엘라 경제는 안정적 성장을 마감하고 급격한 위축기에 들어서게 되었다. 국내총생산은 절정을 기록했던 1977년부터 1985년 사이 24.2% 감소해 연평균 3.4%의 마이너스 성장률을 보여 주었고, 이후 제4공화국이 끝날 때까지 최저점 수준에서 부침을 거듭하며 경기 침체를 벗어나지 못했다. 석유 수입 감축에 더해 공공 부문 부채의 급증과 국제 금융시장 이자율의 급격한 상승, 자본의 해외 도피 및 일련의 인플레이션 억제 조치들로 인해 베네수엘라는 심각한 경제 위기에 접어들게 되었고 1983년 2월 통화위기와 함께 최악의 사태를 맞게 되었다. 베네수엘라 정부는 외환 부족과 통화위기에 직면해 있었으나, 석유산업 독점 국유 기업인 PDVSA(베네수엘라석유공사Petróleos de Venezuela S.A.)는 회사의 이윤을 정부로부터 지키기 위해 적극적인 국외 투자에 나섰다. 그러나 매입 정유 회사들의 손실로 인해 수익성이 하락함으로써 정부의 석유 수입은 더욱더 위축되었고 베네수엘라 경제는 위기를 벗어나기 어렵게 되었다.

경제 위기가 지속되는 가운데 1989년 집권한 뻬레스Carlos Andrés Pérez 대통령과 1994년 취임한 깔데라Rafael Caldera 대통령이 신자유주의 경제정책을 공세적으로 추진하면서 제4공화국의 기초를 이루었던 사회민주주의적 합의는 신자유주의적 시장주의로 전환했다.[3] 뻬레스는 1970년대 중반 대통령 재임시 석유산업 등 기간산업을 국유화한 바 있고, 1988년 대선 과정에서 신자유주의 경제정책을 반대하는 공약을 제시했으나, 취임과 동시

3_신자유주의 경제정책과 사회적 양극화에 대해서는 Ellner(2008, 106-108), Collins(2005, 369-371), Heath(2008, 5-7), Wilpert(2003, 104-106; 2007, 13-16, 107-109), Granadillo (2007, 248-251)를 참조할 것.

에 입장을 바꾸어 국제통화기금IMF 권고에 입각한 구조조정과 긴축정책을 추진했다. 뻬레스와 깔데라는 시장에 대한 규제 정책을 포기하고 국유 항공사 하나를 사유화하고 다른 하나는 폐쇄했으며, 전화 회사와 철강 산업을 매각하고 석유산업의 점진적 사유화를 추진하는 한편, 산업에 대한 각종 지원금을 폐지했다.

경기 침체와 신자유주의 경제정책은 시민들의 삶의 조건을 전반적으로 악화시키는 동시에 사회경제적 불평등을 더욱 심화시켰다. 실업률은 상승하고 취업자들의 실질임금 수준은 하락해 1인당 소득수준은 1979년과 1999년 사이 27%나 하락했고 빈곤층은 같은 기간 두 배 이상 증가했다. 1981년과 1997년 사이 소득 분위 최하층 40%의 소득 점유율은 19.1%에서 14.7%로 축소된 반면, 소득 분위 최상층 10%의 소득 점유율은 21.8%에서 32.8%로 증대해 두 계층의 소득 배율은 1배 수준에서 2배 수준으로 확대되었다. 이런 사회경제적 불평등 심화 추세는 계급 구조에도 변화를 가져왔다. 중간계급은 꾸준히 확대되다가 1990년대 들어 축소되기 시작해 27%에서 23%로 위축된 반면, 노동계급은 44%에서 48%로 증가했다. 노동계급의 규모 증대에도 불구하고 노동조합 조직률은 절반 수준으로 하락했는데, 이는 노동계급의 확대가 주로 비공식 부문과 하급 서비스 노동자층의 증대에서 비롯되었기 때문이다.[4] 이처럼 사회적 양극화는 전체 계급 구조상에서뿐만 아니라 노동계급 내에서도 진행되고 있었다.

사회 양극화 추세 속에서 사회경제적 불평등은 정치권력 자원의 불평등으로 전환되어, 지배 세력은 자본계급과 중간계급을 중심으로 형성되며

4_비공식 부문 고용 규모는 1980년 34.5%에서 1999년 53%로 급증했고, 노조 조직률은 1988년 26.4%에서 13.5%로 반감된 것으로 나타났다(Wilpert 2007, 107-109).

노동계급 내 특전적 조직 노동 부분이 결합한 반면, 피지배 세력은 비공식 부문 프티부르주아와 주변적 미조직노동자들과 함께 실업자들로 구성되었다. 농촌 부문의 급격한 위축과 함께 도시의 팽창이 진행되면서 이런 피지배 세력 구성원들은 도시 빈민 형태로 도시지역, 특히 대도시들을 중심으로 자리 잡게 되었다.[5]

경제 위기와 신자유주의 경제정책 속에서 시민들의 삶의 조건은 악화되었고, 석유 수입 하락에 따른 추가적 재정 악화로 인해 정부의 사회적 지출이 크게 줄어들면서 시민들의 불만은 삶의 조건 악화를 가져온 뿐또피호 체제로 향하게 되었다.[6] 장기화된 양당 체제하에서 부정부패는 심화되었고 석유 수입은 국가와 석유산업 엘리트들에 의해 독점되고 있다는 판단이 확산되는 가운데, 뻬레스 대통령의 국제통화기금 차관 도입에 따른 신자유주의 구조조정 및 긴축정책이 식료품 가격의 600% 인상과 함께 가스 등 에너지 가격의 폭발적 인상을 가져옴으로써 1989년 2월 27일 까라까스에서 시민들의 봉기, 까라까소Caracazo가 발발해 전국적으로 확산되었다. 도시 빈민들을 중심으로 전개된 봉기를 진압하기 위해 군대가 투입되어 5일 동안 전국적으로 빈민 지역들을 중심으로 300~3,000명에 이르는 인명이 손실되었다. 까라까소 외에도 1989년과 1994년 사이 851건의 정치적 저항 행위들이 있었고 그 가운데 58%가 폭력을 수반했다고 하며,

---

5_Canache(2007, 38-43)에 따르면 1980년대 초 베네수엘라인의 70% 이상이 도시에 주거하고 있었으며 이는 30년 전의 두 배에 달하는 비중이라고 하며, 1990년 현재, 수도 까라까스 주민의 절반 이상이 빈곤층에 해당해 도시화와 함께 전개된 빈민들의 도시지역 집중화 추세를 잘 보여 준다.

6_시민들의 불만과 제4공화국의 정치적 불안정에 대해서는 Canache(2007, 41-43), Wilpert(2003, 111-115; 2007, 16-17), Collins(2005, 369-371)를 참조할 것.

1992년에는 2월 4일 차베스의 쿠데타를 포함해 두 차례의 쿠데타와 대통령 탄핵 사태가 발생했을 정도로 제4공화국은 경제 위기를 넘어 총체적 위기 상황을 맞고 있었다.

소외 세력의 정치적 선택과 뿐또피호 체제의 붕괴

제4공화국의 위기는 뿐또피호 체제의 핵심을 구성하는 AD·Copei 양대 정당의 신뢰 실추로 나타나, 양대 정당의 정권 재창출 역량은 한계에 달하게 되었다.[7] 1947년 총선과 대선에서 양대 정당의 득표율은 각각 87.78%와 96.87%로 절대적 영향력을 행사하고 있었지만, 1993년 총선과 대선에서는 45% 수준으로 반감되었다. 대선 득표율과 취임 8개월 뒤 지지율 격차를 비교하면 1973년 당선된 대통령은 5% 하락, 후임 대통령들은 1978년 당선자 15% 하락, 1978년 당선자 25% 하락, 1988년 당선자 31% 하락으로 유권자들이 표출하는 실망감·좌절감은 시간이 경과할수록 급상승해 양대 정당의 정권 재창출 가능성도 급격히 하락하고 있다는 것을 보여 주었다. 마침내 1993년 대선에서는 Copei 창건자이며 Copei 당적으로 대통령까지 역임한 깔데라가 대선 승리를 위해 탈당하는 사태가 발생했으며, 이는 양대 정당의 신뢰도가 회복 불가능한 수준에 도달했다는 것을 확인해 주는 사건이었다.

1995년 여론조사에서는 경제가 가장 중요한 국가적 문제라고 보는 사람들의 비율이 〈표 1-1〉에서처럼 상위층의 경우 43%에 불과한 반면, 하위

7_양대 정당의 영향력 실추와 뿐또피호 체제의 위기에 대해서는 Molina(2007, 172-178), Magdaleno(2007, 173-179), Canache(2007, 41-43)를 참조할 것.

표 1-1 | 계층별 정부 정책에 대한 의견 및 정치적 태도(1995, 1998년)[8]

단위: %

구분	하위층	중위층	상위층	전체
경제는 가장 중요한 국가의 문제(1995년)	63	53	43	54.8
정부의 경제 개입 지지(1995/1998년)	68/86	58/84	29/80	55.7/83.9
1993년 대선에 투표했는가?(1995년)	58	61	73	62.4
1998년 대선에 투표할 계획인가?(1998년)	86	88	92	88.1
차베스에게 투표하려는가?(1998년)	55	44	47	49.0

주: 괄호 속 숫자는 조사 연도.
자료: Canache(2007, 43-52)에서 산정해 재구성함.

층의 경우 63%로 높게 나타나듯이 하위층으로 갈수록 경제문제를 더 중시하고 있었다. 이런 조사 결과는 경제 위기와 신자유주의 경제정책으로 인한 피해 정도의 차이를 반영한다. 같은 조사에서 정부의 경제 개입에 대한 지지율도 하위층의 경우 68%로 매우 높고 중위층과 상위층은 각각 58%와 29%로서 하위층으로 갈수록 정부의 적극적 개입을 지지하며 뻬레스-깔데라의 신자유주의 경제정책에 반대하고 있다는 것을 보여 주었다. 하지만 1998년 조사에서는 모든 계층의 정부 개입 지지율이 크게 상승해 80% 이상의 수준에 이르게 되었다. 신자유주의 경제정책에 대한 반감이 널리 확산되면서 계층 간 입장 차이도 크게 줄어든 것이다. 한편 위기에 대한 책임 소재를 묻는 1996년 조사에서는 중앙정부 38.9%와 대통령 22.4%로서 61.3%가 대통령과 행정부를 지목했고, 의회 14.4%와 정당 12.1%를 합하면 87.8%로서 제4공화국의 양대 정당과 정치 엘리트들에게 전적으로 책임을 돌리고 있었다(Gil-Yépes 2007, 266-268).

8_ 이 설문 조사는 도시지역을 대상으로 실시되었으며, 1998년 조사 자료는 응답자를 다섯 개 계층 범주, 즉 최고 소득층에서 최저 소득층의 순서로 A, B, C, D, E로 나누고 있었으나 저자가 세 개 범주로 재범주화했으며 원자료의 E를 하위층으로 범주화했다. 나머지 두 범주의

제4공화국과 뿐또피호 체제에 대한 시민들의 불만이 양대 정당을 포함한 기존 정당들을 통해 해소되지 않음으로써 선거 기권율은 해를 거듭할수록 증가하게 되었다. 1993년 대선 투표율을 보면 하위층으로 갈수록 투표율이 낮게 나타나고 있어, 기존 정당들의 선택지를 거부하고 기권하는 층은 주로 하위층 시민들이라는 것을 알 수 있다. 하지만 1998년 대선에서 하위층의 투표 의향은 크게 높아졌으며, 이들의 차베스 지지율은 55%로서 중상층에 비해 월등히 높게 나타났다. 이것이 의미하는 바는 다음과 같다. 하위층 시민들은 제4공화국하에서 권력 자원들로부터 배제되었고, 특히 경제 위기와 신자유주의 경제정책으로 인해 크게 피해를 입었다. 따라서 이들은 뿐또피호 체제에 대해 강한 불만을 지니게 되었으나, 자신들을 대변하는 정치 세력을 찾지 못해 선거 참여를 거부했다. 결국 하위층 시민들은 부정부패를 척결하고 석유 수입을 서민들을 위해 사용하겠다고 약속한 차베스에게서 대안을 찾았던 것이다.

경제 위기와 신자유주의 경제정책의 최대 피해자는 주변적 노동계급[9]

범주화 기준은 밝히지 않고 있으나 인구 비중에 비추어 보면 D를 중위층으로 하고 A, B, C를 합해 상위층으로 분류한 것으로 추정된다. 이렇게 상위층은 응답자의 21.7%, 중위층은 38.5%, 하위층은 39.8%로 나타났으며, 이 비율을 1995년 자료에 그대로 적용해 세 계층으로 범주화했다(Canache 2007, 43-52).

9_주변적 노동계급은 노동계급 가운데 노동조건이 열악하며 노동조합 조직률이 매우 낮은 집단인 반면, CTV(Confederación de Trabajadores de Venezuela, 베네수엘라노동자총연맹)로 조직된 노동계급 부분은 특전적 부분으로 뿐또피호 체제하에서 기득권 세력의 일부로서 지배 세력의 하위 파트너 기능을 수행했다. CTV는 AD의 노동 부문 역할을 담당했는데, 냉전 체제 속에서 AFL-CIO로부터 상당한 기금을 지원받으며 미국에 대한 적극적 지지 입장을 견지했고, 1989년 2월에 발발한 까라까소에 대해서는 부랑자와 도둑들의 폭동이라고 공개적으로 비난했을 정도로 도시 빈민들과는 상당한 사회적 거리감을 두고 있었다. 나아가 이들은 1990년대 신자유주의 경제정책과 사유화 추진에 합의하고 후퇴된 사회정책의

과 비공식 부문 프티부르주아로서 확대된 의미의 도시 빈민층을 구성한다. 이들은 양대 정당이 지배하는 뿐또피호 체제에서 이해관계가 대변되지 않으면서 불만이 폭발해 간헐적으로 까라까소 같은 자연발생적 민중 봉기를 주도하기도 했지만 스스로를 조직화해 정치 세력화하는 수준으로는 나아가지 못했다. 이들 피지배 세력은 각종 선거에서 기권함으로써 정치적 배제 상태를 벗어날 수 없었으며 결국 뿐또피호 체제 지배 세력의 일방적 지배가 관철될 수 있었다. 하지만 이들은 뿐또피호 체제의 구심점을 형성하고 있는 AD와 Copei라는 양대 정당의 밖에 있는 정치 세력들에 의해 동원이 이루어졌고 그 중심에 차베스가 있었으며, 이들이 1998년 대선에 적극적으로 참여함으로써 정치적으로 유의미한 사회 세력으로 형성되기 시작한 것이다.

3. 차베스 정권의 변혁성과 체제 이행의 정치

차베스는 제4공화국의 뿐또피호 체제를 와해시키며 변혁 정책을 추진했고 구지배 세력의 반발에 직면해 적극적인 사회정책을 집행했다. 또한 뿐또피호 체제의 소외·불만 세력을 위한 참여 공간을 제도화해 이들이 스스로를 조직화하며 참여 민주주의의 주체로서 정권과 변혁 정책의 핵심 동력이 될 수 있도록 했다.

설계에 참여하며 신자유주의의 대변자 역할을 한 바 있다(Bak 2003, 84-91; Ellner 2008, 105-6; Gindin 2005, 75).

권력 체계 재편과 구지배 세력의 무력화

차베스가 대통령에 취임했지만 제4공화국 뿐또피호 체제의 핵심 세력들은 여전히 국가기구들과 시민사회 권력 기구들을 장악하고 있었다.[10] AD와 Copei의 양대 정당 정치인들은 연방의회, 주정부와 시정부를 포함한 지방자치단체들을 장악하고 있었고, 사법부와 행정 부처 고위직들뿐만 아니라 사유 언론사들, 국유 석유 회사를 포함한 주요 대기업들과 Fedecámaras(베네수엘라상공업협회Federación de Cámaras y Asociaciones de Comercio y Producción de Venezuela) 등 사용자단체들, 가톨릭교회들과 CTV(베네수엘라노동자총연맹 Confederación de Trabajadores de Venezuela) 등 시민사회 권력 기구들에도 구지배 세력이 포진하고 있었다.

차베스는 구지배 세력의 권력에 포위당해 있었고 그 중심에는 연방의회가 있었다. 이는 차베스가 제4공화국과 뿐또피호 체제를 극복하고 대안적 정책을 추진하는 것을 불가능하게 하는 권력 구조였다. 차베스가 선택한 전략은 헌법 제정을 통해 권력 체계 자체를 재편하고 장기적으로는 구지배 세력 구성원들의 권력 자원들을 박탈해 가되, 당면한 정책들을 수립·집행하고 정책 방향을 정립하기 위해 국민투표를 통해 시민들의 의사를 직접 수렴함으로써 의회를 우회하는 것이었다.

차베스는 1999년 2월 2일 취임하자마자 제헌의회 조직 여부를 묻는 국민투표를 4월에 실시해 81.7%의 찬성으로 통과시킨 다음 7월에 제헌의회 선거를 실시했다. 8월에 구성된 제헌의회는 애국축Polo Patriótico을 중심으로 결집한 친차베스 세력이 121석을 장악하고, 반대파는 7석에 머물러

10_차베스 정권하 구지배 세력의 영향력에 대해서는 Collins(2005, 373), Harnecker(2004, 36-38), Wilpert(2006, 9-10)를 참조할 것.

친차베스 세력에 의해 독점적으로 장악되었다. 이렇게 구성된 제헌의회는 신헌법(안)을 기획·확정해 12월 15일 국민투표에 부쳤고, 볼리바르 헌법(안)은 72% 찬성으로 확정되어 12월 20일 발효되었다.

볼리바르 헌법은 입법·사법·행정부 삼부에 시민부와 선거관리위원회를 더한 오부 체제를 규정해, 연방 정부를 포함한 국가기구들에 대한 시민들의 감시·통제 기능을 강화했다. 시민들이 국가적 중대 사안들에 대해 국민투표를 제안할 수 있고 유권자 10%의 발의로 헌법 개정을 제안할 수 있으며 선출직 공무원을 해임할 수 있도록 함으로써 뿐또피호 체제의 대의민주주의 대신 시민들이 직접 주체적으로 참여하는 주체적 직접민주주의[11]의 기초를 구축했다. 의회를 양원제에서 단원제로 바꾸는 한편, 대통령 임기는 5년에서 6년으로 연장하고 연임을 허용했다. 대통령이 내각제에서와 같은 의회 해산권을 지니고 연방 위원회를 통해 주정부를 포함한 지방자치단체들의 예산을 통제할 수 있게 함으로써 의회와 지방정부에 대한 대통령의 권한을 강화했다. 제헌의회는 볼리바르 헌법을 제정하는 외에도 의회 기능을 예산과 조세 심의에 한정한 반면, 권한 위임법Ley Habilitante을 통과시켜 대통령에게 의회의 입법권을 1년간 위임함으로써, 대통령을 포함한 행정부가 의회와의 관계에서 절대적 주도권을 확보할 수 있게 되었다.[12]

11_직접민주주의는 시민들이 대의 기구에 의해 대변되는 간접민주주의가 아니라 시민들이 직접 의사 결정 과정에 참여하는 참여 민주주의를 의미한다. 차베스 정부가 직접·참여 민주주의 앞에 '주체적'(protagonista)이라는 수식어를 붙이는 것은 두 가지 의미로 해석된다. 첫째, 수동적으로 참여하는 것이 아니라 적극적으로 참여한다는 의미이고, 둘째, 더욱 중요한 것은, 참여의 계기·공간이 다른 권력 기구 혹은 권력자에 의해 주어지는 것이 아니라 시민들 스스로 결정하고 선택하는 것을 의미한다. 이런 주체적 특성은 사회주의 5대 엔진으로 선언되었으며, 헌법에 의해 보장되고 공동체 권력에 의해 행사된다.

차베스 정권은 제헌의회가 제정한 볼리바르 헌법과 관련 법규들에 근거해 권력 체계를 재편하는 동시에 뿐또피호 체제의 구지배 세력을 입법·사법·행정부를 포함한 국가기구들로부터 축출하는 작업도 전개했다. 신헌법은 대통령, 주지사와 시장을 포함한 모든 선출직 공직자들의 재신임을 요구해, 2000년 7월 30일 실시된 초대형 선거에서 차베스는 59.8%로 재신임되었고 친차베스 세력은 연방의회 의석 165석 가운데 104석을 장악했고 주지사 23명 가운데 17명과 시장 절반 정도를 확보할 수 있었다. 이렇게 차베스는 의회 내 3분의 2에 달하는 안정적 의석을 확보하고 지방정부들에 대한 통제력을 확보할 수 있었으며, 그 과정에서 AD·Copei 정치인들과 뿐또피호 체제 엘리트들의 상당 부분을 국가기구로부터 축출하고 자신의 지지 세력으로 대체해 나갔다.

구지배 세력이 국가기구에 대한 장악력을 상실한 데는 자체적인 전략적 오류도 크게 기여했다. 구지배 세력은 제헌 시도 자체에 반대하고 있었기 때문에 1999년 4월의 제헌의회 조직 국민투표와 뒤이은 7월의 제헌의회 선거를 보이콧했다. 이에 따라 기권율이 각각 62%와 54%로서 차베스가 당선된 1998년 12월 대선의 37%보다 20% 정도 더 높아져 구지배 세력의 영향력을 과시했다. 이런 구지배 세력의 선거 보이콧은 2005년의 지방의회 선거와 연방의회 선거에서도 계속되어 각각 70%와 75%의 높은 기권율로 나타나게 되었다. 하지만 입법부 선거를 보이콧함으로써 구지배 세력의 국가권력 자원에 대한 통제력은 급격하게 추락했고 친차베스 세력이 의회를 독점할 수 있게 했다. 그 결과 구지배 세력은 빠르게 무력화되어 갔

12_Wilpert(2007, 21-67), Collins(2005, 377-381), Hellinger(2007, 157-170), CNE(www.cne.gov.ve) 자료들을 참조.

고 차베스 정권은 자신들의 변혁 정책들을 별다른 장애 없이 수립·추진할 수 있게 되었다. 그 밖에도 차베스는 제헌의회 구성 여부뿐만 아니라 노동조합총연맹 지도부 퇴진 여부까지 국민투표 방식으로 시민들의 의사를 직접 물음으로써 의회를 우회하고 주요한 국가적 의사 결정에 시민들이 직접 참여할 수 있게 하는 한편, 구지배 세력에 맞서 시민들이 스스로 조직화·세력화할 수 있는 계기를 만들어 주고 있었다.[13]

차베스는 제헌의회 구성과 볼리바르 헌법 제정을 통해 대통령 권한을 강화하며 의회 및 지방정부 권한을 약화하는 방향으로 권력 체계를 재편하고 신임 선거를 포함한 일련의 선거 과정을 통해 구지배 세력을 국가기구로부터 제거할 수 있었다. 이렇게 제4공화국의 대의 민주주의 장치들의 견제력을 무력화하는 한편, 뿐또피호 체제의 불만·소외 세력들을 정치과정에 적극적으로 참여하도록 함으로써 주체적 직접민주주의를 실천함과 동시에 구지배 세력에 맞서 차베스 정권과 변혁 정책들을 수호하는 지지 세력으로 형성될 수 있도록 했다.

차베스 정권의 경제정책과 사회주의적 변혁

전임 깔데라 정부와 비교하면 차베스 정권의 초기 경제정책은 단절보다는 연속성을 보여 주었다. 경제정책의 핵심을 구성하는 재무 장관으로는 깔

13_차베스는 구지배 세력에 맞서 뿐또피호 체제의 소외·불만 세력을 주요한 지지 세력으로 활용하는 한편, 군부에 대해서도 민간에 의한 감독·통제로부터 자율성을 확대하면서 국가기구들의 요직에 크게 기용하고 사회정책 집행 과정에도 적극적으로 개입하도록 했다. 이런 차베스의 군부에 대한 유화적 태도는 차베스가 군인 출신이라는 점을 넘어서 정권 방어 차원에서의 정치적 고려도 큰 몫을 한 것으로 평가되고 있다(Trinkunas 2007; Wilpert 2007, 49-53).

데라 정부의 재무 장관을 그대로 임명했고, 여타 경제 부처 장관들도 대체로 재계가 수용하기 좋은 인사들로 구성했다. 저조한 석유 수입과 재정 적자 누적으로 인한 공공 부채 증대 속에서 차베스 정권은 전임 정부의 긴축재정과 신자유주의 경제정책 기조를 유지했다.[14] 차베스 정부는 외채 지불을 공언하는 한편, 외국인과 내국인의 재산 몰수는 없다며 시장경제와 사유재산제의 원칙에 충실할 것을 분명히 했다. 하지만 신헌법에 따라 대통령과 의회의원 등 모든 선출직 공직자들의 재선거를 통해 권력 체계를 재편한 다음 2001년 11월 차베스 정부는 권한 위임법에 의거해 49개 특별법을 제정·공포했다. 49개 특별법에는 석유산업의 모든 합작 기업들에 대해 사유화를 금지하고 정부가 과반수 지분을 확보하도록 하는 한편, 농지 소유 규모의 상한을 설정하고 유휴 상태 토지는 몰수할 수 있도록 함으로써 국가가 사유재산권을 규제하며 적극적 시장 질서 개입에 나설 수 있게 했다.

특별법 제정 이후 가장 먼저 큰 변화를 겪게 된 것은 석유산업이었다. 특별법으로 통과된 탄화수소법에 따라 정부는 석유산업에 대한 국가 통제를 확보하며 석유 추출 채굴권 사용료를 기존의 16.6%에서 30%로 거의 배가시켰고, 국제 유가 인상을 위해 석유산업의 석유수출국기구OPEC 생산쿼터 위반 관행을 중단하고 생산 쿼터를 엄격하게 지키도록 했으며, 석유 수입을 보건, 교육재정 및 거시 경제 조정 기금FEM을 지원하기 위해 사용하도록 했다.[15] 무엇보다도 중요한 것은 전임 깔데라 정부가 추진하던 국유 석유 기업 PDVSA 사유화를 중단하고 PDVSA와 석유산업 관리를 위해 설

14_차베스 정권 초기의 경제정책 및 특별법 제정과 정책 기조 변화에 대해서는 Collins(2005, 386-389), Ellner(2008, 110-115), Wilpert(2007, 69-81)를 참조할 것.

15_석유산업에 대한 국가 통제 강화 과정 및 내용에 대해서는 Parenti(2006, 8-14), Suggett (2008), Collins(2005, 387-388), Wilpert(2007, 87-101)를 참조할 것.

립된 기업들의 지분 전체를 유지하도록 하되, 2005년 초 PDVSA와 사업 계약 관계에 있는 석유산업 32개 사기업들을 모두 PDVSA와의 합작 기업으로 전환하며 PDVSA가 지분의 60% 이상을 점유한다는 계획을 발표했다. 이행 협약 체결을 추진하는 과정에서 석유산업 사기업들은 대부분 지분 인도에 동의했고 이행 협약 체결을 거부하던 꼬노꼬필립스ConocoPhillips도 이행 협약 체결에 동의했으나 엑손모빌ExxonMobi은 가격 산정에 이견을 보이며 국제투자분쟁 조정센터ICSID, International Centre for Settlement of Investment Disputes에 제소하는 등 베네수엘라 정부에 반발하며 법적 분쟁을 전개했다.

2004년 8월 15일 국민소환 투표에서 차베스가 59%로 재신임을 확보함으로써 국가권력을 둘러싼 공방은 반차베스 진영의 패배로 귀결되었다. 차베스 정권은 비로소 정치적 안정과 함께 자신감을 획득하게 되었고 변혁적 정책들을 공세적으로 전개하기 시작했다. 2005년 1월 30일 제5차 세계사회포럼에서 차베스는 21세기 사회주의 건설을 선언한 바 있고, 2006년 12월 대선 승리 이후에는 정부의 혁명 의제 심화 계획을 발표하는 등 대안적 사회체제로의 이행을 공개적으로 선언·추진해 나갔다.[16] 21세기 사회주의는 소련을 포함한 동구권의 20세기 국가사회주의와는 달리 국가 중심성을 거부하고 인민의 주체적 참여에 기초한 새로운 형태의 사회주의로 지칭되었지만 선언적 수준에 머물렀고 구체적 내용과 체계적 프로그램은 제시되지 않았다. 하지만 차베스 정권은 생산수단의 사적 소유권에 대한 적극적 개입을 통해 자본주의 시장경제 질서를 초월해 사회주의 체제로 이행하고자 하는 의지를 확인시켜 주고 있으며, 이런 사회주의적 변혁 정

16_21세기 사회주의와 생산수단 소유권 개입에 대해서는 Lucena(2007a, 121-158), Michelena (2007), Acosta(2007), Wilpert(2006, 1-4), Buxton(2007), Fuentes(2007)를 참조할 것.

책의 중심에 사기업의 국유화와 공동경영cogestión 전환 정책이 있다.

반정부 총파업 혹은 재정·경영 위기 등의 사유로 폐쇄된 공장들을 노동자들이 점거해 자주 관리하며 정부를 향해 국유화를 요구하자 차베스 정부는 심사를 거쳐 일부 기업들을 국유화하기 시작했다. 이렇게 국유화된 기업들은 석유 산업, 전화 통신 산업, 전기 산업, 철강 산업, 금속 산업, 제지 산업, 식품 산업 등 기간산업을 넘어 거의 모든 산업에 걸쳐 분포되어 있으며, 이들은 노동자와 정부의 공동경영 형태로 운영되고 있다. 그 대표적인 사례들이 제지 회사 인베팔Invepal, 밸브 회사 인베발Inveval, 튜브 회사 시데로까Sideroca 등이며, 초국적 자본 소유 기업으로 노동기본권 유린 여부를 둘러싸고 논란이 많았던 철강 회사 시도르Sidor도 국유화가 결정되어 현재 공동경영으로 전환하는 과정에 있다. 이처럼 사기업에서 시작해 노동자 통제를 거쳐 국유화된 기업들뿐만 아니라 알루미늄 회사 알까사Alcasa처럼 원래부터 국유 기업으로 존재하던 기업들이 공동경영으로 전환하는 경우들도 있다. 하지만 차베스는 노동계 일각에서 요구하는 석유산업과 기간산업의 전반적 국유화와 노동자 자주 경영 전환에 대해서는 단호하게 거부하는 한편, 자본이 국익과 사회주의 프로젝트에 따르는 한 사유재산제를 존중할 것을 거듭 천명함으로써 변혁 정책의 경계를 확인시켜 주고 있다.

이렇게 차베스 정부는 제4공화국 뻬레스·깔데라의 신자유주의 경제 정책을 거부했을 뿐만 아니라 자본주의 시장경제 체제를 극복하고 21세기 사회주의로 이행할 것을 천명하고 변혁적 실험을 실시하고 있다. 21세기 사회주의는 선언적 수준을 넘어 구체적이고 체계적인 프로그램은 제시하고 있지 않지만, 다양한 사기업들의 국유화와 공동경영 전환 사례들을 통해 사회주의적 체제로의 이행이 시도되고 있다는 것을 확인할 수 있다.

사회정책과 주체적 직접민주주의: 이행 주체의 형성

차베스 정부는 뻬레스·깔데라 정부 시기 연평균 국내총생산의 10~11% 수준에 불과했던 사회 예산 지출 규모를 점차 증대해 2006년과 2007년에는 21%를 넘어서게 했다. 이 가운데 3분의 1 정도가 PDVSA에 의한 사회적 지출로서 제4공화국 시기 외국자본에 배당되거나 사내에 축적되었던 부분들을 차베스 정부 들어 사회적 투자를 위해 지출하도록 강제함으로써 가능하게 된 것이다. 이처럼 증대된 사회 예산은 교육, 보건, 주거, 사회보장 서비스 등을 탈상품화함으로써 구매력이 낮은 도시 빈민 등 중하층 시민들에게 상대적으로 더 큰 혜택을 주게 되었다. 차베스 정부는 사회적 예산을 크게 증대했을 뿐만 아니라 전달 방식에서도 복잡하고 비효율적인 행정 기구들의 관료제적 절차를 통하지 않고 직접적으로 수혜자들에게 전달하는 방식을 도입하는 등 혁신적 모습을 보여 주었다.[17]

차베스 정부는 2003년부터 미션misión으로 불리는 다양한 사회정책 프로그램들을 도입해 운영했으며 대표적 영역들로 교육 개발, 보건 의료, 생필품 유통을 꼽을 수 있다. 교육 개발 프로그램은 문맹 퇴치와 초등교육을 위한 미션 로빈손Misión Robinson, 중등교육 미이수자들의 재교육을 위한 미션 리바스Misión Ribas, 대학 수준의 고등 교육을 제공하는 미션 수끄레Misión Sucre, 그리고 고용 창출과 숙련 형성을 위한 기술교육 등 다양한 프로그램들로 구성되어 있다. 2008년 9월 현재 각종 교육 프로그램에 참여하고 있는 사람들은 110만 명을 넘으며 이미 340만 명 이상의 졸업자들을 배출했다. 보건 의료 프로그램은 2만 명의 쿠바 의사들을 초빙하고 인민 병원과

17_차베스 정부의 사회적 예산 증대와 사회정책 프로그램들에 관해서는 MPD(2008a, 9-19; 2008b,13),Weisbrot & Sandoval(2008, 11-13), Nakatani & Herrerra(2008, 293-4) 을 참조할 것.

빈민 지역 의무실들의 네트워크를 활용해 사적 보건 의료 서비스에 접근하기 어려운 도시 빈민 지역과 농촌 지역 빈민층을 중심으로 기초 의료와 일련의 특별 치료들을 무상으로 제공하고 있다. 이런 미션 바리오 아덴뜨로Misión Barrio Adentro I & II 프로그램을 통해 2003년부터 2008년 9월까지 시행된 보건 의료 서비스 제공 건수는 3억 1,324만 건에 달한다. 생필품 유통 프로그램은 메르깔Mercal이라는 국유 유통 체인을 통해 식료품을 포함한 다양한 생필품들을 시장가격보다 40% 이상 저렴한 가격으로 제공하고 있으며, 2008년 들어 이미 매장 숫자가 전국적으로 1만 6천 여 곳에 이를 만큼 급격하게 확산되었다. 차베스 정부는 이렇게 석유 수입을 시민들의 복지를 위해 활용하되 중하층 시민들이 직접적으로 혜택을 받을 수 있는 사회정책을 추진하고 있다.

증대된 사회 예산과 새로 도입된 사회정책 프로그램들의 주된 수혜자는 도시와 농촌의 빈민층이라 할 수 있으며, 차베스 정부는 이들을 단순히 수동적인 복지 서비스 수혜자가 아니라 참여 민주주의의 핵심적 주체로 형성하고자 했다. 이런 구상은 '사회주의를 향한 5대 엔진' 가운데 '권력의 새로운 기하학적 구도'와 '공동체 권력 강화'에 잘 나타나 있다. 국가권력의 행사 수준을 중앙의 국가기구들이 아니라 공동체로 돌려주고 뿐또피호 체제하에서 국가권력으로부터 소외되었던 시민들이 주체적으로 참여해 권력을 행사할 수 있도록 하기 위해 고안된 대표적 장치가 공동체 위원회Consejos Comunales 제도다. 2002년 6월에 지역 공공 계획 위원회Consejos Locales de Planificación Pública가 관계법에 근거해 창설되었으나 지역 단위가 지나치게 크고 선출직 공직자들에 의해 주도되며 지역 주민 대표들의 입장이 묵살되는 문제점을 보이면서 제 기능을 수행하지 못하자, 이를 대체하기 위해 2006년 공동체 위원회법을 제정해 공동체 위원회를 건설하기 시작했다.[18]

공동체 위원회는 도시지역에서는 200~400가구, 농촌 지역에서는

20~30가구 단위로 구성되며, 2007년 초까지 2만 개 정도가 조직되었다. 공동체 내 15세 이상 성인들로 최고 의사 결정 기구인 시민 총회를 구성하고, 집행 기구는 공동체 내 보건 위원회, 교육 위원회 등 각종 위원회들의 대표들로 구성한다. 공동체 위원회는 중앙정부로부터 자원을 직접 수령하며 자원의 운영 방식은 시민 총회가 결정한다. 지역사회의 주요한 사회경제적 문제들을 주어진 자원을 이용해 자체적으로 결정해 해결하며, 쓰레기 수거에서 학교 건설에 이르기까지 거의 모든 지역사회 현안들을 다룬다. 공동체 위원회는 지방정부와 지방의회의 권력을 일정 부분 분점함으로써 반발을 사고 견제를 당하기도 하는 한편, 중앙정부로부터 직접 수령한 자원만 운영할 수 있을 뿐 지방정부 예산에 대해 개입할 수 있는 여지가 없다는 한계도 지니고 있다. 또한 공동체 위원회는 대통령의 지시를 직접 받는 반면, 다른 정부 기구들이나 지방자치단체 기구들과의 연계 관계가 제도화되어 있지 않아서 여타 기구들의 협력을 확보하는 데 어려움을 겪기도 한다. 그런 한계에도 불구하고 공동체 위원회는 제4공화국에서 국가 권력으로부터 소외되고 주변화되었던 중하층 시민들이 공동체 수준에서 집합적으로 의사 결정을 내리고 국가 예산의 일부를 자체적으로 결정해 사용한다는 측면에서 참여 민주주의를 실천하는 공간으로서 기능하고 있는 점은 분명하다.

    공동체 위원회는 참여 민주주의를 실천하는 공간인 동시에 공동체 구성원들이 하나의 집합체로 형성되어 가는 데 큰 기여를 했으며, 이것이 가능했던 이유는 공동체 구성원들이 이미 볼리바르 서클Círculos Bolivares[19]로

18_공동체위원회의 기원과 운영에 대해서는 Maingon(2007), Fuentes(2006), Piper(2007b, 4-5), Wilpert(2007, 53-64)를 참조할 것.

19_볼리바르 서클과 지역사회 조직화에 관해서는 Castro(2007, 15-160), Canache(2004,

조직화되어 있었기 때문이다. 볼리바르 서클은 2000년부터 만들어지기 시작했고 차베스도 볼리바르 서클 형태의 사회운동 결합을 호소하기도 했다. 그 배경에는 MVR(제5공화국운동Movimiento V República)이 차베스를 대통령에 당선시키는 데는 기여했으나 선거 조직에 불과해 차베스 정권과 변혁 정책 추진에 동력을 제공하기에는 미흡하다는 판단이 있었다. 볼리바르 서클은 지역 경계에 따라 통상 7~11명 단위로 조직된 차베스 지지자 네트워크 조직체로서 지역공동체 내에서 차베스 지지자들을 동원하고 정치의식을 고양하는 한편, 차베스 정권에 대한 지지를 사회적으로 확산시키는 중요한 메커니즘으로 작동했다. 이들은 2002년 4월 쿠데타 당시 대중적 동원을 통해 차베스를 복권시키는 데 결정적으로 기여했고, 이후 전국적으로 널리 확산되어 2002년 12월에 시작된 10주간의 총파업 기간 동안에도 파업을 무력화·종료시키기 위해 경영진과 파업 노동자들을 압박하는 동원 활동들을 전개하기도 했다. 볼리바르 서클의 구성원들은 주로 비공식 부문 프티부르주아나 주변적 미조직노동자들[20]로서 도시 빈민층이 대다수를 구성하고 있었다. 이들은 제4공화국 뿐또피호 체제에서 철저하게 소외되었던 피지배 세력으로서 각종 선거에 높은 기권율을 보였으나 1998년 대선에는 더 많이 참여해 차베스에 대한 높은 지지를 표현한 세력이다.

    차베스 정부는 사회정책 프로그램을 중심으로 한 적극적 사회정책을 통해 부의 재분배를 추진함으로써 중하층 시민들에게 물질적 혜택을 부여

48-55), Ellner(2008, 180-192), Bak(2003, 92-95)을 참조할 것.

20_ 노동계급 내 CTV를 중심으로 한 특전적 조직 노동 부문이 뿐또피호 체제 기득권 세력의 일부로서 사용자단체와 함께 차베스 정권 전복을 위한 총파업 투쟁을 전개하는 등 반차베스 세력의 핵심을 구성하면서, 노동계급은 계급 내적으로 정치적 양극화를 겪게 되었다.

했고, 공동체 위원회라는 제도적 공간을 제공해 참여 민주주의를 실천할 수 있도록 함으로써 주체적 직접민주주의를 실현하고자 했다. 이 과정에서 뿐또피호 체제에서 소외되었던 도시 빈민들은 하나의 집합체로 형성되면서 유의미한 정치·사회 세력으로 등장할 수 있었다. 이들은 볼리바르 서클을 중심으로 스스로를 조직화하며 차베스 지지자 네트워크를 형성해 차베스 정권과 변혁 정책에 대한 수동적 지지 수준을 넘어서 구지배 세력에 맞서 정권을 수호하고 체제 이행을 추진하는 적극적 주체로서 형성되고 있었다.

불평등 완화와 정치적 양극화

차베스 정부는 제4공화국 시기에 국내총생산 대비 10~11% 수준에 불과하던 사회적 예산의 비중을 두 배 수준으로 대폭 증액했을 뿐만 아니라 최저임금도 1998년 100달러에서 2008년 800달러로 크게 인상했다.[21] 그 결과 빈곤 가구 비율은 1998년과 2007년 사이 43.9%에서 28.3%로 급격하게 감소했으며 지니계수 또한 같은 기간 .4865에서 .4200으로 하락하는 등 사회경제적 불평등이 크게 완화될 수 있었다. 이런 현상은 단선형적으로 진행된 것이 아니라 베네수엘라 경제가 7~9%의 마이너스 성장을 기록했던 2002~03년에는 도리어 악화되었다가 2004년부터 개선되기 시작했다는 점을 고려하면 사회경제적 불평등 완화는 매우 빠르게 진행되고 있다는 것을 알 수 있다.

21_시중 환율이 법정 환율의 2~3배에 이르는 이중 환율제 현실을 고려하더라도 실질 최저임금이 대폭 인상되었다는 것을 알 수 있다. 삶의 조건 관련 지표들에 대해서는 MPD(2008a, 3-26; 2008b, 13-18; 2008c, 5)를 참조할 것.

표 1-2 | 계층별 차베스 소환 투표 의향(2004년 6월말)[22]

단위: %

구분		A·B(최상위층)	C(상위층)	D(중위층)	E(하위층)	전체
도시지역	소환 반대	19	34	64	64	54
	소환 찬성	75	58	24	24	37
농촌 지역	소환 반대	20	44	64	71	62
	소환 찬성	69	46	27	22	30
안데스 지역	소환 반대	50	46	50	54	51
	소환 찬성	37	44	41	35	39
술리아 주	소환 반대	25	25	54	70	55
	소환 찬성	67	73	44	28	43

주: 도표 백분율은 '미정'과 '기권'을 포함하지 않아서 합계가 100%에 미달함.
자료: IMEDIOPSA여론조사 자료를 Hellinger(2007, 168-170)에서 재인용함.

    빈곤층 감소와 불평등 완화 현상은 하위층의 소득수준 상승의 결과로 나타난 것이다. 하위층은 차베스 정부에서 복지 서비스 접근 확대와 소득수준 향상 등 물질적 혜택을 크게 받았을 뿐만 아니라, 주체적 직접민주주의 실천 속에서 공동체 운영을 둘러싼 주요한 정책들의 의사 결정 과정에 참여하는 기회들도 누리게 되었다. 이렇게 하위층은 제4공화국에서는 국가권력으로부터 소외되었다가 차베스 정부 들어 최대 수혜자가 되었다. 반면, 제4공화국 시기 국가권력의 자원과 기회를 독점했던 구지배 세력, 즉 상위층이 상대적 박탈감을 크게 느끼게 되었을 것은 자명하다.

    계층 간 수혜 정도의 편차는 차베스 정권에 대한 계층 간 정치적 입장 차이 심화로 전환되었으며, 〈표 1-2〉에서와 같이 차베스 정권의 사활이 걸렸던 차베스 대통령 소환 국민투표를 앞두고 실시된 여론조사 결과에서도 잘 나타나고 있다. 1998년 차베스 투표 의향(〈표 1-1〉 참조)과 2004년 도

---

[22]_지역은 주 단위로 구분했으며, 도시지역은 도시화 정도가 높은 까라까스와 까라보보, 볼리바르 등 6개 주를 포함하며, 농촌 지역은 농업인구가 많은 9개 주, 안데스 지역은 메리다 등 3개주로 구성되었으며, 술리아 주는 2004년 8월에 조사가 실시되었다.

시지역의 투표 성향을 비교하면, 하위층의 경우 차베스 지지율이 55%에서 64%로 9%p 상승한 반면, 상위층의 경우 47%에서 31%로 16%p 크게 하락함으로써 차베스 정권에 대한 상위층의 공포심을 잘 보여 준다.[23] 이는 차베스 정권 존망에 대해 계급적 이해관계가 상반된다는 것으로써 차베스 정권의 계급적 성격이 반영된 결과라고 할 수 있다.

1998년 대선과 2004년 소환 투표의 도시지역 투표 성향을 비교하면, 차베스 지지율은 49%에서 54%로 5%p 소폭 상승했지만 계층별 지지율 등락은 훨씬 더 큰 폭으로 이루어졌다. 그 결과 상위층과 하위층의 차베스 지지율 격차는 1998년 8%에서 2004년 33%로 네 배나 확대되었으며, 이는 차베스 정권을 둘러싼 정치적 양극화가 급격하게 진전되고 있다는 것을 보여 주는 것이다. 제4공화국 시기에는 사회경제적 양극화가 크게 진전되었으나 정치적 양극화로 전환되지 않은 반면, 차베스 정권에서는 사회경제적 양극화는 후퇴했으나 하위층의 조직화와 정치 세력화의 진전으로 인해 정치적 양극화가 급진전된 것이다.

4. 토론 및 맺음말

차베스 정권의 차별성

제4공화국과 대조적으로 차베스 정권은 〈표 1-3〉에 정리되어 있듯이 신

23_1998년 상위층은 A·B층과 C층을 결합한 것이므로 2004년 조사 자료에서 도시지역의 경우 인구 비율로 가중치를 주어 지지율을 산정한 결과 31.17%로 나타났으며, 이들의 인구 비중은 21% 안팎으로 추정되어 1998년의 21.7%와 거의 일치했다.

표 1-3 | 제4공화국과 차베스 정권 비교

구분	제4공화국	차베스 정권
시장경제 질서	신자유주의 자본주의	사회주의적 시장경제
사유재산제	절대적 원칙	규제, 공익 우선
기간산업	사유화	국유화
복지국가	저발달	발달, 부의 재분배
민주주의 유형	대의 민주주의	(주체적)직접민주주의
국가권력 중심	의회	대통령
권력 자원 주체	AD·Copei, 지배 세력 독점	공동체·시민
양극화 유형	사회경제적 양극화	정치적 양극화
사회경제적 양극화	심화	완화
정치적 양극화	저발달(소외 세력 비조직화)	심화(구지배 세력 반발)
지지 기반 계급	중상층(자본·중간계급)	하위층(비공식 부문 프티, 주변적 미조직 노동)
저항 세력	하위층(도시 빈민)	상위층(구지배 세력)

    자유주의 경제정책을 폐기하고 사유재산권에 대해 공익을 우선시하며 규제를 실시하고 석유산업을 포함한 국가 기간산업의 국유화를 추진하는 한편, 국유화 기업들을 중심으로 노동자들과의 공동경영으로 전환하는 등 변혁적 정책들을 추진했다. 이 점에서 제4공화국과의 차별성을 부정하는 대중주의론에 비해 사회주의론이 경험적 근거에 더 부합하다는 것을 확인할 수 있다.

    사회주의 체제로의 이행은 아직 초기 단계에 불과하다. 베네수엘라 경제는 이윤 동기에 기초한 사적 부문이 공적 부문을 압도하고 있고, 사유재산제 원칙 아래에서 국유화는 제한적으로 이루어지고 있으며, 공동경영 전환은 국유 기업들을 중심으로 추진되고 있다. 시장경제의 패권하에서 체제 이행이 추진되고 있다는 점에서 현 단계를 사회주의 지향성을 지닌 시장경제,[24] 즉 사회주의적 시장경제로 규정하는 것이 적절하다고 하겠다.

24_ 차베스 정권 역시 제4공화국과 마찬가지로 사적 소유 체계와 함께 시장을 통한 자원 배분 방식을 유지하고 있다는 점에서 자본주의 시장경제 모델의 특징들을 지니고 있다. 하지만

사회주의 체제로의 이행에 비해 권력 체계 변혁은 훨씬 더 빠르게 진행되었다. 의회 중심의 대의 민주주의에서 제4공화국 하의 소외 세력들을 주체로 참여하게 하는 직접민주주의로의 이행은 상대적으로 완성 단계에 가깝다고 할 수 있다. 하지만 이런 권력 체계 재편과 새로운 주체 형성에 대해 대중주의론이나 사회주의론은 구지배 세력의 권력 자원 상실 혹은 정권 지지 기반 변화 수준의 의미를 부여하는 데 그치고 있으나, 그것은 사회주의 체제 이행을 위한 저항 세력의 무력화와 이행 주체의 형성이라는 관점에서 볼 때 체제 이행의 성공 가능성을 크게 높여 줌으로써 사회주의적 시장경제를 통한 변혁 정책 추진과 함께 이행 과정의 한 축을 구성하는 것이다.

이처럼 차베스 정권이 제4공화국과는 차별화되는 특성을 보이는 것은 차베스 정권하에서 베네수엘라 사회가 유의미한 변화를 겪고 있다는 것을 확인해 주는 것이다.

계급 간 이해관계의 편차

차베스 정권이 주도하는 유의미한 변화에 대해 사회 계급들은 상반된 반응을 보여 주고 있으며(〈표 1-4〉 참조), 이는 차베스 정권의 계급적 성격을 반영하는 것이다.

기간산업의 국유화 조치들이 사적 소유 체계의 기초 위에서 소유권을 규제하며 소유 구조를 바꾸는 수준을 넘어서 공적 소유 체계로의 이행을 추진하고 있는 한편, 권력 행사 방식 역시 국유 기업 중심 공동경영 전환을 통해 국가 수준뿐만 아니라 기업 수준에서도 민주적 통제 방식을 실천하고 있다는 점에서 사회주의를 지향한다고 할 수 있다. 소유 체계, 자원 배분과 권력 행사 방식에 기초한 사회·경제체제 운영 원리 비교에 대해서는 조돈문(2002)을 참조할 것.

표 1-4 | 계급별 차베스 정권 변혁성에 대한 입장

내용	구지배 세력(중상층 계급)	잠재적 변혁 주체(하층계급)
권력 체계 변화		
제헌의회, 선출직 재신임	정치권력 상실	구지배 세력 약화 계기
대통령 중심주의 강화	의회 권력·전통 보수정당 약화	구지배 세력 약화, 대통령 통한 소외 세력 대변 강화
사회주의적 변혁 정책		
49개 특별법	사유재산제·재산권 위협	재산 불평등 완화, 사유재산의 공익적 활용
석유산업 국유화	석유산업 수익·특권 상실	사회 예산 증대로 소득재분배
기간산업 국유화	사유재산·기업 소유권 위협	사적 자본 횡포 억제, 사회적 경제 수립
국유(화)기업 공동경영	경영 특권 와해	기업의 공공성 확보
주체 형성		
사회정책 프로그램	예산 낭비, 온정주의적 매수	소득재분배, 삶의 조건 개선
공동체 위원회	지자체·지방의회 권한 침해	직접민주주의 실천, 주체 형성
볼리바르 서클	사회불안 야기	소외 세력 조직화·정치 세력화

중상층 계급은 뿐또피호 체제의 구지배 세력으로서 차베스 정부 하의 권력 체계 변화를 자신들이 독점했던 정치권력의 상실로 여기고, 49개 특별법과 기간산업 국유화 및 공동경영은 사유재산제에 대한 중대한 위협으로 받아들이며, 사회정책 프로그램과 하위층의 조직화에 대해서는 온정주의적 매수 행위로서 사회불안을 야기하고 있다고 본다. 반면 하층계급은, 권력 체계 변화는 구지배 세력을 약화시키고 하층계급의 이해관계를 효율적으로 대변하기 위해 필요하며, 사회주의적 변혁 정책은 사유재산권에 대한 공적 규제와 공적·사적 재산의 공익적 활용을 위해 바람직하다고 본다. 또한 주체 형성 관련 변화에 대해서도 부의 재분배와 함께 직접민주주의를 실천하는 것으로서 긍정적으로 평가한다.

이렇게 사회 계급들이 차베스 정권의 변혁적 차별성에 대해 상반된 반응을 보이는 것은 계급적 이해관계의 차이에서 비롯된 것이며, 그 결과 차베스 정권에 대한 각 계급들의 지지율이 크게 변화하며 정치적 양극화 현상을 보이게 된 것이다. 제4공화국에서 사회경제적 양극화가 크게 진전되었음에도 불구하고, 정치적 양극화가 진전되지 않았던 것은 사회적 소외 세력들이 조직화되지 않음으로써 투표 행위 등 소극적인 정치적 의사 표현조차 기피하게 된 결과다. 그러나 차베스 정권 들어 이들은 급격하게 조직화되며 구지배 세력과 계급적으로 대치하게 된 것이다. 이런 계급적·구조적 분석을 대중주의론에서는 찾아볼 수 없다는 점에서 사회주의론의 비판은 정당하다고 할 수 있다.

하층계급의 차베스 정권에 대한 적극적 지지를 물질적 이해관계에서 비롯된 부분과 사회주의 이행에 대한 지지에서 비롯된 부분으로 분해하는 것은 쉽지 않다. 이들의 적극적 지지가 일차적으로는 물질적 혜택, 정치적 참여 및 권력 자원 공유 등 당면 계급 이익에 의해 촉발되고 있다는 것은 부인할 수 없지만, 차베스 정권에 대한 공고한 지지가 재생산되는 것은 당면 계급 이익과 근본 계급 이익이 수렴한 결과라고 할 수 있다.

구지배 세력의 저항과 체제 이행

구지배 세력이 차베스 정권에 맞서 저항을 전개하고 있다는 데 대해서는 이견이 없다. 하지만 저항의 이유에 대해서는 선행 연구들에서 충분한 분석이 이루어지지 않았다. 대중주의론은 직접적 설명을 제시하지 않지만, 민주주의의 후퇴와 차베스 개인의 권력 독점을 주요 원인으로 간주한다고 추론할 수 있다. 사회주의론의 경우 차베스 정권의 성격을 사회주의 정권으로 규정하고 있지만, 구지배 세력 저항의 원인은 구체적 변혁 정책보다 정치권력의 상실에서 찾고 있다.

구지배 세력이 국가권력을 부분적으로 상실한 것은 사실이지만 여전히 사적 기업 시장경제, 가톨릭교회, 유력 언론사들을 포함한 시민사회 주요 부분들을 장악하고 있고, 연방의회와 지방정부들을 분점하고 있다. 정치권력 문제는 힘의 균형에서 우위 정도의 차이에 불과할 뿐 쿠데타 등을 통한 사활을 건 투쟁의 핵심 동기로 보기는 어렵다. 구지배 세력의 기반을 구성하는 중상층 계급의 경우 제4공화국 시기에도 석유 수입에 기초한 복지 지출 확대를 경험한 바 있다는 점에서 부의 재분배도 차베스 정권에 대한 공포심의 핵심 원인으로 보기에는 부족하다.

구지배 세력이 차베스 정권의 전복을 목표로 진행한 첫 번째 시도는 2001년 12월 총파업이었으며, 그 명시적 요구 사항은 한 달 전에 통과된 49개 특별법이 사유재산권을 심각하게 침해하기 때문에 즉각 폐지하라는 것이었다. 또한 다음 해 4월 쿠데타로 집권한 과도정부가 48시간이라는 짧은 재임 기간에도 불구하고 49개 특별법부터 우선적으로 폐지했다는 것은 49개 특별법을 통한 사유재산권 침해를 중상층 계급과 구지배 세력이 얼마나 심각하게 받아들이고 있는가를 잘 보여 준다. 차베스 정권의 사회주의적 변혁 정책이 중상층 계급의 공포심을 유발한 핵심 요인을 구성하고 있는 것이다.

이런 맥락에서 구지배 세력의 권력 자원 상실과 하층계급의 조직화·정치 세력화는 이행 주체의 형성 과정으로서 사회주의적 변혁 정책의 추진을 구지배 세력이 저지하기 어렵게 함으로써 체제 이행이 더욱더 급진적으로 전개될 수 있다는 판단을 갖게 하는 것이다. 요컨대 중상층 계급과 구지배 세력의 차베스 정권에 대한 공포심의 중심에는 체제 이행에 대한 공포심이 있으며, 그런 공포심은 개인적 수준에서 정치권력과 물적 자원의 상실에 반발하는 개인적 합리성을 넘어서 체제 이행에 반발하는 계급적, 집합적 합리성을 표현하는 것이다.

체제 이행 문제가 권력 자원 배분 문제를 제치고 반차베스 세력의 핵심 쟁점으로 부상한 것은 구지배 세력의 내적 이질성 및 동학에도 기인한다. 제4공화국에서는 AD·Copei의 양대 정당 엘리트들이 뿐또피호 체제의 핵심을 구성하며 구지배 세력을 주도하고 있었다. 하지만 차베스에 의한 권력 체계 재편과 의회 및 지방정부 내 영향력 약화로 차베스 정부의 독주를 견제할 수 있는 저지 권력veto power을 상실하게 되었다. 반면 자본계급과 그 조직체인 Fedecamaras는 기간산업의 사적 소유권과 석유산업에 대한 통제력에 기초해 차베스 정부에서도 상당한 수준의 저지 권력을 유지할 수 있었다. 자본계급과 Fedecamaras는 2001년 12월 총파업을 포함한 일련의 자본 주도 총파업 과정에서 저지 권력을 행사하면서 구지배 세력을 주도하게 되었다. 이런 구지배 세력 내 구심점 변화는 2002년 4월 쿠데타 직후 Fedecamaras 의장인 까르모나Pedro Carmona가 임시정부의 수반이 되었다는 데서도 확인된다. 임시정부 시기 양대 정당은 재편된 권력 체계를 뿐또피호 제제로 복원시키는 것에 우선권을 둔 반면, 까르모나를 중심으로 한 임시정부 핵심 세력은 49개 특별법을 폐지하고 사유재산권 원칙을 재확립하고 신자유주의 경제정책을 재구축하는 데 우선권을 두었으며, 임시정부에서는 후자의 입장이 관철되었다. 이처럼 자본계급과 그 정치적 대행자들이 구지배 세력, 즉 반차베스 진영의 주도권을 장악하면서 정치권력 문제보다 체제 이행 문제가 더 첨예한 쟁점으로 부각되게 되었다.

이처럼 차베스 정권을 둘러싸고 전개되는 양대 계급의 충돌은 국가권력 장악을 둘러싼 각축의 수준을 넘어서 자본주의 시장경제 모델을 수호하려는 세력과 새로운 사회주의 체제로 이행하려는 세력 사이의 충돌의 성격도 지니고 있는 것이다. 따라서 차베스 정권에 대한 정권 전복 시도와 그로 인한 사회정치적 불안정은 변혁 정권이 체제 이행을 지향할 경우 피할 수 없는 이행 비용이라 할 수 있다.

| 2장 |

차베스 정권과 불안정성의 정치

1. 들어가는 말

중남미에 좌파 정당 재집권 붐과 함께 등장한 좌파 정권들 가운데 베네수엘라 모델은 브라질 모델에 비해 정치적 불안정성이 크다는 특징을 보여주고 있다. 실제 베네수엘라의 차베스 정권은 2002년 4월 쿠데타로 임시정부에 의해 실권했다가 이틀 뒤 복권되었고, 2002년 12월에서 다음 해 2월까지 석유산업을 중심으로 총파업-직장폐쇄가 진행되며 위기를 맞기도 했다. 차베스 정권이 겪은 위기들은 차베스 정권의 불안정성을 잘 표현해 주고 있다.

하지만 2004년 8월 대통령 소환 국민투표에서 차베스는 신임을 획득했고 2006년 12월 대선에서 재선에 성공했다. 이렇게 차베스 정권은 정치적 위기를 마감하고 정치적 안정기로 접어드는 듯 보였다. 이처럼 차베스 정권이 위기 상황을 넘겼고 정권 전복 기도로부터 자유로워졌으며 야권에 비해 월등히 높은 국민적 지지를 받고 있음에도 불구하고 차베스 정권의 정치적 불안정성은 사라지지 않았다. 위기 이후의 '위기 없는 불안정성'[1] 형태로 차베스 정권의 정치적 불안정성은 지속되고 있는 것이다.

이런 차베스 정권의 '위기 없는 불안정성'의 지속 상황은 납득하기 어렵다. 차베스가 정권 전복 기도에 맞서 정권을 방어하고 재창출하는 데 성공했으며, 2009년 초 헌법 개정으로 연임 제한을 철폐함으로써 정권재창출 가능성을 제고한 뒤에도 정치적 불안정성은 사라지지 않았다. 이런 차베스 정권의 '위기 없는 불안정성'을 설명하는 것이 이 장의 목적이다.

차베스 정권의 위기와 불안정성은 사회과학도들에게 초미의 관심사였으며, 다양한 설명들이 시도되었다. 선행 연구들은 주로 차베스 정권의 위기 시기 불안정성에 초점이 맞추어져 있었으며, 차베스 정권의 분석과 평가에서 대조를 이루는 대중주의론과 사회주의론도 이 점에서는 다르지 않다.[2] 차베스 정권의 위기 이후 '위기 없는 불안정성'은 정권 위기 시기의 불안정성과 다른 특성을 지니고 있으나, 그런 차별성을 설명하지 못한다는

1_정치적 불안정은 주요한 사회정치 세력들이 정권의 정당성을 인정하지 않거나 핵심적 정책 프로그램에 반대함으로써 국가권력을 둘러싼 사회정치적 갈등이 일상화되어 있는 조건을 의미하며, 위기란 사회정치적 갈등이 심화되어 국가권력의 유지 자체를 위협하는 수준으로 진전된 상황을 지칭한다. 차베스 정권의 경우 일상화된 사회정치적 갈등으로 정치적 불안정은 지속되어 왔고, 쿠데타와 수차례에 걸쳐 정권 전복을 위한 총파업-직장폐쇄가 전개된 시기는 위기 수준이었다고 할 수 있으며, 실제 일시적으로나마 정권 전복이 현실화되기도 했다.

2_대중주의론은 차베스 정권을 변혁적 정책 추진을 목표로 하는 것이 아니라 권력 독점을 위해 인기에 영합하는 정책들을 추진하는 대중주의 정권으로 규정하는 반면, 사회주의론은 차베스 정권은 제4공화국의 기득권 체제를 허물고 참여 민주주의를 실천하며 변혁적 정책들을 집행하는 사회주의 정권으로 규정한다. 이런 두 관점에 대한 구체적 소개는 이 책의 제1장을 참조할 것.

데 선행 연구들의 한계가 있다.

위기 시기의 불안정성은 주로 반차베스 세력에 의해 야기된 반면, 위기 이후의 불안정성은 차베스 정권에 의해 야기되는 측면이 상대적으로 더 크다는 점에서 위기 없는 불안정성 가운데 선행 연구들에서 제시된 설명 변인들로 환원되지 않는 부분들이 남는 것이다. 이 장은 이런 문제의식에 기초해 차베스 정권 불안정성의 구조적 요인과 함께 전략적 요인을 규명함으로써 위기 이후의 위기 없는 정치적 불안정성을 설명하고자 한다.

2. 정치적 불안정 연구의 배경 및 연구 방법

차베스 정권의 정치적 불안정성

선행 연구들에서 확인할 수 있는 차베스 정권의 정치적 불안정성의 요인들은 다섯 가지로 집약될 수 있다.

첫 번째 요인은 차베스 정권의 변혁성이다. 사회주의론은 차베스 정권의 정체성을 사회주의를 지향하는 변혁성으로 규정하고 있는데, 이에 따르면 변혁성은 제4공화국에 기초한 구지배 질서와 충돌할 수밖에 없으며 그 결과 차베스 정권은 정치적 불안정성을 벗어날 수 없다는 것이다(Wilpert 2007; Castro 2007; Acosta 2007; Michelena 2007). 차베스 정권의 변혁적 정책들은 제4공화국의 뿐또피호 협약Pacto de Punto Fijo 체제에 기초한 구지배 세력의 이해관계를 훼손하기 때문에 반차베스 진영의 핵심을 구성하는 구지배 세력의 격렬한 저항을 초래했다. 이는 2001년 11월 사유재산제와 재산권을 위협하는 49개 특별법을 제정하자 친차베스 진영 내 일부 온건파들이 이탈해 반차베스 진영에 합류했고 구지배 세력의 조직적 기초를 구성하는 자본가 단체 Fedecámaras와 노동조합총연맹 CTV가 총파업으로 맞섰으며 2002년 4월 쿠데타 이후 48시간의 짧은 재임 기간에도 불구하고 49개 특별법을 폐지했다는 사실에서도 잘 나타나고 있다. 그뿐만 아니라 친차베스 진영이 조직 노동 부문 내에서 대안적 노동조합 연맹체를 만들고 도시 빈민들을 볼리바르 서클로 조직화하는 등 친차베스 변혁 주체들의 조직화에 박차를 가하자, 구지배 세력은 차베스 정권의 변혁적 정책 추진을 저지하지 않으면 돌이킬 수 없는 수준의 사회 변화가 진척될 수 있다는 판단을 하게 되었다. 따라서 구지배 세력은 정권 전복 기도가 실패한 이후에도 차베스 정권에 대한 공세를 포기할 수 없었다. 차베스 정권이 정권 정체성의 핵심인 변혁성을 포기할 수 없고, 변혁 정책을 포기하지 않는 한 정치적 불안정성은 피할 수 없다는 점에서 정권의 변혁성으로 인한 정치적 불안정은 체제 이행의 피할 수 없는 비용으로 규정할 수 있다(제1장 참조).

두 번째 요인은 구지배 세력의 권력 자원 박탈이다. 차베스 정권은 출범 직후부터 제헌의회 구성과 신헌법 제정을 통해 권력 체계를 재편하는 한편, 신헌법에 따라 모든 선출직 공직자들의 재신임을 묻는 초대형 선거를 실시함으로써 구지배 세력 구성원들을 상당 부분 국가기구들로부터 제거할 수 있었다. 그뿐만 아니라 AD와 Copei 등 구지배 세력 정당들이 제헌의회 및 국회의원 선거 등 일련의 선거들을 보이콧함으로써 국회를 중심으로 한 국가기구들에 대한 구지배 세력의 장악력은 급격히 상실되었다. 대중주의론에 따르면 차베스는 사회변혁보다는 권력 장악에 일차적 관심을 두고 있으며 구지배 세력으로부터 박탈한 권력 자원을 독점적으로 사유화하고자 한다(Arenas & Gómez 2006; Petkoff 2005; McCoy 2005; Molina 2007). 따라서 구지배 세력은 차베스에 의한 권력 자원 박탈과 사유화 정책에 대해 불만을 품고 저항한다는 점에서 정치적 불안정성은 피하기 어렵다. 한편 일부 사회주의론자들도 구지배 세력의 저항의 핵심적 요인은 차베스 정권의 변혁적 정책이 아니라 권력 자원 박탈이라는 분석을 제시하며 이런 설명에 힘을 실어 주고 있다(Wilpert 2007, 19-20).

세 번째 요인은 역학 관계의 불균형이다. 반차베스 진영은 막강한 저항 역량과 차베스 정권의 취약성에 따른 절대적 힘의 우위 조건 속에서 정권 전복의 가능성을 과신했다는 것이다. 구지배 세력이 국가기구들에 대한 통제력은 상실했지만, 여전히 주요 언론사들, 가톨릭교회들, 사용자단체들과 노동조합총연맹 등 시민사회 권력 기구들을 통제하며 상당한 조직 자원을 보유하고 있었던 반면, 친차베스 진영은 미조직된 도시 빈민의 지지에 의존하고 있어 국가기구 밖의 역학 관계는 구지배 세력 주도의 반차베스 진영이 절대적 우위를 점하는 불균형 상태에 있었다. 그뿐만 아니라 집권 초기 92%까지 치솟았던 차베스 정권에 대한 긍정적 평가는 2001년 초부터 급격히 하락하기 시작해, 2003년 초반 부정적 평가의 비율이 3분의 2를 넘어서게 되었다(Canache 2007, 54-56; Gil-Yépes 2007, 279-288). 이처럼 절대적으로 유리한 조직력과 국민 여론의 조건 속에서 반차베스 진영은 정권 전복에 자신감을 갖게 되었고, 이런 맥락에서 쿠데타와 일련의 총파업을 시도한 것이다. 따라서 친차베스 진영이 조직화와 변혁 주체 형성을 통해서 역학 관계의 열위를 극복하고 힘의 우위를 확보할 때까지는 차베스 정권이 정치적 불안정성을 벗어날 수 없다는 것이다.

네 번째 요인은 대중주의 정책이다. 대중주의론자들은 차베스가 사회정책을 자신의 권력 기반 강화를 위해 정치적으로 이용함으로써 정치적 불안정을 증폭시킨다고 지적한다. 유가 하락과 경제 침체는 차베스 정권의 지지도를 떨어뜨리고 반차베스 진영이 정권 전복을 시도하게 한 배경적 요인이 되었으며, 유가 상승과 뒤이은 경제 회복은 차베스 정권의 정치적 안정성 증대에 기여했다는 분석(Weisbrot & Sandoval 2008, 7-18; Granadillo 2007)에 대해서는 이론의 여지가 없다. 실제로, 차베스 정부가 경제 회복과 함께 사회 부문 예산을 대폭 증액하며 2003년부터 교육 개발, 보건 의료, 생필품 유통 등 다양한 영역에서 사회정책 프로그램들, 즉 미션들misiónes

을 도입해 운영함으로써 대중적 지지도가 크게 상승한 것도 사실이다. 하지만 대중주의론자들은 차베스가 미션들을 통해 수혜자들과 후견인 관계를 형성하고 공동체 위원회consejos comunales들을 조직해 연방 정부 예산을 배정하며 지방정부와 지방의회들의 무력화를 시도함으로써 정치적 불안정을 야기한다고 분석하며 반차베스 진영의 시각을 대변한다(Penfold 2007, 65-68; Arenas & Gómez 2006, 129-146). 대중주의론자들과 반차베스 진영의 관점에서 보면 정치적 불안정을 피하기 위해서는 차베스가 대중의 인기에 영합하는 정책들 및 주민 조직화를 중단하고 공동체 위원회 제도를 폐지해야 한다는 것이다. 하지만 차베스 정권은 사회정책들을 통해 불평등을 해소하고 도시 빈민들의 주체 형성과 참여 민주주의를 실현하기 위한 볼리바르 서클과 공동체 위원회 같은 실험들을 포기할 수 없다는 점에서 반차베스 진영의 의구심과 불만을 증폭시킴으로써 정치적 불안정을 벗어나기 어렵다고 할 수 있다.

다섯 번째 요인은 개인화 통치 방식이다. 차베스 정권은 차베스의 개인 인기에 과도하게 의존해 차베스 개인이 절대적 권위를 행사하고 있다는 것이다. 이런 지적은 주로 대중주의론자들(Arenas & Gómez 2006; Molina 2007)에 의해 제기되기 시작했지만, 사회주의론자들(Wilpert 2007, 195-204; Ellner 2008, 129-131, 215-226)도 비슷한 문제의식을 표명하고 있다. 친차베스 진영의 조직적 중심을 구성하고 있는 정당들, 즉 초기의 MVR이나 현재의 PSUV(베네수엘라통합사회당Partido Socialista Unido de Venezuela)는 독자적 지지 기반을 결여하고 있고, 당 안팎에는 차베스 정권이 추진하는 변혁 정책의 장기적 전망을 세우고 변혁 프로그램의 마스터플랜을 기획하는 주체적 역량이 없다. 따라서 차베스 개인의 발언과 의지 표명에 따라 새로운 변혁 프로그램이 갑자기 도입되고, 차베스의 관심이 멀어지면 기존의 정책들이 흐지부지되곤 한다. 결국 차베스 정권하 베네수엘라 사회의 미래 예측 가능성은 매우 낮을 수밖에 없다. 게다가 친차베스 진영의 하향식 운영 방식은 차베스 개인의 입장과 변혁 방향에 대한 개방적 토론이나 내부 비판의 기회를 차단함으로써 차베스 정권이 추진하는 정책들의 비효율성과 실패에 대한 사전적 예방 메커니즘들의 발달을 어렵게 했다. 결국 미래의 불확실성과 함께 정책들의 높은 실패 가능성은 차베스 정권과 베네수엘라 사회의 불안정성을 증폭시키게 되는 것이다. 따라서 독자적 조직 기반과 자율성 및 변혁 프로그램 기획 역량을 지닌 정당 조직이 형성되지 않는 한 친차베스 진영은 차베스 개인에 대한 과도한 의존성을 극복할 수 없으며, 차베스 정권의 변혁 방향과 베네수엘라 사회에 대한 미래 예측성은 확보될 수 없고 정권의 정치적 안정성도 기대될 수 없다.

구지배 세력의 국가기구 권력 박탈은 이미 차베스 정권 초기에 이루어졌고 친차베스 진영이 조직노동자 및 도시 빈민 조직화에 박차를 가하면서 역학 관계가 역전되었다는 점을 제외하면 정치 불안정성의 나머지 요인들은 상대적으로 더 오랜 기간 지속되었다. 변혁성은 차베스 정권의 정체성으로서 포기할 수 없고, 대중주의론자들에 의해 대중주의 정책으로 비난받는 사회정책과 도시 주민들의 조직화·동원은 주체적 참여 민주주의를 실천하기 위해 필요할 뿐만 아니라, 도시 빈민 등 중하위층 구성원들을 중심으로 변혁 주체를 형성하기 위한 과제로 꾸준히 추진되는 것이다. 한편 자율적 제도 정당의 부재 속에서 개인화 통치 방식은 많은 문제점을 지니고 있음에도 불구하고 사라지지 않고 있는 것이다.

이처럼 위기 시기의 정치적 불안정성을 설명하는 요인들의 일부는 위기 이후의 위기 없는 정치적 불안정성에 대해서도 설명력을 지니는 것으로 나타났다. 이처럼 위기 없는 정치적 불안정성의 설명 변인들도 차베스 정권의 불안정성을 외적 요인들에 의해 야기된 결과이거나 내적 요인들의 의도하지 않은 결과로 설명한다. 하지만 위기 시기와는 다른 위기 이후의 위기 없는 정치적 불안정성을 생성하는 메커니즘은 포착되지 않았다. 즉, 차베스 정권이 전략적으로 정치적 불안정성을 야기할 수 있으며, 그런 전략을 취하지 않을 수 없는 구조적 요인들이 있을 수 있다. 이것이 이 장이 규명하고자 하는 연구 주제다.

차베스 정권의 부침과 정치적 불안정

차베스 정권 11년은 정치적 위기와 불안정성을 기준으로 세 시기로 구분될 수 있다(〈표 2-1〉 참조).

제1기는 차베스 정권 집권 초기로서 1999년 2월에서 2001년 11월에 이르는 시기다. 이 시기는 차베스 정권이 경제정책의 연속성 속에서 경제적 안정을 유지하며 권력 구조 재편을 추구한 시기다. 집권 초기 신헌법 제정을 통해 권력 체계를 재편하고 구지배 세력의 정치적 권력 자원들을 박탈함으로써 구지배 세력을 무력화시키는 한편, 대통령과 행정부를 구심점으로 하는 새로운 권력 구조를 수립했다. 구지배 세력이 제헌의회 조직 국민투표와 제헌의회 의원 선거 등 일련의 선거를 보이콧하면서 베네수엘라 사회는 점차 정치적으로 양극화되기 시작했고 차베스 정권은 행정부에 이어 입법부와 지방 권력까지 장악할 수 있게 되었다. 권력 구조 재편이 상당 정도 이루어진 다음 차베스 정권은 제헌의회로부터 위임받은 권한 위임법 Ley Habilitante을 이용해 2001년 11월 탄화수소법을 포함한 49개 특별법을 통과시킴으로써 변혁 정책 추진을 위한 법적 기초를 정비하기 시작했다.

제2기는 차베스 정권의 위기 시기로, 2001년 12월에서 2004년 8월에 이르는 시기다. 이 시기는 차베스 정권이 2001년 사유재산제와 재산권을 위협하는 49개 특별법을 통과시켜 변혁성을 드러내는 한편, 구지배 세력의 이해관계에 큰 타격을 입히기 시작하자, 구지배 세력이 반차베스 진영의 핵심을 구성하며 선거 외적 방식으로 정권을 전복하고자 거듭 시도함으로써 차베스 정권이 실권 위기에 직면해 있던 시기다. 특별법 통과 직후 자본계급과 조직 노동의 연합 세력은 2001년 12월 특별법 반대 총파업 투

표 2-1 | 베네수엘라 주요 선거 및 정치 일정

단위: %

선거 및 정치 일정	기권율	선거 결과 / 정치 일정 내용	비고
차베스 정권 집권 초기			
1998.12.6 대선	36.6	차베스 56.2% 당선	
1999.2.2 차베스 대통령 취임			
1999.4.25 제헌의회 조직 국민투표	62.4	81.7% 찬성	
1999.7.26 제헌의회 의원 선거	53.8	차베스 세력 120/131석	Polo Patriótico(애국축)
1999.12.15 제헌헌법안 국민투표	55.6	72% 찬성	1999.12.20 발효
2000.7.30 국회 선거	44.0	여당 연합 의석 3분의 2	MVR 76/165석
2000.7.30 대선	43.7	차베스 59.5% 당선	
2001.11, 개혁 법안 49개 통과			대통령의 입법권 행사
차베스 정권의 위기 시기			
2001.12.10 총파업		총파업-직장폐쇄	CTV-FEDECAMARAS
2002.4.11 쿠데타			4월 13일 차베스 복귀
2002.12.3~2003.2.4 총파업		총파업-직장폐쇄	CTV-FEDECAMARAS
2004.8.15 차베스소환 국민투표	30.1	반대 59.1%	
차베스 정권의 안정화 시기			
2004.10.31 지자체장 선거		여당 연합 20/22 주지사	Bloque del Cambio(변화 동맹)
2005.8 지방의회 선거	70	여당 연합 80%	
2005.12 국회 선거	75	여당 연합 117/167석	
2006.12.3 대선	25.3	차베스 62.84% 당선	야당 단일 후보 로살레스 36.9%
2007.12.2 헌법 개정 국민투표	44	49%/51% 부결	대통령 연임 제한 철폐 등
2009.2.15 헌법 개정 국민투표	30	54.85%/45.14% 통과	공직 선출자 연임제한 철폐
2012.10.7 대선	20	차베스 55.07% 당선	야당 단일 후보 까쁘릴레스 44.31%

자료: CNE(Consejo Nacional Electoral, www.cne.gov.ve) 등에서 필자가 작성함.

쟁을 전개했으며, 2002년 4월 11일 쿠데타로 차베스를 감금하고 48시간 동안 임시정부를 가동한 바 있고, 2002년 12월에서 다음 해 2월까지 석유 산업을 중심으로 총파업-직장폐쇄 투쟁을 전개해 베네수엘라 경제에 큰 타격을 입힌 바 있다. 이런 구지배 세력의 공세는 차베스 정권의 정당성을 인정하지 않고 차베스 정권을 조직력과 국민 여론의 힘으로 전복할 수 있다는 자만심에서 비롯되었다. 2003년 4~5월 여야 대표들은 대통령 소환 여부를 묻는 국민투표를 실시하기로 합의하고 소환 청원 절차를 거쳐 치러진 2004년 8월 15일의 국민투표에서 차베스가 승리함으로써 구지배 세력의 정권 전복 기도는 실패로 끝나게 되었다.

제3기는 차베스 정권의 안정화 시기로서, 2004년 8월 국민투표 이후 시기다. 이 시기는 차베스 정권이 대통령 소환 국민투표에서 59% 대 41%라는 큰 차이로 승리해 정권의 위기를 극복하고 야당과의 타협에 연연하지 않고 변혁 정책을 본격적으로 추진하게 되는 시기다. 반차베스 진영은 2004년 8월 국민투표 이후에도 지방의회 선거와 국회의원 선거 등에서 지속적으로 선거를 보이콧했으나 2006년 12월 대선에 참여해 정권 교체를 시도했고, 야당의 선거 참여로 한 해 전에 치른 국회의원 선거에 비해 투표 참여율은 25%에서 75%로 대폭 상승했다.[3] 반차베스 진영은 야당 후보 단일화에도 불구하고 차베스에 63% 대 37%로 참패했지만 이후부터는 더 이상 선거보이콧 전술을 펴지 않고 선거 참여를 통한 권력 분점을 추구하기 시작했다. 대통령 연임 제한 철폐를 묻는 국민투표는 2007년 12월 49% 대 51%로 부결되었지만, 2009년 2월 대통령뿐만 아니라 모든 공직 선출자들을 포함해 연임 제한 철폐를 묻는 국민투표는 55% 대 45%로 통과되었다.

3_각종 선거의 기권율은 제4공화국하에서 1978년부터 10%를 넘어서기 시작해 1989년 이후 기권율이 50%를 상회하는 사례들도 발생하고 있었다. 투표율이 상대적으로 높은 대통령 선거에서도 기권율이 높아져서 1993년 선거의 경우 39.8%의 기권율을 보였고 차베스가 승리한 1998년 선거에서도 기권율은 36.6%에 달해 정치적 무관심 인구가 35~40%에 이르고 있었다는 것을 보여 주었다. 차베스 집권 이후 기권율이 50%를 넘어서는 경우는 야당의 보이콧이 전개되었다는 것을 의미한다. 2006년 12월 대통령 선거부터 기권율이 크게 하락한 것은 야당이 비합법적 방법에 의한 정권 교체를 포기하고 선거를 통해 권력 분점과 정권 교체를 추구하는 적극적 선거 참여 전술로 전환한 결과다. 이는 권력투쟁의 제도화를 반영하는 것으로서 차베스 정권이 위기에서 벗어났다는 것을 확인시켜 주는 것이다.

연구 주제와 연구 방법

이 장은 차베스 정권의 불안정성과 지지 기반의 시기별 변화를 분석하기 위해 다따날리시스Datanalisis가 2001년 6월, 2003년 5월, 2009년 5월에 실시한 여론조사 자료들을 분석한다. 설문 조사들은 베네수엘라 전국의 성인 남녀들을 대상으로 다단계 층화 집락 표집 방식으로 실시되었으며, 사례수는 각각 1,000명, 1,000명, 1,300명이다. 이 세 시점은 차베스 정권의 집권 초기, 차베스 정권의 위기 시기, 차베스 정권의 안정화 시기 등 차베스 정권 부침의 세 시기에 해당된다. 이 장은 세 시점의 여론조사 자료들을 분석함으로써 시기별 변화를 포착하는 한편, 차베스 정권 불안정성의 구조적 요인들을 규명하고자 한다.

세 시점의 비교 연구를 위해 공통적으로 사용된 동일 문항들을 중심으로 변수화했다. 설명 변수로 사용되는 '계층 위치'는 베네수엘라 여론조사에서 통상적으로 사용되는 '사회경제 계층'estrato socioeconomico 변수를 재범주화한 것이며, 이 변수는 소득수준, 고용 형태, 주거지역 등을 기초로 만들어졌다. 사회경제 계층 변수는 A~E의 5계층 범주 변수로 측정되었지만, 인구 비중이 작은 범주들을 묶어 ABC의 '상위층', D의 '중위층', E의 '하위층' 등 세 개의 범주로 '계층 위치' 변수를 만들었다. '차베스 대통령 직무 수행 평가'는 '매우 못한다'(1)에서 '매우 잘한다'(6)에 이르기까지 여섯 개의 범주로 세분화되어 있다. 차베스 정부 정책 수행에 대한 응답자들의 만족도는 고용, 주거, 교육, 보건, 치안, 부패 척결, 사적 투자 촉진 등 일곱 개 영역별로 '매우 불만족'(1)에서 '매우 만족'(6)에 이르는 여섯 개 범주의 값을 지니며, 일곱 개 영역 평가치의 평균값으로 '차베스 정부 정책 만족도' 변수를 만들었다.

차베스 정권의 변혁성과 차베스 정권의 정치적 불안정성 사이의 관련성을 분석하기 위해서는 사회경제 체제에 대한 설문 문항들이 요구되는데, 차베스 정권 위기 시기의 2003년 조사 자료는 정치경제 모델에 대한 설문들을 포함하고 있어 심층 분석을 실시했다. '차베스 정권이 지향하는 사회 경제 체제'와 응답자가 선호하는 '바람직한 사회경제 체제' 변수들은 자본주의, 사회주의, 공산주의의 세 범주들로 구성되어 있다. 응답자의 정치적 입장을 파악하기 위해 "오는 일요일 차베스가 대통령직을 계속 수행해야 하는지, 아니면 대통령궁을 떠나야 하는지 결정하기 위한 국민투표가 실시된다면 귀하는 어떻게 투표하겠습니까?"라는 물음을 던져 차베스의 대통령직 유지에 대한 투표 의향을 밝히면 '1'의 값을 주고, '불신임' '모르겠다' '무응답'에 대해서는 '0'의 값을 주어 '차베스 지지' 변수를 만들었다.

3. 차베스 정권의 부침과 평가 변화

차베스 정권의 부침

차베스 정권의 시기별 부침은 국내총생산 증가율, 석유 수입, 물가 상승률, 재정 수지 및 공공 부채 등 거시 경제 지표들에서도 확인된다(〈표 2-2〉 참조).

  차베스 정권이 위기를 겪은 2002~03년은 국내총생산 증가율이 마이너스 8% 수준에 달했고 석유 수입 급감에 따른 재정 수지 악화로 공공 부채는 크게 증가했다. 그뿐만 아니라 차베스 정권 위기 시기는 취업률도 83%로 크게 하락했고 사회적 투자 비율이 정체하는 가운데 불평등 지수는 크게 상승했다.

  반면에, 2004년부터 국내총생산 증가율은 10%를 상회하며 경제는 회복되어 성장세를 기록하고 석유 수입이 증가함으로써 재정 수지가 개선되어 공공 부채는 급격하게 감축되기 시작했다. 그 결과 취업률은 다시 상승하기 시작했고 사회적 투자가 급증하면서 불평등 지수는 크게 개선되어

표 2-2 | 베네수엘라 거시 경제 지표[4]

단위: %, 지니계수

연도	국내총생산 증가율*	물가 상승률	재정 수지/ 국내총생산	공공 부채/ 국내총생산	석유 수입/ 조세수입	취업률	사회적 투자/ 국내총생산	빈곤 가구 비율	지니 계수
1989	-8.6	81.0		83.6	72.4		7.4		
1990	6.5	36.5	0.0	65.6	80.1	89.6	10.3	49.0	
1991	9.7	31.0	2.1	61.9	77.3	91.3	12.1	49.9	
1992	6.1	31.9	-3.2	59.7	62.4	92.9	12.0	44.2	
1993	0.3	45.9	-2.4	61.9	51.6	93.6	10.1	52.2	
1994	-2.3	70.8	-5.8	66.5	52.4	91.6	10.0	65.0	.4911
1995	4.0	56.6	-3.7	69.2	44.7	89.8	9.9	58.6	.4632
1996	-0.2	103.2	1.6	45.9	58.3	87.6	9.8	69.0	.4766
1997	6.4	37.6	2.3	32.1	54.5	89.4	12.5	48.1	.4874
1998	0.3	29.9	-4.5	30.6	30.7	89.0	11.3	43.9	.4865
1999	-6.0	20.0	0.7	29.5	42.5	85.5	12.8	42.0	.4693
2000	3.7	13.4	4.4	27.6	58.2	86.8	14.9	40.4	.4772
2001	3.4	12.3	-4.6	30.8	55.8	87.2	16.7	39.0	.4573
2002	-8.9	31.2	-1.5	39.3	11.3	83.8	16.3	48.6	.4938
2003	-7.8	27.1	0.2	47.6	16.0	83.2	16.7	55.1	.4811
2004	18.3	19.2	2.5	38.4	16.0	86.1	18.1	47.0	.4559
2005	10.3	14.4	4.1	32.7	24.1	88.6	17.6	37.9	.4748
2006	10.3	17.0	-1.5	23.9	25.6	90.7	21.7	30.6	.4422
2007	8.4	22.5	-2.6	19.3	26.2	92.5	21.2	28.3	.4200
2008	6.0		0.13	13.5	21.7		18.8		

주 *: 국내총생산 증가율은 1997년 가격 기준, 취업률은 각연도 12월 기준이며, 2008년 통계치는 추정치다.
자료: MPD(2008a, 3-27; 2008b, 13; 63-79; 2008c, 5).

갔다.

차베스 정권의 시기별 거시 경제 지표 및 삶의 조건 부침은 〈표 2-3〉과 같이 차베스 대통령의 직무 수행 평가와 정책 만족도에 그대로 반영되었다. 직무 수행 평가와 정책 만족도는 집권 초기인 2001년에 비해 위기 시기인 2003년 크게 하락했다가 안정화 시기에 들어 상승하기 시작해 2009

4_ 이 표의 통계치들은 차베스 정부의 자체적인 10년 평가 자료들에서 발췌한 것으로서 일관된 기준이 사용되고 있으며, 이후 통계청이 발표한 공식 통계치들과 불일치하는 부분들도 있으나 산정 기준들이 상이해 본 통계치들을 수정·보완하지 않았다.

표 2-3 | 연도별 차베스 직무 수행 평가 및 정책 만족도

연도	직무 수행 평가	정책 만족도
2001	3.5335	2.9308
2003	2.7801	2.4556
2009	3.6745	3.0524

년에는 2001년 수준을 경미하게나마 상회하게 되었다.

    계층별로 연도별 차베스 직무 수행 평가와 정책 만족도 변화를 보면, 〈표 2-4〉처럼 2001년과 2003년 사이 상위층이 중·하위층에 비해 가장 크게 하락한 것으로 나타났다. 이 시기에 차베스 정권에 대한 평가와 만족도가 위기의 시기에 모든 계층에서 악화된 것은 경제 침체와 그에 따른 삶의 조건 악화에 기인하는 것으로 해석할 수 있다. 상위층의 악화 정도가 더 큰 것은 사유재산권 제약과 석유산업 통제 강화 등 49개 특별법 제정으로 이해관계에 가장 큰 타격을 입은 집단이 바로 구지배 세력이 포진한 상위층이라는 것을 의미한다. 또한 2003년과 2009년 사이 차베스 정부 직무 수행 평가와 정책 만족도 모두 개선되었으며 이는 경제 회복과 함께 고용 사정 개선 및 사회 지출 증대로 인해 삶의 조건이 전반적으로 개선된 결과라 할 수 있다. 하지만 2001년과 2009년을 비교해 보면 직무 수행 평가 및 정책 만족도 모두 전반적으로 개선되었지만 상위층의 경우 개선 정도는 무시할 만한 수준에 불과한 반면, 중·하위층에서는 두드러지게 개선되었으며 특히 하위층의 경우 그 정도가 크게 나타났다. 이는 경제 회복 이후 다양한 사회정책 프로그램들을 도입·운영하는 등 적극적 사회정책을 펼치면서 상위층에 비해 중·하위층이 큰 혜택을 입은 때문이라 할 수 있다.

    한편 세 시점 모두 차베스 정부 직무 수행 평가와 정책 만족도에서 상위층으로부터 하위층으로 갈수록 긍정적 의견이 강화되는 것으로 나타났다. 상위층과 하위층 사이의 차베스 정부에 대한 의견 차이는 2001년과 2003년 사이 매우 커졌으며 2003년 이후에는 대체로 정체하는 것으로 나

표 2-4 | 계층별 연도별 차베스 정부 직무 수행 평가 및 정책 만족도 변화

직무 수행 평가	2001년	2003년	2009년	합계	2009년-2001년
상위층 ABC	3.0653	2.1842	3.0859	2.8140	0.0206
중위층 D	3.5429	2.8187	3.6963	3.3695	0.1534
하위층 E	3.7562	3.0093	3.9339	3.5929	0.1777
전체	3.5335	2.7801	3.6745	3.3538	0.1410
하위층-상위층	0.6909	0.8251	0.8480	0.7789	
정책 만족도	2001년	2003년	2009년	합계	2009년-2001년
상위층 ABC	2.7407	2.0463	2.7483	2.5455	0.0076
중위층 D	2.9249	2.4565	3.0178	2.8107	0.0929
하위층 E	3.0353	2.6412	3.2211	2.9924	0.1858
전체	2.9308	2.4556	3.0524	2.8340	0.1216
하위층-상위층	0.2946	0.5949	0.4728	0.4469	

타났다. 이처럼 차베스 정권 위기의 시기에 사회적 양극화가 정치적 양극화로 전환되며 양극화 정도가 강화된 것은 2001년 11월 특별법 제정에서 차베스 정권의 변혁적 성격을 확인하며 상위층의 차베스 정권에 대한 적대성이 급격히 강화된 때문이라 할 수 있다.

차베스 정부 부문별 정책 만족도 변화

차베스 정부 정책에 대한 부문별 만족도를 보면, 〈표 2-5〉와 같이 교육, 보건, 주거 순서로 높게 나타난 반면, 치안과 부패 부문에서 불만족도가 가장 높게 나타났다. 차베스 재임 기간 가장 크게 개선된 부분은 고용, 보건, 교육 순서로, 가장 악화된 부문은 사적 부문 투자 영역으로 나타났으며, 부패와 치안 부문 역시 경미하게나마 악화된 것으로 나타났다.

차베스 정부 정책의 부문별 평가에서도 계층별 차이가 나타났다. 상위층이 가장 크게 개선되었다고 평가하는 것은 고용 부문이고 다음으로 교육과 보건 부문을 꼽은 반면, 가장 크게 악화되었다고 지적하는 것은 사적 부문 투자 영역이었고 그 다음 부패와 치안 순서로 악화되었다고 평가했다. 중위층이 가장 크게 개선되었다고 평가하는 부문은 보건, 고용, 교육

표 2-5 | 차베스 정부 부문별 정책 만족도

구분	전체적 만족도	고용	주거	교육	보건	치안	부패척결	사적 부문 투자
전체								
2001년	2.9308	2.7093	3.2248	3.2925	3.1570	2.3394	2.7434	3.1207
2003년	2.4556	2.3290	2.7982	2.8761	2.5634	2.1123	2.2759	2.4108
2009년	3.0524	3.1024	3.3216	3.5462	3.5084	2.3021	2.6521	2.9659
2009년-2001년	0.1216	0.3931	0.0968	0.2537	0.3514	-0.0373	-0.0913	-0.1548
상위층								
2001년	2.7407	2.5862	3.0591	3.0394	2.9852	2.1980	2.5224	2.8812
2003년	2.0463	1.9789	2.3925	2.4468	2.2169	1.7632	1.8360	1.9301
2009년	2.7483	2.8889	3.0843	3.2375	3.1762	2.0840	2.2824	2.5430
2009년-2001년	0.0076	0.3027	0.0252	0.1981	0.1910	-0.1140	-0.240	-0.3382
중위층								
2001년	2.9249	2.7642	3.2571	3.2636	3.0840	2.3204	2.7584	3.1187
2003년	2.4565	2.3307	2.7893	2.8080	2.5293	2.1243	2.2815	2.4563
2009년	3.0178	3.0598	3.3125	3.4794	3.4628	2.3341	2.6124	2.9627
2009년-2001년	0.0929	0.2956	0.0554	0.2158	0.3788	0.0137	-0.1460	-0.1560
하위층								
2001년	3.0353	2.7185	3.2772	3.4469	3.3127	2.4282	2.8391	3.2474
2003년	2.6412	2.4825	2.9835	3.1233	2.7459	2.2564	2.4670	2.5897
2009년	3.2211	3.2365	3.4393	3.7424	3.6989	2.3783	2.8566	3.1667
2009년-2001년	0.1858	0.5180	0.1621	0.2955	0.3862	-0.0499	0.0175	-0.0807

순서였으며, 가장 크게 악화되었다고 평가하는 부문은 사적 부문 투자와 부패였다. 한편 하위층이 가장 크게 개선되었다고 평가하는 부문은 고용, 보건, 교육, 주거 순서였으며, 사적 부문 투자와 치안은 경미하게나마 악화되었다고 평가하고 있다.

모든 계층 위치들의 평가에서 공통된 점은 고용, 보건, 교육 부문 순으로 개선된 반면, 사적 부문 투자, 부패, 치안 순서로 악화되었다고 보는 것이다. 한편 계층별 평가가 크게 차이나는 부분은 사적 부문 투자, 부패, 보건, 교육 부문으로서 하위층이 상위층에 비해 상대적으로 더 긍정적으로 평가하고 있다. 사적 부문 투자 촉진 영역에서 상위층이 하위층에 비해 더 부정적으로 평가하는 것은 상위층이 사적 부문 투자 인센티브 약화에 대해 민감하며 좀 더 많은 객관적 정보를 갖고 있을 뿐만 아니라, 차베스 정권의 변혁성으로 인해 사유재산권이 위협받고 있는 데 대한 불만과 두려움이 크기 때문이기도 하다. 반면, 부패 척결 영역 평가에서 엇갈리는 것은 정치권력 자원을 상실한 상위층의 부정적 평가와 정치권력 행사에 대한 참여 기회가 확대된 하위층의 긍정적 평가를 반영한다고 할 수 있다. 한편 보건과 교육 부문은 미션 프로그램들의 실시 영역으로 하위층이 주요 수혜자인 반면, 상위층은 이를 부적절한 예산 배분으로 규정하며 비판적으로 평가하기 때문이라 할 수 있다. 이처럼 계층 간 평가의 차이는 상이한 물질적 이해관계에 기초해 있다.

4. 차베스 정권 불안정성의 구조적 요인과 대응 전략

여기에서는 주로 2003년 조사 자료를 이용해 차베스 정권이 지향하는 사회경제 체제와 차베스 지지자들을 포함한 베네수엘라인들의 선호 체제 사이의 상응성 정도 및 그 함의에 대해 분석한다.

사회경제 체제 선호 유형과 차베스 지지율

베네수엘라인들이 생각하는 바람직한 사회경제 체제는 자본주의 체제가 82.8%로서 거의 모든 베네수엘라인들의 선호 체제인 반면, 사회주의 체제와 공산주의 체제는 각각 14.6%와 2.6%로서 합해도 17.2%에 불과하다(〈표 2-6〉 참조). 자본주의 체제에 대한 선호도에서 차베스 지지 여부에 따른 차이는 별로 크지 않으며 차베스 지지자가 비非지지자에 비해 자본주의에 대한 선호도가 13.4% 정도 낮게 나타났다. 반면, 차베스 정권이 지향하는 체제가 공산주의 체제라는 평가가 47.8%로서 절반 수준에 달하고 있고, 여기에 사회주의 체제를 합하면 62.3%에 이른다. 차베스 정권의 지향

표 2-6 | 차베스 지지 여부와 사회경제 체제

단위: %, 사례수

구분		차베스 지지 여부		합계	사례수
		비지지자	지지자		
차베스 지향 체제	자본주의	24.0	65.2	37.7	377
	사회주의	9.6	24.3	14.5	145
	공산주의	66.4	10.5	47.8	478
	합계	100.0	100.0	100.0	1,000
	사례수	667	333	1,000	
바람직한 체제	자본주의	87.3	73.9	82.8	828
	사회주의	10.5	22.8	14.6	146
	공산주의	2.2	3.3	2.6	26
	합계	100.0	100.0	100.0	1,000
	사례수	667	333	1,000	

성에 대한 평가에서는 차베스 지지 여부에 따른 차이가 크게 나타났다. 차베스 지지자들의 65.2%가 차베스는 자본주의를 지향한다고 보며 변화를 과소평가하는 반면, 비지지자들의 66.4%는 공산주의를 지향한다고 간주함으로써 변화를 과대평가하며 공포심을 표현하고 있다.

차베스를 지지하지 않는 시민들은 차베스가 베네수엘라인의 2.6% 지지밖에 받지 못하는 공산주의를 지향하고 있다는 점에서 차베스를 거부하는 근거를 찾고 있다. 반면에, 차베스 지지자들의 다수에 해당되는 65.2%는 차베스가 사회주의나 공산주의를 지향하는 것이 아니라 자신들이 선호하는 자본주의를 지향한다고 판단하면서 차베스 지지와 자신들의 이념적 성향이 불일치하지 않다는 것을 확인하고 있다. 베네수엘라의 이념적 양극화는 선호 체제가 아니라 차베스 정권의 정체성 평가에서 나타나고 있는 것이다.[5]

5_ 동일한 현상은 쿠바 모델과 관련해서도 확인되고 있다. 쿠바 모델을 선호하는 비율은 차베스 지지자들의 8.1%와 비지지자들의 0.4%로서 큰 차이를 보이지 않지만, 차베스가 쿠바 모델을 도입하고 있다고 보는 비율은 차베스 지지자들의 경우 11.1%에 불과한 반면, 비지지

차베스 정권의 정체성이 사회주의를 지향하는 변혁성에 있다는 점에서 차베스 지지 세력의 73.9%가 자본주의를 선호하고 있다는 현실은 차베스 정권에게 딜레마를 안겨 주고 있다. 차베스 정권이 사회주의 이행을 위해 변혁적 정책들을 실천할수록 반차베스 진영은 자본주의 체제 수호를 위해 결집하며 반차베스 투쟁의 강도를 높일 것인 데 반해, 친차베스 진영의 경우 자본주의 체제를 선호하는 73.9%가 차베스 지지를 철회함으로써 친차베스 진영을 급격히 위축시킬 수 있기 때문이다. 이처럼 변혁 정책에 대한 지지도가 차베스 개인에 대한 지지도에 훨씬 못 미치고 차베스 지지자들의 절대다수가 변혁적 정책을 거부하기 때문에 차베스 정권은 변혁성을 포기하지 않는 한 정치적 불안정을 피할 수 없다는 구조적 조건에 처해 있는 것이다.

체제 상응성과 차베스 지지율

바람직하다고 생각하는 체제와 차베스가 지향하는 체제 사이의 상응성 여부에 따라 〈표 2-7〉과 같이 정치적 정체성을 네 가지 유형으로 나눌 수 있다.

첫 번째 유형은 차베스가 바람직한 체제보다 더 급진적인 체제를 지향한다고 판단하며, 차베스 정권의 변혁 과잉에 대해 강한 거부감을 지닌 집단이다. 이들은 반차베스 진영의 정치적 정체성과 친화성이 높은 집단이다.

두 번째 유형은 차베스가 추진하고 있는 정책들은 바람직한 체제 지향성에 못 미친다고 판단하며, 차베스 정권의 변혁 미흡에 대해 비판적 입장

자들의 경우 82.3%에 달하고 있다. 이처럼 쿠바 모델 평가에 있어서는 차베스 지지 여부와 관계없이 상대적 동질성을 보이고 있지만 차베스 정권의 정책 추진 방향에 대한 진단은 극명하게 대립하고 있다.

표 2-7 | 체제 유형의 상응성과 정치적 정체성

정치적 정체성		바람직한 체제		
		자본주의	사회주의	공산주의
차베스 지향 체제	자본주의	실용주의 (중립 입장)	변혁 미흡 (비판적 지지)	변혁 미흡 (비판적 지지)
	사회주의	변혁 과잉 (반차베스)	적정 변혁 (친차베스)	변혁 미흡 (비판적 지지)
	공산주의	변혁 과잉 (반차베스)	변혁 과잉 (반차베스)	적정 변혁 (친차베스)

을 지니는 집단이다. 하지만 구지배 세력의 정권 전복 기도에 대해서는 상대적 변혁성을 지닌 차베스 정권의 방어에 합류할 수 있는 비판적 지지 집단에 해당된다.

세 번째 유형은 차베스 정권이 추진하는 체제가 자신들이 바람직한 체제로 판단하는 체제와 상응한다고 판단하고 차베스 정권의 적정 변혁성을 긍정적으로 평가하며, 차베스 정권에서 높은 만족감을 찾는 집단이다. 이들은 차베스 정권에 대해 적극적 지지를 보내며 친차베스 진영의 핵심을 구성한다.

네 번째 유형은 자본주의를 바람직한 체제로 보고 차베스 정권도 자본주의를 지향한다고 판단하는 집단으로, 변화를 바라지도 않고 변화를 인정하지도 않으며, 네 유형 가운데 이데올로기적 정체성이 가장 약한 집단이다. 이들은 차베스 정권의 경제·사회 정책의 성과에 기초해 차베스 정권에 대한 지지 여부를 결정하며, 투표 행태에 있어 계급 투표·이념 투표가 아니라 쟁점 투표·경제 투표 성향을 보이는 실용주의자들이다.

체제 유형의 상응성 여부에 기초한 네 집단의 정치적 정체성은 〈표 2-8〉에 정리된 차베스에 대한 지지율에서 확인할 수 있다. 차베스 정권을 변혁 과잉으로 평가하는 집단은 가장 낮은 차베스 지지율을 보임으로써 반차베스 진영의 정치적 정체성을 보여 주었다. 그 가운데서도 자본주의가 바람직한데 차베스 정권은 공산주의를 지향한다고 판단하는 범주는

표 2-8 | 체제 유형의 상응성과 차베스 지지율

차베스 지지율 (2003년)		바람직한 체제			전체	사례수
		자본주의	사회주의	공산주의		
차베스 지향 체제	자본주의	.5776	.5600	.5000	.5756	377
	사회주의	.3253	.9153	.0000	.5586	145
	공산주의	.0453	.1290	.4737	.0732	478
전체		.2971	.5205	.4231	.3330	1,000
사례수		828	146	26	1,000	
차베스 지지율 변화 (1998~2003년)		바람직한 체제			전체	사례수
		자본주의	사회주의	공산주의		
차베스 지향 체제	자본주의	.0374	.0000	.0000	.0345	377
	사회주의	-.0482	.3051	-.3333	.0896	145
	공산주의	-.2872	-.1291	-.2105	-.2636	478
전체		-.1268	.0684	-.1923	-.1000	1,000
사례수		828	146	26	1,000	

4.5%로 가장 낮은 차베스 지지율을 보이면서 반차베스 진영의 핵심을 구성하고 있으며, 사회주의가 바람직한데 차베스 정권이 공산주의를 지향한다고 판단하는 범주도 12.9%의 낮은 지지율을 보여 주었다. 네 집단들 가운데 차베스 정권을 적정 변혁으로 평가하는 집단이 가장 높은 지지율을 보이며 친차베스 진영의 핵심을 구성하고 있다는 것을 확인시켜 준다. 특히 사회주의 체제의 상응성을 지닌 범주는 91.5%로서 가장 높은 차베스 지지율을 보여 주었다. 한편 변혁이 미흡하다고 평가하는 집단은 사례수가 적어 범주별 차별성을 확인하기는 어렵지만 대체로 평균보다 조금 더 높은 수준의 차베스 지지율을 보이고 있으며, 변혁의 미흡함에 대해 비판적이지만 구지배 세력의 극렬 저항으로 정치적 위기를 겪고 있는 차베스 정권에 대해 지지를 보임으로써 비판적 지지의 정치적 정체성을 표출하고 있다. 마지막으로 실용주의 집단은 57.8%의 차베스 지지율을 보이며 전체 평균 차베스 지지율 33.3%의 두 배 가까운 높은 지지율을 보이는 것은 정치적 중립의 정체성을 지니지만 제4공화국 시기에 비해 석유 수입의 사회적 공유 등 사회경제 정책들에 대한 긍정적 평가에서 비롯되었다는 것을 의미한다.

표 2-9 | 체제 유형의 상응성과 집단별 분포

단위: %, 사례수

빈도 분포		바람직한 체제			전체	사례수
		자본주의	사회주의	공산주의		
차베스 지향 체제	자본주의	34.8	2.5	.4	37.7	377
	사회주의	8.3	5.9	.3	14.5	145
	공산주의	39.7	6.2	1.9	47.8	478
전체		82.8	14.6	2.6	100.0	1,000
사례수		828	146	26	1,000	

    1998년 투표와 2003년 투표 성향을 비교할 때 가장 두드러진 현상은 변혁 과잉으로 판단하는 집단이 전체 평균보다 더 크게 차베스 지지율 하락 추세를 보였다는 점이다. 이는 이들 가운데 차베스 정권의 변혁 과잉을 확인하면서 차베스 정권에 대한 지지를 철회한 사람들이 많으며 이들이 차베스 지지율 하락 추세를 주도하고 있다는 것을 의미한다.

    체제 유형의 상응성 여부에 따라 분류된 네 집단들의 상대적 규모를 보면 〈표 2-9〉처럼 변혁 과잉 판단에 기초한 반차베스 정체성을 지닌 집단이 54.2%로 가장 큰 비중을 차지하고 있다. 이들 가운데 반차베스 진영의 핵심이라 할 수 있는, 자본주의를 선호하되 차베스 정권이 공산주의를 지향한다고 평가하는 범주는 39.7%로서 전체 유권자들의 절반에 육박하고 있다. 두 번째로 큰 집단은 실용주의자 집단으로서 34.8%에 달하고 있다. 반면, 가장 작은 규모는 변혁 미흡 평가 집단으로서 3.2%이며 변혁 적정성 평가에 기초한 친차베스 진영도 7.8%에 불과해 반차베스 진영의 54.2%에 비해 매우 왜소한 위상을 지니는 것으로 나타났다.

    이념적 성향으로 판단하면 차베스 정권은 변혁적 정책을 실천함에 있어 적정 변혁 평가 집단을 친차베스 진영의 핵심으로 하고, 변혁 미흡 평가 집단을 비판적 지지 세력으로 동원할 수 있다. 하지만 이렇게 이념적 친화성을 지닌 집단의 규모는 11.0%에 불과하며 차베스 정권에 대한 지지율 33.3%의 3분의 1에 불과하다. 차베스 지지자의 나머지 3분의 2는 차베스를 지지하면서도 차베스의 변혁적 정책이 지나치게 급진적이라고 거부감을 보이는 것이다.

결국, 차베스 정권은 실용주의자 집단을 표적으로 삼지 않을 수 없게 된다. 실용주의자 집단은 차베스 정권에 대한 이념적 거부감이 상대적으로 약한 집단으로서 변혁 과잉 판단 집단에 비해 차베스 정권의 실천을 통해 견인될 수 있는 가능성이 훨씬 더 높기 때문이다.

실용주의자 집단과 차베스 정권의 대응 전략

차베스 정권이 변혁 정책 지지율과 차베스 지지율 사이의 괴리를 극복하기 위해 실용주의자 집단을 대상으로 취할 수 있는 전략의 핵심은 양분 전략이다. 차베스는 시민들에게 "친구 아니면 적"amigo-enemigo 가운데 입장 선택을 분명히 할 것을 강요하며 중립지대를 허용하지 않는다. 이런 양분 전략의 일차적 표적은 중립적 입장의 시민들이 아니라 차베스의 지지자들이다. 차베스 정권은 정책의 내용적 평가를 통해 지지 기반을 확대하기보다 차베스의 지지자들을 동원해 변혁적 정책에도 지지를 보내도록 '지지의 전이'transfer of commitment를 유도하는 것이다. 그런 맥락에서 양분 전략은 정권이 변혁 정책을 지속적으로 추진하기 위한 전략적 선택에 해당되는 것이며, 그에 수반되는 정치적 불안정성은 피하기 어려운 비용이라 할 수 있다.

양분 전략과 함께 보완적으로 추진되는 것이 미션 전략이다. 이는 실용주의자들의 차베스 지지율을 높이기 위해 물질적 이해관계에 호응하는 사회정책들을 실행하는 것이다. 차베스 정권이 석유 수입을 활용해 사회적 지출을 대폭 증액하고 2003년부터 다양한 미션 프로그램들을 도입해 중·하위층, 특히 도시 빈민들에게 물질적 서비스를 제공하는 것이 그 핵심이다.

표 2-10 | 실용주의자 집단의 정치적 성향과 계층 분포

단위: %, 사례수

	ABC 상위층	D 중위층	E 하위층	합계	사례수
1998 지지/2003 지지	12.6	49.7	37.8	41.1	143
1998 반대/2003 지지	8.6	36.2	55.2	16.7	58
1998 지지/2003 반대	13.3	51.1	35.6	12.9	45
1998 반대/2003 반대	16.7	31.4	52.0	29.3	102
합계	13.2	42.2	44.5	100.0	348
사례수	46	147	155	348	

실용주의자 집단의 정치적 성향과 계층 위치 구성을 보면 양분 전략과 미션 전략의 표적 집단을 확인할 수 있다(〈표 2-10〉 참조).

실용주의자 집단의 57.8%는 2003년 현재, 차베스 지지 투표 성향을 보이는 차베스 지지 세력이다. 이들은 차베스를 지지하지만 변혁적 정책들에 대해서는 거부감을 지닌 집단으로서 양분 전략의 주요 대상이 된다. 이들 가운데 1998년 대선에서 차베스에 투표한 41.1% 집단이 차베스에 투표하지 않은 16.7% 집단보다 차베스에 대한 지지를 변혁 정책에 대한 지지로 전환하는 전략이 더 큰 효과를 거둘 수 있는 집단이라 할 수 있다.

한편, 현재 차베스를 지지하지 않는 부분은 실용주의자 집단의 42.2%에 달하고 있다. 이들이 차베스 정권에 대해 지지를 보내지 않는 것은 경제 침체로 인한 생활수준 하락, 정치적 불안정과 개인화된 통치 방식 등 다양한 요인들에 기인한다. 하지만 차베스 정권에 대해 지지를 유보하는 것이 이념적 요인은 아니라는 점에서 이들은 차베스 지지자로 바뀔 가능성이 상대적으로 높은 잠재적 지지 집단으로, 미션 전략의 주요 대상이 될 수 있다. 이들 가운데 85% 정도를 점하는 중·하위층에서 미션 전략이 더 효율적이며, 미션 전략에 따른 차베스 지지율 증대는 양분 전략의 적용 범위를 더 확대하는 효과도 수반한다.

본 설문 조사가 실시된 2003년 5월은 아직 미션 프로그램들이 도입·집행되지 않았고, 2009년 5월 설문 조사 자료는 사회체제 모델의 상응성

표 2-11 | 미션 수혜와 차베스 지지율

구분	미션 수혜자 비율	차베스 지지율		
		미션 비수혜자	미션 수혜자	전체
상위층 ABC	10.99%	.1646	.5333	.2051
중위층 D	20.78%	.2158	.5417	.2835
하위층 E	28.85%	.2786	.5399	.3540
합계	22.23%	.2285	.5398	.2977
사례수	1300	1011	289	1300

여부를 확인할 수 없어 실용주의자 집단에 대한 미션 전략의 효과를 직접적으로 확인할 수는 없지만 간접적 확인은 가능하다(〈표 2-11〉 참조).

　미션 수혜 비율은 하위층으로 갈수록 높게 나타나고 있다. 미션 수혜 여부에 따른 차베스 지지율 편차를 보면 미션 수혜자들이 54.0%의 차베스 지지율을 보여 비수혜자들의 차베스 지지율 22.9%의 2.5배에 달함으로써 미션 전략의 효과를 확인해 주고 있다.

5. 토론 및 맺음말

차베스 정권 불안정성의 구조적 요인

베네수엘라인의 82.8%가 바람직한 사회경제 체제로 자본주의 체제를 꼽고 있다는 점에서 자본주의를 넘어서 사회주의 체제나 공산주의 체제를 지향하는 변혁적 정책은 엄청난 국민적 저항에 직면하게 된다. 차베스 정권은 자본주의를 넘어선 사회변혁을 지향하는 정권으로서 변혁성을 포기할 수 없고, 변혁성을 포기하지 않는 한 국민적 저항과 그에 따른 사회정치적 불안정을 피하기 어렵다는 데 차베스 정권의 딜레마가 있다.

이런 딜레마는 차베스 정권에만 국한된 것이 아니라 자본주의 체제 내에서 변혁 정책을 추구하는 정권들이라면 피하기 어려운 것이기도 하다. 자본주의사회 구성원들은 시장경제 내에서 오래 동안 삶을 영위하면서 시장 지배 질서를 내면화하고 소유 계급뿐만 아니라 비소유 계급 구성원들도 크고 작은 소비재들을 소유하고 있기 때문에 자본주의사회 내 변혁 정책은 자본주의 시장경제의 헤게모니와 소유권 상실 거부 정서에 직면할 수밖에 없기 때문이다.

차베스 정권의 딜레마가 더욱 심각한 것은 차베스 정권 지지자들 가운데서도 73.9%라는 압도적 다수가 자본주의 체제를 선호하며 사회주의 체제나 공산주의 체제를 거부한다는 데 있다. 차베스 정권이 변혁 정책을 추진하면 반차베스 진영은 이해관계와 공포심으로 인해 더욱 결집하는 반면, 친차베스 진영은 자본주의 체제를 선호하는 세력들이 이탈하며 급격하게 위축될 것이 자명하기 때문이다. 그 결과 차베스 정권의 불안정은 심화될 것이고 베네수엘라 사회도 극심한 불안정을 벗어날 수 없게 된다.

이처럼 차베스 정권 지지율보다 변혁 정책 지지율이 낮으며, 차베스 정권 지지자들의 절대다수가 자본주의 체제를 선호하며 변혁 정책에 거부감을 갖는다는 현실 자체가 차베스 정권 정치적 불안정성의 구조적 요인이 되고 있다.

차베스 정권 불안정성의 전략적 요인

차베스 정권이 적절한 수준의 변혁 정책을 추진하고 있다고 판단하는 세력을 친차베스 진영의 구심점으로 하고 변혁성이 미흡하다고 판단하는 세력을 비판적 지지 세력으로 동원하더라도 변혁 정책 지지 세력은 11.0%에 불과해 변혁 과잉의 판단에 기초한 반차베스 세력의 54.2%와 비교하면 5분의 1에 불과한 왜소한 규모다. 이런 구조적 한계를 극복하기 위해 차베스 정권은 상대적으로 이념적 거부감이 적은 실용주의자 집단을 표적으로 차베스 정권과 변혁 정책에 대한 지지를 유도·강화하는 전략을 선택했다. 이를 위해 차베스 정권이 추진한 전략이 양분 전략과 미션 전략인데, 그 가운데 특히 양분 전략이 차베스 정권의 정치적 불안정성을 크게 증폭시키는 것이다.

양분 전략은 친차베스 진영의 결속력을 강화하고 차베스 지지자들에게 변혁 정책을 수용하도록 압박하기 위해 차베스 정권의 지지 혹은 반대 가운데 하나를 선택하도록 강요하며 정치적 중립지대를 인정하지 않는 전략이다. 하지만 양분 전략은 반차베스 진영의 거부감과 위기의식을 심화시킴으로써 반차베스 진영의 결속력을 강화하고 차베스 정권에 대한 저항을 강화하는 효과도 수반한다. 이처럼 양분 전략은 베네수엘라 사회를 차베스 정권 지지 여부를 중심으로 양극화하며 양대 진영의 결속력과 상호 적대 의식을 높이는 결과를 가져옴으로써 양대 진영의 공존과 타협을 어렵게 하고 양대 진영의 대립과 갈등을 통해 사회정치적 불안정을 심화한다.

차베스 정권의 미션 전략은 다양한 미션 프로그램들을 중심으로 적극적 사회정책을 추진하는 동시에 볼리바르 서클과 공동체 위원회 등을 통해 사회경제적 불평등을 완화하고 주체적 참여 민주주의를 실천하는 한편, 차베스 진영의 지지 기반을 확대하고 변혁 주체를 형성하는 전략이다. 미션 전략은 사회정책과 동시에 추진되지만 반차베스 진영이 정치적 의도에 대해 의구심과 공포심을 지니고 있어 일정 정도 사회정치적 불안정을 증폭시킬 수 있지만, 양분 전략에 비해 불안정 유발 효과는 상대적으로 작다고 할 수 있다.

이처럼 차베스 정권의 양분 전략과 미션 전략은 변혁 정책에 대한 지지 부족이라는 구조적 문제점을 극복하기 위해 추진되는 전략으로서 정권의 변혁성을 지속하며 변혁 정책을 추진하기 위한 기반을 형성하는 동시에 변혁 주체 형성도 진전시킨다는 점에서 또 다른 형태의 피할 수 없는 체제 이행의 비용이라 할 수 있다.

위기 이후의 위기 없는 불안정성

위기 시기의 불안정성은 구지배 세력의 정권 전복 기도에 의해 촉발되어 친차베스 진영이 정권 수호를 위해 결집됨으로써 정치적 양극화가 진전되면서 야기된 반면, 위기 이후의 위기 없는 불안정성은 차베스 정권이 변혁 정책에 대한 지지 부족과 친차베스 진영의 차베스 정권 변혁성에 대한 거부감 문제를 해소하기 위해 양분 전략 같은 적극적 대응 전략을 추구하면서 정치적 양극화의 진전과 함께 야기된 측면이 크다. 차베스 정권의 변혁 정책 추진 측면에서 보면, 차베스 정권 초기에는 구지배 세력의 공세에 대한 반응으로 정책의 급진화가 진전되었다면, 위기 이후에는 차베스 정권이 주체적으로 변혁 정책을 추진하는 경향성이 강화되었으며, 차베스 정권이 변혁 정책을 추진할수록 정치적 양극화와 함께 정치적 불안정도 심화되었다.

차베스 정권의 불안정성은 요인에 따라 대체로 세 가지로 유형화될 수 있다. 첫 번째 유형은 반차베스 진영에 의해 주도되는 불안정성이다. 구지배 세력의 권력 자원 박탈에 대한 반발로 정권 전복을 기도해 차베스 정권이 위기를 겪었던 것이 대표적 사례라 할 수 있다. 이 유형의 불안정성은 주로 위기 시기의 불안정성의 핵심을 구성하고 있지만 위기 이후에도 차베스 정권의 변혁 정책과 주체 형성에 대한 반발 형태로 발발하고 있다.

두 번째 유형은 차베스 정권에 의해 야기되었지만 의도하지 않은 형태로 발생한 불안정성이다. 차베스 정권의 변혁 정책과 주체 형성뿐만 아니라 개인화 통치 방식에 의해 야기되며, 주로 위기 이후의 위기 없는 불안정성으로 나타난다.

세 번째 유형은 차베스 정권에 의해 의도된 불안정성이다. 차베스 정권이 베네수엘라 사회를 정치적으로 양극화시킴으로써 사회적 갈등이 증폭될 수 있다는 점을 충분히 인식하고 있지만 변혁 정책에 대한 지지를 확보하기 위해 선택한 결과다. 차베스 정권의 양분 전략에 의해 야기된 불안정이 전형적 사례다.

　차베스 정권의 관점에서 첫 번째 유형과 세 번째 유형의 불안정성은 피할 수 없는 불안정성이다. 그러나 두 번째 유형의 의도되지 않은 불안정성 가운데 변혁 정책과 주체 형성은 차베스 정권이 체제 이행을 위해 불가피하게 치러야 하는 이행 비용이지만, 개인화 통치 방식은 피할 수 있는 불안정성 요인이며, 변혁 정책의 효율성 증진과 제도화를 위해서도 극복되어야 할 부분이기도 하다.

제2부

차베스 정권과 노동계급

제2부는 친노동적 성격을 지닌 차베스 정권하에서 베네수엘라 노동조합운동은 왜 기대되었던 조직력 강화와 노동조건 개선을 이루지 못하는지를 친차베스 노동 진영 내 계급주의파와 코포라티즘파의 대립 구도와 차베스 정부의 편향적 개입을 중심으로 한 노동 통제 체제로 설명하고자 한다.

친노동적 좌파 정권인 차베스 정권하에서 베네수엘라 노동조합운동은 차베스 정권과의 강력한 유대 관계 속에서 조직력을 강화할 것으로 기대되었다. 하지만 노동조합운동은 분열을 거듭하며 조직력을 강화하지 못했고, 정권 퇴진을 요구하는 총파업 투쟁을 전개하는 등 차베스 정권과의 관계도 원만하지 않은 것으로 나타났다. 제3장은 왜 친노동적 좌파 정권하에서 베네수엘라 노동조합운동이 조직력을 강화하지 못하는지, 왜 차베스 정권과 갈등하게 되는지, 어떤 딜레마에 직면해 어떤 전략적 선택을 취하게 되는지를 분석·설명한다.

차베스 정권은 제4공화국과의 단절을 강조했지만, 정부가 노동조합 활동 및 노사 관계에 대해 적극적으로 개입하고 그 결과 노동조합운동이의 정당에 대한 높은 호응성이 보강·재생산되고 있다는 점에서 연속성을 보여 주고 있다. CTV는 제4공화국 지배 정당들에 대한 호응성 관계로 인해 차베스 정권과 대립하며 총파업 투쟁을 전개했다. 결국 친차베스 블록이 UNT(전국노동자동맹Unión Nacional de Trabajadores)[1]를 결성해 독자 세력화하며 조직 규모를

1_UNT는 동일 약어를 사용하는 정치 조직(Un Nuevo Tiempo)의 등장으로 약칭을 UNT에서 UNETE로 바꾸어 사용하는 경우가 많아졌지만 본고에서는 원래의 약칭을 일관되게 사용하기로 한다.

확대함으로써 노동조합운동의 이중구조가 형성되었는데, 그 점에서 노동조합운동이 CTV의 패권하에 통합되어 있었던 제4공화국 시기와 차별성을 보여 주었다.

친차베스 좌파 성향 UNT는 제4공화국 기득권 세력들의 정권 전복 시도들에 맞서 차베스 정권 수호에 앞장서는 동시에 노동자들로 조직된 이익집단·계급 조직으로서 노동조합의 자율성을 확보할 것을 요구받고 있었다. 좌파 정권 수호라는 정치적 과제와 노동조합 자율성 실천이라는 계급적 과제는 동시에 실현하기 어려운 모순적 관계에 있다는 점에 UNT의 딜레마가 있다. 이런 딜레마로 인해 UNT는 정치적 과제를 우선시하는 FSBT 중심의 코포라티즘파와 계급적 과제를 우선시하는 CCURA(계급주의통합혁명자율성흐름Corriente Clasista, Unitaria, Revolucionaria y Autónoma) 주도의 계급주의파가 UNT의 지도부 구성과 운동 전략을 둘러싸고 갈등과 대립을 지속하게 되었다. 이런 조직적 분열은 UNT의 내적 통합과 조직력 강화를 어렵게 했으며, 결국 UNT 내 다수파인 계급주의파 CCURA마저 분열되면서 UNT 내 코포라티즘파의 지배력이 강화되는 한편, 내적 조직력은 크게 약화되어 노동계급 계급형성을 이루기 더욱 어렵게 되었다.

차베스 정부가 친노동계급적 성격을 지니며 노동조합과 긴밀한 관계를 지니고 있다는 데는 이견이 없지만, 노동조건이 개선되었는지, 노동조합이 정부 정책 결정에 유의미한 영향력을 행사하는지, 노동조합의 활동과 조직력이 강화되었는지 여부에 대해서는 논란이 일고 있다. 대체로 차베스 정부의 차별성을 강조하는 연구들은 긍정적 평가를 하는 반면, 연속성을 지적하는 연구들은 부정적 평가를 제시하고 있다. 제4장은 차베스 정부하에서 노동조건이 개선 혹은 악화되었는지를 검토한 다음, 그런 노동조건 변화는 어떤 요인들에 의해 어떻게 영향을 받았는지를 분석하고, 이런 노동 체제가 어떤 특성을 지니며 어떻게 작동하는지를 규명한다.

차베스 정부 시기 공공 부문 고용 증대로 실업률은 하락하고 최저임금 인상률이 평균 소득 증가율을 상회해 소득 불평등은 다소 완화되었지만, 실질소득 수준이 하락하는 등 전반적으로 노동조건은 개선되었다고 할 수 없다. 노동조합은 분열로 조직력이 약화되었고 사측의 단체협약 체결 기피로 인해 단체협약의 노동자 보호 기능은 후퇴했다. 이렇게 주체적 조건이 악화되는 가운데 노동조건 개선을 더욱 어렵게 만든 데는 세 가지 메커니즘이 작동한 것으로 확인되었다.

첫째, 차베스 정부는 최저임금 인상률 발표처럼 노동조합의 실질적 참여 없이 일방적으로 정책을 결정·발표하며 통제 목적으로 노동조합 활동에 적극 개입함으로써 정부의 개입이 노동조건 개선에 기여하기 어렵게 한다.

둘째, 친차베스 노동 진영이 계급주의파와 코포라티즘파로 분열해 심각한 갈등을 겪으면서 유의미한 사회적 영향력을 발휘하기 어려운 가운데, 차베스 정부의 편파적 개입으로 코포라티즘파 세력이 강화되면서 노동자 이해관계 보호를 위한 노동조합의 일상 활동이 후퇴하게 된다.

셋째, 노동조합의 분열로 파업 투쟁에 돌입하기도 어려운데, 파업 투쟁에 돌입하더라도 파업 활동은 합법성이 부정되며 법적 보호를 받지 못한 채 형사 범죄로 취급되어 강도 높은 처벌을 받는 경우가 많기 때문에 파업 투쟁으로 노동조건 개선의 성과를 거두기는 쉽지 않다.

이처럼 노동조건 개선을 어렵게 하는 편향적 개입주의 노동정책, 친차베스 노동 진영의 분열과 코포라티즘파의 패권, 노동조합 파업 활동의 범죄화는 차베스를 정점으로 하는 권력 구조 속에서 생산·재생산되고 있다. 차베스가 노동조합 자율성을 독극물로 규정하며 노동조합의 필요성 자체를 부정하는 가운데 노동조합은 위계적 노정 관계 속의 하위 파트너로서 정부와 당의 지침을 무비판적으로 맹종해야 하는 것이다. 이것은 의사 코포라티즘 체제로서 노동자들의 실질적 참여가 아니라 노동 통제 목적에 부응하기 위해 수립된 노동 체제라 할 수 있다.

| 3장 |

좌파 정권과 노동조합운동의 딜레마

1. 문제의 제기

베네수엘라의 차베스 정권은 중남미 반신자유주의 경제블록을 추진하고, 사유 기업들을 국유화하고, 석유 회사 등 기간산업에 대한 국가 통제를 강화하고, 사회복지 지출을 대폭 확대해 시민들의 삶의 수준을 향상시키며 불평등을 완화하고, 국가와 지방자치단체의 정책 결정과 예산 집행에 대한 시민들의 참여를 제도화하는 참여 민주주의를 실시하는 등 일관되게 변혁적 정책을 실천해 오고 있다(제1장 참조). 무엇보다도 차베스 정권이 추진하는 변혁 정책의 핵심으로 꼽히는 것은 국유화 및 공동경영cogestión, 노동자 통제control obrero, 사회주의 기업empresa socialista, 생산 협동조합 등 사유 기업에 대한 대안적 생산조직 모델의 실험이라 할 수 있다. 이처럼 친노동적 정책이 차베스 정권이 추진한 변혁 정책의 핵심을 구성하고 있기 때문에 차베스 정권하에서 노동조합운동이 강화되어 노동계급은 새로운 계급 형성의 계기를 맞고 차베스 정권과 강력한 유대 관계를 형성할 것으로 기대되었다. 하지만 차베스 정권하에서 노동조합운동은 분열을 거듭했고 노동계급의 계급 형성은 별로 진전되지 못했다. 먼저, 제4공화국하에서 보수정당들의 노동 기구로서 지배 블록을 구성하고 있었던 노동조합총연맹 CTV로부터 친차베스 진영이 분리해 UNT를 건설했지만, UNT는 출범 이후 7년 반이 지난 현재까지도 내부 갈등으로 인해 정관 제정과 위원장 선출을 하지 못했다.

또한, 노동조합운동과 차베스 정권의 관계도 원만하지 못한 것으로 나타났다. 제4공화국하에서 지배 블록을 구성했던 기득권 세력들이 차베스 정권과 대립·갈등하면서 노동조합총연맹 CTV도 자본가 단체인 Fedecámaras와 함께 네 차례에 걸쳐 반정부 전국 총파업 투쟁을 전개했으며, 2002년 12월 총파업 투쟁은 차베스의 사임을 명시적 목표로 설정했고 차베스 정권을 위기 상황으로 몰아넣었을 만큼 위력적이었다. 한편 새롭게 출범한 친차베스 노동조합총연맹 UNT도 2006년 들어서면서 내부 갈등이 극단적 대결로 발전하며 UNT와 차베스 정권의 관계도 복잡한 양상을 띠기 시작하면서 우호·협력의 관계로만 규정하기는 어렵게 되었다. 갈등의 한편은 노동계급의 이해관계를 우선시하는 계급주의파 CCURA로서 UNT 다수파였고, 반대편은 소수 파벌들의 연합으로서 그 중심에는 차베스 정부의 입장을 우선시하며 대중적 지지를 별로 받지 못하면서도 차베스 정부의 지원으로 발언권을 행사해 '차베스 대변인'vocero de Chávez으로 지칭되는 코포라티즘파 FSBT(볼리바르사회주의노동자세력Fuerza Socialista Bolivariana de Trabajadores[구 FBT])가 있다는 점에서 계급주의파와 차베스 정권의 갈등이 UNT 내 대리전 형태로 전개된 것으로 볼 수 있다. 결국 UNT의 내부 갈등은 2007년 들어서면서 UNT 다수파인 계급주의파와 차베스 대통령의 정면충돌로 발전하게 되었다.

베네수엘라 노동조합운동이 왜 변혁적·친노동적 좌파 정권인 차베스 정권하에서 분열을 거듭하며 조직력을 강화하지 못하고 있는지, 왜 노동조합운동은 차베스 정권과 갈등하게 되었는지, 이런 여건 속에서 노동조합운동은 어떤 딜레마에 직면하고 어떤 전략적 선택을 취하게 되는지를 분석·설명하는 것이 이 장의 목적이다.

2. 베네수엘라 노동조합운동과 국가

노동계급과 국가의 관계: 이론적·비교사회적 관점

노동계급은 계급 형성과 정치 세력화를 통해 국가권력을 장악해 자본주의 사회의 계급 지배 질서를 전복하는 것을 궁극적 목표로 한다는 점에서 노동계급과 좌파 정권의 강력한 유대 관계는 고전적 계급론에서 현대 계급론에 이르기까지 당연시되고 있는 명제다. 실제로 좌파 정권은 노동계급의 지지에 힘입어 집권해 변혁적·친노동적 정책을 추진하며 노동계급은 자본계급을 중심으로 한 기득권 세력의 저항에 맞서 좌파 정권을 수호하고 국가권력을 재창출하는 데 기여한다. 그렇게 노동계급과 좌파 정권의 강력한 유대 관계가 형성되어 유지된다는 것은 서구 국가들의 역사적 경험에서 확인되었고, 계급론과 국가론 연구자들에 의해 이론적으로도 논증된 것이다(Panitch 1986; Korpi 1978; Przeworski 1985).

좌파정권-노동계급 유대 관계 명제가 도전을 받기 시작한 것은 신자유주의 세계화 추세 속에서 좌파 정권이 집권하면서부터였다. 1990년대 좌파 정당들의 집권 붐 속에서 등장한 유럽 좌파 정권들은 신자유주의 경제정책과 노동시장 유연화 정책을 추진하면서 노동계급과 갈등을 일으키게 되었다. 영국의 블레어 정부와 독일의 쉬뢰더 정부가 그 전형적인 예다.

제3세계에서도 서구와 비슷한 역사적 경험이 재현되고 있다는 것은 중남미에서 확인될 수 있다. 1930~60년대 등장한 대중주의 좌파 정권들은 수입 대체 산업화로 성장하고 있던 산업 부문의 노동계급을 지지 기반으로 조직하며 친노동적 정책을 추진했고, 군사 쿠데타에 의해 전복될 때까지 노동계급과 좌파 정권은 우호적 유대 관계를 유지할 수 있었다(Collier & Collier 1991; Erickson et al 1974; Spalding 1977). 하지만 1990년대 재등장한 중남미의 좌파 정권들 가운데 일부는 신자유주의 세계화 추세 속에서 시장 친화적 정책을 추진하면서 1990년대 유럽의 좌파 정권들과 유사하게 노동계급과 갈등을 겪기도 했다.

노동계급과 좌파 정권의 갈등은 서구에 비해 중남미에서 훨씬 더 파괴적인 결과를 가져왔다. 노동계급의 지지로 탄생했지만 좌파 정권이 집권하고 있는 동안 노동계급은 좌파 정권과의 관계를 둘러싸고 내부 분열을 겪게 되었고, 내부 분열은 좌파 정권의 핵심적 지지 기반인 노동계급의 조직적 분열을 가져왔다(Sader 2005; Ulloa 2003). 칠레의 경우 사회당 라고스Ricardo Lagos 대통령 임기 중 CUT(통합노동자총연맹Central Unitaria de Trabajadores)에서 소수파가 이탈해 UNT를 결성했고, 브라질의 경우 노동자당 룰라Lula da Silva 대통령 임기 중 CUT(통합노동자총연맹Central Única dos Trabalhadores)에서 소수파가 이탈해 꼰루따ConLuta를 결성했다.

베네수엘라의 차베스 정권은 칠레, 브라질 등 개혁 성향의 중남미 좌파 정권들에 비해 사유 기업 국유화와 공동경영 전환 및 노동자 통제 등 변혁적이며 친노동적인 정책들을 적극적으로 추진해 왔다. 하지만 차베스 정권도 노동계급과 갈등을 겪고 있다는 점에서 시장 친화적 정책으로 노동계급과 갈등을 겪은 서구와 중남미의 여타 좌파 정권들과 크게 다르지 않다.

노동계급과 차베스 정권의 상호 의존성 및 연구 과제

좌파 정권과 노동계급의 유대 관계는 쌍방의 상호 의존성에 기초해 있으며, 베네수엘라도 예외가 아니다. 차베스 정권의 경우 노동계급의 계급 형성과 그에 기초한 노동계급의 강력한 지지를 다른 어느 좌파 정권보다도 더 절실하게 필요로 하고 있다. 그것은 서구 국가들과 브라질, 칠레 등 여타 중남미 국가들의 경우 노동계급의 계급 형성이 진전된 다음, 그런 노동계급의 조직적 기반에 기초해 좌파 정권이 탄생한 반면, 베네수엘라 차베스 정권은 조직 노동 부문이 자본계급 등 기득권 세력과 함께 구정권의 확고한 기초를 이루고 있는 가운데 비공식 부문, 비정규직, 미조직노동자들의 지지에 힘입어 탄생했기 때문이다. 수차에 걸쳐 CTV 주도로 전개된 노동-자본 합작의 총파업-직장폐쇄 투쟁과 쿠데타로 차베스 정권은 거듭 정권의 위기를 맞았었다.

베네수엘라는 브라질, 칠레, 아르헨티나 같은 강력한 변혁적 성향의 노동계급 운동이 없었고 브라질의 무토지 농민운동MST이나 에쿠아도르와 볼리비아 같은 강력한 원주민 운동도 없다. 그래서 차베스 정권과 그 변혁적 정책들을 방어하기 위해 투쟁을 전개할 수 있는 대안적 노동조합운동이 조직되고 이를 중심으로 노동계급이 계급적 이해관계에 기초해 계급 형성을 이루는 것이야말로 차베스 정권이 무엇보다도 절실히 필요로 했던 것이다. 이런 차베스 정권의 절박성은 CTV 지도부를 압박해 사퇴시키고 그에 맞설 새로운 노동조합총연맹 UNT를 형성하기 위해 적극적으로 개입한 데서도 잘 확인될 수 있다.

노동계급 역시 변혁적·친노동적 정책을 추진하는 차베스 정권을 절실히 필요로 하고 있다. 차베스 정권의 국유화와 공동경영 등 변혁적 정책들은 자본 유출과 공장폐쇄로 일자리를 잃은 노동자들에게 고용 기회라는 당면 계급 이익에 호응했을 뿐만 아니라, 자본계급의 일방적·억압적 지배에서 벗어나 공동경영과 노동자 통제 등의 경험을 통해 새로운 계급 관계를 맛보게 함으로써 노동계급의 계급의식 발달에도 크게 기여했다.

    노동자들이 폐쇄된 공장을 점거한 뒤 CTV에 요청한 법률 서비스 지원을 거절당하자 노동부의 서비스 지원을 받으며 공장을 경영하게 된 사례들은 노동자 대중이 CTV 지도부를 멀리하고 차베스 정권을 중심으로 스스로를 조직화하는 계기를 만들어 주었다(Janicke 2007a; Lucena 2007a, 159-204). 그뿐만 아니라 차베스 정권이 CTV 지도부를 사퇴하도록 압박하고 UNT 형성을 적극적으로 지원함으로써 노동자 대중은 UNT를 중심으로 새롭게 조직화될 수 있었다. 이처럼 노동계급은 변혁적·친노동적 정책을 추진하고 노동계급의 계급 형성을 지원하는 차베스 정권의 혜택을 크게 입었으며, 그만큼 차베스 정권의 안정과 강화를 필요로 하게 되었다. 그런 까닭에 CTV 지도부와 자본계급이 결탁해 직장 폐쇄를 실시하고 쿠데타 세력을 지원하는 데 맞서 노동자 대중이 작업장 안팎에서 차베스 정권을 지키기 위한 투쟁을 전개함으로써 차베스 정권이 위기를 극복하는 데 기여할 수 있었다.

    차베스 정권과 노동계급의 갈등이 파국으로 귀결되면 차베스 정권의 변혁적 정책은 방어되기 어렵고 정권 자체의 안정성도 크게 위협받을 수 있으며, 노동계급도 친노동정책의 혜택을 잃고 계급 분열을 겪으며 계급 형성의 상당한 퇴보를 맞을 수 있다. 이처럼 차베스 정권과 노동계급은 상호 의존성 속에서 서로를 절실하게 필요로 하고 있고, 갈등으로 인해 유대관계가 훼손되면 양자 모두 상당한 손실을 감수해야 한다는 것을 잘 인지하고 있음에도 불구하고 우호·협력의 유대 관계는 지속되지 못하고 있다.

    선행 연구들이 일관되게 지적하고 있는 점들은 세 가지로 축약할 수 있다(Lucena 2007a; 2008; 2009; Iranzo & Richter 2005; 2007; 2008; Hernández & Romero 2008; Bak 2003).

    첫째, 노동조합운동 및 노사 관계에 대한 정부의 적극적 개입은 차베스 정권하에서 시작된 것이 아니라 제4공화국하에서도 존재했으며, 다만 차베스 정권하에서 정부의 개입 정도가 더 심화되었을 뿐이다.

둘째, 정부의 개입뿐만 아니라 정당과의 밀접한 조직적 연계로 인해 노동조합운동은 자율성을 상실하고 정당과 정부 등 외부 세력에 대한 예속성을 탈피하지 못했으며, 그 결과 노동조합운동은 과도하게 정치화되었고 정치적 현안들에 비해 노동문제들은 우선순위에서 밀리게 되었으며, 그 점에서 제4공화국과 차베스 정권 사이에 상당한 연속성이 있다.

셋째, 베네수엘라의 노동조합운동은 전통적으로 계급주의파clasista와 코포라티즘파corporatista의 두 흐름이 있었으며, 제4공화국하에서는 CTV를 중심으로 코포라티즘파가 패권을 휘둘렀으나 차베스 정권하에서 크게 약화되며 CTV 내 계급주의파의 입지가 강화되었다.

차베스 정권하 노동조합운동의 전개 및 국가와의 갈등 현상은 이론적·비교 사회적으로 중요성을 지니고 있음에도 불구하고 학술 연구는 주로 CTV와 차베스 정권의 갈등에 초점이 맞추어져 있고 UNT에 대한 분석은 제한적이다. UNT 결성 이후 차베스 정권과의 관계에 대한 분석들에서도 UNT와 차베스 정권의 강력한 유대가 당연시되며, 양자 간의 갈등은 거의 분석되지 않았다.

다음 절에서는 차베스 정권 시기 노동조합운동과 노정 관계를 논의하기에 앞서 그 성격과 동학의 내용에 구조적 제약을 부과한 제4공화국 시기에 대해 간략하게 검토하기로 하겠다.

제4공화국과 노동조합운동

1958년 군부독재 정권이 대중 항쟁으로 전복된 다음, 군부의 시민 권력에 대한 철저한 복종, 대의 민주주의 수립 등을 내용으로 하는 뿐또피호 협약이 사회 세력들 사이에 체결되면서 제4공화국이 시작되었다. 제4공화국 시기는 차베스 정권이 출범하는 1999년 2월까지 40여 년간 지속되었으며 온건 자유주의 정당 AD와 기독교 민주당 Copei라는 양대 정당이 번갈아 국가권력을 장악했다.

노동조합 전국 조직체로서 CTV는 1936년에 결성되었으며, CTV 지도자들이 전통적으로 AD 혹은 Copei에 소속되어 해당 정당의 지시에 충실하게 복종하기 때문에 CTV는 노동조합의 자율성을 상실한 채 AD-Copei의 노동 부문 하부 기구로서 기능하게 되었다.[1] 두 정당들 가운데 AD 지지자들이 CTV 지도부의 다수파를 구성함으로써 CTV는 AD에 대한 호응성이 매우 높았으며, AD 소속 대통령이 집권하고 있는 기간에는 CTV의 정부에 대한 예속성이 더욱 심화된 반면, Copei 집권 시기에는 상대적으로 약화되었다.

CTV 지도자들은 의회 내 의석을 할당받고, 정부 내 고위 공직자 임명 시 거부권을 행사하며, 노동부 장·차관직에는 직접 발탁되기도 하고, 사회보장, 직업훈련, 노동시장 관련 정부 기구들의 요직을 통제하는 특전을 누렸다(Lucena 2008, 3-4). 그뿐만 아니라 CTV 위원장과 사무총장은 정부 내 장관들의 비상 전화 연락망에 포함되어 있어 정부 부처 장관처럼 예우 받으며 움직였다(Iturraspe 2002). 이런 정당·정부와 CTV의 유착 관계에 대해 비판하며 노동조합의 자율성을 주창하는 세력들은 CTV 지도부에 의해 추방당하거나 스스로 탈퇴하는 등 부단한 이탈 과정이 있었다(Bak 2003, 84-87; McCaughan 2005, 70-105).

제4공화국 시기는 안정적인 석유 수입에 기초해 노동자·서민들에게도 일정 정도 복지 혜택을 제공하며 대의 민주주의를 유지했으나, 양대 정

1_CTV의 정당 및 정부와의 관계에 대해서는 Hernández & Romero(2008, 412-420), Iranzo & Richter(2005, 6-15)를 참조할 것.

당의 장기 집권으로 정권은 극심한 부패에 시달리게 되었고 막대한 석유 수입에도 불구하고 사회 지출이 제한적으로 이루어지면서 빈곤층이 확대 되고 빈부 격차는 심화되었다. 1980년대 들어 석유 수입이 감소하면서 외 채가 급격하게 증가하며 경제 위기를 맞게 되었고, 1989년과 1996년 두 차 례에 걸쳐 신자유주의 경제정책의 충격요법을 실시했으나 경제 위기는 해 소하지 못한 채 빈곤층을 확대하고 불평등을 심화시키는 결과만 가져왔 다. 1981년과 1997년 사이 소득 분위 최고 10%의 소득 점유율은 21.8%에 서 32.8%로 확대된 반면, 같은 기간 소득 분위 최하 40%의 소득 점유율은 19.1%에서 14.7%로 축소되어, 경제 위기와 신자유주의 경제정책하에서 노 동자 대중과 서민들의 삶의 조건이 크게 악화되었다는 것을 보여 주었다.

경제 위기와 삶의 조건 악화 속에서 신자유주의 경제정책이 실시되자 1989년 2월 27일 자연발생적 대중 폭동 '까라까소'carazao가 발발해 군대 가 투입되었고 5일 동안 500~2,000명 정도의 인명 손실을 가져오는 등 중 하층 서민들의 불만은 심각한 수준에 달해 있었다. 하지만 대중 폭동은 주 로 실업자, 비공식 부문 종사자, 비정규직 노동자들을 중심으로 전개되었 으며 노동조합총연맹인 CTV는 적극적으로 참여하지 않았다. CTV는 1990년대 국유 기업 및 보건 의료 서비스 등의 사유화를 수용했고 해고수 당 삭감 등 노동시장 유연화를 추구하는 노동법 개악을 방치했다. CTV는 임금수준 등 노동조건의 심각한 후퇴에도 불구하고 투쟁 전개를 거부했으 며 공공 부문 파업에 대해서도 지지를 표명하지 않았다. CTV 지도자들조 차 CTV가 이처럼 투쟁을 기피하는 것은 AD 혹은 Copei 같은 집권 정당들 에 대한 호응성과 그에 따른 정부와의 코포라티즘적 관계 때문이며, CTV 가 창설 초기에는 정당·정부로부터 일정 정도 자율성을 지녔지만 점차 상실하게 되었다고 증언하고 있다(Ramos 2002, 81-84; Barrios 2002, 95-96). 결국, CTV는 정치적 현안들을 우선시하며 노동자 대중의 삶의 조건에 대 해서는 관심을 두지 않는 부패한 기득권 집단으로 간주되기 시작했고,

CTV에 대한 국민적 신뢰도는 악화 일로에 있었다(Ramos 2002, 86; Gates 2010, 41-47).

3. 차베스 정권과 노동조합운동

차베스 정권 시기 노동조합운동의 성격 및 노정 관계는 세 시기로 나누어 볼 수 있다. 제1시기는 CTV가 노동조합운동을 독점적으로 지배하는 시기로서, 제4공화국에서 형성된 코포라티즘적 관계로 인해 차베스 정권과 갈등 관계를 지속한다. 제2시기는 CTV와 차베스 정권의 갈등 수준이 첨예화되면서 대안적인 전국 조직체 결성 움직임이 힘을 얻기 시작해 UNT의 창설로 발전하며, 노동조합운동이 이중구조화되는 시기로서 논리적으로는 제1시기와 구분되지만 시간적으로는 다소 중복된다. 제3시기는 UNT가 결성된 다음 현재에 이르는 시기로서 UNT가 영향력을 강화하는 가운데 차베스 정권과의 관계 및 노동조합운동의 자율성을 둘러싸고 전개되는 내부 갈등으로 조직 통합을 이루지 못하고 있는 시기다.

CTV의 패권과 차베스 정권

차베스는 취임 첫해인 1999년 국민투표를 통해 제헌의회를 구성해 볼리바르 헌법을 제정하고 같은 해 12월 발효되도록 했다. 제헌의회는 볼리바르 헌법에 의거해 대통령에게 의회 해산권을 부여하는 등 대통령 권한을 강화했으며, 위임 권한법Ley Habilitante을 통과시켜 1년간 의회의 입법권을 대통령에게 위임했다. 차베스는 위임된 입법권으로 2001년 11월 석유법, 토지법을 포함해 경제 사회 개혁 49개 법령을 통과시키고 변혁적 경제 사회 정책을 추진하기 시작했다.

차베스는 제4공화국 지배 블록의 일부로서 여전히 AD-Copei의 하부 기구로 남아 있는 CTV를 통제하기 위한 조치들을 취해 나갔다.[2] 차베스는 취임 직후부터 CTV와 소속 노동조합들에 대한 재정 경제적 지원을 중단하고, 노사정 협의 기구들을 폐쇄하며, 노동조합 지도자들을 각종 공공 기구의 직책들로부터 축출하는 등 CTV와 그 지도부에 대한 무력화 작업을 전개해 나갔다.

그뿐만 아니라 차베스 정권은 CTV 지도부가 노동자 대중에 의해 직접 선출되지 않았기 때문에 지도부가 비민주적이라는 이유로 신헌법에 따라 2000년 12월 CTV 지도부 사임 여부를 묻는 국민투표를 실시하도록 했다. 노동조합 내부 문제를 국민투표에 회부하는 것은 적절하지 않다는 비난 여론에도 불구하고 차베스는 2000년 12월 3일 국민투표를 실시했고, 투표 참여율은 22%에 불과해 78%에 달하는 압도적 다수의 시민들이 무관심 혹은 저항의 의사를 표명했다. 투표 결과는 66.2%가 CTV 지도부의 퇴진을 지지한 반면, 반대투표는 22.6%에 그쳤다. CTV 위원장 레온Federico Ramirez León은 12월 4일 국민투표 결과를 존중한다고 선언하며 위원장직을 사퇴했고, 이틀 뒤 석유산업 노조 Fedepetrol(석유노동자연맹Federación de Trabajadores Petroleros)의 오르테가Carlos Ortega가 사임하면서 CTV 집행부 및 산하 조직 지도부들의 사임으로 확대되었다.

2001년 10월 25일 실시된 CTV 위원장 선거에서 차베스는 친정부 측 후보자인 이스뚜리스Aristóbulo Istúriz에게 대통령 궁 내에 선거 사무실을 내

2_차베스 정부와 CTV의 갈등 전개 과정 및 총파업 투쟁들에 대해서는 Iranzo & Richter (2008, 98-107), Lucena(2007a, 77-107; 2008, 3-7), Bak(2003, 80-95)을 참조할 것.

어 주는 한편, 위원장에 당선되면 정부 내 주요 요직을 맡길 것이라고 발언하는 등 CTV 위원장 선거에 적극적으로 개입했다. 투표 결과 이스뚜리스가 15% 득표에 그친 반면, AD 하원 의원 출신 오르테가는 57%를 획득, 거의 네 배에 달하는 득표율로 당선되었다. 위원장 선거를 치르면서 CTV의 조직력은 재정비될 수 있었고, 오르테가는 압도적 표차로 당선됨으로써 조직 장악력과 함께 자신감까지 갖추게 되었다. 그러나 차베스는 투표 과정의 문제점을 들어 오르테가의 승리를 인정하지 않음으로써 차베스와 CTV의 관계는 더욱더 악화되어 갔다. 결국 오르테가와 함께 새로운 집행부를 구성하며 조직력을 강화한 CTV는 자본가 단체인 Fedecámaras와 함께 차베스 정권에 정면 도전하는 전국 총파업을 전개하기 시작했다.

　　CTV는 Fedecámaras와 함께 2001년 12월 10일 총파업을 필두로 1년 동안 네 차례에 걸쳐 전국적 총파업 투쟁을 전개했다(〈표 3-1〉 참조). 이 가운데 첫 번째 총파업은 Fedecámaras가 선도하고 CTV가 합류하는 방식이었으나, 나머지 총파업들은 모두 CTV가 주도하는 방식이었다. 총파업의 내용을 보면, 첫 번째 총파업은 49개 특별법 제정에 대한 반대였고, 두 번째 총파업은 4월 9일에 시작되어 이틀 뒤 군부 쿠데타로 이어졌으며, 마지막 총파업은 차베스 사임 여부를 묻는 국민투표referendum consultivo를 촉구하는 투쟁으로서 두 달 동안 전개되었다. CTV 위원장 오르테가는 일련의 총파업 투쟁들이 일부 공공 부문 노동자들의 단체교섭권 및 단결권 제약, PDVSA의 정치 도구화 시도 및 노동조건 악화 등에 대해 저항하는 측면도 있었지만, "히스테리컬한 독재자 대통령이 …… 군사적 방식으로 …… 오르테가, CTV와 노동조합운동에 대해 무자비한 공격"을 펼치는 데 맞선 생존을 위한 투쟁이었다고 진술했다(Ortega 2002, 44-48).

　　이렇게 CTV가 Fedecámaras와 함께 전개한 전국 총파업들은 노동조건 개선을 위한 경제적 파업이라기보다 자신의 생존을 위해 차베스 대통령의 퇴진을 명시적으로 혹은 암묵적으로 압박하는 정치적 파업이었다.

표 3-1 | CTV-Fedecámaras의 총파업-직장폐쇄 투쟁

구분	기간	목적	결과
2001.12.10	12시간	49개 특별법 폐지	사적 부문 경제활동의 90% 마비. 정부는 문제의 법규들을 개정할 것을 약속함. 하지만 개정하지 않았음.
2002.4.9	3일간	석유산업 경영진 교체 철회, 차베스 사임	모든 경제활동의 85% 마비. 19명 사망, 36시간 동안 대통령 교체 및 임시정부. 해고된 석유 경영진은 복직되었음.
2002.10.21	12시간	민주적 공간의 확대	총파업 효과는 야권 추산 85%, 정부 추산 40%.
2002.12.2	65일간	대통령 신임 국민투표	파업은 점차 산업, 상업, 공공 부문, 수송, 석유산업 70%에 영향을 미쳤음. 베네수엘라 현대사에서 가장 큰 규모의 파업이었음.

주: Lucena(2007a, 101)를 필자가 수정·보완함.

이런 CTV와 차베스 정권의 대립 구도는 제4공화국 시기에 형성된 CTV의 AD·Copei에 대한 호응성 및 그에 따른 정부와의 코포라티즘적 관계에서 비롯되었으며, CTV는 차베스 대통령의 지지율 하락 추세 속에서 강력한 투쟁을 통해 대통령 퇴진을 달성할 수 있을 것으로 판단한 것이었다.[3]

UNT 출범과 노동조합운동의 이중구조화

CTV 지도부와 차베스 정권이 정면충돌로 치닫고 있는 가운데 친차베스 노조 활동가들은 FBT(볼리바르노동자세력Fuerza Bolivariana de Trabajadores)를 조직한 다음, 2001년 10월 CTV 위원장 선거에 참여하기로 결정했다. 위원장 선거에서 FBT 후보는 AD 측 후보에 참패를 당했다. 친차베스 진영은 집권 초기부터 CTV 내에 잔류할 것인지 아니면 독자적으로 노총을 건설할 것인지에 대해 견해가 나누어졌으나 잔류파가 다수 의견이었다. 여기에는 FBT 측이 새로운 노총을 건설하기에 충분한 지도자들과 세력 기반을 확보

3_동 총파업들은 차베스 정권을 위기 상황으로 몰아넣었을 뿐만 아니라 베네수엘라 경제에도 심대한 타격을 미쳤으며, 그에 대해서는 이 책의 제2장을 참조할 것.

하지 못했다는 점과 1961년 좌파의 대안으로 창설된 CUTV(베네수엘라노 동자총동맹Confederación Unitaria de Trabajadores Venezolanos)가 점차 위축되어 전체 조직 노동 부문의 1% 남짓한 규모로 왜소화되었던 실패의 경험이 크게 기여했다. 하지만 2001년 10월 CTV 위원장 선거 패배 이후 독자 노총 건설 방안이 급격히 힘을 얻게 되었다.

CTV 위원장 선거에서 오르테가가 위원장으로 당선되었지만 차베스와 FBT는 오르테가의 승리를 인정하지 않았고, CTV 신임 지도부가 네 차례 전국 총파업 투쟁으로 차베스 정권의 퇴진을 압박하면서 FBT의 CTV 내 잔류는 점차 설득력을 잃어 가기 시작했다. 특히 2002년 4월 초 CTV의 총파업 투쟁이 쿠데타로 발전된 사건 및 같은 해 12월에서 다음 해 2월 초까지 지속된 전국 총파업은 석유산업을 중심으로 전체 산업의 상당 부분을 마비시켰다. 무수히 많은 기업들이 차베스 퇴진을 위해 직장 폐쇄에 합류했는데, 총파업-직장폐쇄가 장기화됨으로써 상당수가 부도 위기로 내몰리게 되었다. 특히 2개월에 걸친 총파업 투쟁에 대해 다수의 중도파 노조 지도자들이 반대하며 독자 노총 건설 지지로 돌아서면서 친차베스 진영은 밝아진 세력 확대 전망 속에서 FBT 중심으로 독자 노총 건설에 박차를 가하게 되었다.[4]

이렇게 2003년 4월 UNT의 창립총회가 개최되었다. 독자 노총 건설 추진 과정에서 FBT는 즉각적 건설을 주장한 반면, 철강 노조인 SUTISS(철강산업통합노동조합Sindicato Único de Trabajadores de la Industria Siderúrgica y sus Similares)의 마추카Ramón Machuca가 중심이 된 중도파들은 충분한 시간을 두고 일반

4_독자 노총 건설 움직임의 형성과 UNT의 건설 과정에 대해서는 Lucena(2007a, 110-112; 2008, 5-11), Iranzo & Richter(2005, 52-71), Ellner(2005, 176-178; 2007, 84-90)를 참조할 것.

노동자들의 참여를 견인할 것을 주장했다. 또한 중도파들은 독자 노총의 위원장직을 중도파에게 할애해야 한다고 주장한 반면, FBT 측은 위원장이나 사무총장 없는 수평적 전국집행위원회의 구성을 주장했다. 독자 노총의 명칭은 중도파들이 요구한 UNT로 결정했으나 지도부 구성에 대해서는 이견을 좁히지 못함으로써, 결국 마추카는 UNT 창립에 합류하지 않고 FBT 중심으로 UNT가 건설되었다.

UNT는 FBT 측의 주장을 받아들여 위원장이나 사무총장을 두지 않고 14명의 전국위원들을 임명해 임시적 성격의 지도부를 구성했다. 이들은 UNT 건설에 합류한 다양한 흐름들을 반영해 선별되었고, 전국위원들에게는 총회를 개최하고 지도부 선거를 치르기 위해 1년의 임기가 주어졌다. 이렇게 UNT는 정관 제정도 하지 못하고 위원장도 선출하지 못한 채 차베스 정권의 지원과 친차베스 노동운동가들의 동의에 기초해 출범한 것이다.

UNT는 정부의 지원 덕분에 급격하게 조직력을 확대할 수 있었다. 정부는 친차베스 성향 노동조합의 경우 노동조합이 있는 사업장에서도 신규 노조를 허용해 주었고, 노동조합의 등록과 승인 절차를 신속하게 처리해 주었으며, 신규 노조라고 하더라도 사측에 의해 보복을 당할 위험을 막아주고, 사업장 내 다수파가 아니더라도 단체협약 체결에서 유리한 입지를 확보할 수 있도록 했으며, 특히 공적 부문의 경우 고용주로서 많은 특혜를 부여했다(Iranzo & Richter 2008, 98-107; Lucena 2008, 4-14). 이런 정부의 지원 덕분에 UNT의 조직력이 강화되면서 베네수엘라 조직 노동 부문의 이중구조화[5]가 급격하게 진전되었다.

5_CTV가 전성기 때 소속 노조원이 100만 명이라고 주장했는데, 현재 UNT는 150만을 주장하고 있다(Hernández & Romero 2008, 413-414). 상당수 CTV 노조원들이 UNT로 합류했다는 점을 고려하면 UNT는 현재 조직 규모에서 우위를 확보했다고 볼 수 있다. 2007년 노

이처럼 노동조합운동은 CTV의 독점 체제에서 CTV-UNT의 이중구조 체제로 전환하게 되었지만 제4공화국 시기와 차베스 정권 시기 사이에 단절보다는 상당 정도 연속성을 유지하고 있었다. 코포라티즘은 지속되고 있으며, 제4공화국 시기 형성된 코포라티즘 관계의 유산으로 CTV는 차베스 정권과 대립하는 반면, 그 대척점에서 UNT를 중심으로 차베스 정권과 새로운 코포라티즘 관계가 형성된 것이다.

한편, 차베스는 CTV에 대해 일관되게 적대적 입장을 취한 반면, UNT에 대해서는 지원과 불만의 양면적 태도를 취하고 있었다. 차베스는 총파업-직장폐쇄 투쟁으로 정권을 위기로 몰아넣는 CTV와 Fedecámaras의 연합 세력에 맞서기 위해 "UNT의 지도부를 자기 손으로 직접 선별하고"(Iturraspe 2008 면담) UNT의 조직력을 강화하기 위해 행정부의 권한과 자원을 적극적으로 동원했다. 다른 한편, 차베스는 UNT의 창립총회에 불참하면서 부통령이나 노동부장관도 대리로 보내지 않았고 다음날 방영된 텔레비전 프로그램 〈알로 쁘레시덴떼〉 Aló Presidente(대통령 안녕)에서 전날 개최된 UNT 창설대회에 대해서는 한마디도 언급하지 않으면서 지난 주 SUTISS 위원장에 재선된 "내 친구 마추카"를 축하한다고 발언함으로써 UNT에 대한 불만을 우회적으로 피력하기도 했다(Lebowitz 2003). 차베스의 불만은 자신의 적극적 지원에도 불구하고 자신의 지지 세력이 CTV 지도부 장악에 실패하고 별도의 조직체를 건설함으로써 기존 노동조합 조직들이 반대파의 수중에 남아 있게 되었다는 사실에서 비롯된 것으로 이해되고 있다(Iranzo 2008 면담).

동절 집회의 경우, CTV 집회 규모가 1천 명인 데 비해 UNT 집회 규모가 50만 명에 달했다(Munckton 2007, 6-7)는 사실은 UNT의 상승세를 실감하게 했고 노동조합운동의 이중구조가 이미 정착되었다는 것을 확인해 주었다.

UNT의 분열과 딜레마

UNT는 창설 이후 1년 이내에 조직 통합을 완료한다는 목표를 세웠었지만 2006년 5월 개최된 제2차 총회는 지도부 선거 시기를 둘러싸고 첨예하게 대립하며 폭력행위와 함께 파행을 겪으면서 과도기적 임시 지도부 체계가 장기화되게 되었다[6]. 결국 UNT 5개 파벌들 가운데 다수파인 CCURA가 회의장에서 지도부 선거 방침을 통과시킨 반면, 나머지 4개 파벌들은 회의장 밖에서 따로 총회를 치렀다. 2006년 12월 3일로 대통령 선거가 예정되어 있는 가운데 CCURA는 지도부를 빨리 구성해 차베스 재선 운동을 힘차게 전개하자는 입장이었던 반면, 소수파들은 우선 차베스 재선 운동에 전념한 다음 2007년도에 지도부 선거를 치르자는 입장이었다. 하지만 2007년 들어서도 지도부 선거는커녕 5월 1일 노동절 집회도 UNT가 주관하지 못하고 소속 노동조합들의 명의로 주관된 것을 보면 UNT의 내분은 점점 더 파국으로 치닫고 있었다는 것을 확인할 수 있다. 이후 2008년 하반기, 2009년 하반기, 2010년 중반 등 몇 차례에 걸쳐 조직 재통합과 총회 개최를 위한 시도들이 전개되었으나 성공하지 못했고 아직껏 제3차 총회와 지도부 선거는 이루어지지 않았다.

다수파로서 노동계급 이해관계를 우선시하는 CCURA에 맞서, 소수파 연합 내 FSBT는 노동계급 이해관계보다 차베스 정권의 정치 일정을 우선시한다는 점에서, UNT의 내분은 단순히 지도부 장악을 위한 파벌 갈등이 아니라 계급주의파와 차베스 정권 간 이해관계 갈등 형태로 전개되고 있었다. 대선 승리 직후 차베스가 새로운 정당의 건설을 선언했고, 2007년

6_UNT의 제2차 총회와 내부 파벌 갈등에 대해서는 Ellner(2005, 178-187), CCURA(2006b; 2007a), Gindin(2004), McIlroy & Wynter(2006)를 참조할 것.

들어 PSUV 창당을 위한 본격적 작업을 전개하면서 차베스가 계급주의파의 핵심인 CCURA를 공개적으로 비판하기 시작하자, CCURA는 코포라티즘파뿐만 아니라 차베스에 대해서도 강도 높게 비판하며 반박했다. 이렇게 파벌 갈등은 UNT 내 대리전에서 CCURA와 차베스 대통령의 정면충돌로 전환되었다.[7]

계급주의파가 코포라티즘파 및 차베스와 대립한 쟁점들로는 UNT 지도부 선거 시기, 공동경영 운동의 전략과 방향, 국유화의 수준 및 범위, 차베스 영향권 밖 독자적 노동계급 정당의 필요성, 노동조합운동의 자율성 등이 지목되어 왔다. 그 가운데 핵심 쟁점은 지도부 선거 시기였으나, 이후 점차 노동조합 자율성 문제로 옮겨 갔다.

지도부 선거 시기는 2006년 12월 차베스 대선 승리 이후에도 UNT 분파들 사이에 원색적 비난을 주고받고 있는 사항이다. 다수파 CCURA와 소수파인 CTR(혁명노동자회Colectivo de Trabajadores de Revolución)[8]을 포함한 5개 정파는 2007년 7월 26일 빠른 시일 내에 비밀, 민주적 투표로 UNT 지도부를 선출해야 한다고 주장하며, 7월 30일까지 선거관리위원회 구성을 위해

7_CCURA를 중심으로 한 계급주의파와 차베스 정권은 UNT가 창설되던 2003년부터 차베스의 적극 지원으로 공동경영 운동이 본격적으로 전개되기 시작한 2005년까지 우호적 유대 관계를 형성하며 포지티브섬 게임을 했다. 2006년 들어 UNT 내부 갈등이 첨예화되면서 UNT 다수파인 계급주의파와 차베스 정권의 관계는 냉각되는 조짐을 보였으나 12월 대선을 앞두고 있어 표면화되지 않으며 잠복 상태로 남아 있었다. 하지만 재선에 성공한 차베스가 PSUV 창당을 추진하면서 양자의 관계는 급격히 악화되며 공개적으로 표출되기 시작한 것이다.

8_CCURA의 치리노(Orlando Chirino)와 CTR의 마스뻬로(Marcela Maspero)도 FBT의 구성원으로서 UNT 창설을 주도했으나 2005년 FBT로부터 추방되었으며(CCURA 2007a), FBT는 2006년 UNT의 제2차 총회를 앞두고 이 두 정파들이 UNT를 장악하려는 음모를 꾸미고 있다며 조기 지도부 선거에 반대했다(*Ultimas Noticias* 2006/04/04).

회합할 것을 제안했다. 하지만 FSBT 지도자 베라Oswaldo Vera는 그런 제안을 묵살하고 일간지 『엘 문도』El Mundo 7월 31일자에 실린 "UNT는 노동자들을 대표하지 못한다"는 제목의 인터뷰에서 CCURA와 CTR은 중간계급에 지지 기반을 지니고 있지만 노동계급의 지지 기반을 지닌 FSBT는 UNT 노조의 80%를 대변한다고 주장했다(Vera 2007).[9] CCURA와 지도급 인사들은 즉각적으로 FSBT야말로 노동계급의 지지 기반이 없는 왜소한 조직이며(CCURA 2007b; Chirino 2007a), FSBT 지도부는 노동부와 결탁해 움직이는 관료화된 노동귀족의 전형으로 차베스의 높은 인기를 악용해 UNT의 분열과 무력화를 획책하고 있다고 비난을 퍼부었다.

노동조합 자율성 문제는 차베스와 CCURA가 비판을 주고받으면서 논쟁의 핵심으로 부각된 문제다. 차베스가 PSUV 창당을 추진하면서 CCURA는 노동조합의 자율성을 주장하며 PSUV 참여를 거부한 반면, FSBT는 적극 참여를 선언하며 UNT의 해소와 새로운 조직체 건설을 주장하고 나섰다(FSBT 2007; ABN 2007a; 2007b).[10] 이처럼 FSBT와 CCURA가 노조 자율성 및 UNT의 미래를 둘러싸고 대립하는 가운데, 차베스는 PSUV를 건설하면 노동조합 자율성이 더 이상 필요하지 않으며, 노동조합 자율성을 주장하는 것은 반혁명적 행위라고 CCURA를 공격하며 논쟁에 개입하고 나섰다.[11] 차베스는 PSUV 건설을 위한 담화에서 "혁명에는 노동조합은 사라

9_ 루세나는 베라의 주장과는 달리 FSBT에 소속된 노동조합들이 거의 없으며, 그래서 FSBT가 UNT 소속 노동조합원들에 의한 지도부 직접선거가 실시되는 것을 반대하는 것으로 해석하고 있다(Lucena 2007a, 111-112).

10_ 베네수엘라 노동문제 전문가 루세나에 따르면 2008년 초 FSBT는 별도의 노동조합 조직체 창설을 위한 준비 모임을 가졌으나 CCURA는 배제했다고 한다(Lucena 2008 면담).

11_ FSBT의 지도자 베라가 PSUV 창당 발기인 대회에서 노동 부문 대표로 발언하도록 함으로써 FSBT에 대한 차베스의 변함없는 신임을 확인해 주었다(Chirino 2007b).

져야 한다. …… 노동조합은 자율성이라는 독극물과 함께 태어났다. 노동조합들은 자율적일 수 없고, 이것을 끝장내야 한다"며 베네수엘라와 같이 혁명정부가 지배하는 사회에서는 노동조합의 자율성뿐만 아니라 노동조합도 없어져야 한다고 주장했다(Chávez 2007). 이처럼 FSBT와 차베스는 노동조합 자율성 무용론과 UNT 해체의 입장을 공유했고, 이에 맞서 CCURA는 공개서한과 지도급 인사들의 공개 발언을 통해 차베스의 주장을 반박하면서 FSBT를 넘어 차베스와 정면 대립하게 되었다.

CCURA 지도자 치리노는 "대통령은 노동조합의 자율성을 위해 싸우는 것은 제4공화국의 독약을 가져오는 것이라고 말한다. 하지만 정반대이다. 자율성이야말로 관료주의를 타파하는 강력한 해독제다." "차베스의 코멘트 가운데 최악은 노동계급 운동의 독립성을 위해 싸우는 것은 반혁명적 역할을 수행하는 것이라는 발언"이라 지적하며 반박했다(Chirino 2007b). CCURA는 3월 28일 지도부 18명이 연명해 차베스 대통령에게 보낸 공개 서한에서 PSUV 결성 과정이 이념 논쟁과 의견 교환을 위한 내부 민주주의를 인정하지 않는 도그마티즘과 스탈린주의 정당의 위험성을 지니고 있다고 비판했다(CCURA 2007c). 볼셰비키 혁명을 성공시킨 레닌의 경우 노조의 자율성이 필요하며 사회주의국가가 건설된 뒤에도 마찬가지라는 입장이었으며 트로츠키도 노조의 자율성을 부정했던 자신의 오류를 인정하고 레닌의 입장을 수용했다는 점도 상기시켰다. 더 나아가서, CCURA는 "스탈린주의는 정치권력을 통해 국가기구와 정당을 장악하고나면 제일 먼저 노동조합의 자율성부터 제거한다"며 PSUV가 스탈린주의의 과오를 되풀이할 수 있는 위험에 대해 경고했다. CCURA는 동 서한에서 베네수엘라의 현 국면은 자본과 기득권 세력들의 혁명 프로그램과 노동계급에 대한 공세의 가능성이 상존하고 있어 변혁 정권과 혁명 프로그램을 수호하기 위해서는 자율성을 지닌 강력한 노동조합 조직이 필요하다고 역설했다.[12]

차베스는 소련의 국가사회주의에 대한 비판에 입각해 21세기 사회주의를 주창하며, 국가권력이 전횡을 부리는 위로부터의 사회주의가 아니라 민중이 주체가 되어 사회주의를 건설하는 아래로부터의 사회주의를 표방해 왔다. 그런 점에서, CCURA가 스탈린을 당과 국가의 정치권력 독점을 위해 노조의 자율성을 파괴한 장본인으로 매도하며, 차베스를 스탈린과 동일시한 것은 차베스와 볼리바르 혁명운동의 도덕성과 정체성에 큰 타격을 주는 것이었다. 결국, CCURA 내에서도 이런 차베스 비판이 지나쳤다고 판단하며 차베스와의 정면충돌에 부담감을 느낀 세력들은 5월 5일 "자본가, 관료주의, 부패 없는 사회주의를 건설하기 위해 …… PSUV 건설에 동참한다"라고 선언했다(CCURA 2007d). PSUV 합류 선언에는 40일 전 공개서한에 연맹했던 CCURA 지도자 18명 가운데 뻬레스Stalin Pérez 등 8명이 참여했으며, 이들은 치리노 등과 대화를 지속할 것이라고 천명했지만, 결국 CCURA를 탈퇴해 Marea Socialista(사회주의 흐름)를 결성함으로써 CCURA는 양분되었다.[13] 이후 뻬레스를 중심으로 한 Marea Socialista는 FSBT 등과 함께 PSUV 내 노동 부문을 구성하며 UNT 재건을 시도한 반면, 치리노 주도의 CCURA는 CTV 일부와 함께 MSL(노동연대운동Movimiento de Solidaridad Laboral)을 결성해 차베스 정권에 대한 비판의 강도를 높여 갔다.

12_ 치리노에 따르면 차베스가 공개서한에 답변하지도 않았고 그에 대해 공개적으로 언급한 바도 없다고 한다. 치리노는 차베스도 2005년 말까지는 노동조합의 자율성을 지지했지만 PSUV 창당 추진을 계기로 급격하게 입장이 바뀐 것으로 설명했다(Chirino 2009 면담).

13_ CCURA의 분열에 이르는 과정과 Marea Socialista의 입장에 대해서는 Pérez(2008 면담)과 Fuentes(2009 면담)를 참조.

4. 토론 및 맺음말: 좌파 정권과 노동조합운동의 딜레마

노동조합운동의 정당 호응성 및 이중구조화

차베스 정권은 제4공화국과의 단절을 강조했지만, 정부가 노동조합 활동과 노사 관계에 적극적으로 개입해 일방적으로 통제한다는 점에서 제4공화국과 차베스 정권 사이에는 연속성이 있다. 개입 정도는 차베스 정권 시기에 더욱 심화되었으며, 이는 차베스 정권과 CTV 사이의 극렬한 대립 구도에서 기인된 바 크지만 개입 결과로 대립 구도는 더 첨예화되었다.

정부의 개입은 노동조합의 정부에 대한 예속성을 가져왔으며, 노동조합운동의 정당에 대한 높은 호응성을 매개로 정부에 대한 예속성이 보강된다는 점도 제4공화국과 차베스 정권 시기의 공통점이다. 다만, 제4공화국 시기에는 노동조합운동이 CTV의 패권하에 통합되어 있으며 대항 조직체들은 거의 존재감을 보이지 못한 반면, 차베스 정권 시기에는 UNT가 결성되어 조직 규모를 확대하면서 CTV의 분열이 전체 노동조합운동의 이중구조로 발전하게 되었다는 점에서 차별성을 보인다.

차베스 정권하에서도 CTV는 여전히 AD·Copei, 특히 AD와의 조직적 연계를 유지하고 있어 차베스 정권과의 공개적 대립 구도 속에서 자본가 단체인 Fedecámaras와 연대해 정권 퇴진을 위한 총파업 투쟁을 전개하며 격돌하게 되었다. 한편 UNT는 차베스에 대한 절대적 지지의 전제 위에서 집권 정당과의 긴밀한 관계를 통해 정권과 호혜적 코포라티즘 관계를 형성해 발전시키게 되었다. 이런 CTV와 차베스 정권의 갈등 관계 및 UNT와 차베스 정권의 밀접한 관계는 노동조합 조직체들의 정당에 대한 높은 호응성에서 비롯된 것이다. 그런 점에서 차베스 정권 시기 노동조합운동의 CTV-UNT 이중구조는 제4공화국 시기 코포라티즘의 유산과 차베스 정권 시기에 형성되고 있는 코포라티즘이 병존하는 구도라 할 수 있다.

계급주의파와 코포라티즘파의 대립

계급주의파와 코포라티즘파는 베네수엘라 노동운동 역사에 지속적으로 존재해 왔다는 선행 연구들의 지적은 타당한 것으로 확인되었다. 제4공화국 시기에는 우파 성향의 CTV가 코포라티즘파로서 노동계급의 존재 조건 및 계급 형성보다는 뿐또피호 협약에 기초한 정치사회적 안정을 우선시한 반면, 좌파 세력들은 AD·Copei에 대한 호응성·예속성을 비판하고 노조 자율성을 주창하며 계급주의파로서 독자 세력화했다. 하지만 계급주의파 노동조합 조직체가 왜소화되면서 코포라티즘파 CTV가 제4공화국 시기 내내 패권을 행사하게 되었다.

한편, 차베스 정권 출범 이후 CTV에 맞서 제4공화국 시기의 계급주의파 성향 세력들과 새롭게 형성된 노동조합들을 중심으로 UNT가 결성됨으로써 노동조합운동의 이중구조가 형성되었으나, CTV-UNT 구도를 계급주의파-코포라티즘파의 구도로 설명하기는 어렵다. 친자본 우파 정권에서는 우파 코포라티즘파 대 좌파 계급주의파 구도가 형성되지만, 친노동적 좌파 정권이 집권하게 되면 좌파 세력이 정권과 코포라티즘적 관계를 형성하는 반면, 우파 세력은 배제되어 정권과 적대적 관계를 형성하는 경향성이 높기 때문이다. CTV가 신자유주의적 우파 성향을 견지하며 AD에 대해 높은 호응성을 유지하면서도 차베스 정권에 맞서 극렬한 투쟁을 전개한 것은 계급주의나 코포라티즘 지향성으로는 설명될 수 없다. 그것은 선행 시기 코포라티즘의 유산으로 설명될 수 있으며, 그것은 특정 정당에 대한 호응성에서 기인한 것이다.

반면, 차베스 정권하 UNT의 분열은 노동조합의 자율성과 정당에 대한 호응성 사이의 모순적 관계를 반영하고 있으며 CCURA와 FSBT는 그 담지자들일 뿐이다. 그런 점에서 계급주의파-코포라티즘파 clasista-corporatista 이분법은 전체 노동조합운동의 이중구조보다는 UNT의 내부 분열을 설명하는 데 더 유용한 분석 틀이라 할 수 있다.

좌파 정권하 좌파 성향 노동조합운동의 딜레마

차베스 정권하에서 계급주의파와 코포라티즘파는 UNT 내부 갈등의 양축을 구성하며 좌파 성향 노동조합운동의 딜레마를 표출한다.

제4공화국의 지배 블록을 형성했던 기득권 세력들이 야당들을 중심으로 차베스 정권의 전복을 위해 강도 높은 투쟁을 전개하고 있고, 야당들의 무력화로 인해 반차베스 투쟁의 구심점이 CTV와 Fedecámaras로 옮겨지며 전국적 총파업-직장폐쇄 투쟁이 산업과 경제를 마비시키는 상황 속에서 UNT가 차베스 정권 수호에 앞장서는 것은 절박한 과제다. 하지만 UNT가 노동자 이익집단과 노동계급 계급 조직으로서의 역할을 수행하기 위해서는 정치적 현안에 매몰되고 정치 일정에 긴박되는 조건을 벗어나 노동자들의 이해관계를 대변하고 노동조합의 자율성을 실천하는 것 또한 피할 수 없는 과제다. 이런 좌파 정권 수호라는 정치적 과제와 노동조합 자율성 실천이라는 계급적 과제는 UNT가 동시에 실현하기 어려운 모순적 관계에 있다는 점에 UNT의 딜레마가 있다. 이런 좌파 성향 노동조합운동의 딜레마는 친자본적 우파 정권 집권 시기에는 나타나지 않는다는 점에서 좌파 정권 시기에 특유한 현상이라 할 수 있다.

좌파 정권하 좌파 성향 노동조합 조직체가 처하는 딜레마 상황은 UNT의 조직적 통합을 어렵게 했다. CCURA가 주도하는 계급주의파와 FSBT를 중심으로 한 코포라티즘파의 대립 상황은 점점 더 격화되었고, 마침내 최대 정파인 CCURA도 내분을 겪게 되었다. 차베스 정권 수호의 중요성을 인정하되 노동조합 자율성의 필요성을 절대시하는 세력은 CCURA에 남고 차베스 정권 수호를 중시하며 노동조합 자율성에 유연한 입장을 지닌 세력이 PSUV 참여를 위한 CCURA 이탈이라는 전략적 선택을 함으로써 CCURA는 조직적 분열을 겪게 된 것이다. 이렇게 계급주의와 코포라티즘 사이의 모순 관계는 UNT를 분열시키는 수준을 넘어서 UNT 내 계급주의의 담지자인 CCURA마저 분열시킨 것이다.

이런 UNT의 분열과 뒤이은 계급주의파 CCURA의 분열은 향후 노동조합운동과 노동계급 형성의 전망과 관련해 몇 가지 함의를 지닌다.

첫째, UNT 내 계급주의파와 코포라티즘파의 대립 구도는 CCURA의 분열로 인해 UNT 내 힘의 균형이 급격하게 코포라티즘파로 이동하면서, UNT는 코포라티즘파의 지배하에서 계급주의파를 주변화하며 정권에 대한 예속성을 강화한 제4공화국 시기 CTV의 전철을 밟게 될 가능성이 높아졌다는 점이다. 이런 좌파 정권하 좌파 성향 노동조합 조직체 내 계급주의파의 이탈은 CUT에서 ConLuta가 이탈하며 CUT의 코포라티즘 성향이 강화된 브라질 사례와 유사한 경로를 밟을 가능성이 높아졌다.

둘째, CCURA는 UNT 내에서 가장 강한 조직력을 지녔을 뿐만 아니라, 노동계급적 관점에서 자본주의 체제를 넘어 사회주의 체제로 이행하기 위해 필요한 변혁 정책의 프로그램을 가장 체계적으로 제시해 온 세력이었다는 점에서, CCURA의 분열로 인해 향후 UNT가 노동계급적 관점에서 변혁 프로그램을 개발해 차베스 정권 변혁 정책에 안정적 기반을 제공할 수 있는 역량이 크게 약화되었다.

셋째, 계급주의파 CCURA는 독자적 조직 기반에 기초해 상대적으로 강한 동원 역량을 지닌 반면, 코포라티즘파 FSBT는 독자적 조직 기반 없이 차베스의 지원에 크게 의존해 왔다는 점에서, CCURA의 분열은 UNT가 조직력을 강화하며 노동계급 계급 형성을 추진하는 데 필요한 조직 자원의 약화를 가져오게 되었다.

| 4장 |

차베스 정부 시기 노동자들의 노동조건

1. 문제의 제기

차베스 정부가 제4공화국에 비해 좀 더 친노동계급적 성격을 지녔다는 데는 이견이 없다. 하지만 노동조건의 개선 여부와 노동조합 활동 및 노정 관계에 대해서는 논란이 일고 있다.

먼저 노동조건 부분을 보면, 차베스 정부는 출범 이후 실업률이 하락하고 비공식 부문이 축소되었으며, 노동자들의 법정 최저임금이 대폭 인상되어 중남미 최고 수준에 달할 정도로 노동자들의 노동조건은 크게 개선되었다고 주장한다(AVN 2012; Pearson 2011c; Reardon 2011b; Robertson 2012a). 반면, 베네수엘라 노동자들의 노동조건에 대한 연구들은 실업률 하락 현상은 인정하지만 고용 불안정이 증대되었고 공공 부문에 비해 사적 부문의 경우 낮은 임금 인상률을 기록하고 있으며, 부당노동행위가 남발하는 가운데 노동조합 활동가들을 중심으로 한 노조원들에 대한 정부

살인 범죄가 확산되는 등 노동조건이 개선되지 않았다는 것을 지적하고 있다(Lucena 2008, 2009a; Perlasca 2011; Aranguren 2010).

한편 노동조합과 노사 관계 측면을 보면, 차베스 정부 시기 노동문제에 대한 연구들은 정부의 노동조합 활동에 대한 적극적 개입, 노동조합과 정부 및 정당의 긴밀한 관계를 지적하며 차베스 정부와 제5공화국 시기 사이의 공통점을 지적하고 있다.

하지만 차베스 정부의 차별성과 변혁성을 강조하는 연구들은 차베스 정부 들어 노동자들이 공동경영의 주체가 되어 기업 경영에 참여할 뿐만 아니라 정부 정책 결정 과정에도 실질적으로 개입하며 볼리바르 혁명 과정에서 중요한 역할을 담당하고 있다고 평가한다(Wilpert 2007; Lebowitz 2006; Ellner 2008; Gómez 2012). 또한 이들 연구들은 노동조합들이 차베스 정부 초기 정권 전복을 위한 정치 총파업 투쟁을 전개했지만, 2004년 8월 차베스 소환 여부를 묻는 국민투표 이후 노동조합들은 탈정치화 과정을 겪으며 사회경제적 요구를 위한 일상적 활동을 강화하며 생산 현장에서 영향력을 증대하고 있다고 진단한다.

반면, 차베스 정부의 연속성을 강조하는 연구들은 차베스 정부가 계급적 성격에서 제4공화국과 차별성을 보이지만 노동조합 활동과 노정 관계에서는 제4공화국과 상당한 연속성을 보인다고 평가한다(Lucena 2008, 2009a, 2010a; Iranzo 2011; Iranzo & Richter 2008; Hernandez & Richter 2010; Chirinos et al. 2010). 이들 연구들은 차베스 정부의 노동정책을 포함한 주요 정책 결정 과정에 노동조합은 유의미하게 개입하지 못하고 있으며, 노동조합과 정부는 밀접한 관계를 유지하고 있지만 정부가 노동조합을 일방적으로 통제하는 위계적 관계라는 점에서 정책 내용과 추진 방식에서 차베스 정부와 제4공화국의 차별성은 약하다고 진단한다. 또한 노동조합들이 정부와 정당에 의한 적극적 개입과 통제로 인해 심각한 수준의 내부 분열을 겪으며 조직력 약화를 겪고 있다고 분석한다.

이처럼 선행 연구들은 차베스 정부 시기 노동조건의 개선 혹은 악화가 차베스 정부의 차별성 혹은 연속성과 선택적 친화성을 지닌다는 점을 보여 줌으로써 양자 사이의 상관관계를 확인해 주고 있다. 하지만 선행 연구들은 차베스 정부의 차별성 혹은 연속성이 어떻게 차베스 정부 시기 노동조건의 개선 혹은 악화를 가져왔는지에 대해 체계적인 인과적 설명을 제시하는 수준에는 이르지 못하고 있다.

이 장은 차베스 정부 시기 베네수엘라 노동자들의 노동조건이 개선 혹은 개악되었는지를 검토한 다음, 노동조건의 개선 혹은 개악 과정은 어떤 요인들에 의해 어떻게 영향을 받았는지를 분석하고 이런 노동 체제가 어떤 특성을 지니며 어떻게 작동하고 있는지를 규명하고자 한다.

2. 차베스 정부 시기 노동자들의 존재 조건

노동자들의 노동조건

2002년과 2003년 차베스 정부에 맞서 석유산업을 중심으로 전개된 총파업-직장폐쇄로 인해 국내총생산이 연속 9% 내외의 마이너스 성장을 기록한 이래 경제성장률이 정상화되며 2002년 15.7%에 달했던 실업률은 꾸준히 하락해 2008년에는 6.1%까지 떨어졌다(〈표 4-1〉 참조). 하지만 세계 금융 위기의 여파로 2009년과 2010년 연이은 2% 내외의 마이너스 성장을 기록하면서 실업률은 다시 상승해 6.5% 수준을 유지하게 되었다.

이런 실업률 하락은 주로 공공 부문의 고용 규모 증가에 힘입은 것으로 나타났다. 2000년 8월과 2010년 8월 사이 사적 부문 고용 규모는 754.7만 명에서 962.7만 명으로 27.5% 증가한 데 그친 반면, 공공 부문 고용 규모

표 4-1 | 거시 경제 지표 및 노동시장 실태 변화

단위: %

연도	국내총생산 성장률	경제활동 참가율	실업률	공식 부문 취업	비공식 부문 취업
1998	0.17				
1999	-6.19	64.2	10.6	45.0	55.0
2000	3.24	65.3	10.2		
2001	2.67	67.6	11		
2002	-8.50	69.9	15.7		
2003	-9.50	69.2	14.6	47.3	52.7
2004	17.90	68.2	10.9	51.1	48.9
2005	9.30	65.4	8.9	53.3	46.7
2006	7.00	65.6	8.4	54.7	45.3
2007	8.40	65	6.2	55.9	44.1
2008	4.80	65.4	6.1	56.6	43.4
2009	-2.90	66.2	6.6	56.0	44.0
2010	-1.49	65.7	6.5	56.2	43.8
2011	4.18	64.9	6.5	55.0	45.0

자료: BCV, INE에서 산출.

는 129.3만 명에서 231.8만 명으로 79.2% 증가했다(Puntes 2010). 그 결과 공공 부문이 전체 고용 규모에서 차지하는 비중은 14.6%에서 19.6%로 증가했고, 이런 공공 부문의 상대적 팽창은 공식 부문의 상대적 비중을 확대하는 결과를 가져왔다. 2003년과 2009년 사이 공식 부문이 47.3%에서 56.0%로 확대되면서 비공식 부문은 취업 인구의 절반 이하로 떨어졌고, 비공식 부문은 2011년 현재, 45%로서 1999년 55%에 비해 크게 감축된 것이다(Pearson 2011c). 비공식 부문의 절대적 규모 역시 2008년에는 43.4%까지 감축되었지만 2009~10년 마이너스 성장의 여파로 다시 확대되어 45% 수준에 이르게 되었다.

비공식 부문이 감축되는 것과는 달리, 사적 부문뿐만 아니라 공공 부문과 비영리 부문에서도 기간제와 함께 간접 고용 비정규직 노동자들이 업무의 외주화로 인해 꾸준히 증가하고 있다(Provea 2008, 136; Perlasca 2011). 공공 부문 내에서 사회정책 프로그램들, 외주 업체, 협동조합들에 고용된 간접 고용 노동자들은 117만 명에 달하는데, 이들은 전체 공공 부

표 4-2 | 최저임금 및 취업자 소득 변화 추이

연도	최저임금(Bs)	취업자 소득(1997=100)			소비자 물가 인상률(%)	소비자 물가 지수(2000=100)
		전체 취업자	사적 부문	공공 부문		
1997	75.00	100.0	100.0	100.0		
1998	100.00	154.0	167.2	119.1		
1999	120.00	189.7	207.8	141.8		
2000	144.00	230.9	242.1	201.3	16.2	100
2001	158.40	266.6	274.2	246.4	12.5	112.5
2002	190.08	288.0	298.9	259.5	22.4	137.8
2003	247.10	324.0	336.6	290.8	31.1	180.6
2004	321.24	392.9	387.0	408.5	21.7	219.9
2005	405.00	462.8	446.0	507.3	16.0	255.0
2006	512.33	550.0	509.3	657.3	13.7	289.8
2007	614.79	691.9	625.9	865.9	18.7	344.0
2008	799.23	839.3	778.2	1,000.4	31.4	452.2
2009	967.50	1,033.3	964.0	1,216.0	28.6	581.4
2010	1,223.89	1,244.8	1,210.0	1,336.8	29.1	743.8
2011		1,721.8	1,570.8	2,120.1	27.1	

주 1: 월 소득은 임금노동자와 자영업자 포함.
주 2: 매년 12월 기준. 2002년 실업률, 취업률은 11월 기준. 월 소득은 3/4분기.
자료: Mintrass, BCV.

문 고용 인구의 45%에 달하며 공공 부문 단체협약의 보호도 받지 못한다(Díaz 2011).

차베스 정부하에서 최저임금은 〈표 4-2〉에서 보듯이 크게 증가했는데 1998년과 2010년 사이 열두 배 이상 증가했다. 최저임금은 크게 증가했지만 전체 고용 규모의 절반 가까이를 점하는 비공식 부문 노동자들은 최저임금 정책의 혜택을 받지 못하는 한계가 있다. 그뿐만 아니라 소비자 물가 증가율을 고려하면, 비교 가능한 시기인 2000년과 2010년 사이 최저임금은 144볼리바르에서 1,224볼리바르로 8.5배 인상된 반면, 같은 기간 소비자 물가는 7.4배 상승했기 때문에 실질 최저임금 인상률은 10년 기간 동안 14.3%에 불과한 것으로 나타났다.

평균임금 변화 추이를 분석할 수 있는 자료는 없지만 임금노동자와 함께 자영업자도 포괄하는 전체 취업자의 소득 변화 추이를 보면 1998년과 2011년 사이 전체 취업자의 평균 소득이 11.18배 증가한 가운데, 사적 부

표 4-3 | 불평등 지표 변화 추이

단위: %, 지니계수

연도	지니계수	최하위 20% 소득 점유율	최상위 20% 소득 점유율	상위 20/ 하위 20	빈곤 가구	극빈 가구
1997	0.4874	4.10	53.58	13.07	48.1	19.3
1998	0.4865	4.06	53.36	13.14	43.9	17.1
1999	0.4693	4.36	51.90	11.9	42.0	16.9
2000	0.4772	3.95	52.28	13.24	40.4	14.9
2001	0.4573	4.45	49.55	11.13	39.0	14.0
2002	0.4938	4.40	54.13	12.3	48.6	21.0
2003	0.4811	4.01	52.83	13.17	55.1	25.0
2004	0.4559	3.53	54.77	15.51	47.0	18.6
2005	0.4748	4.63	52.36	11.31	37.9	15.3
2006	0.4422	4.73	49.37	10.44	30.6	9.1
2007	0.4237	5.09	47.70	9.37	28.5	7.9
2008	0.4099	5.41	46.73	8.64	27.5	7.6
2009	0.4183	5.80	47.50	8.19	26.7	7.5
2010	0.3898	5.7	44.8	7.86	26.9	6.9
2011	0.3902	5.7	44.8	7.86	26.5	7.0

주: 매년 12월 기준. 빈곤층/극빈층(가구) 비율 하반기.
자료: INE

문이 9.4배 증가한 반면, 공공 부문은 17.8배 증가함으로써 사적 부문의 두 배 정도 급격하게 증가하며 평균 소득 증가 추세를 주도했다. 실질소득 변화 추이를 보면, 2000년과 2010년 사이 사적 부문 소득은 5.0배, 공공 부문 소득은 6.6배 증가했는데, 같은 기간 소비자물가가 7.4배 상승한 것을 고려하면 실질소득은 도리어 감소했으며, 감소 폭은 사적 부문의 경우 공공 부문에 비해 더 큰 것으로 나타났다. 공공 부문과 사적 부문을 비교하면 상대적으로 공공 부문 임금 인상률이 더 높았던 것은 분명하며, 나아가 공공 부문의 경우 사적 부문에 비해 휴가, 자녀 학자금 지원, 식품비 지원 등의 부가 혜택들이 더 많이 주어진다는 점에서 차베스 정부하에서 공공 부문의 노동조건은 사적 부문에 비해 훨씬 더 크게 개선된 것으로 평가되고 있다(Lucena 2009 면담; Lucena 2008, 11-14).

최저임금과 평균 소득의 변화 추이를 비교하면, 평균 소득에 비해 최저임금이 더 가파르게 증가한 것을 알 수 있다. 그 결과 사회경제적 불평등 현상이 크게 개선될 수 있었다. 〈표 4-3〉에서처럼 지니계수는 1998년과 2011년 사이 0.4865에서 0.3902로 크게 하락했고, 같은 기간 소득 분위 하위 20% 소득 점유율 대비 상위 20%의 소득 점유율의 상대적 크기는 13.14배에서 7.86배로 크게 하락한 것으로 나타났다.

차베스 정부하에서 노동조건의 전반적 개선은 이루어지지 않았지만 최저임금 인상과 사회정책 프로그램 등 노동 빈곤층을 포함한 저소득층의 삶의 조건 개선에 매진한 결과 사회경제적 불평등은 완화될 수 있었던 것이다. 이는 공식 경제 부문의 노동자, 특히 조직노동자들이 사회경제적 위계 구조의 최저층을 구성하는 것이 아니라 일정 정도 기득권을 지니는 층위를 구성하고 있다는 것을 의미하기도 한다.

노동조합 조직화와 단체협약

노동조합은 꾸준히 조직되어 1999년부터 2010년까지 신규 등록된 노동조합 숫자는 4,649개에 달한다(〈표 4-4〉 참조). 하지만 전체 노조원 숫자는 증가하지 않았다고 한다(Iranzo & Richter 2008, 103-4; Provea 2008, 148). 이처럼 노조원 숫자 증대가 수반되지 않는 노동조합 숫자 증대는 신규 노동자들을 조직화해 노동조합이 결성되는 것이 아니라 기존의 노동조합이 분열을 거듭한 때문이며, 그 결과 단위 노동조합의 규모는 점점 더 작아지고 있다. 결국 노동조합의 분열로 조직 노동의 영향력은 약화되고 국민적 정당성은 더욱 실추되고 있는 것이다.

현재 노동조합 조직률은 15~20% 정도로 추산되고 있다(Iturraspe 2008 면담; Lucena 2010 면담). 전체 취업자의 절반 정도가 최저임금도 적용되지 않는 비공식 부문 종사자로서 노동조합 조직화가 되지 않았고, 사적 부문은 대다수 기업들이 영세한 규모로서 노동조합 조직률이 낮은 반면, 공공 부문 노동조합 조직률은 30% 수준으로 사적 부문에 비해 월등히 높은 조

표 4-4 | 노동조합 및 단체협약 숫자 추이

연도	단체협약 체결 숫자	단체협약 적용 노동자 숫자	노동조합 신규 등록 숫자	부당 해고 구제 신청	노조 활동가 살해*	노사분규
1999	491	175,932	208			
2000	753	1,590,678	296			
2001	741	1,950,046	525			
2002	640	371,072	488			
2003	535	2,577,246	498			
2004	834	1,648,226	498	38,434		
2005	564	391,098	556	45,575		
2006	538	472,580	662	35,848		
2007	642	2,013,470	629	35,627	48	372
2008	562	160,328	620	51,500	29	510
2009	360	416,389	391	78,594	46	1187
2010	540	2,308,542	321	40,298	68	1121
2011					36	989**
합계	6,639	13,659,218	4,649			

주 *: 노조 활동가 살해는 전년도 10월부터 해당년도 9월까지임.
주 **: 2011년 노사분규 건수는 상반기 한정함.
자료: Provea(2008; 2009; 2010)에서 산정함.

직률을 보이고 있다. 하지만 공공 부문 역시 피고용자의 45% 정도가 간접 고용 비정규직으로서 노동조합 조직화가 거의 되지 않은 탓에 전체 노동조합 조직률의 상승을 억제하는 것으로 평가되고 있다.

노동조합 조직률 상승을 억제하는 또 다른 요인으로 지적되는 것은 노동자들을 대변하고 조직하는 산업보건안전위원회delegado de prevención와 노동자 평의회 등 대안적 노동자 기구들의 등장이다(Iranzo & Richter 2008, 104-5; Lucena 2009a, 9-11). 대안적 조직체들은 노동자들이 자신들의 이해관계와 관련된 부분들에서 직접 의사 결정에 참여할 수 있게 하거나 특정 영역들에서 노동자들의 이해관계를 보호하며 대변하게 되었다. 따라서 노동조합은 더 이상 노동자 이해관계 대변권을 독점할 수 없게 되었고, 노동조합을 우회하는 다양한 이해관계 대변 경로들이 작동하게 되면서, 노동조합은 노동자들에 대한 영향력 및 동원 역량의 위축과 함께 조직 확대에 더 큰 어려움을 겪게 되었다.

노동조합 조직화의 부진으로 인해 단체협약을 통한 노동자들의 이해관계 보호·신장에 별 진전을 이루지 못하게 했으며, 차베스 정부 시기 도리어 악화의 징후마저 보이고 있다. 연도별 체결된 단체협약 숫자가 차베스 정부 초기에 비해 2000년대 후반에 도리어 감소하면서 전체 피고용자 대비 단체협약 적용 대상자의 비중은 줄어들게 되었다. 이는 노동조합들이 단체협약 체결을 위해 단체교섭을 요구하지만 사용자 측에 의해 단체교섭이 거부되는 경우가 많고, 사적 부문에 비해 공공 부문에서 단체교섭이 거부되는 경향이 더 강한 것으로 알려져 있다(Provea 2011, 223). 또한 단체교섭이 시작되어도 단체협약 체결로 이어지지 못하는 경우도 많은데, 2009년의 경우 단체협약 체결을 위한 단체교섭은 1,223건에 달했지만 그 가운데 단체협약을 체결해 노동부에 등록한 건수는 360건으로서 29.4%에 불과했다(Provea 2010, 123).

노동조합과 단체협약이 노동자들을 제대로 보호하지 못하고 있다는 사실은 부당 해고 현상에서 잘 확인할 수 있다. 노동부에 접수된 부당 해고 구제 신청 건수는 차베스 정부하에서도 감소하지 않고 있으며(〈표 4-4〉 참조), 이는 사적 부문뿐만 아니라 공공 부문에서도 다르지 않다고 한다. 2007년부터 2008년 7월까지 접수된 59,757건 중 계류 중인 건수 63%를 제외하고 판정받은 27,113건 가운데 '근거 있음' 판정을 받은 건수가 22,286건으로 82%에 달했다는 사실은 대부분의 신청 사례들이 법 규정을 위반한 부당한 해고였다는 것을 의미한다(Provea 2008, 134-135). 한편 2009년에 복직과 임금 지급 판정을 받은 8,230건 가운데 사측이 명령을 이행한 건수는 4,632건이었던 반면, 명령 집행을 하지 않은 건수도 3,958건으로 절반에 가까운 48%에 달하고 있다(Provea 2010, 120). 이는 사측이 판정 결과의 집행을 거부하는 경우가 만연해 있는 가운데 정부의 집행 의지가 크게 미흡하는 것을 의미한다. 부당 해고 금지 조항decreto de inamovilidad labor은 매년 갱신되고 있는데, 동 조항은 적용 배제 대상에 경영진뿐만 아니라 3개월 미만 근무자와 비정규직 노동자들을 포함하고 있어(Provea 2008, 134-138) 고용 불안정은 공공 부문과 사적 부문 대기업의 일부 노동자들을 제외한 노동시장 전체의 추세라 할 수 있다.

    사측은 이처럼 단체협약 체결을 기피하고 체결된 단체협약도 위반하며 부당 해고자 복직 판정도 이행하지 않고 있으며, 더 나아가서 노동조합 활동 자체를 위협하는 경우도 많은 것으로 확인되고 있다. 노동부는 2010년 한 해 동안 처리한 부당노동행위 건수가 362건이며 그 가운데 272건에 벌금형을 부과했다고 밝혔는데, 이는 노동조합의 정상적 활동을 방해하고 위협하는 현상이라 할 수 있다(Provea 2011, 118). 노동조합 활동에 가장 심대한 위협으로 작용하는 것으로는 노조 활동가들에 대한 폭력, 특히 청부살인sindicariato[1] 현상을 꼽을 수 있다. 시민사회단체 Provea(베네수엘라인권교육및행동프로그램Programa Venezolano de Educación-Acción en Derechos Humanos)에 의해 확인된 노조 활동가 청부 살해 건수만 해도 2007년에서 2011년까지 5년 동안 총 227건으로서 연평균 45명에 달하고 있다(〈표 4-4〉 참조). 이렇게 살해된 노조 활동가들은 주로 노조 지도자들이며, 볼리바르 주 건설업에서 집중적으로 발생했으나 점차 전국·전 산업으로 확산되고 있다. 또한, 기업 경영진과 정부 관리들이 조직적으로 개입된 사례들이 점차 많아지고 있고, 무수한 청부 살인 사건들 가운데 범인이 처벌받은 사례는 거의 없어 차베스 정부와 사법부의 법집행 의지가 의심받고 있다(Provea 2008, 140-141; Provea 2011, 121-122).

    이처럼 차베스 정부 시기 노동조합의 조직화와 영향력이 증진되지 않

1_'sindicariato'란 노동조합을 뜻하는 sindicato와 청부살인을 뜻하는 sicariato를 결합한 신조어로서 노동조합 관련된 청부살인 현상을 경멸적으로 지칭하는 용어로 사용되고 있다.

았고, 그 결과 단체협약의 노동자 보호가 강화되거나 보호 대상 노동자들의 비중이 확대될 수 없었으며, 따라서 노동자들의 노동조건이 유의미하게 개선될 수 없었다는 것을 확인할 수 있다.

3. 차베스 정부와 코포라티즘 체제

차베스 정부 시기 베네수엘라 노동자들은 노동조합 약화와 단체협약 적용률 하락으로 노동조건 개선에 실패했는데, 이런 과정을 보강하며 노동조건 개선을 제약한 메커니즘들로는 차베스 정부의 개입주의 노동정책, 친 차베스 노동 진영의 분열과 파업 활동의 범죄화 등을 꼽을 수 있다.

차베스 정부의 개입주의 노동정책

차베스는 집권 후 몇 년 지나지 않아서부터 노동법LOT 138조에 명시된 노사정 기구의 협의를 거치지 않고 일방적으로 최저임금 인상률을 발표해 왔는데, 인상률은 대체로 물가 상승률을 조금 넘어서는 수준이다.[2] 마찬가지로 공공 부문 노동자들에 대해서도 매년 노사 교섭 혹은 협의 없이 임금 인상률을 차베스가 일방적으로 발표해 왔다. 이처럼 차베스 정부는 노사정협의기구나 단체교섭 절차를 경시하고 사회적 대화를 통하지 않고 일방

2_차베스 정부의 최저임금 및 공공 부문 임금 인상률 발표 방식 및 내용에 대해서는 Provea (2008, 138-140; 2010, 121-123; 2011, 112), Boothroyd(2012a), Reardon(2011b), Pearson (2011c)을 참조할 것.

적으로 정책을 결정·집행해 왔다(Iranzo 2011, 32; Hernandez & Richter 2008, 418; Hernandez & Richter 2010; Lucena 2009a, 11-14). 한편 국유화 기업들의 경우도 국유화 이후 임금 등 노동조건은 개선되었지만 노동조합의 개입 없이 하향식 의사 결정 및 집행 방식으로 이루어지고 있다(Lucena 2010a, 427; Mather 2010). 이처럼 차베스 정부는 친노동적 노동정책을 수립해 추진할 때도 대체로 노동조합을 정책 결정 과정에 참여시키거나 노동조합과 실질적으로 협의하는 과정을 거치지 않는다.

차베스 정부는 노동조합 활동에 적극적으로 개입해 왔다. 제4공화국 시기 권력을 분점했던 두 정당 AD와 Copei의 영향력하에 있는 노동조합 총연맹 CTV가 자본가 단체 Fedecámaras와 함께 반차베스 블록의 핵심을 구성한 가운데, 차베스는 CTV 위원장이 직접선거에 의해 당선된 것이 아니기 때문에 정당성을 결여하고 있다며 2000년 12월 CTV 위원장 사퇴 여부를 묻는 국민투표를 실시했다. 이 국민투표는 자신들과 관련 없는 노동조합운동 내부 문제를 국민투표에 회부하는 것에 대한 시민들의 거부감으로 인해 투표율은 22%에 불과했지만 66%가 퇴진에 지지를 표명함으로써 위원장은 사퇴했다. 이듬해 10월 실시된 CTV 위원장 선거에서 차베스는 친정부 측 후보 이스뚜리스에게 대통령 궁내에 선거 사무실을 설치토록 하는 등 적극적으로 지원했는데도 반차베스 후보 오르테가에게 64% 대 19%의 압도적 표차로 패배하자, 노조 선거의 문제점들을 지적하며 CTV를 인정하기 않겠다고 선언했다. 이후 CTV가 Fedecámaras와 연대해 차베스 정권 퇴진을 압박하는 총파업-직장폐쇄 투쟁을 전개하는 가운데 친차베스 블록은 CTV를 탈퇴해 대안적 노총 UNT를 결성하게 되었고, 이때부터 차베스 정부는 노동조합 등록 및 단체협약 청구권 인정 등의 과정을 통해 CTV를 배척하고 UNT를 적극 지원하는 전략을 추진하기 시작했다.[3]

1999년 12월 발효된 볼리바르 헌법은 제293조 6항에서 국가가 중앙선거관리위원회CNE, Consejo Nacional Electoral를 통해 노조활동에 개입할 수 있게 했고, 중앙선거관리위원회는 노동조합 선거들을 소집, 조직, 지도, 감독할 책임을 부여받게 되었다(Provea 2010, 117; Iranzo & Richter 2008, 100-101). 하지만 중앙선거관리위원회는 노동조합 선거를 관리하는 의무를 제대로 수행하지 않음으로써 노동조합의 정상적 활동을 크게 제약하게 되었다. 중앙선거관리위원회는 2004년 8월의 차베스 소환 국민투표, 2005년 12월의 국회의원 선거와 2006년 12월 대통령 선거 등 중요한 국민투표와 전국적 선거들을 치러야 한다는 이유로 노동조합 투표 관장을 기피한 결과 노동조합들의 90%가 예정된 선거를 실시하지 못하게 되었다고 한다(Iranzo & Richter 2008, 100-101; Provea 2009, 100). 국제노동기구ILO가 중앙선거관리위원회의 노동조합 선거 개입 및 노조 활동 방해를 비난하는 가운데 사법부는 노동조합이 중앙선거관리위원회의 입회 없이 선거를 치를 수 있는가에 대해 엇갈린 입장들을 표명하며 혼선을 빚기도 했는데, 결국 2009년 8월 법 개정으로 노조 집행부 선거는 사전 허가제에서 사후 신고제로 바뀌게 되었다(Tremont 2009 면담).

차베스 정부는 노동조합 선거에 대한 직간접적 개입의 수준을 넘어 노동조합의 정치적 입장에 따라 노동기본권에 대해 자의적으로 인정-불인정을 선택하며 차별적으로 처우하고 있으며, 이런 이념적 개입은 정부가 노동정책 집행자뿐만 아니라 사용자 역할도 동시에 수행하는 공공 부문에서 더 두드러지게 나타나고 있다. 이는 국유 석유 회사 PDVSA 사장 겸 에너지 석유 장관 라미레스Rafael Ramirez가 "혁명의 적들과는 단체협약 교섭을 하지 않을 것", "사회주의 노동자 전위가 선출하는 대표들에게 단체협약 교

3_차베스의 CTV와의 대립 및 노조 활동 개입 과정에 대해서는 Iranzo(2008, 103-107), Lucena(2007a, 85-91)를 참조할 것.

섭권이 있으므로, 혁명가들 사이에 교섭이 이루어지게 될 것"(*El Universal* 2009/07/15; Provea 2009, 102)을 공개적으로 선언하며 해당 노동조합의 이념적 성격에 따라 노동조합의 단체교섭권 인정 여부가 달라진다는 점을 공언한 데서도 잘 나타나고 있다.

이와 같이 차베스 정부는 노동조합 선거에 직접 개입해 특정 후보를 지원하고 중앙선거관리위원회를 통해 노동조합 선거를 관장하는 한편, 단체협약 체결권자 인정 여부에 있어 노동조합 및 노조 지도자의 이념적 성격에 따라 차별화하는 등 노동조합 활동에 적극적이고 편향적으로 개입하며 영향력을 행사하고 있다. 이처럼 차베스 정부는 노동 통제 목적으로 노동조합 활동에 개입함으로써 노동조합의 노동조건 개선 노력이나 단체협약 적용 확대에는 긍정적 영향을 미칠 수 없었다.

친차베스 노동 진영의 분열

차베스 정부의 노조 활동에 대한 적극적 개입 방식은 노동조합 활동, 특히 친차베스 노동 진영의 분열을 고착화하며 노조 활동 방향에 큰 영향을 미쳤는데, 이는 노동조건 개선에 부정적 효과를 수반하는 방향이었다.

CTV 위원장 퇴진 여부를 묻는 국민투표에 이어 치러진 위원장 선거에서 친차베스 진영의 FBT가 참패하면서 독자 노총 건설 논의가 본격적으로 진전되기 시작했고, CTV가 Fedecámaras와 연대해 일련의 반차베스 정치 총파업을 진행하자 FBT는 CTV를 탈퇴해 2003년 4월 UNT를 창설했다.[4] UNT의 주축인 FBT는 창립총회 당시 유력한 UNT 위원장 후보로 거

4_UNT 창설 과정 및 계급주의파와 코포라티즘파의 대립·갈등에 대해서는 이 책의 제3장을

론되었던 CCURA의 치리노와 CTR의 마스뻬로를 추방하면서 친차베스 노동 진영의 분열이 심화되기 시작했고, 2006년 5월 치러진 UNT의 제2차 총회는 창립총회 이래 공석 중인 위원장을 선출하는 시점을 둘러싼 극한적 대립과 폭력 행위로 파행을 맞게 되었다. 결국 UNT는 창립된 지 9년이 지났지만 아직껏 위원장 선거와 정관 채택을 위한 제3차 총회를 개최하지 못했다.

    UNT 내부 갈등의 양축은 CCURA를 중심으로 한 계급주의파 세력과 FBT를 중심으로 한 코포라티즘파 세력이었고, 제2차 총회 개최 당시 계급주의파 CCURA가 다수파를 구성한 반면, FBT는 대중적 지지 기반을 결여한 채 차베스 정부의 지원에 힘입어 소수파 연합을 주도했다. 제2차 총회 이후 핵심 쟁점이 위원장 선거 시기에서 노동조합 자율성 문제로 옮겨 가면서 계급주의파와 코포라티즘파 사이 힘의 균형에 변화가 생기기 시작했다. 특히 2006년 12월 대선 승리 이후 차베스가 새로운 정당 PSUV의 창당 추진을 선언하며 코포라티즘파의 발언권이 크게 강화되었다. 차베스가 2007년 3월 PSUV 창립 대회에서 노동조합 자율성을 "독극물"veneno로 매도하며 노동조합은 사라져야 한다고 주장하며(Libertario 2008) CCURA를 반혁명 세력으로 공개 비난하자 CCURA는 지도부가 연명한 공개서한을 통해 혁명 프로그램의 수호를 위해서도 강력한 노동조합 조직이 필요하다며 차베스의 주장을 반박했다.

    제2차 총회 이후 친차베스 노동 진영의 통합과 UNT 강화를 위한 노력이 다각도로 전개되었는데, 대체로 두 흐름을 중심으로 진행되었다.[5] CCURA

참조할 것.

5_UNT 재건파와 새 노총 건설파 사이의 갈등 과정에 대해서는 CCURA(2007b; 2007e), FSBT(2007), Vera(2007), ABN(2007c), Iranzo(2011)를 참조할 것.

와 CTR 등 계급주의 시각을 지닌 세력들은 UNT 재건을 추진한 반면, FSBT를 중심으로 한 코포라티즘파는 UNT의 유용성을 부정하며 새로운 노총 건설을 추진했다. FSBT는 UNT 제2차 총회 무렵부터 CCURA의 치리노와 CTR의 마스뻬로가 UNT를 장악하기 위해 노동부에 맞선다고 비판하기 시작했고, PSUV의 적극 참여 입장을 천명하고 2007년 중반 PSUV 건설이 본격적으로 추진되자 UNT 소멸과 새로운 노총 건설을 공공연하게 주창하고 나서며 UNT 재건파와의 갈등 상황을 더욱더 악화시키고 있었다. 한편 CCURA와 차베스의 대결 구도에 부담을 느낀 CCURA 내 온건파는 노동조합 자율성의 중요성을 인정하면서도 PSUV에 합류하기 위해 CCURA를 탈퇴해 Marea Socialista를 조직했다. Marea Socialista는 FSBT의 CCURA와 CTR 등 계급주의파를 배제한 별도 노총 건설 흐름을 비판하며 CCURA와 CTR를 포함한 UNT 재건을 주창했지만, 이런 CCURA의 분열은 계급주의파를 급격히 위축시키는 한편, UNT의 강화를 더욱 어렵게 했다.

FSBT는 2011년 11월 CBST(전국노동자볼리바르사회주의자총연맹Central Bolivariana Socialista de Trabajadores y Trabajadoras de la Ciudad, el Campo y el Mar)를 창설했고, 랑헬Will Rangel을 위원장으로 지명했다. 차베스는 2003년 UNT 창립총회 당시 행사 참여를 거부하며 냉랭한 태도를 보였던 것과는 대조적으로 CBST 창립 대회에 참여해 축하 연설을 했고, 대통령 홍보물(Prensa Presidencial 2011)을 통해 CBST 창립 사실을 즉각 보도함으로써 차베스의 코포라티즘파 편애 의중을 확인해 주었다. 이렇게 UNT를 창설했던 친차베스 노동 진영은 계급주의파와 코포라티즘파의 분열을 극복하지 못하고 코포라티즘파가 별도로 CBST를 창립함으로써 계급주의파와 코포라티즘파는 UNT와 CBST로 분립되는 이중구조를 고착화하게 되었다.

UNT는 상대적으로 노동조합 자율성과 전투성을 지닌 반면, CBST는 차베스 정부에 예속적이며 노동조합 자율성과 전투성을 결여하고 있다는 데 이견은 없다. Marea Socialista는 CTR과 PCV(베네수엘라공산당Partido

Comunista de Venezuela) 측과 함께 UNT 재건을 적극 추진했지만 FSBT가 차베스의 전폭적 지지를 받으며 CBST를 창설하자 2012년 8월 UNT를 탈퇴하고 CBST에 가입했다. Marea Socialista는 노동조합 자율성을 중시하는 입장을 재확인하고 CBST의 관료주의적 성격과 정부에 대한 예속적 관계를 비판하면서도 차베스가 CBST만을 대화 상대로 인정한다는 현실적 조건 속에서 CBST에 가입할 수밖에 없었다는 것을 토로했다. 한편 2012년 말에는 시도르Sidor 노조 내 분파 갈등으로 인해 Marea Socialista 지도자 뻬레스가 PCV 측 지도자 피게라스Oscar Figueras와 "부패한 마피아" 등 극단적 언어를 동반한 언쟁을 치르는 등 친차베스 노동 진영은 UNT-CBST의 양분 구도 형성, 계급주의파 분파들 간의 갈등, 계급주의파 성향 Marea Socialista의 코포라티즘파 노총 CBST 결합 등 극심한 분열과 혼란상을 보이게 되었다.[6]

조직 노동 부문에 반차베스 노총 CTV가 건재한 가운데 친차베스 노동 진영의 분열은, 단위 사업장 내 분파별 노동조합 결성 추세로 이어졌고, 전체 조직 노동 규모는 증가하지 않는 가운데 노동조합 숫자만 증가하게 했다. 복수의 노동조합들이 조직되어 분열을 극복하지 못하면서 노조 분파들 및 노조원들 사이의 갈등이 심화되며 살인에 이르는 폭력을 수반하는 경우가 자주 발생하게 되었다.[7] 노조 간부 및 노동자들을 대상으로 한 청부살인sindicariato 사건은 노동조합이 일자리 배분을 통제하는 클로즈드 샵 규정을 지닌 건설업 부문에서 가장 많이 발생하고 있지만 여타 부문들에서

6_UNT-CBST 양분 구도와 Marea Socialista의 선택에 대해서는 Marea Socialista(2012a; 2012b), Gómez(2012), Janicke(2010), Fuentes(2009 면담)를 참조할 것.

7_조직 노동의 분열과 폭력 사태에 대해서는 Provea(2008, 150-152; 2010, 135-136; 2011, 121-122), Lucena(2009a, 8-9), Iranzo & Richter(2008, 105-107)를 참조할 것.

도 노조 분파들 사이의 분열과 폭력적 갈등 상황은 정상적인 노동조합 활동을 어렵게 하고 있으며, 청부 살인 현상도 점차 확산되는 추세를 보이고 있다.[8]

2006년 제2차 총회 당시 위원장 선거가 시행될 경우 UNT의 위원장으로 당선될 가능성이 가장 높은 것으로 평가되던 CCURA 지도자 치리노는 2007년 12월 28일 국유 석유 회사 PDVSA에서 해고되었다. PDVSA 측은 노조 간부가 3일 동안 작업장에 나타나지 않으면 해고할 수 있다는 규정에 따른 것이라고 밝혔다. 하지만 치리노는 2007년 초부터 추진된 PSUV 창당 과정에 참여하기를 거부하고 2012년 12월 2일 치러진 대통령 연임 제한 철폐 국민투표에 반대했다는 이유로 정부가 정치적으로 보복한 것이라고 주장했고, 이런 치리노의 주장은 타당성을 지닌 것으로 평가되고 있다. 치리노뿐만 아니라 국민투표에 반대했던 CCURA의 또다른 지도자 게라Armando Guerra도 수도 공사 이드로까삐딸Hidrocapital에서 해고되었는데, 이처럼 친차베스 노동 진영 내에서도 계급주의파 지도자들은 정부의 탄압 대상이 되었으며 CCURA가 그 핵심 표적이 되었다.[9]

이렇게 전체 조직 노동 부문뿐만 아니라 친차베스 노동 진영조차 극도의 분열상을 보이는 가운데 차베스 정부는 노동조합 자율성을 중시하며

8_이처럼 조직 노동 부문이 극도의 분열상을 보이는 가운데, 노동자 평의회 등 노동자 참여와 이해관계 대변을 강화하기 위해 조직된 병렬적 노동자 기구들은 노동조합의 영향력을 더욱 더 약화시키고 있으며, 기간산업 중심으로 비상시 공장 가동 담당의 명분으로 사내에 배치된 경비대들은 기간산업 설비의 보호 수준을 넘어서 노동자들의 파업권을 무력화시키는 결과를 가져오고 있다(Valverde 2011; Provea 2009, 102; Lucena 2010a).

9_치리노를 포함한 계급주의파들에 대한 정부의 탄압과 관련해서는 Provea(2008, 140-141), Fuentes(2008 면담), Lucena(2008 면담), Iturraspe(2008 면담), Ilanzo(2008 면담)를 참조할 것.

차베스 정부에 대해 비판적 지지 입장을 견지하는 계급주의파를 견제하며 탄압하는 한편, FSBT를 중심으로 한 코포라티즘파와 CBST를 적극적으로 지원하고 있다. 이런 차베스 정부의 편파적 개입 방식은 친차베스 진영 내 코포라티즘파의 패권을 구축하며 차베스 정부와 집권 정당에 대한 호응성을 높이는 반면, 노동자들에 대한 호응성을 희생함으로써 노동자 이해관계 보호와 노동조건 개선이라는 노동조합의 일상 활동을 정체·후퇴하게 하는 결과를 가져오고 있다.

노동자 불만과 파업 투쟁

Provea가 집계한 바에 따르면, 베네수엘라의 연도별 집회·시위 건수 가운데 노사분규가 점하는 비중은 2010년 36%, 2011년 상반기 42%로 꾸준한 증가 추세를 보이고 있다(Provea 2011a, 120-121; 2011b, 1-2). 〈표 4〉에서처럼 2007년부터 2011년까지 4년 동안 발생한 파업 건수는 3,190건으로서 연평균 798건의 파업이 발발한 것으로 나타났다. 반면, 정부 발표에 따르면 2006년부터 2010년까지 5년 동안 '합법적 파업'huelgas legales은 426건으로서 연평균 85건에 불과하다(Provea 2010, 133-134). 정부 발표 파업 건수는 Provea가 집계한 파업 통계치의 10.7%에 불과한데, 이런 차이는 정부의 합법적 파업 판단 기준이 투명하지도 않고 대단히 편협하게 설정되어 있으며, 그 결과 90%에 달하는 대부분의 파업들이 불법 파업으로 규정되고 있다는 것을 나타낸다.

노동자들이 이처럼 불법 파업으로 규정되어 불이익을 받을 위험을 감수하면서도 파업 투쟁을 전개하는 것은 불만 수준이 그만큼 높다는 것을 의미한다. 최근 언론의 주목을 받은 몇몇 파업 투쟁 사례들을 검토해 보면 노동자 불만의 소재와 파업의 원인을 확인할 수 있다.

미쓰비시 자동차의 안소아떼기Anzoátegui 주 바르셀로나Barcelona 공장에서 노동자들이 2009년 1월 공장점거를 시작한 지 17일 되던 날 경찰이 진입해 농성 노동자들을 해산하려 시도하던 중 노동자 2명이 사살되자 점거 농성이 장기화되며며 두 달을 넘기게 되었다. 같은 해 8월, 바르셀로나 공장 노동자들은 다시 노동조건 개선을 요구하며 파업에 돌입했고 사측은 공장폐쇄를 단행하며 150명을 정리 해고했다. 2010년 10월 또다시 307명의 정리 해고가 발표되자 노동자들은 이에 항의하며 다시 파업 투쟁을 시작했다. 미쓰비시 자동차 공장 민주 노조Singetram는 이 과정에서 사측이 단체협약을 무시하고 건강 안전 관련 규정들을 위반하는 한편, 노동부의 지원을 받으며 용역 노동을 활용하고 어용 노조Sutremmc를 조직해 민주 노조를 무력화하려 한다며 사측과 노동부를 비판했다.[10]

비스킷 생산업체 가예떼라Galletera의 까라보보 주 발렌시아 공장 노동자들은 기존의 단체협약이 만료된 가운데 새로운 단체협약 체결을 요구하며 2012년 9월 파업 투쟁에 돌입했다. 파업 돌입 후 3개월 정도 경과했을 때 주법원이 불법 파업 판정을 내리자, 노동자들은 법원 판정에 항의하고 지방정부가 사측 편만을 들고 있다고 비난하며 공장 근처 고속도로를 봉쇄했다. 정부는 무장 방위군을 투입해 노동자들의 해산을 시도했고 이 과정에서 UNT 전국 지도자 마스뻬로를 포함한 9명의 노조 지도자들을 구속했다. 구속된 노조 지도자들은 다음날 석방되었지만 법원은 공무 집행 방해 및 공적 자산 파괴 등의 혐의로 유죄를 판결했고, UNT는 이에 항의하며 12월 12일 까라까스에서 집회 시위를 개최했다.[11]

10_미쓰비시 노동자 투쟁에 대해서는 Martínez(2011), Pearson(2010b), WNU(2010), UNETE-Anzoátegui(2012)를 참조할 것.

11_가예떼라 투쟁에 대해서는 UNETE-Zulia(2012), Carlson(2012a; 2012b), Robertson (2012b)을 참조할 것.

2012년 5월 한 무장 괴한이 까라까스 차카오 소재 뽈라르Polar 그룹의 아이스크림 공장에 진입했다가 발각된 사건이 발생했다. 범인은 노동조합 Sintrasohe 위원장 리바스Abraham Rivas를 살해할 목적으로 공장에 진입한 혐의를 받았는데, 리바스는 2010년 파업 투쟁을 전개한 이래 뽈라르 그룹의 노동조합 조직들을 통합하려는 노력을 경주해, 2012년 3월 뽈라르 그룹 내 21개 업체 노동자들을 조직해 전국음식료노동조합연맹Fenactralbeca을 결성한 바 있다. 무장 괴한은 리바스의 집 주소와 주요 방문 장소, 부인과 자녀들의 이름과 연락처, 차량 번호판과 함께 입사 당시 사측이 촬영해 만든 신분증 사진의 복사본을 지니고 있었다. 노동자들은 즉각 파업에 돌입하며 공장 근처 고속도로를 봉쇄하고 기자회견을 개최했다. 노동자들은 범인을 공장 근처에서 오토바이를 타고 망을 보던 공범과 함께 인근 차카오 경찰서에 인도했지만 두 명 모두 혐의 없다며 풀려났다. 노동조합 측은, 사측이 뽈라르 계열사 노동자들이 그룹 차원에서 결집되는 데 대해 심각한 경계심을 지니고 있었기 때문에 리바스의 연맹체 결성에 대해 보복하고 연맹체를 무력화하기 위해 청부 살인을 기획한 것이라고 주장하며, 회사 경비가 무장한 괴한을 회사 안으로 들여보냈고, 사원 신분증 사진은 사측만이 접근할 수 있으며, 범인이 소지했던 메모에는 리바스를 "뽈라르 기업에 맞서 결성된 새로운 노동조합 연맹체의 지도자"라고 소개되어 있었던 사실을 지적했다.[12]

멕시코 기업 펨사Femsa가 2003년 코카콜라의 까라보보 주 공장을 인수

12_뽈라르 아이스크림 공장 투쟁에 대해서는 IDM(2012a; 2012b)을 참조할 것. 2008년 11월 아라구아주의 UNT 지도자 세 명의 살해 사건 및 2009년 5월 꾸마나 아르헤니스 바스께스 (Cumaná Argenis Vazquez)의 도요타 노조 간부의 살해 사건 등은 실제 실현된 노동자 지도부 청부 살인 사건으로 널리 알려져 있다(IDM 2012b).

한 다음 같은 해 정리 해고를 실시했고, 2008년 다시 5천 명 정도를 정리 해고하자 노동자들이 해고 보상을 요구하며 공장을 점거해 투쟁한 바 있다. 다시 2011년 1월에 펩시 노동자들은 단체협약 체결을 요구하며 27일간 파업 투쟁을 전개했는데, 2010년 6월부터 무단체협약 상태였다. 노동부는 이 파업을 합법적 파업으로 선언했고, 차베스는 펩시 노동자들에 대한 지지를 표명하며 코카콜라가 베네수엘라의 헌법과 법규를 준수하지 않는다면 베네수엘라인들은 코카콜라 대신 베네수엘라 음료수들을 마실 것이라고 압박하기도 했다.[13]

이처럼 노동조합의 파업 원인은 단체협약 체결 요구, 단체협약 위반 항의, 정리 해고 반대, 부당노동행위와 노조 지도자 청부 살인을 포함한 노조 탄압에 대한 항의 등 다양하게 나타나고 있다. 그 가운데 핵심을 구성하는 것은 단체협약 체결을 요구하거나 사측의 단체협약 위반을 규탄하는 등 단체협약의 체결 및 준수 요구다.[14]

차베스 정부하에서 단체협약 숫자와 단체협약 적용 대상 노동자 숫자가 증가하지 않는 것은 단체협약 체결 건수가 증가하지 않았기 때문인데, 1970년대에는 연평균 1,300건의 단체협약이 체결되었던 반면, 차베스 정권 출범 이후 1999년에서 2007년까지 체결된 단체협약 건수는 연평균 634건에 불과하다는 사실에서도 잘 드러나고 있다. 이는 단체협약의 보호를 받지 못하던 노동자들을 대상으로 신규 단체협약이 체결되기는커녕 기존의 단체협약이 만료되어도 새로운 단체협약이 체결되지 않는 사업장들이 증가하고 있다는 것을 보여 주는 것이다. 이런 현상은 단체교섭을 기피

13_코카콜라 노동자 투쟁에 대해서는 Pearson(2011a; 2011b), Aporrea(2011)를 참조할 것.
14_Provea(2010, 121; 2011, 114-115), Aporrea(2011)를 참조할 것.

하는 사측의 태도에서 비롯되고 있으며, 단체협약 체결이 부진한 것은 사적 부문뿐만 아니라 공공 부문도 마찬가지다. 노동조합들이 단체교섭을 촉구하는 것은 사적 부문과 공공 부문, 친차베스 진영과 반차베스 진영의 구분이 없다는 점에서 단체교섭 기피 현상이 보편화되어 있다는 것을 알 수 있다.[15]

사측이 단체교섭을 기피하는 것은 정부의 노동기본권 보장 의지 결여를 반영하는 한편, 정부의 잘못된 노사 관계 개입에 기인하는 바도 크다. 노조 지도부 선거 관장의 권한과 의무를 부여받은 중앙선거관리위원회가 국민투표나 대통령 선거 같은 중요한 전국적 투표 일정을 이유로 노동조합들이 적시에 지도부 선거를 실시하지 못하게 함으로써, 노동조합 지도부의 임기는 만료되고 사측은 임기 만료된 지도부의 단체협약 체결권 상실을 주장하며 단체교섭을 거부하는 빌미를 제공했던 것이다. 이와 동시에 노동부 또한 임기 만료된 지도부가 체결한 단체협약의 유효성을 인정하지 않는 경우도 많다고 한다(Iranzo & Richter 2008, 100-103).

차베스 정부의 노동기본권 보장 의지 결여는 노동조합의 단체교섭권을 보장하고 단체협약 체결을 독려하는 정책 의지가 부족한 것뿐만 아니라 공공 부문의 사용자로서 단체교섭을 기피하는 데서도 잘 나타나고 있다. 공공 부문 노조 연맹에 따르면 정부 부처, 산하 기구, 미션, 메르깔, 주정부, 지자체, 입법부 등에서 단체협약 체결 없이 6년이 경과된 노동자들이 120만 명에 달하며, 상대적으로 양호한 조건으로 평가되고 있는 과야나Guayana 지역 공기업들에서도 단체협약 만료 후 3년이 경과하도록 새로운

---

[15] 보편화된 사측의 단체교섭 기피 현상에 대해서는 Provea(2008, 146-149; 2010, 123-129; 2011, 111-5), Lucena(2009a, 11-14), García(2010)를 참조할 것.

단체협약 체결을 위한 단체교섭이 시작되지 않았다고 한다.[16] 차베스 정부는 최저임금 인상과 마찬가지로 공공 부문 임금 인상률도 노동조합과의 단체교섭 혹은 최소한의 비공식적 협의조차 없이 대통령을 통해 일방적으로 선포한다. 그뿐만 아니라 과야나 지역 공기업들 가운데 예외적으로 단체협약이 적시에 체결되는 것으로 평가받는 시도르의 경우도 2008년 5월 국유화 당시 외주화 노동자들의 직접 고용 전환을 약속했지만 실천하지 않았다고 한다(Díaz 2011). 친차베스 노동 진영조차도 차베스 정부의 공공 부문 단체교섭 기피 태도를 비판하며 단체협약 체결을 촉구하는 것은 정부의 단체협약 필요성 불인정 정도의 심각성을 잘 확인해 주고 있다. 결국, 단체교섭 거부 및 단체협약 위반 성향은 사적 부문보다 공공 부문에서 더 심각하다는 평가를 받게 되었다.[17]

이처럼 사측의 단체교섭 기피, 중앙선거관리위원회의 노조 지도부 선거 관장 의무 해태, 그리고 노동부의 임기 만료 지도부에 의해 체결된 단체협약 유효성 불인정 등으로 인해 노동조합은 단체교섭과 단체협약을 통한 노동자들의 노동조건 개선에 큰 어려움을 겪고 있다. 하지만 노동조합은 사측과 정부를 압박해 단체교섭 제안을 수용하고 단체협약을 준수하도록 강제할 조직력과 동원 역량을 결여하고 있다. 친차베스-반차베스 대립 구도에 더해 친차베스 진영의 분파별 분절화에 따른 조직 노동 부문의 심각한 분열상으로 인해 위력 있는 파업 투쟁을 전개하기도 어려운 상황에서, 노동조합이 성공적으로 파업 투쟁을 전개하더라도 차베스 정부가 대부분

16_공공 부문의 무단체협약 상황에 대해서는 Díaz(2011), Provea(2010, 127-129), Alfonzo (2010), Reyes(2010a)를 참조할 것.

17_공공 부문의 단체협약 기피 성향에 대해서는 Provea(2008, 146-148; 2011, 111-116), Perez (2008 면담), Correo del Orinoco(2011 면담)를 참조할 것.

의 파업 투쟁을 합법 파업으로 인정하지 않기 때문에 단체협약 체결 등의 성과를 거두기 어려운 것이다.

파업 노동자들에 빈번하게 적용되는 법 규정들을 보면, 형법 357조와 360조가 교통과 유통 과정, 통신 체계에 장애를 주거나 항구, 부두, 사무실, 작업실, 공공서비스를 위한 설비들에 피해를 입힐 경우 3~10년의 금고형에 처하도록 하고, 국가보안법 제56조는 국가 기간산업에 갈등을 조장할 경우 5~10년의 금고형에 처하도록 하고, 인민보호특별법 제24조는 식품 혹은 가격 관리 상품의 소비에 영향을 주는 행위에 대해 6년 이하의 징역형에 처하도록 하고 있다. 특히 공익 서비스를 방해하는 파업을 불법 파업으로 규정함으로써 공공 부문의 파업권을 사실상 부정하는 수준에 이르고 있다. 이처럼 대부분의 노동자 파업들에 대해 형법, 국가보안법, 인민보호특별법 조항들을 적용하며 형사 범죄로 취급해 강도 높은 형사처벌을 부과함으로써 파업권을 심각하게 제약하고 있다(Provea 2008, 145-146; 2010, 130-134).

오리노코 주 철광업체 페로미네라Ferrominera의 노조 위원장 곤살레스 Rubén González 사례는 파업 활동의 형사 범죄화 현상을 잘 보여 준다. 곤살레스는 파업을 주도해 7년 7개월 정도에 달하는 금고형을 선고받았는데, 그에게 적용된 법 조항들은 형법 제283조의 범죄 선동죄, 형법 제191조, 제192조, 제193조의 노동의 자유 방해죄, 국가보안법 제56조의 보안 구역 침입죄 및 그에 따른 형법 제83조와 제80조였다(Provea 2011, 117). 금고형은 즉각 집행되었고, 곤살레스의 구속 및 금고형 판결에 지지를 표명한 코포라티즘파 FSBT를 제외한 전국의 거의 모든 노조 정파들이 곤살레스의 즉각 석방을 촉구하는 전국 총파업 투쟁을 선언했다.

차베스 정부는 단체협약 체결 혹은 준수를 요구하는 파업 활동조차도 형사 범죄화하는 수준을 넘어 혁명 과정의 적으로 매도하며 탄압하는 것으로 보고되고 있다.[18] 까라보보 주 UNT 지도자 뽈랑꼬Alexis Polanco는 군부와 정부 관리들로부터 출국 압박과 함께 살해 협박을 받았고, 안소아떼기 주 소띠요Sotillo 지자체 노조의 아꼬스따Antonio Acosta는 시장으로부터 자신과 주변 인물들이 협박을 받아 왔다고 진술했다. 안소아떼기 미쓰비시 자동차, 볼리바르 주 도요타 꾸마나Cumaná 공장과 알까사의 노조 활동가들이 청부 살인의 표적이 되어 살해 위험에 노출되거나 살해되었어도 정부 당국 혹은 사법 기구에 의한 적극적 개입과 재발 방지 조치는 수반되지 않았다. 그뿐만 아니라 국유 기업 까라까스 지하철공사와 까라까스 전기공사의 경우도 노동자들이 단체협약 체결을 요구하며 투쟁을 전개하자 차베스가 직접 나서 파업이 발생하면 군인을 투입할 것이라고 협박하며 단체협약 체결 요구를 거부한 바 있다.

정부의 노동기본권 억압 행태로 인해 노동자들의 불만 또한 사적 부문에 비해 공공 부문에서 높게 나타나고, 그 결과 파업의 압도적 다수가 공공 부문에서 발생하고 있다. 이처럼 노동자들의 정부에 대한 불만은 정부의 노동기본권 억압 정책과 사용자로서의 반노동적 태도로 인해 중층적으로 조장되고 있다. 노동자들의 항의가 2012년 12월 10일 까라보보 주 발렌시아의 시위나 12월 12일 까라까스 시위처럼 노동부와 함께 사용자로서의 정부를 겨냥해 노사분규를 해결하고 단체협약을 체결하거나 준수할 것을 촉구하는 것도 그 때문이다.[19] 한편, 전반적인 파업권 제약 및 형사 범죄화에 반발해 2011년 6월 7일에는 혁명을 방어하고 청부 살인과 대중투쟁 범죄화의 종식을 위한 시위가 전개되었고, 이후 참여 단위들을 중심으로 노

18_정부의 파업 활동 및 노조 활동가에 대한 탄압과 협박에 대해서는 Provea(2010, 133-134; 2011, 118), Martínez(2011, 2-3), Iranzo(2011, 34-35)를 참조할 것.

19_정부의 노동기본권 억압과 노동자 저항에 대해서는 Delgado(2012), Robertson(2012b), Provea(2010, 129-130; 2011, 116-117), Castro(2011)를 참조할 것.

동조합총연맹 UNT 대표자들이 농민 단체 대표자들 등과 함께 대중투쟁의 형사 범죄화에 반대하는 투쟁 단위 CCLP(대중투쟁형사범죄화반대위원회Comité contra la Criminalización de las luchas populares)를 결성하기도 했다(Martínez 2011, 1-2).

파업 행위의 주체와 성격은 차베스 정권 초기 CTV의 정권 전복을 겨냥한 정치적 총파업 투쟁에서 점차 친차베스-반차베스를 망라하는 단체 협약 체결과 준수 등을 촉구하는 사업장 단위의 사회경제적 파업 투쟁으로 변화했다. 이렇게 파업 투쟁이 탈정치화되는 과정을 거쳐, 특히 세계 유가 하락으로 인해 베네수엘라 경제와 공공 부문의 재정적 압박이 심화되면서, 2009년부터 파업 투쟁은 더욱더 격화되는 한편, 차베스 정부의 노동 기본권 억압도 심화되었다. 이처럼 차베스 정부하에서 코포라티즘파의 영향력 강화로 노동조합 활동이 노동조건 개선과 노동자 이해관계 보호 활동으로부터 후퇴하는 가운데 노동조건 악화에 대한 노동자 불만이 고양되면서 노동자들은 파업 투쟁이 전개했지만 파업 투쟁의 형사 범죄화로 인해 노동조건 개선의 성과를 거두기 어려웠다.

코포라티즘 체제의 작동 방식

차베스가 절대적 권력을 행사하고 있다는 점을 고려하면, 친차베스 노동조합의 분열, 사측의 단체협약 체결 기피, 파업의 형사 범죄화 현상은 노동조합 활동과 노사 관계에 대한 차베스의 시각이 일정 정도 투영된 결과라 할 수 있다.

노동조합의 자율성을 독극물로 규정하는 것은 차베스가 혁명정부는 노동조합을 필요로 하지 않으며 베네수엘라에서 노동조합들은 사라져야 한다는 입장을 지니고 있다는 것을 의미한다. 차베스가 노동조합의 자율성과 노동조합의 존재 자체를 불필요한 것으로 보는 근거는 자신과 정부가 국민 전체를 대변하는 반면, 노동조합은 노동자들, 특히 조직노동자들의 이해관계만을 반영하기 때문이다. 따라서 차베스는 노동조합과 노동조합의 파업 활동을 이기주의 혹은 혁명의 적으로 규정하며 공공연하게 비난하는 것이다.[20]

차베스의 관점에서 보면, 노동조합을 허용한다 하더라도 그것은 자율성을 포기한 노동조합으로서 계급주의파에 대비되는 코포라티즘파 노동조합의 존재 양식을 의미한다. 따라서 노동조합과 당·국가의 관계는 강한 국가가 당을 통해 노동조합을 일방적으로 지배하고 노동조합은 당과 국가에 예속된 하위 파트너로서 무비판적으로 맹종하는 것이다. 차베스가 노동조합과 노정 관계에 대해 자신의 입장을 관철하는 방식은 "친구 아니면 적"[21] 가운데 양자택일을 강요하는 양분 전략이다. 이런 전략은 반차베스 진영을 조직화하는 부정적 효과를 수반하지만 친차베스 진영에 대해서는 효율적 압박 수단으로 작동할 수 있으며, 차베스 정부에 의해 노동정책의 주체와 공공 부문의 사용자 역할을 통해 관철되고 있다. 이는 PDVSA 사장 라미레스가 혁명의 적들을 배제하고 혁명가들과만 단체교섭을 실시하겠다고 공언하고, 친차베스 계급주의파 노조 지도자들이 청부 살인을 당한 사건들이 제대로 규명되어 범죄를 사주한 당사자가 처벌받은 사례가 거의 없다는 사실에서도 잘 확인될 수 있다.

차베스 정부와 노동운동의 관계가 어떤 성격을 지니고 계급주의파와 코포라티즘파는 어떤 차별성을 보이는지, 친차베스 노동 진영의 이중구조가 어떻게 형성되어 어떻게 작동하며 차베스의 의지가 어떻게 관철되는지

20_ 차베스의 입장과 전략에 대해서는 Chirino(2009 면담), Iranzo(2011, 33-34), Ilanzo (2008 면담), Lucena(2009a, 14), Provea(2009, 102)를 참조할 것.
21_ 이 전략에 대해서는 이 책의 제2장을 참조할 것.

는 노동계 최대 현안이었던 노동법 개정 과정에서 잘 드러나고 있다.[22] 2003년부터 시작된 노동법 개정 논의가 지지부진하자 UNT는 2010년 11월 9일 5천 명 이상의 노동자들이 참여하는 집회를 주도해 논란 중인 단체협약 문제들을 해결할 것을 정부에 요구하는 한편, 새로운 급진적 노동법을 즉각 통과시킬 것을 의회에 촉구했다. 2011년 2월에도 대규모 노동자 집회가 개최되어, 1만여 명의 시위대가 신노동법 통과를 요구하며 국회로 행진했고, 7월에는 5만2천 명의 서명을 담은 입법 요구안을 의회에 제출한 데 이어, 12월 10일에는 65만6천여 명의 서명을 차베스에게 제출하며 130만 명 서명 목표를 밝힌 바 있다. 노동자들의 집회가 이어지는 가운데, 차베스는 2011년 11월 노동자들의 요구에 부응해 2012년 5월 1일 이전에 신노동법을 통과시키겠다고 약속하고 12월에는 신노동법안을 기획할 대통령 직속 특별위원회를 구성해 발표했다. 16명으로 구성된 특별위원회는 노동부장관을 포함한 장관 3명, 대법관 2명과 검찰총장, 4명의 국회의원, 그리고 중소기업협회 회장과 3명의 법률 전문가를 포함했고, 노동계 인사로는 FSBT 위원장 랑헬 한 명만 참여했다.

　차베스와 정부는 2010년 12월 의회로부터 위임받은 18개월 기간의 위임 권한법을 통해 법안을 승인하겠다는 입장을 지니고 있었지만, 친차베스 노동 진영 내 UNT의 계급주의파 Marea Socialista와 PCV 등은 대통령 선언이 아니라 노동계급 내 치열한 논쟁과 함께 의회 내 폭넓은 논의 과정을 거쳐서 입법화할 것을 주창했다. 이들은 차베스의 완강한 입장에 밀려 의회 통과를 포기하고 대통령 선언 형식은 수용했지만, 노동계급이 공론

22_노동법 개정 과정에 대해서는 Perez(2012), Boothroyd(2012b; 2012c), Reardon(2010a; 2011a), Robertson(2011), Gómez(2012, 6-7)를 참조할 것.

화 과정에서 치열한 논쟁을 전개하며 법안 작성에 직접적 영향력을 행사해야 한다는 입장은 굽히지 않으며, 정부의 입장에 의해 추동되는 UNT 내 FSBT와 CBST 계열 코포라티즘파 인사들의 배타적 파벌주의를 비판했다.

차베스는 계급주의파 중심의 노동계가 요구한 노동계급 내 공론화 방식을 거부하고 조직 노동의 체계적 참여를 배제한 채 전국적으로 공원, 광장, 공동체 센터 등에서 토론회들을 진행하며 노동자들을 포함한 일반 시민들의 의견을 수렴하는 과정을 거친 다음 2012년 5월 1일 신노동법Ley Orgánica del Trabajo을 공포해 1997년 통과된 기존의 노동법을 대체하도록 했다. 통과된 신노동법은 주당 노동시간을 40시간으로 단축하고, 육아 휴가를 12주에서 25주로 연장하고, 사적 부문의 외주 하청 노동을 금지하고, 퇴직수당을 부활하는 한편, 부당 해고에 대해 퇴직수당의 두 배에 해당하는 보상금을 부과하는 규정을 복원하고, 단체협약은 유효기간이 만료되어도 새로운 단체협약으로 대체될 때까지 효력을 유지하도록 하는 등 중요한 노동조건 개선 내용들을 담았다. 신노동법에 의거해 차베스는 최고노동위원회Consejo Superior del Trabajo를 구성, 향후 3년 동안 신노동법이 제대로 적용되는지를 감시·감독하는 한편, 향후의 보완·발전을 위해 신노동법의 문제점을 파악해 대통령에게 보고하는 의무를 부과했다. 대통령 자문 기구인 최고노동위원회를 구성하는 18명의 위원들 가운데 노동계 인사는 5명인데, 이들은 친차베스 진영 내 계급주의파들이 철저히 배제된 채 FSBT 지도자 베라와 CBST 위원장 랑헬을 포함해 모두 FSBT와 CBST의 핵심 인사들로 구성되었다.[23]

23_신노동법 내용과 최고노동위원회 구성에 대해서는 CBST(2012), Boothroyd(2012c), Venezuelanalysis(2012)를 참조할 것.

차베스 정부가 길거리에서 시민들과 협의하는 '길거리 의회주의' 방식으로 다양한 의견을 수렴했다 하더라도 궁극적으로 선별해 입법화 여부를 결정하는 주체는 차베스 정부이며 차베스 진영 조직 노동 부문의 체계적 참여는 배제된 것이다. 또한 노동법 개정 관련해 신노동법 기초 과정과 개정 후 후속 작업을 위한 최고노동위원회에 참여한 노동 진영 인사들은 모두 코포라티즘파의 FSBT와 CBST 계열 인사들로서, 이들은 차베스 정부의 대화 상대로 선택되었지만 노조의 정부 정책 결정 과정 개입은 물론 노조 자율성마저 포기하고 예속적 파트너 관계를 수용한 분파들이다. 이렇게 차베스는 예속적 파트너 관계를 수용한 분파들만 하위 파트너로 포용하며 후견인의 위치에서 절대적 지배권을 행사하고 있는 것이다.

노동 진영의 참여를 배제한 일방적 정책 결정 방식은 최저임금 및 공공 부문 임금 인상률 결정 과정에서도 확인되었으며, 노동계급의 권한과 경영 참여를 실현했다고 일컬어지는 공동경영 영역에서도 재현되고 있다. 차베스는 국유화 대상 기업의 선정 및 해당 국유 기업의 공동경영 전환 여부의 결정 과정에서 전권을 행사할 뿐만 아니라 공동경영으로 전환된 기업의 노동자 개입권 회수 여부에 대해서도 노동자 대표들과의 협의 없이 전권을 행사하는 것으로 나타났다(Boothroyd 2012d; Sanchez 2012). 국유 철강 기업 시도르 노동자들은 2010년 노동자 통제의 실행 계획 일환으로 올리베이라Carlos D' Oliveira를 사장으로 선출해 '과야나 사회주의 계획'Plan Socialista Guayana 2009~2019을 추진해 오던 중 2012년 8월 정부가 노동자들과의 협의 과정 없이 일방적으로 노동자 사장을 해임하자 거세게 항의했다. 노동자 사장의 후임으로 임명된 인사는 노동자 통제 프로그램이나 과야나 사회주의 계획을 사보타지하는 것으로 비판을 받아 온 FSBT 계열 외부 인사였는데, 이처럼 노동자 사장이 일방적으로 해임되는 사례는 국유 알루미늄 공장 알까사 등 다른 공동경영 기업들에서도 발발하고 있었다.

코포라티즘파 FSBT가 새로운 노총 CBST를 출범시킴으로써 친차베스 노동 진영의 UNT에는 계급주의파만 남게 되었는데, UNT가 노동자 이해관계 대변을 중시하며 노동조합 자율성을 강조하는 반면, CBST는 노동자 이해관계 대변보다 차베스 정권의 방어에 최우선권을 부여하며 노동조합 자율성을 포기하고 차베스를 정점으로 한 정부와 당의 지침 실천을 중시한다. 결국 코포라티즘파의 영향력이 강화될수록 노동조합은 노동자 이해관계를 대변하고 노동계급 프로젝트를 수행하는 기구가 아니라 정권과 정당의 정치적 수단으로 전락하고 있다. 하지만 차베스 정부는 UNT 내 계급주의파를 견제하고 코포라티즘파를 강화하다가 CBST 출범 이후에는 차베스의 영향력과 노동부의 정책 수단들을 활용해 UNT를 무력화하고 친차베스 노동 진영 내 CBST의 패권을 확고히 구축하기 위해 적극적으로 개입하고 있다.[24] UNT 재건 추진 세력의 구심점 역할을 하던 계급주의파 Marea Socialista도 차베스 정부가 FSBT와 CBST의 관료주의를 거부하는 혁명적 노동운동 흐름들을 적의 앞잡이 혹은 변절자로 매도하며 분쇄하고 있다고 비판했다. 그 결과 계급주의파 성향의 공산당 PCV, CTR, CMR(혁명적마르크스주의흐름Corriente Marxista Revolucionaria) 등과 함께 Marea Socialista도 FSBT-경영진-노동부의 합동 작전에 의해 극심한 탄압을 받으며 소속 노동조합들이 실질적으로 와해의 길을 걷고 있다고 증언했다. 그런 Marea Socialista가 결국 노동계급의 이해관계에 반한 코포라티즘파와 차베스 정부의 문제점들을 비판하면서도 마침내 CBST에 합류하기로 결정한 것은 계급주의파의 투항과 그에 따른 코포라티즘파의 패권을 완성하는 사건이라 할 수 있다.

---

[24]_차베스 정부의 개입과 코포라티즘파의 패권 구축에 대해서는 Gómez(2012, 10-11), Sanchez(2012), Iranzo(2011, 34-35), Hernández & Romero(2008)를 참조할 것.

하지만 차베스 정부의 편향적 개입과 코포라티즘파의 패권에 대한 일반 노동자 대중의 평가는 대단히 부정적이다. 2012년 7월 치러진 국유 철광회사 페로미네라의 노조 위원장 선거에서 FSBT·CBST 측 후보가 차베스 정부와 집권 정당 및 친차베스 주지사의 적극적 지원을 받았음에도 불구하고 계급주의파 후보 곤살레스에 패배했다. 이처럼 코포라티즘파와 계급주의파의 대립에서 코포라티즘파 후보가 패배한 사례는 알까사와 까르보노르까Carbonorca 등 여타 국유 기업들에서도 발생하고 있어 고립된 현상이 아니라 노동자들의 보편적 정서를 반영하는 것으로 평가되고 있다. 특히 CBST의 핵심을 구성하는 FSBT가 전통적으로 공공 부문에서 상대적으로 강세를 보여 왔으며, 전반적으로 대중적 지지 기반이 취약한 가운데 차베스 정부의 적극적 개입이 사적 부문보다 공공 부문에서 효력을 발휘하기 더 유리하다는 점에서 코포라티즘파 패권하에서 노동조합 지도부와 노동자 대중과의 괴리가 심화되면서 노동조합의 내적 통합과 조직력 강화의 전망은 밝지 않다고 할 수 있다.[25]

4. 맺음말

노동조건 개선 실패

차베스 정부하에서 공공 부문 확대를 통한 고용 규모의 증대로 실업률이

---

[25] 노동자들의 평가와 노조의 전망에 대해서는 Sanchez(2012), Fuentes(2008 면담)를 참조할 것.

하락했다는 점을 제외하면 베네수엘라 노동자들의 노동조건이 개선되었다는 근거는 찾기 어렵다. 노동자들의 평균 소득 증가율이 물가 상승률에 미치지 못해 실질소득은 감소했는데, 최저임금 인상률이 평균 소득 증가율을 상회하고 사회정책 프로그램들이 실시되어 빈곤층은 감소하고 소득 불평등이 다소 완화될 수 있었다.

노동자들의 노동조건을 개선하는 동인은 노동조합 조직력과 단체협약 적용인데, 차베스 정부하에서 노동조합 조직력은 약화되고 단체협약 적용률이 하락한 것으로 나타났다. 차베스 정부하에서 노동조합 숫자는 급증했지만 노조원 숫자는 증가하지 않았는데 이는 노동조합의 분파별 분열이 심화된 결과로서 노동조합의 조직력과 사회적 영향력 약화를 가져오고 있다. 노동조합 조직력 약화와 정부의 부적절한 개입 방식으로 인해 단체협약 체결 건수가 감소하고 단체협약 적용률은 하락하게 되었다. 사측은 단체협약 체결을 기피하고 체결된 단체협약도 준수하지 않을 뿐만 아니라 부당 해고와 부당노동행위도 멈추지 않고 있는데, 노조 활동가들의 청부 살인 현상이 확산되며 기업 경영진과 정부 관료들이 조직적으로 개입하는 사례도 증가하고 있어 정상적인 노동조합 활동을 위한 외적 조건은 악화되고 있다.

노동조건 개선 억제 메커니즘

노동자들의 노동조건을 개선되기 어렵게 한 제약 조건들로는 정부의 부적절한 노동정책, 친차베스 노동 진영의 분열, 노동조합 파업 활동의 범죄화를 꼽을 수 있다(〈그림 4-1〉 참조).

차베스 정부는 최저임금을 꾸준히 인상해 왔지만 물가 상승률을 조금 넘는 수준에 불과했고, 이런 최저임금 인상률도 매년 조직 노동을 포함한 사회적 대화 없이 차베스가 일방적으로 결정해 발표한다. 공공 부문 임금

그림 4-1 | 의사 코포라티즘 체제의 노동조건 결정 메커니즘

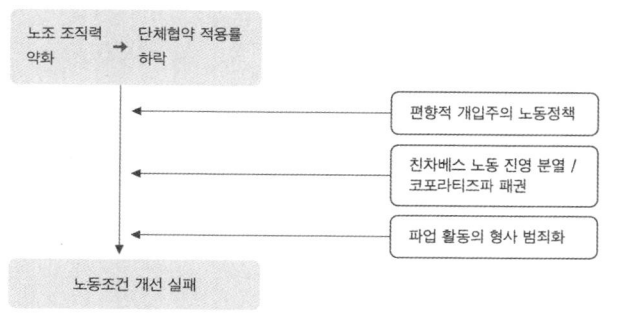

인상률도 노사 교섭 혹은 최소한의 노사 협의도 없이 차베스가 전격적으로 발표함으로써 공공 부문의 단체교섭 체계는 정상적으로 작동하지 않는다. 이와 같이 차베스 정부는 노동정책 관련 주요 의사 결정 과정에서 조직 노동의 제도적 참여를 배제함으로써 노동자들의 이해관계가 체계적으로 대변될 수 있는 경로를 차단한다. 한편 차베스와 정부는 중앙선거관리위원회와 노동부를 통해 노동조합 활동에 적극적으로 개입해 특정 성향의 노조 분파를 지원하고 노조 성향에 따라 단체협약 체결권의 인정 여부를 판정하는 등 노동 통제 목적을 위해 매우 편향적인 방식으로 개입함으로써 노동조건 개선에는 기여할 수 없었다.

친차베스 노동 진영은 2003년 UNT를 건설했지만 분파 갈등으로 인해 위원장 선거도 치르지 못했는데, 그 핵심에는 계급주의파와 코포라티즘파의 갈등 구도가 있다. 2007년 차베스가 PSUV 창당을 추진하면서 참여를 거부하는 계급주의파를 공개적으로 비난함으로써 창당 과정에 참여하는 코포라티즘파의 발언권을 강화해 주었다. 친차베스 노동 진영의 통합 강화를 추진하는 가운데, 코포라티즘파를 지원하는 차베스의 개입 방식은 코포라티즘파가 별도의 노총 CBST를 창설하게 함으로써 계급주의파와

코포라티즘파는 UNT-CBST의 분립 구도를 고착화하게 되었다. 이런 차베스와 정부의 편파적 노동조합 활동 개입으로 인해 코포라티즘파의 영향력이 강화되며 노동자 이해관계 보호와 노동조건 개선을 위한 노동조합 일상 활동이 후퇴하게 된다.

사측의 단체협약 체결 거부와 단체협약 위반 및 그로 인한 노동조건 악화는 노동자들의 불만을 증폭시켜 파업 투쟁을 전개하게 하는데, 노동조합의 분열로 인해 유의미한 파업 투쟁을 전개하기도 어려우며 파업 투쟁 동원에 성공하더라도 합법적 파업으로 판정받을 확률은 10%에 불과하다. 이처럼 파업 투쟁의 합법성이 부정됨으로써 파업 투쟁을 주도한 노동조합 지도부와 노조원들은 법적 보호를 받기 어렵게 된다. 게다가 노동조합의 파업 활동은 형법과 국가보안법 규정들이 적용되어 형사 범죄로 취급됨으로써 강도 높은 형사처벌을 받게 되고, 심지어는 친차베스 노동조합의 파업들도 혁명 과정의 적으로 매도되며 탄압을 받고 있다. 이처럼 노동조합 파업 활동이 노동기본권으로 인정받지 못함으로써 파업 투쟁은 많은 희생을 수반할 뿐 단체협약 체결과 노동조건 개선 같은 투쟁 성과를 거두기 어렵다.

의사 코포라티즘 체제의 작동 방식

노동조건 개선을 어렵게 하는 편향적 개입주의 노동정책, 친차베스 노동 진영의 분열과 코포라티즘파의 패권, 노동자 파업의 합법성 부정과 형사 범죄화는 절대적 권력을 행사하는 차베스를 정점으로 하는 노동 통제 체제에 의해 형성되어 재생산되고 있다. 차베스는 노동조합 자율성을 독극물로 규정하며 노동조합의 필요성을 부정하고 있기 때문에 차베스가 관장하는 코포라티즘 체제에서 허용되는 노정 관계는 위계적 관계일 뿐이다. 국가는 당을 통해 노조를 지배하고 노조는 하위 파트너로서 정부와 당의 지침을 무비판적으로 맹종하는 것이다. 이는 사회적 행위 주체들이 합의를 도출해 국가의 형태로 제도화하는 서구의 사회적 코포라티즘societal corporatism과는 달리 국가가 권력 수단들을 활용해 노동자들을 조직하며 노동자들의 이해관계를 배려하는 후견인 역할을 수행하는 국가 코포라티즘 state corporatism의 한 형태로서, 노동자들의 실질적 참여를 수반하지 않는다는 점에서 의사 코포라티즘pseudo corporatism이라 할 수 있다.

이런 의사 코포라티즘 체제하에서, 노동조합은 노조의 자율성을 포기하고 최우선 과제로 설정된 차베스 정권 수호와 정치 일정에 노동자 이해관계 대변과 노동조건 개선이라는 노동조합의 일상 활동을 종속시켜야 한다. 그것이 친차베스 노동 진영 내에서 코포라티즘파가 계급주의파에 맞서 관철하고 있는 노동조합 활동 방식이다. 차베스 정부는 대중적 지지 기반이 취약한 코포라티즘파의 패권 구축을 위해 중앙선거관리위원회와 노동부를 통해 노조 활동에 적극 개입하고 있다. 이런 의사 코포라티즘 체제의 작동 방식은 노동계 최대 현안이었던 노동법 개정 과정에서 잘 확인할 수 있다. 차베스는 계급주의파가 제안한 노동계급 내 공론화 방식을 거부하고 코포라티즘파 노동계 인사 한 명을 제외하면 모두 비노동계 인사들로 구성된 법안 기획 위원회를 통해 대중의 의견을 수렴하도록 하여 대통령 선언으로 법안을 통과시켰다.

차베스가 자신의 의지를 관철하는 방식은 "친구 아니면 적" 가운데 양자택일을 강요하는 양분 전략으로서 계급주의파 가운데 온건파들을 압박해 코포라티즘파의 패권을 수용하게 하며 강경 계급주의파를 분쇄하는 것이며, 이런 전략은 Marea Socialista가 UNT를 탈퇴해 CBST에 가입해 코포라티즘파의 패권을 완성한 사건에서 그 위력을 확인할 수 있다. 하지만 노동자 이해관계 보호와 노동조건 개선 과제를 경시하는 코포라티즘파의 패권과 노동조합 활동 방식에 대한 노동자들의 부정적 평가는 코포라티즘파의 노조 위원장 선거 패배로 확산되고 있다. 이렇게 코포라티즘파의 패권 구축과 함께 친차베스 노동 진영 핵심과 노동자 대중 사이의 괴리가 심화되며 노동조합의 내적 통합과 조직력 강화의 전망을 어둡게 하고 있다.

차베스 정부의 차별성과 연속성

차베스 정부는 변혁적 실천과 친노동적 성격에서뿐만 아니라 최저임금 인상을 통한 노동 빈곤층 우선 지원 정책 등 일부 노동정책에서 제4공화국과 차별성을 보였다. 이런 내용적 차별성에도 불구하고 정책 추진 방식에서 차베스 정부는 상당한 연속성을 보여 주었고, 노사정 협의 혹은 노동조합 참여 없는 정부의 일방적 선포 방식의 최저임금 인상 및 공공 부문 임금 인상 등 노동정책의 수립·추진 과정에서 잘 드러나고 있다.

차베스 정부의 노동정책은 노동 통제 목적의 의사 코포라티즘 체제 속에서 노동자 참여와 이해관계 대변의 제도화 방식이 아니라 차베스라는 절대 권력을 보유한 후견인이 노동 통제와 정치적 목적에 따라 선별적으로 호의를 베푸는 방식으로 집행되고 있다. 친노동적 정부의 적극적 개입에도 불구하고 노동조건이 개선되지 않고, 노동조합은 약화되며, 파업 활동은 성과를 내지 못하고, 노동계급의 주체 형성은 진전되지 않는 등 차베스 정부하에서 목격되는 일견 상호 모순적으로 보이는 현상들은 이런 의사 코포라티즘 체제의 작동 방식에 의해 설명될 수 있다.

제3부

차베스 정권과 공동경영의 정치

제3부는 차베스 정권 변혁 정책의 상징이라 할 수 있는 공동경영 실험의 동학과 성과를 분석한다. 먼저 공동경영을 둘러싼 정부, 자본, 노동 등 행위 주체들의 전략 및 상호작용을 분석하고 부정적 국민 여론 속에서 공동경영의 핵심적 추진 주체인 차베스 정부가 추진하는 전략의 성격과 그 결과를 설명한다. 그런 다음 공동경영의 모범적 사례로 지칭되는 인베팔과 인베발을 중심으로 공동경영의 성과를 검토하고 실질적 실천 과정을 분석·설명한다.

베네수엘라의 사회정치적 불안정에 대해서는 이견이 없지만 변혁성의 실체가 있는지, 그런 변혁 정책과 사회정치적 불안정 사이의 상관관계에 대해서는 논란이 있다. 제5장은 공동경영 실험의 행위 주체들이 각각 어떤 전략을 취하고, 어떻게 각축하고 상호 영향을 미치며 공동경영의 동학을 산출하는지를 분석함으로써 차베스 정부의 변혁성이 실체가 있는지, 베네수엘라의 사회정치적 불안정이 변혁 정책 추진에서 비롯된 것인지를 규명하는 한편, 공동경영 실험의 가능성과 제약을 검토한다.

공동경영 정치의 핵심인 차베스 정부는 자본과 대립하며 국유화와 공동경영 전환을 추진해 왔고, 노동과 연대하고 있지만 대상 기업의 선정과 공동경영 전환 결정 권한은 배타적으로 행사하고 있다. 자본은 정권 전복 전략을 포기하고 선거를 통한 정권 교체 전략으로 후퇴함으로써 사유재산권 보호를 위한 방어적 대응을 시작할 수 있었다. 한편 노동 측은 수동적·사후적으로 대응할 뿐 유의미하게 개입하지 못했다.

차베스 정부의 국유화 정책에 대해 자본 측이 적극적으로 저항하는 것은 차베스 정부의 변혁성에 실체가 있다는 것을 확인해 주는 것이다. 또한, 자본 측이 정권 전복을 포기하고 국유화 조치의 위헌·위법성을 주장하며 국유화 정책에 맞서 사유재산권과 사적 소유권 체계를 방어하려는 것은 베네수엘라의 사회정치적 갈등과 불안정이 단순한 권력투쟁이 아니라 변혁 정책을 둘러싼 각축에서 비롯되고 있다는 것을 의미한다.

행위 주체들이 각축하며 상호작용하는 과정에서 타 행위 주체들에 가장 큰 영향력을 행사해 온 것은 차베스 정부다. 정권의 위기 혹은 불안정 시기에는 정부가 정권 수호 및 재창출을 위한 각축전에 매몰됨으로써 공동경영의 정치는 실종되었고, 정권 안정화에 성공한 다음 정부가 국유화를 공세적으로 추진하자 자본이 즉각적으로 저항하며 정부-자본의 대립 구도 속에서 공동경영의 정치가 재활성화되었다. 한편 자본은 직장 폐쇄를 통한 산업 마비로 노동자들의 공장점거 투쟁과 정부의 국유화 조치를 유발했지만 이후 정부·노동의 전략에 대한 영향력은 크게 약화되었다. 반면 UNT를 중심으로 한 노동 측은 내적 분열과 취약한 조직력으로 인해 타 행위 주체들의 전략에는 거의 영향을 미치지 못했다.

국유화와 공동경영 전환의 과정은 상당 정도 정치화되어 있어 공동경영의 정치는 거시 정치의 영향을 받지 않을 수 없다. 공동경영의 정치가 비로소 상대적 자율성을 유의미하게 확대할 수 있었던 계기는 2009년 초 차베스의 연임 제한 국민투표 승리였다. 공동경영 정치의 역학 관계에서 보면, 2005년에는 폐쇄된 기업을 대상으로 경제 활성화라는 명분과 노동자들의 공장점거 투쟁으로 공동경영 추진 주체인 정부가 우위를 점하고 있었지만 2009년에는 노동자 투쟁의 부재 속에서 정상 가동 기업을 대상으로 국유화를 단행하며 노동기본권 보장이나 시장독점 해체를 근거로 제시했으나 설득력은 크게 떨어졌다.

차베스 정부가 2009년 2월 국민투표 승리 이후 공세적으로 국유화를 추진하면서 국유화의 정치는 다시 국가와 자본의 대립 구도로 진행되기 시작했다. 특히 식품 산업 초대형 업체들을 대상으로 국유화 조치가 실시되면서 사회적 갈등이 첨예화되면서 국민 여론의 분포가 국유화 정책의 방향에 미치는 영향력은 더욱 커졌다. 하지만 국유화를 둘러싼 국민 여론에 대한 분석적 연구는 수행되지 않았다. 제6장은 국유화에 대한 국민 여론의 분포를 확인하고, 국유화 의견이 어떤 원인과 인과적 메커니즘을 거쳐 형성되는지를 분석함으로써 국유화 추진 주체의 전략적 선택의 배경과 함의를 검토한다.

식품 산업을 중심으로 국유화에 대한 국민 여론을 분석한 결과는 세 가지로 축약될 수 있다. 첫째, 국유화 반대 의견은 3분의 2 수준에 달할 정도로 압도적 다수를 형성하고 있어 국가-자본의 대립 구도 속에서 자본 측에 유리한 조건을 제공하고 있다. 둘째, 국유화 추진 주체인 차베스는 저항 세력인 자본 측에 비해 더 부정적인 평가를 받고 있으나 차베스 평가가 자본 평가보다 국유화 의견에 대해 더 큰 영향력을 지님으로써 국유화 의견에 대한 실질적 결정력에서는 자본 측의 우위가 소멸된다. 셋째, 국유화 의견에 대한 다양한 설명 요인들 가운데 차베스 평가와 이념 지향이 유의미한 영향력을 지니며, 그 가운데서도 차베스 평가의 설명력이 가장 큰 것으로 나타났다.

압도적 반대의 국민 여론 분포는 국유화 정책이 국민적 합의 형성 없이 추진되고 있으며, 이는 차베스 정부의 국민 여론 형성 실패를 의미한다. 국유화 대상 기업의 열악한 노동조건과 노동기본권 유린이라는 문제점, 시장 독과점의 해체 필요성, 국유화의 생산성 향상 효과, 국유화에 수반되는 사회 공공성 담보 및 노동자 통제 강화 등이 국민적 설득력을 지니지 못한 결과라 할 수 있다.

차베스 정부의 국민 여론 형성 실패는 차베스 정부의 전략적 선택에서 기인한 바가 크다. 차베스 평가가 국유화 의견에 대한 영향력이 가장 크고 차베스 지지도가 국유화 정책에 대한 지지도보다 월등히 높은 조건 속에서 차베스 반대파를 설득하기보다 차베스의 높은 지지율을 이용해 차베스 지지자들로 하여금 국유화 정책을 지지하도록 견인하는 전략을 선택한 것은 합리적 선택이다. 이는 전형적인 양분 전략으로서 차베스 반대파들의 차베스 정부 정책 일반에 대한 거부감을 강화하는 한편, 중립적 입장의 시민들을 소외시킴으로써 국유화에 대한 지지 여론을 형성하기 어렵게 한다. 그 결과 베네수엘라 사회의 정치적 양극화는 심화되고 국유화 정책은 심각한 국민적 저항에 직면할 수 있게 되었다.

베네수엘라의 공동경영 실험은 인베팔과 인베발에서 시작된 지 7년이 지났지만 공동경영 실험의 경영 성과에 대해서는 체계적 평가가 이루어지지 않았다. 제7장은 공동경영 실험의 경영 성과를 체계적으로 분석·평가하는 것이며, 이를 위해 인베팔과 인베발이 공동경영 실시 이후 기업의 경제적 효율성을 향상하는 데 성공했는지를 비교 분석한다.

인베팔과 인베발은 모두 10% 안팎의 낮은 공장 가동률을 벗어나지 못함으로써 공동경영 기업들이 경영 성과 측면에서 실패했다는 것을 보여 준다. 인베팔은 적자 누적으로 재정적 파산에 직면한 반면, 인베발은 제품 생산 대신 수리 보전 서비스 제공을 통해 손실을 만회하고 있으나 사유 기업 시기에 비해 고용 규모가 훨씬 더 축소되었다는 점에서 경제적 효율성 향상에 실패한 것은 분명하다. 국유화 전 2년 이상의 직장 폐쇄에 따른 재정 자원 고갈, 생산 설비 노후화, 원재료 취득 경로와 제품 판매 경로의 상실 등 두 기업의 공통된 제약 요인들은 정상 가동 실현과 이윤 창출을 어렵게 했다. 두 기업 모두 경제적 효율성 증대에 실패했다 하더라도 사회적 공공성 실현에서는 상당한 성과를 거두었으며, 공동경영 기업들의 존재 근거와 경영 목표가 사기업들과 다르기 때문에 사회적 공공성 실현과 같은 새로운 평가 기준들이 추가적으로 고려될 필요성을 확인해 주었다.

공동소유에 기초한 공동경영 기업들은 공장 정상화를 위해 상당한 추가적 자금 지원이 절실함에도 불구하고 기업의 이윤 창출 어려움으로 인해 노동자들은 추가 출자 재원을 동원할 수 없기 때문에 자금 조달의 딜레마에 빠지게 된다. 그것은 정부가 추가 출자하면 노동자 지분이 하락하게 되고, 정부가 자금을 대여해 주면 부채 증대로 인해 재정 구조가 악화되기 때문이다. 또한 공동경영 기업들은 계획경제가 실시되지 않는 가운데 시장경제 속에서 고립된 변혁적 실험 단위로서 시장 경쟁 생존을 위한 이윤 창출 압박을 받는 한편, 국유 기업으로서 사회적 책임성을 다할 것도 동시에 요청받는다. 이로 인한 이중 과제의 딜레마는 사회경제 체제가 변혁되기 전에는 피할 수 없다. 자금 조달의 딜레마가 공동소유에 기초한 공동경영 기업들에만 해당되는 반면, 이중 과제의 딜레마는 공동경영 기업들을 포함한 국유 기업들에 보편적으로 적용되며 국유 기업들이 사기업들과 달리 경영 성과 극대화에 절대적 가치를 부여할 수 없다는 점에서 경영 성과 개선에 상당한 제약 요인으로 작용할 수 있다는 것을 의미한다.

정부는 인베발의 지원에 적극적인 반면, 인베팔에 대해서는 소극적이었다. 인베발 노동자들은 보유 지분을 모두 정부에 헌납하고 공동경영을 실천하는 반면, 인베팔 노동자들은 지분 포기를 거부하며 정부 측 경영진과 대립하고 있다. 결국 인베팔이 노자 갈등 속에서 공동경영 실천과 경영 성과에서 모두 실패한 반면, 인베발은 노자 평화 속에서 공동경영 실천과 경영 성과에서 상대적으로 더 성공적이었다. 이는 공동경영 실천과 경영 성과 사이의 인과관계 혹은 선택적 친화성이 존재하며 정부의 역할이 주요한 변인이라는 점을 확인시켜 주는 것이다.

노동자들이 직장 폐쇄에 맞서 투쟁하며 국유화를 요구하는 가운데 차베스는 2005년 초 인베팔과 인베발을 국유화해 처음으로 공동경영 실험을 실시했다. 공동경영이 21세기 사회주의의 상징으로 부상하며 인베팔과 인베발의 공동경영 실험은 극찬을 받아 왔지만 개별 기업들에서 얼마나 명실상부하게 공동경영이 실천되고 있는지에 대한 체계적 분석은 없다. 제8장은 공동경영의 실질적 실천 여부를 검토하고 그 동학을 설명한다.

인베팔과 인베발은 공동경영 모델의 전형적 사례이며 출범 후 7년 이상 경과했기 때문에 다양한 공동경영 모델들을 실험하며 최적의 모델을 개발할 수 있는 시간적 여유를 지녔다는 점에서 공동경영 실천 여부를 평가할 수 있는 적절한 대상이라 할 수 있다.

인베팔과 인베발은 모두 정부 51%, 노동자 49%의 지분 배분으로 출범했지만, 공동소유에 기초한 공동경영 모델은 도입 2년 만에 폐기되었다. 생산 설비들이 2년 이상 직장 폐쇄 상태로 방치되었던 탓에 정상적인 이윤 창출이 어려운 가운데 노동자들은 투자 재원 동원의 어려움으로 인해 지분을 포기 혹은 대폭 감축하게 된 것이다.

공동 소유 경영 모델이 폐기된 뒤, 인베팔에는 정부·경영진과 노동의 갈등 속에서 노동자 배제의 경영 방식이 정착된 반면, 인베발의 경우 정부와 노동의 협력 속에서 노동자 통제라는 대안적 공동경영 모델이 실천될 수 있었다. 이는 공동 소유 경영 모델은 폐기되었지만 공동경영의 목표와 원칙은 여전히 유효하며, 공동경영은 공동소유의 전제 없이도 실현될 수 있다는 것을 의미한다.

국유 기업들 가운데 공동경영 대상을 선택해 지배·경영권 위임 여부를 결정하는 주체는 정부다. 인베발의 경우 정부는 지배·경영권을 노동자 대표와 공장 평의회에 위임해 공동경영을 실천하도록 한 반면, 인베팔의 경우 그렇게 하지 않았다. 정부의 선택은 해당 기업의 정부 정책에 대한 호응 정도와 시장에 미치는 영향력 크기에 의해 영향을 받는 것으로 나타났다.

인베발은 공장 평의회 제도에 기초한 노동자 통제를 실시함으로써 사회주의 기업의 전형적인 모습을 보여 주었다. 인베발 모델은 노동자들이 소유권을 보유하지 않으면서도 집합적으로 경영권을 행사하는 유고슬라비아 자주 관리 모델과 유사한 것으로서 국가사회주의 기업모델과 차별화되는 21세기 사회주의의 대안적 기업모델이라 할 수 있다.

베네수엘라 공동경영 실험에 대한 진정한 평가 기준은 차베스 이후의 생존 가능성이다. 부정적인 국민 여론, 법적 기초의 미비, 정부 관료와 국유 기업 경영진들의 비협조적 태도 속에서 차베스의 지지에 과도하게 의존하고 있다는 점은 공동경영 실험의 전망에 대해 우려를 갖게 한다. 이런 적대적 여건 속에서 공동경영 실험의 생존 역량은 노동자들의 공동경영에 대한 헌신성, 정부가 임의로 처분할 수 없는 기업 지분의 크기, 노동자들의 주체 형성 정도, 기업의 이윤 창출 능력 및 시장 경쟁력이며, 그런 점에서 인베발의 공동경영 실험이 인베팔에 비해 훨씬 더 불가역성이 크다고 할 수 있다.

| 5장 |

베네수엘라 공동경영의 정치

행위 주체들의 전략과 상호 영향의 동학을 중심으로

1. 들어가는 말

베네수엘라 사회가 차베스 정부하에서 정치·사회적 불안정을 벗어나지 못하고 있다는 데 대해 이견이 없지만 차베스 정부가 추진하는 변혁적 정책들에 대해서는 상반된 평가가 주어지고 있다. 부정적으로 평가하는 측(Arenas & Gómez 2006; Gómez 2008)에서는 변혁은 구호에 불과하고 실체가 없으며 핵심은 대중주의 권력에 있다고 보는 반면, 긍정적으로 평가하는 측(Lopez 2007; Wilpert 2007; Ellner 2008)에서는 변혁 프로그램은 실체가 있으며 그것이 국가사회주의를 넘어서는 새로운 사회주의 모델이라고 본다. 변혁성의 실체가 없는 것이 사실이라면, 차베스 정부하에서의 정치·사회적 불안정은 차베스의 권력 독점을 위해 시민들이 치르고 있는 사회적 비용이며, 차베스 정부는 민주주의 후퇴라는 퇴행적 현상에 불과한 것이다. 반면, 차베스 정부의 변혁성이 실체를 지니고 있다면, 차베스 정부가 겪고 있는 정치·사회적 불안정은 변혁 정책을 둘러싼 각축에서 비롯된 것이며 차베스 정부의 다양한 변혁적 프로그램들은 새로운 사회주의의 '살아 있는 실험실'living laboratory로서 의미를 지니고 있다.

이처럼 차베스 정부와 베네수엘라 사회의 성격 규정 및 평가의 관건은 변혁성의 실체가 있는지, 그리고 그런 변혁성이 정치·사회적 불안정과 관련성을 지니고 있는지에 있다. 차베스 정부가 "21세기 사회주의"를 표방하고 있고 '공동경영' 실험을 국가사회주의와 다른 21세기 사회주의의 차별성으로 강조하고 있다는 점에서 공동경영 실험은 차베스 정부의 변혁성이 실체를 지니고 있는지, 실체를 지니고 있다면 변혁 정책이 사회정치적 행위 주체들의 각축 속에서 추진되고 있는지를 판단하는 데 주요한 준거점이 될 수 있다.

이 장은 베네수엘라의 공동경영 실험의 추진 과정에서 핵심적 행위 주체들이 각각 어떤 전략을 취하고, 어떻게 각축하며 상호 영향을 미치고 국유화·공동경영의 동학을 산출하는지를 분석함으로써 차베스 정부의 변혁성이 실체를 지니고 있는지, 베네수엘라의 정치·사회적 불안정이 변혁 정책 추진에서 비롯된 것인지 단순한 권력투쟁인지를 규명하는 한편, 21세기 사회주의의 핵심인 공동경영 실험의 가능성과 제약을 검토하고자 한다.

사회정치적 행위 주체들이 각축하는 공동경영의 정치는 국유화를 둘러싼 대립 구도와 공동경영 추진 과정의 긴장 관계라는 이원 구조로 구성되어 있다. 전자는 국가와 자본 사이에 전개되는 국유화의 정치, 후자는 국가와 노동 사이에 전개되는 협의의 공동경영의 정치, 즉 공동경영 전환의 정치다. 국유화의 정치는 사유재산제와 시장경제에 대한 공격과 방어의 형태로 전개되며 그 결과는 자본주의 생산 체제의 유지 혹은 사회주의 생산 체제로의 이행이다. 국유화의 정치는 자본주의 생산 체제의 기초를 이루는 사유재산제를 둘러싼 공방이라는 점에서 갈등의 핵심에는 대립된 사회경제 체계를 지향하는 세력들 사이의 충돌이 있다. 따라서 베네수엘라의 정치·사회적 불안정은 공동경영 추진 주체들 사이의 긴장과 갈등 형태로 전개되는 협의의 공동경영의 정치가 아니라 주로 국유화의 정치에 의해 야기될 수 있다는 점에서 이 장은 국유화의 정치를 중심으로 공동경영의 정치를 분석한다.

2. 차베스 정권의 변혁성과 공동경영 실험

21세기 사회주의의 변혁성과 공동경영의 중요성

차베스는 2005년 1월 30일 제5차 세계사회포럼에서 베네수엘라에서 "소련과 쿠바의 국가사회주의와는 다른 21세기 사회주의를 건설하겠다"고 선언했다. 이후 21세기 사회주의 모델을 구성하는 "5대 엔진"cinco motos을 발표함으로써 새로운 사회주의의 내용을 구체화했다(Michelena 2007; Wilpert 2007; Buxton 2007). 5대 엔진은 행정부 중심의 권력 구조, 의회 특별위원회를 통한 헌법 개정, 사회주의 이념 확산을 위한 교육개혁, 시민 자치 활성화를 위한 새로운 기하학적 권력 구조의 구축, 시민 참여 확대를 통한 공동체 권력의 강화로 구성되어 있다.

5대 엔진은 주로 정치권력의 재구조화를 위한 프로그램들로 구성되어 있으며 새로운 사회주의의 내용보다는 새로운 사회주의 구축을 위한 방법론의 성격을 지니고 있다. 따라서 21세기 사회주의의 실체와 내용을 확인하기 위해서는 차베스 정부가 추진한 구체적 정책들을 살펴봐야 한다. 차베스 정부가 추진한 변혁적 정책들로 주로 꼽히고 있는 것은 자본주의하에서의 사회정책 프로그램, 풀뿌리 참여 민주주의 구축, 그리고 소유 체계 변혁이다.

다양한 미션misión들로 구성된 사회정책 프로그램들이나 지역사회 공동체위원회consejos comunales에 기초한 풀뿌리 참여 민주주의는 부와 권력의 재분배를 적극적으로 실천하고 있다는 점에서 분명 선행 정권들에 비해 진보적인 정책들이라 할 수 있지만, 사회주의 모델의 핵심을 구성하는 변혁적 정책들이라 하기 어렵다.[1] 그런 점에서 차베스 정부의 변혁성이 실체를 지니고 있다면 그것은 자본주의 소유 체계 변혁에서 찾아야 할 것이다.

차베스 정부는 노동자들 스스로 소유주와 생산자 역할을 동시에 수행하는 생산 협동조합의 결성을 적극 장려·지원하는 한편, 신규 국유 기업들을 다수 창설하고 상당수의 사기업들을 국유화하며 자본주의 소유 체계를 바꾸고 있다. 이런 점에서 차베스 정부의 주요한 변혁성으로 자본주의 소유 체계 변혁을 꼽을 수 있다. 물론 생산 협동조합 결성이나 신규 국유 기업 창설보다 사적 자본 소유의 기업을 국유화하는 것이 소유 체계 변혁의 핵심인 것은 자명하다. 특히 국유화된 기업들의 대다수가 선행 정부들의 신자유주의 경제정책하에서 사유화된 기업들이며 자본가들의 정리 해고와 공장폐쇄 시도에 맞서서 노동자들이 공장을 점거하고 국유화를 요구하는 투쟁을 전개하는 가운데 차베스 정부가 개입해 국유화를 단행했다는 점에서 더욱 그러하다.

사유 기업의 국유화가 분명 자본주의 소유 체계를 바꾼다는 점에서 사회주의를 지향하는 변혁적 정책이라 할 수 있지만, 차베스 정부는 21세기 사회주의의 차별화된 변혁성을 국유화에 뒤이은 공동경영 실험에서 찾고 있다.[2] 소련과 동구권의 국가사회주의는 사기업들을 국유화해 국가가 지배 경

1_공동경영 실험은 차베스 개인과 행정부 중심의 권력 독점을 위해 대중에 야합하며 대중을 동원하는 수단이라는 비판을 받기도 한다. 의회 민주주의 제도를 위협하고 수혜자와 중앙정부 사이에 새로운 후견주의(clientelism) 관계를 형성하며 대중주의 통치 수단으로 악용되고 있다는 것이다(Arenas & Gómez 2006; Maingon 2007; Castro 2007; Penfold 2007).

영권을 독점적으로 행사한 하향식 사회주의top-down socialism인 반면, 베네수엘라의 21세기 사회주의는 사기업들을 국유화한 다음 국가가 지배 경영권을 독점하는 것이 아니라 노동자와 공유하며 공동경영을 실시해 노동자들이 실질적으로 경영에 참여하며 궁극적으로는 자주 관리self-management를 지향하는 '아래로부터의 사회주의'socialism from below라는 것이다.

이처럼 공동경영을 21세기 사회주의의 핵심으로 보는 입장은 차베스뿐만 아니라(*El Universal* 2010/04/27) 공동경영 업체의 경영 책임자나 노동운동 지도자들도 공유하고 있었다. 공동경영 전환된 국유 기업 알까사의 경영인으로 선임된 란스Carlos Lanz는 베네수엘라식 공동경영은 유럽 사민주의 방식과는 달리 "구상과 실행 사이의 벽을 허물고 …… 노동자들이 공장을 통제하는 방식으로서 21세기 사회주의로 향한 단계"(Bruce 2005)라 규정하고 있고, UNT 지도자인 뻬레스도 "노동자 통제 과정은 새로운 형태의 사회주의 가능성을 열어 주는 것이며 소련이나 쿠바의 사회주의와는 다른 독특성"(Webber & Spronk 2010)이라며 강조하고 있다.

공동경영 실험의 등장

차베스 집권 이후 2001년 12월, 2002년 4월, 2002년 12월 총파업 투쟁이 전개되었으며, 이런 총파업 투쟁들은 자본의 직장 폐쇄와 함께 진행되어 산업 마비를 가져오는 파괴력 있는 투쟁 수단이었다. 2002년 4월 총파업 투쟁이 쿠데타와 함께 진행되었다는 데서 잘 나타나듯이 노동조합총연맹

2_공동경영 실험의 의의에 대해서는 Achkar(2007), Wilpert(2006), Lucena(2007b), Fuenmayor(2006), Álvarez(2010), Hanecker(2005)를 참조할 것.

CTV와 자본가 단체 Fedecámaras가 공동으로 전개하는 총파업-직장폐쇄는 차베스 정부 전복이라는 정치적 목적이 분명한 행위였다. 그 가운데 특히 2002년 12월 총파업-직장폐쇄는 이듬해 2월까지 세 달에 걸쳐 석유 산업을 중심으로 국가 경제를 마비시킬 정도로 대단한 파괴력을 보였다. 이 과정에서 자본의 직장 폐쇄와 정리 해고 시도에 맞서 노동자들이 저항하면서 폐업 상태의 공장 수백 개를 점거하게 되었고, 나아가 자본에 맞서 투쟁하면서 국유화를 요구하게 되었다(Janicke 2007a). 이렇게 직장 폐쇄와 정리 해고 반대 투쟁은 국유화 요구 투쟁으로 발전하고 있었지만 유의미한 국유화 조치나 공동경영 전환은 진행되지 않고 있었다.

공동경영 실험이 본격적으로 전개되기 시작한 것은 2005년 초 차베스가 21세기 사회주의를 선언하고 뒤이어 인베발과 인베팔을 국유화해 공동경영으로 전환하면서부터였다. 차베스가 7월 말에는 모든 폐쇄된 기업들을 대상으로 국유화를 검토하고 있고 1,149개 기업의 리스트를 제시하며 136개 폐쇄 기업의 수용 가능성을 구체적으로 검토하고 있다고 발표하면서 공동경영 실험의 열기가 조성되었다. 먼저 공동경영 전환된 인베발 노동자들의 주도하에 2006년 2월에는 공동경영과 점거 기업 노동자들의 연대체인 FRETECO(공동경영및점거기업노동자혁명전선Frente Revolucionario de Trabajadores de Empresas en Cogestión y Ocupadas)가 조직되었고, 같은 해 10월에는 FRETECO 주최로 전국의 10개 공장 60여 명 대표들이 참가해 연차 대회를 개최하면서 공동경영 열기는 더욱 고조되었다(Mather 2006a; Trigona 2006; Azzelleni 2009, 176).

이처럼 베네수엘라 차베스 정부하에서 공동경영 실험이 등장하게 된 것은 두 가지 배경적 요인에서 찾을 수 있다.

첫 번째는 경제적 필요성이다. 자본의 직장 폐쇄와 병행된 총파업은 석유산업을 필두로 연관 산업들을 중심으로 국가 경제에 심각한 타격을 주고 있었다. 차베스가 2005년 폐쇄 공장 국유화 조치를 시작하며 유휴 공장을 재가동함으로써 일자리를 창출하고 국내총생산을 증대할 수 있다(Lin 2006)고 발언한 대목은 이런 경제적 동기를 잘 표현해 주고 있다.

두 번째는 차베스 정부의 변혁성이다. 폐쇄 공장을 국유화한 다음 국가가 독점적으로 지배 경영권을 행사하지 않고 공동경영으로 전환한 것은 정권의 변혁적 성격을 빼면 설명될 수 없다. 국유화와 뒤이은 공동경영 전환이 2005년 봄 본격적으로 시작되기 전, 2005년 1월 30일 세계사회포럼에서 차베스가 21세기 사회주의 실현 방침을 선언한 바 있다는 점에서 공동경영 전환은 21세기 사회주의 실현이라는 좀 더 구체적인 목적에서 추진되었다고 볼 수 있다.

이런 현실적인 경제적 고려와 이념적인 변혁성 고려라는 공동경영 등장의 두 가지 배경적 요인들은 공동경영의 성격을 규정하는 양축을 이룬다. 한편으로는 경제 위기하 일자리 창출과 경제 활성화라는 경제적 동기를 지니고 있으며, 다른 한편으로는 산업·경제 민주주의를 넘어서 자본주의 소유 체계와 기업 지배 구조를 변혁하며 21세기 사회주의라는 이름 아래 새로운 시장경제 모델을 실험하는 것이다.

공동경영의 선행 연구

베네수엘라 공동경영에 대한 활동가들의 저술들은 대체로 객관적 자료에 바탕을 둔 과학적 분석이 아니라 주관적 판단과 이념적 주장 중심으로 쓰인 반면, 학술 연구들은 개괄적이고 기술적인 수준을 벗어나지 못하고 있다. 하지만 선행 연구들도 공동경영 실험의 현황 및 쟁점들에 대해 일정 정도 인식을 공유하는 것으로 확인되었다.

첫째, 공동경영의 모델과 공동경영 실험은 마스터플랜을 결여함으로써 공동경영 실험의 부침을 가져왔다.[3] 차베스와 정부는 21세기 사회주의를 실현하기 위해서는 사유 기업들에 대한 적극적인 국유화가 필요하되,

국가사회주의를 넘어서기 위해서는 실질적인 공동경영이 이루어져야 한다며 한결같이 공동경영의 중요성을 지적하고 있다. 하지만 21세기 사회주의에서 차지하는 공동경영의 중요성에도 불구하고 국유화와 공동경영 전환은 체계적으로 계획된 마스터플랜 없이 진행되고 있다는 것이다. 이런 마스터플랜의 부재로 인해 공동경영 방식은 일정한 전형 없이 사례별로 천차만별하며, 정부도 일관성을 지니지 못하게 되어 공동경영 실험이 초기의 열기에도 불구하고 쉽사리 침체될 수 있었다는 것이다.

둘째, 공동경영 대상 기업 선정 등 국유화와 공동경영 방식의 핵심적 사항들은 차베스와 정부에 의해 일방적으로 결정된다.[4] 공동경영은 국유 기업들을 대상으로 전개되고 있다는 점에서 공동경영 여부는 국유 기업의 소유주인 차베스 정부, 특히 차베스 개인의 선택에 의해 좌우되지 않을 수 없다. 차베스와 정부는 어떤 산업의 어떤 기업들을 국유화할 것인지, 그리고 그 가운데 공동경영으로 전환할 대상을 결정하는 과정에서 노동자들에게 어느 정도 지분과 발언권을 할애할 것인가를 결정한다. 이처럼 국가 주도로 추진되는 방식은 21세기 사회주의를 실현하는 혁명적 방식이 될 수 없다는 지적은 계급주의파 노조 지도자들[5]을 중심으로 제기되어 왔으며, 이들은 국유화와 공동경영 대상 기업 선정과 공동경영 방식의 결정 과정에서부터 노동의 좀 더 적극적인 역할이 전제되어야 한다고 주문한다. 여기에서 논란의 핵심이 되고 있는 것은 PDVSA 등 석유산업을 포함한 기간

3_CCURA(2006c), Peralta(2008), Lanz(2005; 2007), Janicke(2007b)를 참조.
4_Barrios(2005), Mather(2006a), CCURA(2006c), Munckton(2007), Achkar(2007)를 참조.
5_주로 계급주의파 CCURA의 지도자인 치리노와 뻬레스의 발언과 면담 자료를 참조(Chirino 2007c; Chirino 2009 면담; Webber & Spronk 2010; Pérez 2008 면담). 계급주의파에 대해서는 이 책의 제3장을 참조할 것.

산업 전반에 대해 공동경영으로 전환하고 유상몰수 대신 무상몰수 방식으로 국유화를 추진하라는 요구인데, 차베스는 석유산업의 공동경영을 완강히 거부하는 한편, 유상몰수 방식을 견지하고 있다.

셋째, CTV-UNT의 분열과, 무엇보다도 UNT의 내부 분열로 인해 노동 측은 국유화와 공동경영의 정치에서 유의미한 개입력을 발휘하지 못하고 있다.[6] 정부가 국유화의 주체이며 국유 기업의 소유주로서 국유화와 공동경영 대상 선정에서 우선권을 행사하는 것은 피할 수 없지만, 노동 측이 의사 결정권을 정부와 대등하게 공유하지 못한 것은 노동의 조직력과 동원 역량의 결여에서 비롯되고 있다. 조직 노동 부문은 반차베스 CTV와 친차베스 UNT로 분열되어 있으며, 국유화와 공동경영에 적극적인 UNT 역시 2003년 창설되었으나 내부 분열로 인해 아직까지 위원장 선출이나 정관 제정도 못한 상태로 내적 통합력과 조직력이 취약하다. 그 결과, 국유화와 공동경영 열기가 높던 초기 단계인 2005년 UNT는 공동경영을 위한 법안까지 제출하며 국유화와 공동경영을 적극 주창했으나, 이후 노동조합 중앙 조직으로서 국유화와 공동경영 전환의 정치에서 주도적 역할을 전혀 수행하지 못했고, 결국 공동경영 모델 수립, 국유화 및 공동경영 전환 투쟁 등의 과정에 유의미하게 개입할 수 없었으며, 이는 UNT 스스로도 인정하고 있다.

공동경영의 동학에 대한 연구들은 일정한 성과를 거두었지만 여전히 유의미한 한계를 보여 주고 있다. 첫째, 선행 연구들은 주로 정부와 노동의 역할의 분석에 치중한 반면, 자본의 전략과 역할에 대한 연구들은 찾기 어렵다. 하지만 자본 측 입장을 대변하는 선행 연구들은 적지 않으며(Canova et al. 2009; Rondón 2008), 이들은 주로 차베스 정부의 국유화와 공동경영의

6_UNT(2005), ABN(2007b), Últimas Noticias(2006), CMR(2007)을 참조.

정책에 대해 그 위법성과 비효율성을 근거로 비판하는 연구들이 주종을 이루고 있다. 이런 연구들은 자본주의 시장 질서와 사유재산권의 보호를 목표로 삼고 있어 이념적 주장과 과학적 분석이 착종되어 있다. 둘째, 정부와 노동에 대한 연구도 주로 역할에 대한 기술적 분석 수준을 벗어나지 못해 사회적 행위자들의 전략적 선택에 대한 인과적 설명을 결여하고 있다. 셋째, 사회적 행위 주체들의 전략적 선택은 서로 영향을 미치며 각축을 벌이는데, 선행 연구들은 이런 동학에 대한 동태적 분석을 결여하고 있어 각 행위 주체들의 전략의 변화를 포착·설명하는 수준에는 미치지 못하고 있다. 이 장은 이런 선행 연구들의 한계를 넘어서 국유화와 공동경영의 정치를 행위 주체들의 전략적 선택과 상호 영향의 동학을 중심으로 분석하고자 한다.

3. 공동경영의 정치와 행위 주체들의 전략

행위 주체들의 공동경영 관련 전략과 상호 간 역학 관계는 국유화와 공동경영 실험의 전개 방식과 내용을 설명함에 있어 중요한 설명 변인이 된다. 정부와 자본의 대립 구도 속에서 국유화·공동경영이 추진되며, 국유화와 공동경영 대상의 선택은 차베스를 정점으로 하는 정부의 정책과 의사 결정에 의해 좌우되고 있지만, 공동경영의 실천은 상대적 역학 관계의 불균형에도 불구하고 정부와 함께 노동도 한 축을 담당하고 있다.

공동경영의 정치화와 공동경영의 부침

차베스가 국유화와 공동경영의 중요성을 거듭 강조하는 것은 경제적 필요성과 이념적 변혁성을 들어 국유화·공동경영을 정당화하는 한편, 제5공화

표 5-1 | 국유화·공동경영의 정치화: 제4공화국과 차베스 정부의 비교

구분	제4공화국	차베스 정부
사회경제체계 패러다임	자유 시장 자본주의/신자유주의	21세기 사회주의
기업 소유 구조 개입 방향	사유화	국유화
기업 지배 경영권	사적 자본 독점	국가·노동 공동경영
기업 경영 원리	사적 자본 이윤	사회 공공성
주체 세력	자본 & 노동귀족(CTV)	국가 & 노동 대중(UNT)
경제적 실천	공장폐쇄(사적 자본 이해관계)	기업 활동 재개(일자리, 공익)

국의 차별성을 부각시키려는 정치적 의도도 반영한다(〈표 5-1〉참조). 그것은 선행한 제4공화국의 신자유주의 경제정책과 그 핵심 세력인 사적 자본에 의한 공장폐쇄에 반해 자신의 21세기 사회주의를 경제 활성화와 변혁성을 구현하는 표상으로 대비하며 차베스 정부와 21세기 사회주의의 긍정적 측면을 과시하기 위한 것으로 해석될 수 있다. 그런 점에서 공동경영은 베네수엘라 사회의 정치적 조건, 특히 차베스 정권의 전략적 선택과 정치적 안정성에 의해 상당 정도 규정될 수밖에 없는 것이다.

공동경영은 2005년 초 21세기 사회주의 선언으로 활기를 띠기 시작했으며 인베발과 인베팔의 국유화 및 뒤이은 공동경영 전환과 함께 새로운 생산 모델로 확산될 것으로 기대를 모았다. 하지만 괄목할 만한 추가적 공동경영 전환 사례들이 뒤따르지 않았고 국유화 조치들도 더 추진되지 않으면서 공동경영 실험은 침체되는 양상을 보이게 되었다. 공동경영 실험을 다시 사회적 쟁점으로 부각시킨 것은 2008년 4월 철강 회사 시도르[7]의 국유화 계획 발표였다.

베네수엘라의 대표적 철강 기업인 시도르는 1997년 사유화되며 아르헨티나 초국적 기업인 트리니움Trinium에 매각되었다. 이후 시도르는 상근

---

[7] 시도르에 관해서는 Iranzo & Richter(1999; 2007), Chirino(2007c), Suggett(2008), Munckton(2007) 등을 참조.

노동자 1만8천 명 가운데 3천 명을 해고하고 남은 1만5천 명 가운데 1만 명은 임시 계약직으로 고용하며 대부분의 노동력은 하청 업체들에 고용되어 있었다. 노동자들은 이런 시도르의 인력 정책에 항의하며 투쟁을 시작해 집요하게 재국유화를 요구했지만, 차베스는 시도르가 좋은 자본가에 의해 경영되고 있다며 국유화를 거부했다. 시도르는 생산 제품의 대부분을 해외로 수출하는 반면, 베네수엘라 기업들은 같은 제품들을 비싼 가격으로 해외에서 수입하고 있어 시도르는 노동력 유연화 정책뿐만 아니라 수출 주도 판매 정책에서도 사회적 비난을 받고 있었다는 점에서 차베스의 시도르 비호 발언은 정치적 동기를 지니고 있는 것으로 해석되었다. 그것은 차베스가 아르헨티나의 좌파 대통령 키르치너Nestor Kirchner와 우호적 관계를 지속하기 위해 국유화를 거부하는 것으로 알려져 있었다. 차베스가 완강하게 거부하던 시도르의 국유화가 이루어졌다는 사실은 국유화 대상이 크게 확대되며 국유화와 공동경영 전환 시도가 다시 활성화될 것이라는 기대로 이어졌고 공동경영에 대한 사회적 관심도 다시 높아지게 되었다.

차베스가 시도르의 국유화를 수용한 것은 2007년 12월 국민투표 패배 이후 지지도가 하락하면서 2008년 11월로 예정된 지자체 선거의 전망이 어두워지고 있다는 점, 그리고 분열된 노동조합총연맹 UNT의 내적 통합을 강화해 친차베스 세력으로 결집시키며 지지 세력을 폭넓게 규합할 정치적 필요성이 있다는 점도 고려했을 것으로 판단된다. 이처럼 차베스의 국유화와 공동경영 추진, 특정 기업의 국유화 거부 및 거부 의사 번복 등은 국유화와 공동경영이 상당 정도 정치화되어 있다는 것을 반영한다.

그런 점에서 2009년 2월 대통령을 포함한 공직 선출자 연임 제한 철폐를 골자로 한 헌법 개정 국민투표에서 차베스가 승리하며 정권의 안정성을 확고히 하면서 국유화와 공동경영 실험이 재활성화의 계기를 맞게 된 것은 자연스런 귀결이라 할 수 있다. 실제 2005년 5개 업체가 국유화된 이후 2006년부터 2008년까지 국유화된 업체는 22개에 불과했지만, 2009년

한 해에만 118건으로 급격하게 증가하면서(*El Nacional* 2010/07/26) 국유화·공동경영의 정치가 침체기를 마감하고 다시 활성화되며 새로운 단계로 접어들고 있다는 것을 확인해 주었다.

이와 같이 공동경영의 정치화로 인해 차베스 정부의 정치적 위기와 안정성 회복에 따라 공동경영도 함께 부침하게 되었고, 이 과정에서 차베스 정부는 UNT 중심의 노동 진영과 연대해 자본 측과 대립하며 국유화와 공동경영 전환을 추진했다. 하지만 2005년 시기에 비하면 사회적 행위 주체들의 역할과 전략은 이후 상당한 변화를 거쳤다. 차베스 정부가 공세적으로 국유화 조치를 추진하기 시작하자 자본 측은 그에 맞서 더욱 적극적 자세로 사유재산권 보호에 나서게 된 반면, 노동 측은 내적 분열로 인해 국유화의 정치에 대한 개입력을 점점 더 상실해 가고 있었다.

차베스 정부의 전략과 공동경영의 정치

차베스 정부는 자본계급과 CTV의 총파업-직장폐쇄 및 그로 인한 산업 경제 마비 상황에서 국유화 조치들은 방어적으로 시작했지만, 2005년 들어서면서 21세기 사회주의 실현을 위해 적극적으로 추진하기 시작했다. 하지만 차베스 정부는 정치적 사활을 가름하는 2006년 12월의 대선, 2007년 12월과 2009년 2월의 국민투표를 준비하면서 정치적 부담감이 큰 국유화를 자제했다가 2009년 2월 헌법 개정 국민투표에서 승리하며 정치적 안정성을 확보하게 되자 국유화 조치들을 공세적으로 추진하기 시작했다.

차베스 정부는 국유화 주체이며 국유 기업의 소유주로서 국유화와 공동경영 실험의 주도권을 행사해 왔지만 마스터플랜을 제시하지 못했다.[8] 그 결과 차베스 정부의 입장은 일관성을 잃고 공동경영 실험은 혼선을 피할 수 없게 되었으며, 이는 사니따리오스 마라까이Sanitarios Maracay와 시도르 사태에서 잘 나타났다. 두 경우 모두 사측의 일방적 공장폐쇄 혹은 노동기본권 유린 조치에 맞서 현장 노동자들이 공장을 점거하고 기업의 국유화를 요구하는 가운데 노동부는 사측을 두둔하면서 노동자들과 대립했고, 결국 차베스가 개입해 국유화를 선언했다.

마스터플랜의 부재와 함께 정부 입장의 변화로 인해 자본주의 사적 기업 형태에 대한 대안적 모델로서 공동경영뿐만 아니라 다양한 모델들이 제시·집행됨으로써 개별 국유 기업들에 따라 명칭과 공동경영의 실상은 상이한 양상을 보이게 되었다(Azzelleni 2009; Piñeiro 2009, 314-317; *El Universal* 2009/03/08; 2010/04/27; 2010/05/21; 2010/02/08). 차베스 정부가 주창한 모델들은 사회적 생산 기업EPS, empresa de producción social, 사회주의 기업empresa socialista, 노동자 평의회consejo de trabajadores, 생산자 협동조합cooperativa, 노동자 통제control obrero, 현장 강화fábrica adentro 등 다양하며, 개념도 불분명하고 내용도 상호 중복됨으로써 정책 담당자들과 전문가들조차 구분하지 못할 정도가 되었다. 대체로 이들 대안적 모델들은 개별 기업의 사적 이윤보다는 사회적 기여를 중시하고, 경쟁보다는 연대와 협력을 장려하며, 경영 특권 보장보다는 노동자 경영 참여를 강조한다는 점에서 대동소이하다.[9] 하지만 노동자 주식 소유와 경영 참여 정도에 대해서는 모델 간, 개별 기업 간 편차가 크다. 그런 점에서 인베발과 인베팔에 도입된 공동경영 모델은 경영권뿐만 아니라 소유권도 정부와 노동자들 사이에 51

---

[8] 차베스 정부 전략의 전반적 내용에 대해서는 Fuenmayor(2006), Lucena(2007b; 2009b), Ellner(2007), Lin(2006) 등을 참조.

[9] 예컨대 현장 강화(fábrica adentro)는 경제적 어려움에 처한 기업들에게 정부 지원금을 제공하는 대가로 수입의 5~15%를 산업 전환 기금으로 적립하고, 정리 해고를 하지 않으며 신규 고용을 창출하며, 소유주와 노동자들의 공동경영을 실시하도록 하고 있다(Azzellini 2009, 185-186).

대 49로 반분한다는 점에서 가장 명료하고 강한 방식으로 노동자 발언권을 보장하는 모델이라고 할 수 있다. 차베스는 2007년 1월 주식을 노동자들에게 배분한 것은 실수였다며 공동경영 실험의 실패를 인정하고 사회주의 기업을 새로운 모델로 제시하게 되었는데, 사회주의 기업은 공동경영 모델과는 달리 노동자들에게 소유권을 허용하지 않는 반면, 노동자 통제를 강조하지만, 경영권의 공유 수준에 대해서는 일관된 원칙을 적용하지 않고 있다.

 마스터플랜의 부재로 인해 국유화·공동경영 대상 선정의 원칙이 확립되지 않은 가운데 주로 차베스가 개인적 판단으로 대상 기업을 선별해 미디어 프로그램 〈알로 쁘레시덴떼〉 방송 중에 발표하는 방식으로 진행되고 있다. 그럼에도 국유화 대상 기업의 변화는 분명하게 나타나고 있다. 초기에는 폐쇄 기업의 복구에 비중을 두고 부도 상태의 기업들을 대상으로 국유화 가능성을 조사했으나, 점차 전략산업의 국유화로 무게 중심이 이동해 정상적으로 가동되는 기업들이 주로 국유화의 대상이 되고 있다. 2008년 국유화된 시도르와 이후 국유화된 철강, 알루미늄, 시멘트, 석유화학, 광산, 연탄, 전기, 전화 통신, 금융, 농축산, 식료품 산업의 기업들은 거의 모두 정상적으로 가동되고 있던 상태에서 차베스에 의해 국유화 대상으로 선언되었다. 노동자들이 투쟁을 전개하며 국유화를 요구한 사례들은 시도르 등 일부 기업들에만 한정되었고, 국유화를 정당화하는 논리도 폐쇄 공장 재가동과 일자리 보장이 아니라 산업 독점 해체와 노동기본권 보장 등으로 바뀌게 되었다(*El Universal* 2010/05/21/26; *El Mundo* 2010/06/15; *Laradiodelsur* 2011/01/07; *AVN* 2010/11/17; 2011/01/26; *ACN* 2011/04/04).

 차베스 정부는 21세기 사회주의의 핵심으로서 공동경영의 중요성을 강조하며 국유화와 공동경영 전환 사례들을 적극적으로 홍보했지만 국유 기업의 공동경영 즉, 실질적 노동자 통제로의 전환에 대해서는 상대적으로 소극적 입장을 보여 주었다. 차베스는 볼리바르 헌법 115조 규정에 따라 사적 자본의 재산권을 보장한다고 선언했고, 시도르의 국유화를 정치적인 이유로 거부해 왔으며, PDVSA를 포함한 석유산업 기업들의 공동경영 전환을 여전히 거부하고 있다. 또한 PDVSA의 공동경영 전환과 완전한 노동자 통제를 주장하던 계급주의파 노조 지도자 치리노는 국유 기업인 PDVSA에서 2007년 12월 해고되었고, 2005년 인베발과 인베팔 이후 국유화되어 공동경영으로 전환된 기업들은 소수에 불과하며 그나마 대부분 영세 규모다.

이처럼 차베스와 차베스 정부는 공동경영의 적극적인 선전 홍보와 소극적인 전환 실천의 양면성을 노출하고 있는데, 이는 마스터플랜에 입각한 일관된 원칙을 지니지 못한 결과인 동시에 차베스 정부의 딜레마를 표출하고 있다. 차베스 정부는 변혁성의 측면에서는 21세기 사회주의의 표상인 공동경영을 PDVSA 등 석유 기업들을 포함한 전략산업에도 확대해야 한다는 요구를 거부할 수 없으나, 실용적·경제적 측면에서 PDVSA의 높은 국고 수입 기여도를 포기하지 못하고 공동경영 대상 기업의 선정 주도권도 놓지 않으려는 것이다.

국유화와 공동경영의 정치는 국가와 자본의 대립 구도 속에서 차베스가 공세적 선언으로 국유화를 추진하며 자본이 저항하는 양상으로 진행하고 있다. 국가와 자본의 관계도 변화해, 과거 총파업과 쿠데타 등 자본의 공세하에서 차베스 정부가 위기를 맞고 있었으나, 이후 차베스가 소환 투표, 대선, 헌법 개정 국민투표 등에서 승리를 거두며 정치적 안정을 회복하면서 국유화의 공세를 취하는 반면, 자본은 사유재산권 보호라는 수세적 대응을 하는 양상으로 바뀌게 되었다.

자본의 저항과 국유화의 정치

차베스가 1999년 취임 첫해에 제헌의회를 조직하고 제헌헌법안 국민투표

표 5-2 | 국유화를 둘러싼 대립 구도

구분	국유화 추진 세력	국유화 반대 세력
핵심 주체	국가	자본계급
동맹·연대 세력	노동계급 UNT	보수 언론, 야당, CTV
여론 동원 방식	차베스 지지 동원	국유화 반대 여론 동원
국유화 찬반 이념적 기초	21세기 사회주의	자본주의
핵심 가치	사회 공공성, 공익	사유재산권
국유화 절차	합헌·합법적 절차	위헌·위법적 절차
공동경영 평가	경제 회복 기여	생산성 후퇴

를 강행한 데 이어, 2000년에는 모든 선출직 공직자들을 대상으로 초대형 선거를 치르며 대통령에 재선되고, 2001년에는 개혁 법안 49개를 통과시키는 등 권력 체계 개편과 함께 변혁 정책을 추진하자 자본은 CTV와 연대해 총파업-직장폐쇄로 정권 전복을 시도하게 되었다. 자본은 우호적인 여론에 힘입어 일련의 정권 전복 시도들을 전개했지만 모두 실패했고, 마침내 2004년 8월 차베스 소환 국민투표에서 59.1%의 반대로 차베스에게 승리를 안겨 준 다음 여론의 역전을 확인하고 무력에 의한 정권 전복 전략에서 후퇴하기 시작했다.

자본이 야당과 함께 무력에 의한 정권 전복에서 선거를 통한 정권 교체로 전략을 수정하면서 생산 영역에서도 차베스 정부의 국유화와 공동경영 전환의 공세에 맞서 사유재산권을 적극적으로 방어하는 전략으로 전환하게 되었다. 국유화와 공동경영 전환의 최대 피해자는 기업에 대한 소유권과 지배 경영권을 박탈당하는 자본가들이다. 물론 자본가들은 국유 기업의 공동경영 전환 여부에 대해서는 관심이 적지만, 자신들이 소유한 기업의 소유권을 박탈당하는 것에 대해서는 완강하게 저항한다는 점에서 국유화를 둘러싼 국가와 자본의 대립은 피할 수 없다(〈표 5-2〉 참조).

정부가 사기업을 국유화하고 공동경영으로 전환하는 근거는 1999년 제정된 볼리바르 헌법과 2002년 발효된 수용법Ley de Expropiación por Causa de Utilidad Pública o Social 2002(사회적 공공성을 위한 수용법)이다. 베네수엘라 볼리바르 헌법은 사유재산권을 보장하는 한편, 사회 공공성이나 공익을 위해 사유재산권에 대해 제약을 가할 수 있다고 규정하고 있으며, 수용법은 헌법 규정에 기초해 사유재산을 수용하기 위해 충족시켜야 할 조건들과 따라야 할 절차를 규정하고 있다. 정부는 국유화와 공동경영 전환 조치들이 사회 공공성과 공익을 위해 합법적 절차에 따라 정책을 집행하는 것이라고 주장한다. 반면, 자본가 단체인 Fedecámaras 측 주장에 따르면 사기업의 국유화 조치는 헌법과 수용법 등 법적 절차에 따르지 않았기 때문에 위헌·위법적 행위로서 법적 효력을 지닐 수 없다며 정부를 비판한다.

차베스 정부의 국유화 조치들의 위헌·위법성 주장의 핵심은 세 가지다(Canova et al. 2009; Rondón 2008; El Nacional 2009/05/31; El Universal 2009/04/06; 2009/07/19).

첫째, 정부는 해당 기업들의 국유화가 사회 공공성과 공익을 위해 불가피하다는 점을 입증하지 못했다는 것이다. 정부가 관련 기업들에 대해 사회 공공성과 공익에 입각한 타당성을 심사해 일관된 원칙에 따라 국유화 대상 기업들을 범주화해 국유화 조치를 실시하는 것이 아니라, 타격해야 할 기업들을 먼저 선정한 다음 국유화에 필요한 절차들을 시작한다는 것이다.

둘째, 법원이 사회 공공성과 공익을 위해 해당 기업의 수용이 불가피하다는 확정 판결을 내린 후에 국유화 조치가 시작되어야 하는데, 정부는 법원이 판결을 내리기 전에 국유화 결정을 발표하고 해당 사기업에 대한 수용 절차를 시작한다는 것이다. 소유주들이 국유화 조치에 항의하며 제기한 소송 사건들은 무수히 많지만 아직 대법원에서 확정판결을 받은 건은 없다는 점이 그 근거로 지적되고 있다.

셋째, 사회 공공성과 공익의 원칙이 증명되어 법원에서 확정판결을 받은 다음, 정부는 수용 대상 기업에 대해 적정가격을 산정해 적시에 현금으로 지불해야 함에도 불구하고 정부는 그렇게 하지 않았다는 것이다. 수용 재산의 적정가격은 동일한 재산을 다른 곳에서 취득할 수 있는 액수로서 합리적인 시장가격을 말하며 쌍방의 합의를 전제하는데, 정부가 일방적으로 가격을 결정하는 경우들이 대부분이다. 그뿐만 아니라 현금이 아니라 국채 형태로 지불하며, 즉각적으로 일시에 지불하는 것이 아니라 일정 기간 경과 후에 수차에 걸쳐 지불하거나 아예 지불하지 않는 경우들도 많다는 것이다.

자본가 단체들은, 이처럼 사기업체 수용의 위헌·불법성에 대한 주장들이 많이 제기되고 있음에도 불구하고 정부의 불법적 수용 행위가 지속되는 것은 법원이 헌법과 관계법 규정들을 집행하지 못하기 때문이며, 그 원인은 사법부의 대정부 예속성에 있다고 지적한다.

자본이 정부의 국유화 조치를 비판하는 두 번째 논거는 국유화 기업들의 비효율성으로서 국민경제에 부정적 효과를 안겨 준다는 것이다(*El Universal* 2010/05/26; 06/22; *El Mundo* 2010/06/15; *Informecifras* 2011/06/29; www3.dinero.com.ve 2010/03/07). 국유화 기업들은 생산 설비 결함과 원재료 부족으로 인해 잦은 생산 중단 사태를 겪게 될 뿐만 아니라, 생산성 하락으로 인해 생산량은 감축되고 이윤 구조는 악화되어 기업들의 퇴출과 일자리 상실로 귀결된다는 점에서 사회·경제적으로도 큰 손실을 가져온다고 주장한다. 이런 국유화의 폐해는 해당 국유화 기업들의 문제로 국한되는 것이 아니라 새로운 기업 건설과 일자리 창출 대신 사기업의 수용을 위해 막대한 공공 예산을 지출하게 함으로써 공적 자원을 낭비하는 결과를 가져온다는 것이다.

이런 자본계급의 국유화 비판은 국유화와 공동경영 전환이 폐쇄 기업이나 유휴 기업들의 가동을 통해 경제 살리기에 기여한다는 정부 측 주장을 일축하고 국유화와 공동경영은 사회주의 이행을 위한 이데올로기적 행위에 불과하다는 것을 보여 주려는 의도에서 수행된다. 이처럼 국유화와 공동경영은 사유재산권을 침해하는 동시에 자원 낭비와 일자리 상실이라는 물질적 손실을 가져오는 것에도 불구하고 차베스 정부의 이데올로기적 편향성 때문에 계속 추진되고 있다는 것을 지적함으로써 국유화의 정치에서 차베스 정부에 대해 도덕적 우위를 확보하고자 한다. 이런 자본 측의 비판은 국유화 대상이 직장 폐쇄 기업들로부터 정상 가동 기업들로 이행하면서 점차 국민적 설득력을 얻을 수 있게 되었다.

차베스 정부 출범과 함께 자본과 국가의 대립 관계가 형성되었는데, 자본은 초기의 정권 전복 전략에서 선거를 통한 정권 교체 전략으로 후퇴하며 국유화 공세에 맞서 사유재산권을 보호하는 방어적 전략을 취하게 되었다. 초기에는 자본이 CTV와 강력한 동맹을 형성해 반차베스 투쟁을 전개했지만, 국유화 반대 시기에는 CTV의 조직력도 크게 약화된 조건 속에서 투쟁 방식도 총파업-직장폐쇄 등 동원 방식보다 법적 공방과 이념적 비판 방식에 더 의존하게 되었다.

노동의 연대와 개입력 결여

노동자들의 공장점거와 국유화 요구 투쟁에 호응해 차베스 정부가 2005년 초 인베팔과 인베발을 국유화해 공동경영으로 전환하고 모든 폐쇄 공장들을 대상으로 국유화와 공동경영 전환의 가능성을 검토하자 노동자 투쟁에 적극 개입하고 있던 UNT는 환영했다.[10] UNT는 5월 1일 노동절을 기해 공동경영을 촉구하는 법안인 "공·사 기업 경영 노동자 참여를 위한 법안"Projecto de ley de participación de trabajadores y trabajadoras en la gestión de empresas públicas y privadas(UNT 2005; www3.dinero.com.ve 2010/03/07)을 기획해 차

10_노동의 전략에 대해서는 Chirino(2007c), CMR(2007), Lucena(2007b), Iranzo & Richter (2007; 2008), Munckton(2007), CCURA(2006b), Pérez(2007) 등을 참조.

베스에게 제출했다.[11] 동 법안은 노동자들이 적어도 주식의 50% 이상을 소유하도록 해서 기업의 의사 결정 기구 내 노동자 대표성을 보장하고 기업이 합리적 의사 결정을 내릴 수 있도록 할 것을 요구했다. 동 법안은 국유 기업뿐만 아니라 공공적 유용성 혹은 사회적 이익utilidad pública o interés social을 지녔다고 국가가 선언한 사기업들까지 포함하며, 여기에는 유휴 상태의 사업장을 고용 창출을 위해 재가동할 수 있는 기업들, 파산 선언되었거나 고의로 폐쇄된 기업들이 포함된다. 이 법안은 알까사 노동조합 등이 공동경영 실천 현장의 성과에 크게 미달해 공동경영 실천 자체를 후퇴시킬 수 있다는 이유로 반대함으로써 UNT 스스로 철회했다. 또한 같은 해 9월 중순 UNT는 800개 폐쇄 기업들에 대한 점거를 선언했으나 이후 취약한 동원 역량으로 인해 본격적 공장점거에 나서지 못함으로써 공장점거는 소수로 그치게 되었다(Azzellini 2009, 176-180).

이후 UNT는 국유화와 공동경영 전환이 진전되는 과정에 대해 적극적으로 개입하지 못했으며, 결국 해당 기업의 개별 단위 노동조합을 중심으로 인근 지역 노동조합들과 일부 활동가들이 결합하는 수준을 넘어서지 못하게 되었다. 그것은 UNT가 정부의 양면적 태도와 일반 노동자들의 노동자 통제에 대한 관심 결여를 극복할 만한 내적 통합력과 추진력을 지니지 못했기 때문이다. UNT는 2006년 4월 말 2차 총회의 파행으로 심화된 내분으로 인해 지도부도 선출하지 못하고 내적 통합을 이루지 못함으로써

11_UNT와 대립하고 있는 노동조합총연맹 조직인 CTV는 자본 측과 연대한 총파업-직장폐쇄를 통한 정권 전복 전략을 포기했지만 차베스 정부의 국유화와 공동경영 정책에 대해서는 일관된 반대 입장을 견지하고 있다. UNT가 제출한 법안에 대해서도 CTV 사무총장 바리오스(Froilán Barrios)는 사기업의 수용은 사유재산권 침해이며 공동경영은 국가 경제를 재조직하는 바람직한 대안이 되지 못할 뿐만 아니라 실업 감축이나 빈곤 퇴치의 효과도 전혀 없는 이데올로기적 행위에 불과하다며 격렬하게 비판했다(www3.dinero.com.ve 2010/03/07).

공동경영 요구 투쟁을 체계적으로 조직하지도 못하고 공동경영 모델을 기획해 정부에 강요할 역량을 결여하고 있었다. 게다가 2006년부터 2009년 2월에 이르는 기간에 대선과 두 차례의 헌법 개정 국민투표의 승리를 준비하는 과정에서 차베스 정부의 정권 재창출에 전념해야 한다는 코포라티즘파의 고집으로 인해 UNT는 노동자 투쟁은 고사하고 국유화와 공동경영 전환을 위한 활동을 조직할 여력이 없었다. 차베스가 2009년 2월 국민투표에서 승리하고 기간산업을 중심으로 국유화 조치들을 공세적으로 추진해 나가는 가운데, UNT는 2010년 7월 은행·금융 부문 및 필수 식품 관련 외국 상업을 포함한 광범위한 국유화와 공적 부문 경영에 대한 노동자 통제의 확대를 혁명적 노동법 제정과 함께 요구한 바 있지만, 그 내용의 급진성에 비해 요구 조건을 압박할 동원 역량은 거의 전무한 상태였다(Suggett 2010a; 2010b; Reardon 2010a; Pearson 2010a).

전국적 수준에서 UNT의 유의미한 역할은 없었지만, 지역 수준에서는 산발적이나마 국유화와 공동경영 전환 관련 노동자 동원이 전개되고 있었다. 물론 2000년대 초반과 같은 노동자들의 공장점거를 통한 국유화 요구 투쟁은 거의 전무하게 되었지만, 따치라Táchira 주의 가스 공급 업체 노동자 투쟁처럼 부당 노동행위와 단체협약 요구를 거부하는 사용자들에 반발해 국유화를 요구하는 투쟁들은 산발적으로나마 발발하고 있었다.[12] 노동자 동원의 주된 양상은 두 가지로 축약될 수 있다(Fuentes 2009b; Suggett 2010a;

12_국유화와 공동경영 전환에 적극적 입장을 지닌 계급주의파 노조 활동가들의 경우 국유화·공동경영을 요구하는 노동자 투쟁을 과대평가하는 현상도 보이고 있다. 이는 노동의 적극적 역할과 투쟁을 기정사실화해 국유화와 공동경영 전환이 지지부진한 원인을 정부에 돌려서 대정부 발언권을 확보함으로써 명실상부한 공동경영을 실현해 자주 관리하고 발전시키는 한편, 석유산업까지 공동경영의 대상에 포함하기 위한 의도적 행위일 수 있다.

2010b; Pearson 2011d). 하나는 차베스가 〈알로 쁘레시덴떼〉 프로그램을 통해 특정 기업의 국유화를 선언한 다음 해당 기업 혹은 지역의 노동자들이 차베스의 국유화 선언에 대해 지지를 표명하는 시위·집회다. 다른 하나는 국유화 기업 노동자들이 실질적인 노동자 통제 혹은 공동경영을 요구하는 투쟁이다. 파마데아메리카Fama de América 커피 노동자들은 국가 경영진이 노동자 위원회의 경영 개입에 반대하는 데 대해 항의하는 투쟁을 전개했고, VTV(베네수엘라텔레비전Venezolana de Televisión) 텔레비전 방송국 노동자들은 부당 해고와 단체협약 갱신 거부 및 노동조합 자율성 개입 등을 경영진의 파면을 요구하며 투쟁했고, 메르깔 슈퍼마켓 노동자들은 경영진이 5년 동안 단체협약 조인을 연기하고 자본주의 기업처럼 운영하고 있다고 비판하고 경영 혁신을 요구하며 투쟁했고, 라 가비오따La Gaviota 청어 공장 노동자들은 노동자 경영 참여를 지향하며 재고품을 판매해 설비 개선과 자재 구입을 위한 재원을 확보할 것을 요구하며 투쟁을 전개했다. 이런 노동자 투쟁들은 국유화 기업들에서 노동자 통제나 공동경영이 명실상부하게 실행되지 않고 있다는 것을 반영하고 있다.

　물론 노동자 통제와 공동경영 수준이 미흡하고 국유 기업 노동자들도 사기업 노동자들과 마찬가지로 여전히 소외, 착취, 부당 처우의 조건에서 벗어나지 못하고 있다는 주장도 있다(Reardon 2010a). 하지만 경영 특권이 남발되고 노동기본권이 유린되는 사기업체들이 노동자 투쟁으로 국유화되는 사례가 많았다는 점에서 국유화가 노동조합의 교섭권을 강화하고 단체협약을 개선해 노동자들의 물질적 생존 조건을 개선하는 데 기여하고 있다는 석유노동조합연맹Federación Única de Trabajadores Petroleros de Venezuela 위원장 랑헬의 분석이 좀 더 설득력을 지닌다(www.unionradio.net 2010/10/28). 그 결과, UNT를 중심으로 한 노동계급은 국유화와 공동경영 전환에는 별로 기여하지 못했지만 국유화와 공동경영 전환으로 물적 조건이 개선되고 노동기본권 보장이 강화되는 등 수혜자가 된 것이다.

계급주의파는 공동경영을 통해 21세기 사회주의를 실현하고자 했고 UNT는 공동경영 초기 단계에서 적극적 개입 의지를 천명했지만, UNT는 국유화와 공동경영 전환 대상 기업들의 선정 과정에서 배제되었고 PDVSA를 포함한 핵심적 국유 기업들로 공동경영을 확대하지 못했다. 국유화와 공동경영 전환에 대한 적극 지지라는 UNT의 입장은 견지되고 있지만, 출범 초기의 기대와는 달리 UNT가 내적 분열로 조직적 통합을 이루지 못하면서 국유화와 공동경영의 정치에 대한 개입력이 크게 하락하게 되었다. 그뿐만 아니라 UNT 내 역학 관계 변화도 한몫 했다. 차베스 정부가 정권 재창출의 위기를 겪고 있는 상황에서 코포라티즘파의 정권 수호 논리는 명분을 지니고 있었고 위기 과정과 위기 극복 이후 상황에서 코포라티즘파는 차베스 정부로부터 상당한 반대급부를 받을 수 있었다. 결국, UNT 내 힘의 중심은 점차 계급주의파로부터 코포라티즘파로 이행하게 되었고, 코포라티즘파는 계급주의파에 비해 공동경영 문제에 별로 관심을 두지 않기 때문에 UNT는 공동경영의 정치에 적극적으로 개입할 의향 자체를 크게 상실하게 된 것이다.

4. 토론 및 맺음말: 행위 주체들의 전략과 상호 영향의 동학

공동경영의 정치와 행위 주체들의 전략

공동경영 정치의 핵심인 차베스 정부가 국유화와 공동경영 전환에 대한 마스터플랜을 보유하지 못하면서, 다양한 유형의 노동자 통제 혹은 경영참가 모델들이 혼재해 있고 공동경영 모델 역시 천차만별한 형태로 진행되고 있다. 국유화와 공동경영 전환 기업은 초기에는 폐쇄·유휴 상태의 업체들 가운데 노동자 공장점거 투쟁이 전개되는 사업장들을 대상으로 정부가 선별했으나, 2009년 재활성화 이후에는 기간산업의 정상 가동 기업들 사이에서 정부가 일방적으로 선별했다. 노동 측은 공동경영의 연대 세력이지만 대상 기업의 선정 등 핵심적 의사 결정 과정에서 배제되어 차베스 정부의 하위 파트너 수준을 벗어나지 못했다는 것을 확인시켜 준다.

이는 차베스 정부의 딜레마를 반영하는 것이기도 하다. 한편으로는 정권의 변혁적 지향성에 입각해 '아래로부터의 사회주의'를 실현하기 위해 21세기 사회주의의 표상인 공동경영을 명실상부하게 예외 없이 실천해야 하지만, 다른 한편으로는 해당 산업과 업체들의 전략적 중요성과 국고 수입 기여도를 고려해 PDVSA 등 핵심 석유 기업들을 공동경영 대상에서 배제해야 한다. 이런 딜레마에 직면한 차베스 정부는 공동경영 전환 대상 기업을 배타적으로 선정하고 PDVSA 등 핵심 석유 기업들의 공동경영을 거부했는데, 이는 변혁적 실천보다는 실용적 고려의 결과였다.

공동경영 정치의 대립 구도에서 차베스 정부의 대척점에 서있는 자본 측은 차베스 집권 초기 정권의 취약한 여론 지지도에 착안해 CTV와 연대해 총파업-직장폐쇄로 정권 전복을 기도했다. 하지만 2004년 8월 소환 투표 패배 이후 정권 전복 전략에서 후퇴하기 시작해 합법적 정권 교체 전략으로 전환하며 2006년부터는 대선과 국민투표에 진력했다. 2009년 2월 공직 선출자 연임 제한 철폐 국민투표에서 승리한 다음 차베스 정부가 국유화 공세를 취하자 자본은 사유재산권 보호를 위해 적극적 방어 전략으로 대응하기 시작했으며, 총파업-직장폐쇄 같은 정면충돌이 아니라 국민여론 견인의 자신감에 기초해 국유화 조치의 위헌·위법성을 주장하는 온건한 방식을 선택했다.

정부-자본의 대립 구도 속에서 진행되는 공동경영의 정치에서 UNT를 중심으로 한 노동 측은 상대적으로 수동적·사후적 방식으로 대응했다. 차베스 정권 초기 자본 측이 CTV와 연대해 총파업-직장폐쇄로 산업을 마비시키자 노동 측은 공장폐쇄와 정리 해고에 반대해 공장점거 투쟁을 전개하며 국유화를 요구했고, 2005년 초 차베스가 21세기 사회주의의 핵심으로서 공동경영을 선언하고 인베발-인베팔의 공동경영 전환을 실시하자 노동 측은 공동경영 관련 법안을 제출하며 공장점거 투쟁의 확산 계획을 발표했고, 2009년 초 차베스가 연임 제한 철폐 국민투표에서 승리한 다음 기간산업 사기업들을 중심으로 국유화 조치를 취하자 노동 측은 차베스의 특정 기업 국유화 선언들에 지지 천명으로 화답했다.

노동 측의 미약한 개입은 두 가지 요인에 기인한다. 첫째, UNT는 2003년 상반기에 창설되었지만 내적 분열로 아직까지 위원장 선출이나 정관 제정도 하지 못할 정도로 결집력이 취약했다. 둘째, 2006년부터 대선과 국민투표 등 국가권력을 둘러싼 각축전이 진행되는 가운데 UNT는 정권의 수호와 재창출에 절대적 가치를 부여하게 되었고, 그 과정에서 계급 프로젝트보다 정권 수호를 우선시하는 코포라티즘파의 상대적 영향력이 크게 강화되면서 공동경영 전환을 촉구할 의지와 의향이 약화되게 되었다.

차베스 정부의 국유화 정책에 대해 자본 측이 적극적으로 저항하는 것은 차베스 정부의 변혁성에 실체가 있으며 차베스 정부의 변혁 정책을 부정적으로 평가하는 시각보다는 긍정적으로 평가하는 시각이 경험적 타당성을 지녔다는 것을 확인해 준다. 자본 측이 정권 전복이 아니라 국유화 조치의 위헌 위법성을 지적하며 자신들의 사유재산권과 사적 소유권 체계를 방어하려는 것은 베네수엘라의 정치·사회적 갈등이 단순한 권력투쟁이 아니라 변혁 정책을 둘러싼 각축에서 비롯되고 있었다는 것을 의미한다. 이런 정부-자본의 대립 구도 속에서 UNT를 중심으로 한 노동 측이 정부의 국유화 정책을 지지하며 연대하는 것은 국유화 및 공동경영을 실현하기 위해서도 필요한 전략적 선택이었다. 이처럼 국유화와 공동경영을 둘러싸고 정부와 자본이 대립하는 가운데 노동이 정부와 연대하는 것은 국유화 정책이 시장경제체제의 토대인 사유재산제도를 타격하고 있고 공동경영 실험은 노동을 주체화하며 아래로부터의 사회주의, 즉 21세기 사회주의를 실현하는 과정이기 때문이었다.

행위 주체 전략의 상호 영향

공동경영의 정치는 행위 주체들의 전략이 각축하며 전개되는데, 이런 각축 과정은 상대의 전략을 예측하며 대응하고, 이런 상호 대립과 연대의 과정에서 상대의 전략에 영향을 미치는 동시에 영향을 받기도 한다.

공동경영의 정치를 주도해 온 주체는 차베스 정부이지만 공동경영의 정치를 처음 촉발한 것은 자본 측이었다. 자본은 차베스 정권을 전복하기 위해 총파업-직장폐쇄로 산업을 마비시키고 경제 위기를 야기했다. 노동자들이 폐쇄 공장의 재가동을 위해 공장을 점거하고 투쟁을 전개하며 국유화를 요구하자 정부는 비로소 국유화 조치를 검토하기 시작했다. 이렇게 자본의 공세에 의해 공동경영의 정치가 시작되었고, UNT를 중심으로 한 노동은 차베스 정부와 연대하게 된 것이다.

자본의 전략은 공동경영의 정치 초기를 제외하면 정부나 노동에 유의미한 영향을 미치지 못했고, 주로 타 행위 주체들에 영향력 행사를 해온 것은 차베스 정부였다.

첫째, 차베스가 2005년 초 21세기 사회주의와 공동경영의 변혁적 의미를 강조하며 인베발-인베팔을 위시해 국유화 및 공동경영 전환을 실시하자 국유화와 공동경영은 경제적 필요성을 넘어 이념적 변혁성으로 의제화되며 노동자 동원의 메커니즘으로 작동하게 되었다.

둘째, 2006년 대선과 2007년 및 2009년의 연임 제한 철폐 국민투표를 추진하며 차베스 정부가 추가적 국유화 및 공동경영 전환 조치를 자제함으로써 노동과 자본을 포함한 모든 사회정치적 세력들이 정권 재창출을 둘러싼 각축전에 매몰되고 공동경영의 정치는 거의 실종되게 되었다.

셋째, 차베스가 2009년 2월 국민투표에서 승리한 다음 국유화를 공세적으로 추진하기 시작하자 자본은 즉각적으로 저항했고 이렇게 공동경영의 정치가 정부-자본의 대립 구도로 재활성화되었다.
　　공동경영의 정치에서 세 행위 주체들 가운데 타 행위 주체들에 대한 영향력이 가장 미약했던 것은 노동 측이다. 자본의 직장 폐쇄 시기에는 공장 점거 투쟁을 전개하며 국유화를 요구해 정부가 노동자 요구에 화답하는 형식으로 국유화 조치가 실시되었는데, 노동자 투쟁이 국유화를 직접적으로 불러왔다기보다는 정부의 국유화 조치를 정당화하는 방식으로 간접적 영향력을 행사했다고 보는 것이 적절하다. 하지만 2009년 공동경영의 정치가 재활성화된 이후 국유화를 요구하는 노동자 투쟁은 거의 없었고 그나마 산발적으로 있었던 노동자 투쟁은 차베스의 국유화 선언에 대해 사후적으로 지지 의사를 표명한 것이었다는 점에서 노동 측은 유의미한 개입을 거의 하지 못했다고 할 수 있다.

공동경영의 정치와 역학 관계의 변화

차베스 정부가 공동경영 정치의 핵심을 구성하고 있기 때문에 정권의 정치적 안정성 여부에 의해 공동경영 정치의 방향과 부침이 상당 정도 규정되게 된다. 정권의 위기 시에는 차베스 정부가 정권 수호에 매몰되고 연대 세력과 적대 세력도 정권의 유지 여부를 둘러싼 투쟁에 집중하게 됨으로써 공동경영 정치의 동학은 크게 약화된다. 하지만 정권이 안정화되면 공동경영의 정치가 다시 활성화되는데, 이것이 2005년과 2009년의 상황이다. 이는 국유화와 공동경영 전환의 과정이 상당 정도 정치화되었다는 것을 의미하며, 공동경영의 정치는 정권의 정치적 안정성의 함수라는 점에서 국가권력을 둘러싼 공방, 즉 거시 정치의 영향을 받지 않을 수 없다.
　　거시 정치와의 관련성 측면에서 공동경영의 정치를 보면 2009년 2월 차베스가 승리한 공직 선출자 연임 제한 철폐 국민투표가 주요한 분기점을 이룬다. 2009년 국민투표 이전 국유화와 공동경영의 향방은 정치적 조건에 의해 규정되며 부침을 거듭했고, 공동경영의 정치는 거시 정치의 프로젝트에 묻혀 독자적 공동경영의 정치는 존재할 수 없었다. 반면, 국민투표 이후 국유화와 공동경영의 향방이 정부-자본의 대립 구도 속에서 정부의 기간산업 국유화 전략과 자본의 사유재산권 보호 전략의 역학 관계에 의해 결정되기 시작하면서 공동경영의 정치는 거시 정치로부터 상대적 자율성을 지니며 전개될 수 있었다.

공동경영의 정치를 그 쟁점과 역학 관계에서 고찰하면, 2005년 상황과 2009년 상황은 좋은 대조를 이룬다. 2005년 차베스 정부는 자본의 직장 폐쇄가 진행되는 가운데 폐쇄 기업을 대상으로 국유화와 공동경영 전환을 추진했다. 차베스 정부는 산업 마비와 경제 위기를 해소하기 위해 폐쇄 기업의 생산 활동을 재개할 필요성을 지적하며 국유화와 공동경영 전환을 정당화하고자 했다. 그뿐만 아니라 노동자들은 차베스가 이념적 변혁성의 의미를 부여하자 이에 고무되어 더욱 적극적으로 국유화를 요구하게 되었다. 이런 정당성 우위와 노동자 투쟁 동원에 힘입어 공동경영의 정치에서 추진 주체인 정부가 월등한 역학 관계의 우위를 확보할 수 있었다.

한편, 2009년의 경우 연임 제한 철폐로 정치적 안정성을 극대화하는 데 성공한 차베스 정부는 정상적으로 가동되고 있는 기간산업 사기업들을 대상으로 국유화를 실시하기 시작했다. 하지만 2005년 상황과는 달리 직장 폐쇄와 산업 마비 같은 자본 측의 귀책 사유가 없는 상황에서 노동기본권 보장과 시장독점 해체 논리가 국유화 추진 근거로 제시되었지만 논리적 타당성과 절실성의 측면에서 2005년에 비해 훨씬 더 취약했다. 반면, 자본 측은 정부의 국유화 조치가 헌법의 사유재산권 보장과 수용법의 수용 절차를 정면으로 위배하고 있다는 점을 지적하며 정당성의 우위를 확보하고자 했다. 한편 UNT는 내부 분열의 심화로 동원 역량이 약화되고 공동경영에 상대적으로 관심이 적은 코포라티즘파의 패권으로 인해 공동경영의 정치에 적극 개입할 의지와 역량을 결여하고 있었다. 그뿐만 아니라 국유화 대상으로 선언된 기업들은 정상 가동되고 있던 기업들로서 노동자들의 투쟁과 국유화 요구가 부재한 상태였다. 이처럼 국유화 추진 주체들이 정당성과 동원 역량을 결여한 탓으로 공동경영의 정치에서 역학 관계의 우위를 유지하기 힘들게 되었다.

이와 같이 차베스 정권은 2005년에 비해 2009년에 정치적 안정성이 더욱 강화되었지만 공동경영의 정치에서는 도리어 더 불리한 여건에 처해 있었다. 이렇게 공동경영의 정치가 거시 정치와 불일치하게 된 것은 정권의 정치적 안정성 정도가 공동경영 정치의 역학 관계를 규정하는 힘이 크게 약화되었기 때문이다. 즉, 2009년에는 2005년에 비해 공동경영의 정치가 거시 정치로부터의 상대적 자율성을 확대했으며, 그로 인해 국유화 추진 주체의 내적 조건 개선에도 불구하고 외적 조건의 악화로 인해 추진 주체가 열세를 면하기 어렵게 되었다. 이런 2009년 이후 상황 변화는 압도적인 국유화 반대 여론[13]과 상호작용하며 국유화를 둘러싼 대립 구도를 더욱 첨예화함으로써 정치·사회적 불안정을 심화시킬 수 있게 된 것이다.

13_이 책의 제6장은 국유화 반대 의견이 3분의 2 수준에 달하고 있으며 부정적 국민 여론에 맞서 국유화 추진 주체들이 차베스 지지자들의 국유화 정책 지지를 견인하기 위해 양분 전략을 선택함으로써 베네수엘라 사회의 정치적 양극화가 더욱 심화될 수 있다는 것을 지적하고 있다.

| 6장 |

차베스 정부의
국유화 정책과 국민 여론

1. 들어가는 말

베네수엘라 차베스 정부가 의도적으로 국유화 조치를 실시하기 시작한 것은 정권 전복을 겨냥하며 2001년부터 시작된 총파업-직장폐쇄 공세 속에서 상당수 공장들이 폐쇄·가동중단 사태를 겪게 되었고 그 결과 석유산업을 중심으로 산업 마비와 경제 위기가 야기되면서부터였다. 그 과정에서 공장폐쇄와 정리 해고에 항의하며 공장을 점거하고 투쟁을 전개하던 노동자들이 국유화를 요구하면서 일자리 지키기와 경제 활성화를 위해 국유화 조치가 검토되기 시작했다. 2005년 초에는 차베스가 21세기 사회주의를 선언하며 일부 폐쇄 기업들을 국유화해 공동경영으로 전환하면서 국유화 조치는 이념적 변혁성의 표상인 공동경영을 실현하기 위해 추진되게 되었다. 하지만 국유화 정책은 2006년 말 대선과 이후 정권 재창출을 둘러싼 헌법 개정 국민투표 등 정치 일정으로 인해 소강상태를 거친 다음 2009년

2월 국민투표에서 차베스가 승리를 거두고 나서야 다시 공세적으로 추진되기 시작했다.

국유화 정책이 다시 활성화되며 폐쇄 기업이 아니라 정상 가동 중인 기간산업 업체들로 확대되고 이어 식품 산업의 초대형 업체들을 표적으로 삼자 식품 산업 자본이 거세게 반발하며 국유화 정치의 양대 행위 주체인 국가와 자본은 더욱 첨예하게 대립하게 되었다. 이렇게 국가와 자본이 정면충돌하는 양상을 띠게 되면서 국유화에 대한 국민 여론의 분포가 국유화 정책에 미치는 영향력은 어느 때보다도 더 커졌다. 차베스가 국유화를 추진하며 베네수엘라인들 가운데 자본주의 체제에 대한 강한 지지자는 10%에도 못 미친다고 주장한 것도 국유화 정책이 국민 여론을 예의주시하며 추진되고 있다는 것을 확인해 준다(acn.com.ve 2011/04/04). 하지만 2003년 다따날리시스Datanalisis의 여론조사 결과에 따르면 베네수엘라인들의 절대다수인 82.8%가 바람직한 사회경제체제로 자본주의를 선택한 반면, 사회주의와 공산주의를 선택한 사람들은 각각 14.6%와 2.6%에 불과했다는(제2장 참조) 점에서 차베스의 10% 주장의 신빙성이 의문시될 수 있다.

국유화에 대한 국민 여론의 중요성에도 불구하고 여론 분포를 발표하는 언론 보도는 있었지만 국유화 여론에 대한 체계적인 분석적 연구[1]는 수행되지 않았다. 이런 문제의식에서 출발해 식품 산업의 국유화를 중심으로 국유화에 대한 국민 여론의 분포를 확인하고, 국유화에 대한 시민 여론이 어떤 원인과 인과적 메커니즘을 거쳐 형성되는지를 분석함으로써 국유화 추진 주체의 전략적 선택의 배경과 함의를 검토하는 것이 이 장의 목적이다.

1_국유화 및 공동경영에 대한 선행 연구에 대해서는 이 책의 제5장을 참조할 것.

2. 국유화의 정치와 연구 방법

국유화 정치의 부침

차베스 정권 초기 정권 전복을 위해 자본 측이 반차베스 노동 진영과 함께 일련의 총파업-직장폐쇄 투쟁을 전개하면서 생산 중단 사태가 반복되며 장기화되자 공장들의 부도·폐업·가동중단과 함께 정리 해고가 단행되기 시작했다. 노동자들이 생산 중단과 정리 해고에 항의하며 공장을 점거하고 국유화를 요구하면서 국유화 조치가 진지하게 검토되기 시작했다. 2005년 초 차베스가 공동경영을 21세기 사회주의의 표상으로 부각시키며 인베발과 인베팔을 국유화해 공동경영으로 전환하고 유휴 상태의 기업들에 대한 추가적 국유화를 위해 조사를 실시하고 있다고 공포하면서 국유화가 본격적으로 추진될 것으로 기대되었다.

차베스 정부는 2004년 8월 15일 차베스 소환 국민투표에서 승리하며 정치적 위기에서 벗어났으나 2005년 12월 야당의 총선 보이콧에서 보듯이 정치적 불안정은 계속되고 있었다. 야당이 정권 전복 전략에서 선거를 통한 정권 교체 전략으로 선회하자 차베스 정부는 2006년 12월 대선에 집중했다. 대선 승리 뒤에는 새로운 정당을 건설해 2007년 12월 대통령 연임 제한 철폐 국민투표를 추진했고, 국민투표에서 패배하자 2009년 2월 연임 제한 철폐 대상을 대통령에서 주요 선출직 공직자로 확대하는 헌법 개정 국민투표를 추진했다. 이 과정에서 국유화의 추진 주체인 차베스와 정부는 정권 재창출을 최우선 과제로 설정해 매진했고, 그 결과 국유화 정책은 소강상태를 맞게 되었다.

국유화 조치가 다시 활성화되기 시작한 것은 2009년 2월 헌법 개정 국민투표에서 차베스가 승리를 거둔 뒤부터였다. 실제 사적 소유 기업의 국유화 조치는 2005년에 5건 실행된 다음 2006년부터 2008년에 이르는 기

표 6-1 | 사유재산 점유 건수(2005~09년)

구분	2005	2006	2007	2008	2009	합계
사기업	5	0	8	14	118	145
농지 및 시설	18	19	113	189	283	622
부동산	9	157	120	33	33	352
합계	2,010	2,006	2,015	2,022	2,127	145

자료: "observatorio de la propiedad privada"(*El Nacional* 2010/07/26).

간에는 22건에 그쳤으나, 2009년에는 118건으로 폭증해 이전 4년간 실시된 국유화 건수의 네 배가 넘었다(〈표 6-1〉 참조). 농지 및 농업 시설에 대한 국유화 조치도 2009년 들어 크게 증가해 전반적으로 사유재산 점유 조치가 공세적으로 전개되기 시작했다는 것을 확인시켜 준다.

이미 2008년 4월 차베스가 수년간 분란을 겪던 철강 기업 시도르Sidor의 국유화를 선언하면서 공세적 국유화의 가능성이 점쳐지기 시작했다. 국유화 조치는 2009년 들어 공세적으로 추진되면서 석유산업과 비석유 기간산업들로 확산되었다.[2] 이렇게 국유화된 사기업체들로는 초대형 국유 석유 기업 PDVSA의 초국적 석유산업 협력 업체들뿐만 아니라, 비석유 기간산업의 아르헨티나계 철강 업체 시도르, 전화통신 업체 CANTV(베네수엘라전화전국합자회사Compañía Anónima Nacional de Teléfonos de Venezuela), 멕시코계 시멘트 생산 업체 세멕스Cemex, 건설 자재용 철강 생산 업체 시데뚜르Sidetur, 그리고 스페인계 은행 방꼬 데 베네수엘라Banco de Venezuela 등 금융 산업으로도 확대되었다.

이렇게 2009년에 본격적으로 재개된 국유화 조치는 인베발-인베팔이

---

[2] 국유화의 대상 및 과정에 대해서는 Fuentes(2008, 2009a), Wilpert(2011, 2-3), Reardon (2010b)를 참조할 것.

국유화되던 2005년을 전후한 초기의 국유화 과정과는 상당한 변화를 보여 준다.[3] 첫째, 초기의 국유화 대상 기업은 총파업-직장폐쇄에 따른 부도·폐업 등으로 생산이 중단된 기업들이었으나, 2009년 이후 국유화 대상 기업은 주로 정상적으로 가동되고 있는 기업들이었다. 둘째, 초기에는 노동자들이 공장을 점거하고 투쟁을 전개하며 국유화를 요구한 다음 정부가 개입해 국유화 조치를 실시했으나, 2009년 이후에는 노동자들의 투쟁 동원 없이 차베스가 특정 사기업체의 국유화를 선언하면서 정부 주도의 국유화 조치가 추진되었다. 셋째, 초기의 국유화 기업들은 정부와 노동자의 공동소유에 기초한 공동경영으로 전환된 반면, 2009년 이후 국유화된 기업들의 경우 주로 소유권 참여 없는 노동자 경영 참여 방식으로 전환되었는데, 실질적인 노동자 통제를 요구하는 노동자 투쟁이 빈발하고 있는 것은 노동자 경영 참여 수준의 후퇴를 반영한다.

'과야나 사회주의 계획'과 식품 산업 국유화

2009년 2월 헌법 개정 국민투표에서 승리한 다음, 차베스는 5월 21일 과야나 주 기간산업 단지의 노동자들과 가진 워크숍에서 6개 제철·철강 업체들의 국유화 및 생산과정의 노동자 통제 추진 계획을 선언하는 동시에 노동자들에게 정치교육의 중요성과 무장한 노동자 군대 조직의 필요성을 역설하며 국유화의 정치를 공세적으로 시작했다. 워크숍에 참여한 노동자들은 주로 집권 정당 PSUV 소속 노동자들이었는데, 이들은 6월 9일 자본주

---

[3] _국유화와 공동경영 전환의 내용 변화에 대해서는 *El Nacional*(2009/03/08; 2010/07/26), Fuentes(2008), 이 책의 제5장을 참조할 것.

의의 구조적 위기 국면을 계기로 활용해 사회주의를 건설하는 아홉 가지 전략을 제출했고, 차베스는 이런 노동자들의 제안에 기초해 7월 22일 '과야나 사회주의 계획'을 발표하게 되었다.[4]

차베스 정부의 국유화와 공동경영 전환 정책은 마스터플랜 없이 추진되고 있다는 비판[5]을 받아 왔었는데, 과야나 사회주의 계획을 통해 비로소 변혁적 지향성에 입각한 구체적 프로그램으로 체계화된 것이다. 과야나 주 국유 기업집단 CVG(과야나베네수엘라기업집단 Corporación Venezolana de Guayana)는 과야나 주의 철광, 철강, 알루미늄 등 기간산업의 15개 국유 기업, 8만 명 노동자들로 구성되어 있었는데, 과야나 사회주의 계획의 핵심은 CVG를 사회주의 기업으로 전환한다는 것이었다. 즉, 동 계획은 CVG 기업들에 대한 노동자들의 직접적 생산 통제, 노동조건의 개선, 공적 감사를 통해 민주적 계획경제를 건설하겠다는 선언이었다. 차베스는 동 계획을 발표하며 베네수엘라 국유 기업들이 국가자본주의의 틀 내에 머물고 있기 때문에 사회주의로 이행하기 위해서는 노동자들에 의한 경영으로 전환해야 한다는 점을 강조하며 "우리는 위대한 사회주의 지대를 여기에 건설할 것"(Pearson 2010a, 24)이라고 선언했다. 동 계획의 발표 이후 10개월이 지난 2010년 5월 15일 차베스는 베날룸Venalum, 알까사, 시도르 등 CVG 소속 여덟 개 국유 기업들에 대해 노동자들이 선정한 사장을 임명하며 노동자 통제로의 전환에 박차를 가했으나, 동시에 CVG 업체들의 고위직들에 여전히 혁명의 적들이 남아 있다고 비판함으로써 사회주의 기업으로의 전환 과정이 순탄하지 않다는 것을 인정했다.

4_ 과야나 사회주의 계획과 그 추진 과정에 대해서는 Fuentes(2009b), Albrecht(2009), Pearson (2010a), Larsen(2010)을 참조할 것.

5_ CCURA(2006a), Peralta(2008), Lanz(2005; 2007), Janicke(2007b)를 참조할 것.

2009년 2월의 국민투표 승리 이후 차베스 정부는 과야나 사회주의 계획과 함께 국유화와 노동자 통제 정책을 좀 더 체계적으로 추진할 수 있게 되었다. 동시에 차베스 정부는 국유화 대상도 기간산업 전반으로 확대하는 가운데 식품 산업을 집중적으로 공략하기 시작했다. 커피 농장 등 농지와 농업 시설물들에 대한 점유는 2007년부터 꾸준히 추진되어 왔는데, 2009년 들어 식료품의 생산·가공·유통에 관여하는 주요 대기업들로 확대되기 시작했다.[6] 식품 산업의 국유화 조치는 마침내 대규모 식품 산업 기업 집단인 베네수엘라 최대 재벌 그룹 뽈라르와 포르투갈계 초국적 그룹 까르길Cargill의 산하 기업들로 향하면서 사회적 갈등이 고조되며 여론의 관심을 모으게 되었다.

주요 식품 산업 업체들의 국유화 조치는 차베스의 선언에서 시작되었다. 예컨대 차베스가 〈알로 쁘레시덴떼〉 프로그램에서 국유화 대상 업체들을 호명하며 "소유주들에게 전화해서 장관과 부통령에게 연락하라고 했다. …… 이제 국유화한다. 하루도 낭비하고 싶지 않다"(www.globovision.com 2010/10/04)라고 선언하면 해당 업체의 국유화 절차가 시작된다. 국유화 조치에 대한 반대 움직임이 있으면 당사자 및 국민 여론의 설득보다는 지지 세력의 동원 전략을 택했다. 차베스가 2010년 10월 25일 국유화를 선언한 다음 해당 업체의 소유주와 노동조합이 반발하자 부통령 하우아Elías Jaua가 10월 27일로 예정된 국유화 지지 집회에 노동자들의 적극적 참여를 촉구했던(Reardon 2010a) 미국계 식품 용기 제조업체 오웬스-일리노이

6_이렇게 국유화된 기업들로는 Éxito, Agroisleña, Compañia Inglesa, Sociedad Mercantil Molinos Nacionales, Refinadora de Maíz Venezolana 등이 있으며, 2009년 이후의 식품 산업 국유화 조치들에 대해서는 *El Nacional*(2010/05/24; 2010/07/26), Cruelles(2010), Reardon(2010a)을 참조할 것.

Owens-Illinois의 국유화 경우가 그 좋은 예다.

정부가 제시하는 국유화 조치의 법적 근거는 헌법(Constitución 1999), 수용법(Ley De Expropiación Por Causa De Utilidad Pública O Social 2002)과 식량 주권법(Decreto Con Rango, Valor Y Fuerza De Ley Orgánica De Seguridad Y Soberanía Agroalimentaria 2008)이다.[7] 헌법 제115조는 사유재산권을 보장하고, 사유재산의 수용은 사회 공공성utilidad pública o interés general, 법원의 확정판결, 적절한 보상을 전제 조건으로 요구하고 있으며, 수용법 제7조는 이를 구체적으로 규정하고 있다. 한편 농식품 산업에 적용되는 식량 주권법은 제2조와 제3조에서 "농식품 산업의 경우 농식품의 안보와 주권을 보장하기 위해서는 정당한 보상을 통해 강제 수용할 수 있으며 국민들에게 필요한 품질과 분량의 식품을 확보하고 적절하게 활용하는 것을 보장하기 위해 필요한 것은 사회 공공성으로 선언할 수 있다"고 규정하고 있다.

차베스와 정부가 국유화 조치를 추진하면서 내세우는 논리[8]는 베네수엘라 사회의 경제적·생산적 혁명을 추진하기 위해서는 국유화가 불가피하며, 식품 산업의 경우 생필품인 식품이 상품화되어 이윤 창출의 수단이 되고 있는데 식품은 상품이 될 수 없도록 해야 한다는 것이다. 또한 식품 산업은 소수 초대형 업체들이 시장을 독점하고 있는데, 식품 생산 업체는 독점적 지위를 이용해 생산량의 70%를 고정 가격제 생산품을 생산하도록 의무화하는 정부의 가격통제 정책을 의도적으로 회피하고, 식품 유통업체는 사재기와 생필품 공급 제한 등의 범법 행위를 하고 있다는 것이다.

7_ 헌법 및 관계법은 www.tsj.gov.ve/legislacion, www.gobiernoenlinea.ve/docMgr, www.acienpol.com/CIJ를 참조할 것.

8_ 정부 측의 식품 산업 국유화 정당화 논리에 대해서는 Fuentes(2009a), Reardon(2010a), Abajo firmantes(2010), Navarro(2010)를 참조할 것.

정부의 국유화 조치에 반발하며 뽈라르와 식품 산업 협회Cadivea는 정부 검사관들이 조사 명목으로 사무실과 공장을 방문한 사례가 2010년 상반기만 해도 200차례가 넘었고 2010년 5월 물류 창고에서 114톤의 식품을 몰수당했다고 정부를 비난했다. 이들은 정부의 수용 조치가 정당성을 결여하고 있다고 비판하는데,[9] 정부가 식품의 생산·가공자로서 어떤 부문들에서는 이미 생산의 50%를 통제하고 있기 때문에 독과점은 없고 어떤 업체도 시장에서 식품의 가격이나 공급량을 결정할 힘을 지니지 못하며, 식품 산업은 원재료 가격이나 생산품 가격이 정부에 의해 일방적으로 설정되고 생산량도 정부에 의해 할당되고 있을 정도로 지나친 정부 규제를 받고 있다고 주장한다. 국유화 절차[10]와 관련해서도 정부는 사회 공공성의 법정 판결 없이 점유 절차를 시작하고, 평가 담당 전문가들이 합의한 정당한 가격을 지불하지 않으면서 사유재산권을 침해하고 있다고 비난한다. 또한 정부가 점유한 식품 업체들이 대부분 인건비 상승, 생산성 하락, 경영 비효율성 문제를 심각하게 겪고 있다고 비판한다.

이런 자본의 비판이 국민적 설득력을 얻을 수 있게 한 것은 국유 식품 유통 부문의 실패였다. 정부는 기존의 국영 식품 유통 체인 메르깔Mercal이 제 역할을 못하고 있다는 판단하에 완전한 식량 주권을 확보하기 위해 2008년 PDVSA의 계열사로 PDVAL(베네수엘라식품생산유통공사Productora y Distribuidora Venezolana de Alimentos S.A.)을 창설했다. 하지만 PDVAL이 가동을 시작한 이래 운영의 비효율성에 대한 보도는 끊이지 않았다. 2009년 수입

9_자본 측의 식품 산업 국유화 비판에 대해서는 *El Nacional*(2010/07/26), *El Universal* (2010/10/29; 2010/11/04; 2011/01/19), *Economist*(2010/06/12)를 참조할 것.

10_식품 산업을 넘어선 산업 일반의 국유화 절차에 대한 자본 측의 위헌·위법성의 주장에 대해서는 Canova(2009)와 이 책의 제5장을 참조할 것.

한 2,300개가 넘는 컨테이너 분량의 식품은 부패해 전혀 배분되지 못했고, 2008년 초 시가보다 68%나 높은 가격을 지불하고 5천 톤 분의 육류를 구입했지만 식품은 도착하지 않았으며, 해당 업체에 2,470만 달러를 지불해 타 업체가 제안한 가격에 비해 1,470만 달러를 더 지급했고, 2008년 상반기에 외국으로부터 식품 100만 톤을 구입했지만 25%에 불과한 26.7만 톤만 도착한 것으로 알려졌다.[11]

식품 산업의 경우 여타 산업에 비해 국유화 조치에 대한 노동조합의 저항이 강도 높게 전개되고 있으며 특히 뽈라르의 경우가 더욱 그러하다.[12] 뽈라르의 라라Lara 주 공장 노동조합 위원장은 정부의 수용 조치를 용납할 수 없으며 자신들의 일자리와 기업을 지킬 것이라고 선언하며 뽈라르와 까르길의 식품 산업 업체들이 국유화되어야 한다는 식품부 장관의 주장을 반박했다. 뽈라르의 까라보보Carabobo 주 공장 노동조합 위원장은 정부가 수용한 기업들 가운데 긍정적 성과를 낸 곳이 없다며 정부의 어떤 점유 조치에도 반대한다고 경고했다. 이런 뽈라르 산하 업체 노동조합들의 반발에 호응하며, 반차베스 CTV 사무총장 바리오스Froilán Barrios는 국유화와 공동경영은 국가 경제를 재조직하는 유일한 대안이라 할 수 없고, 정부의 국유화 정책은 실업 감축이나 빈곤 퇴치의 효과가 전혀 없는 단순한 이데올로기적 행위에 불과하며, 정당한 법적 절차를 거치지 않고 적절한 보상도 하지 않는 사유재산 침해 행위라고 국유화 조치를 강도 높게 비난했다.

이와 같이 과야나 사회주의 계획은 국유 기업들을 대상으로 행정적 조치를 취하고 있기 때문에 체계적 반발 없이 진행되고 있는 반면, 식품 산업

11_ *El Nacional*(2010/07/28; 2010/07/29)과 *Economist*(2010/06/12)를 참조할 것.
12_ 노동조합의 국유화 조치에 대한 저항에 대해서는 *El Universal*(2010/10/23), www3.dinero.com.ve(2010/03/07)를 참조할 것.

국유화에서는 재벌 기업집단을 중심으로 한 자본 측과 CTV를 중심으로 한 노동조합들의 연합 세력에 의한 거센 반발로 인해 차베스 정권 초기의 정부 대 자본·노동 연합 세력의 대립 구도가 재현되고 있다.

연구 방법

이 장은 차베스 정권의 불안정성과 지지 기반의 시기별 변화를 분석하기 위해 베네수엘라 최대 여론조사 기관인 다따날리시스Datanalisis가 2009년 5월에 실시한 여론조사 자료에 대해 통계 분석을 실시한다. 동 설문 조사는 베네수엘라 전국의 성인 남녀들을 대상으로 다단계 층화 집락 표집 방식으로 실시되었으며, 사례수는 1,300명이다. 동 조사가 실시된 시점은 차베스 정부가 2009년 2월 헌법 개정 국민투표에서 승리하고 기간산업 대상으로 국유화 조치를 공세적으로 시작한 뒤다.

동 설문 조사는 첨예하게 대립되고 있는 식품 산업 국유화에 대한 구체적 질문을 포함하고 있어 국유화에 대한 여론 분석에 유용한 정보를 제공한다. 이 장은 "정부가 모나까Monaca, 까르길, 뽈라르 같은 식품 생산·분배 부문의 대형 사기업들을 점유하는 데 귀하께서는 동의하는가 아니면 반대하는가?"라는 물음에 찬성하면 +1, 반대하면 -1, 중립적이면 0의 값을 주어 '국유화 의견' 변수를 만들어 국유화 여론 분석의 종속변수로 사용한다.

국유화 여론을 분석하기 위해 일련의 설명 변수들을 형성했는데, '계층 위치'는 베네수엘라의 여론조사에서 통상적으로 사용되는 다섯 개 범주의 사회경제 계층 변수를 상위층(A~C), 중간층(D), 하위층(E)의 세 범주로 축약한 것이다. "어떤 사회에 사는 것이 더 나은가"라는 물음에 "어느 정도 사회적 불평등이 있더라도 모든 권리와 자유를 존중하는 사회"를 선택하면 보수 성향으로 분류해 -1의 값을 주고, "어느 정도 자유의 제한이 있더라도 모두가 평등한 사회"를 선택하면 진보 성향으로 분류해 +1의 값을 주고, 중립적 응답은 0의 값을 주어 '이념 지향' 변수를 만들었다. 베네수엘라 사회의 "현시점에 가장 중요한 현안 문제"를 치안 문제로 답하면 +1, 기타 응답은 0을 주어 '사회문제 인식' 변수를 만들었다.

동 설문지는 "아래 부문 혹은 기관의 활동 성과에 대해 어떻게 평가하는가"라는 물음을 던지며 차베스 대통령, 야당, 자본가, 노동조합 등 일련의 기관을 제시하고 있는데, 이에 기초해 '차베스 평가', '야당 평가', '자본 평가', '노조 평가'라는 변수들을 만들었다. 해당 기관에 대해 잘한다고 평가하면 +1, 못한다고 평가하면 -1, 그저 그렇다고 평가하면 0의 값을 주었다.

3. 식품 산업 국유화와 국민 여론

국민 여론과 설명 변인들

식품 산업 대기업들의 국유화에 대한 여론 분포는 반대가 65.5%로 압도적 다수를 차지하고 있고, 나머지는 중립과 찬성으로 17%씩 반분되어 있어(〈표 6-2〉), 반대 의견이 찬성 의견의 네 배 가까이 된다. 이처럼 국민 여론은 국유화 정책에 절대적으로 불리한 분포를 보이고 있어 국유화 정책이 국민적 저항에 직면할 수 있다는 것을 의미한다.

식품 산업 국유화 의견에 영향을 미칠 수 있는 설명 변인들로는 기득권 보유 여부를 보여 주는 '계층 위치', 베네수엘라 사회를 보는 시각을 반영하는 '사회문제 인식', 바람직한 사회 모델로 표현된 진보–보수의 '이념 지향', 차베스 정부에 대한 지지 여부를 나타내는 '차베스 평가'를 꼽을 수 있으며, 설명 변인의 범주별 국유화 의견은 〈표 6-3〉과 같다.

표 6-2 | 식품 산업 국유화에 대한 국민 여론 분포

구분		빈도	퍼센트
국유화 의견	반대	851	65.5
	중립	222	17.1
	찬성	227	17.5
	합계	1,300	100.0

표 6-3 | 설명 변인의 범주별 국유화 의견

설명 변인/범주	평균	사례수	표준편차
계층 위치			
ABC 상위층	-.6972	109	.65975
D 중간층	-.4316	95	.80758
E 하위층	-.4597	385	.75282
비해당, 무응답	-.4738	648	.79756
전체	-.4859	1,237	.77533
하위층 / 상위층	.2375		
사회문제 인식			
기타 문제	-.4732	579	.76055
치안 문제	-.4854	721	.78537
전체	-.4800	1,300	.77414
치안 문제 / 기타 문제	.0122		
이념 지향			
보수 성향	-.6145	773	.70996
중도 성향	-.4112	214	.71802
진보 성향	-.1949	313	.87543
전체	-.4800	1,300	.77414
진보 성향 / 보수 성향	.4196		
차베스 평가			
부정적 평가	-.9402	351	.27121
중립적 평가	-.6420	419	.60757
긍정적 평가	.0283	459	.90683
전체	-.4768	1,229	.78700
긍정적 평가 / 부정적 평가	.9685		

　　계층 위치별 국유화 의견은 상위층과 중·하위층으로 양극화되어 있으나 그 차이는 2점 범위의 척도에서 .2375에 불과해 그리 크지 않은 것으로 나타났다. 상위층에서 국유화 반대 의견이 높게 나타난 것은 사유재산권 침해가 자신들의 이해관계에도 직접적으로 피해를 줄 수 있다는 우려를 반영하는 것이며, 보호할 사유재산의 규모가 상대적으로 작은 하위층으로

갈수록 국유화에 대한 지지율이 높게 나타났다. 하지만 하위층에서도 찬성 의견 20.1%에 비해 반대 의견이 61.7%로 세 배가 넘어서 국유화 찬성층은 여전히 소수에 불과하는 것을 보여 주는데, 이는 국유화가 하위층에 직접적 피해를 주지는 않지만 직접적 혜택도 주지 않기 때문에 적극적 찬성 여론이 형성되지 않고 있다는 것을 의미한다.

베네수엘라인의 55.5%가 현 국면의 베네수엘라 사회에서 가장 심각한 사회문제는 치안 문제라고 응답하고 있는데, 치안 문제를 지적하는 사람들과 기타 문제를 지적하는 사람들 사이에 국유화 의견 차이는 전혀 없는 것으로 나타났다. 이렇게 국유화에 대한 입장이 사회문제를 보는 시각과 무관한 것으로 나타나는 현상을 뒤집어 보면 국유화 여부가 베네수엘라의 핵심적 사회문제를 해결하는 것과는 관련성이 적으며 그런 이유로 일반 시민들은 국유화 문제에 별다른 관심을 두지 않고 있다는 것을 의미한다.

이념 지향에 따른 국유화 의견 분포를 보면 진보 성향 시민이 보수 성향 시민에 비해 .4196만큼 국유화에 대한 지지율이 높다. 하위층과 상위층 사이의 국유화 의견 차이에 비해 이념 지향에 따른 국유화 의견 차이가 두 배 가까이 크게 나타난 것은 개인이 처한 구조적 조건보다 각자가 지향하고자 하는 이념적 모델이 더 중요하며, 국유화로 인해 야기되는 이해득실보다 국유화로 인해 이루게 되는 미래 사회의 모델에 더 큰 관심을 두고 있다는 것을 반영한다. 그런 점에서 국유화에 대해 강한 반대 의견을 보여 주는 집단들도 반대 의견의 원인에서는 서로 다를 수 있는데, 예컨대 상위층의 경우 사유재산의 상실에 대한 두려움에서 비롯된 반면, 보수 성향의 경우 사유재산권 원칙의 침해 자체에 대한 반발에서 비롯되고 있다.

국유화 의견은 차베스 대통령의 국정 운영에 대한 평가에 따라 큰 차이를 보이는 것으로 나타났으며, 긍정적 평가자와 부정적 평가자 사이의 차이는 .9685로서 2점 범위 척도의 절반 수준에 해당할 정도로 양극화되어

표 6-4 | 국유화 의견의 회귀분석

설명 변인	비표준화 계수 B	비표준화 계수 표준오차	표준화 계수 베타	t	유의 확률
(상수)	-.274	.097		-2.834	.005
차베스 평가	.483	.026	.497	18.889	.000
사회문제 인식	-.047	.039	-.030	-1.201	.230
이념 지향	.113	.023	.123	4.821	.000
계층 위치	-.050	.036	-.211	-1.385	.166
계층 더미	.209	.237	.133	.881	.378

있다는 것을 보여 준다. 한편 중립적 평가자들의 국유화 의견이 긍정적 평가자보다 부정적 평가자에 가깝다는 것은 전반적인 국유화 반대 여론 속에서 차베스에 대한 긍정적 평가가 사회적 합의로부터 이탈하게 만들고 있으며 그런 만큼 국유화 의견은 정치적 입장의 결과물이라는 것을 의미한다.

이런 설명 변인들의 상대적 설명력을 검토하기 위해 회귀분석을 실시한 결과[13] 사회문제 인식과 계급 위치는 .05 수준에서 유의미하지 않은 반면, 차베스 평가와 이념 지향은 유의미한 것으로 나타났다(〈표 6-4〉 참조). 차베스 평가와 이념 지향은 모두 .000에서 유의미하게 나타났지만 표준화 계수와 t값에서 차베스 평가가 이념 성향에 비해 상대적으로 더 큰 설명력을 보여 주었다.

회귀분석 결과는 설명 변인의 범주별 국유화 의견 분포와 상응하고 있다. 국유화 의견에 있어 사회문제 인식 범주들 사이의 차이는 없었고, 상위층-하위층의 차이는 .2375로 나타났는데, 진보-보수 성향의 차이는 계층

---

[13]_'계층 더미' 변수는 주부, 비취업자 등 계급 위치를 규정할 수 없는 사례들이 계층 위치 변수의 역할에 개입하지 못하도록 그 효과를 통제하기 위해 포함한 모조 변수(dummy variable)다.

간 차이 값의 두 배 수준에 달하는 .4196이었고, 차베스 대통령에 대한 긍정적 평가자와 부정적 평가자의 차이는 .9685로서 진보-보수 차이의 두 배가 넘었다. 그 결과 모든 설명 변인의 범주들이 '-' 값을 지녀 국유화에 대한 반대 입장을 보여 준 반면, 유일하게 '+'의 값을 보여 준 세력이 차베스에 대해 긍정적으로 평가하는 집단이라는 점에서 차베스 평가의 강한 설명력은 입증된 바 있다.

다음 절들에서는 회귀분석에서 유의미한 설명력이 확인된 차베스 평가와 이념 지향을 중심으로 국유화 의견에 대한 인과적 분석을 실시하기로 하겠다.

차베스 등 행위 주체들의 평가 효과

차베스 대통령의 업무 수행에 대한 평가가 시민들의 국유화 의견에 유의미한 영향력을 미친다는 사실은 다른 사회정치적 행위 주체들에 대한 평가도 국유화 의견에 유의미한 영향을 미칠 수 있다는 것을 의미한다. 그것은 어느 행위 주체의 입장을 수용하고 동일시하는가에 따라 해당 행위 주체가 국유화 과정에서 취하고 있는 역할 및 입장과 동일시할 개연성이 높기 때문이다. 따라서 여기에서는 국유화의 핵심적 추진 주체인 차베스 대통령뿐만 아니라 국유화 과정에 추진, 연대, 저항 등의 역할을 적극적으로 수행하고 있는 야당, 자본가, 노동조합에 대한 평가의 효과도 함께 검토하고자 한다.

기관 평가가 국유화 의견에 미치는 영향에 대해 회귀분석을 실시한 결과는 〈표 6-5〉와 같이 네 개 기관의 평가 모두 .10 수준에서 유의미하며, 특히 차베스 평가의 효과가 가장 큰 것으로 나타났다. 차베스와 노동조합에 대해 긍정적 평가를 하는 사람은 국유화를 지지하는 경향이 강한 반면, 야당과 자본에 대해 긍정적 평가를 하는 사람은 국유화에 반대하는 경향

표 6-5 | 국유화 의견에 대한 기관 평가의 효과

설명 변수	비표준화 계수 B	표준오차	표준화 계수 베타	t	유의 확률
(상수)	-.506	.023		-21.859	.000
차베스 평가	.469	.031	.484	15.037	.000
야당 평가	-.100	.033	-.086	-2.981	.003
자본 평가	-.067	.037	-.054	-1.783	.075
노동 평가	.074	.037	.064	2.005	.045

표 6-6 | 기관 평가의 분포

단위: %

구분	차베스 평가	야당 평가	자본 평가	노조 평가
부정적	28.6	34.3	11.7	28.4
중립적	34.1	50.6	56.2	51.7
긍정적	37.3	15.1	32.1	20.0
전체	100.0	100.0	100.0	100.0
긍정-부정	8.7	-19.2	20.4	-8.4

이 강한 것으로 나타났다.

각 행위 주체의 국유화 의견에 대한 결정력은 해당 주체의 평가가 국유화 의견에 미치는 효과와 해당 주체의 긍정적 평가 정도가 산출하는 상호작용 효과의 크기로 확인될 수 있기 때문에 각 행위 주체들에 대한 평가의 분포도 중요하다. 〈표 6-6〉에서 보듯이 긍정적 평가를 가장 크게 받는 행위 주체는 자본이고 가장 부정적인 평가를 받는 주체는 야당으로서 국유화에 반대하는 행위 주체들에 대한 시민들의 평가가 극단적으로 대비되고 있다. 반면에, 국유화를 추진하는 주체들에 대한 평가는 상대적으로 편차가 작으며 차베스가 긍정적으로 평가받는 반면, 노조는 부정적으로 평가받는 것으로 나타났다. 이를 부문별로 보면 정치 부문에서는 차베스가 야당보다 훨씬 더 긍정적으로 평가받는 반면, 경제 부문에서는 자본이 노동에 비해 훨씬 더 긍정적으로 평가받고 있다는 것을 의미한다.

국유화 과정은 차베스 정부가 주도적으로 추진하는 가운데 친차베스

표 6-7 | 차베스 평가와 자본 평가의 교차 분포
단위: %

구분		차베스 평가			
		부정적	중립적	긍정적	합계
자본 평가	부정적	8.3	1.4	2.1	11.9
	중립적	14.3	23.2	19.0	56.5
	긍정적	5.6	9.9	16.2	31.7
	합계	28.2	34.5	37.3	100.0

　노동 진영이 연대하는 반면, 국유화로 인해 기업을 점유당하는 자본가들이 가장 강렬하게 저항하며 야당은 자본의 저항에 연대하는 방식으로 전개되고 있다. 이처럼 국유화 정치의 핵심에는 차베스 정부와 자본의 극단적 대립 구도가 자리 잡고 있기 때문에 차베스 평가와 자본 평가의 분포 및 효과가 국유화를 둘러싼 국민 여론의 향배에 결정적 영향을 미치는 것이다.

　차베스와 자본에 대한 상대적 평가 측면에서 보면 9개 칸을 상대적 선호도에 따라 3개 블록으로 구분할 수 있는데, 차베스를 더 긍정적으로 평가하는 친차베스 블록이 22.5%, 자본을 더 긍정적으로 평가하는 친자본 블록이 29.8%, 차베스와 자본을 동등하게 평가하는 중도 블록이 47.7%로 구성되어 있다(〈표 6-7〉 참조). 친자본 블록은 친차베스 블록에 비해 7.3% 차이로 상대적 우위를 확보하고 있어 정치적 지형이 국유화 정책에 다소 불리하다는 것을 보여 주고 있다. 한편 양자로부터 거리를 두고 있는 중도 블록이 전체 시민들의 절반에 가깝다는 사실은 탈이데올로기적 실용주의가 광범하게 확산되어 있다는 것을 의미한다. 이들은 이해관계와 쟁점 사항에 따라 지지 대상을 바꾸는 기회주의적 성향을 지니는 한편, 행위 주체들로부터 지니는 상대적 자율성으로 인해 객관적 판단과 합리적 의사 결정을 내릴 여지 또한 크다고 할 수 있다.

　기관 평가 교차 범주들의 국유화 의견을 보면, 〈표 6-8〉처럼 친차베스 블록과 친자본 블록이 대립하고 있으며 그 사이에 중도 블록이 위치하고 있다. 한편 대각선에 위치한 중도 블록을 보면, 양자에 대해 긍정적 평가를

표 6-8 | 차베스 평가와 자본 평가에 따른 국유화 의견

구분		차베스 평가			
		부정적	중립적	긍정적	합계
자본 평가	부정적	-.9082	-.8235	.6400	-.6214
	중립적	-.9704	-.6387	.0179	-.5022
	긍정적	-.9242	-.6410	-.0681	-.3984
	합계	-.9429	-.6471	.0159	-.4835

하는 집단이 국유화에 대한 지지도가 가장 높고, 부정적 평가를 하는 집단이 국유화에 대한 지지도가 가장 낮게 나타나고 있다. 이는 차베스 평가가 자본 평가에 비해 국유화 의견에 대한 상대적 설명력이 더 크다는 현실을 반영하는 것이다.

9개 집단들 가운데 국유화에 대해 분명한 지지 입장을 지닌 세력은 차베스에 대해 긍정적으로 평가하고 자본에 대해 부정적으로 평가하는 집단이 유일하며, 그 크기는 2.1%에 불과하다. 반면, 국유화에 대해 분명한 반대 입장을 지닌 세력은 차베스에 대해 부정적 혹은 중립적으로 평가하는 6개 집단들로서 62.7%에 달해 국유화 지지 세력에 비해 압도적 세력의 우위를 점하고 있다. 한편 국유화에 대해 중립적 입장을 취하는 세력은 차베스를 긍정적으로 평가하지만 자본에 대해 중립적 혹은 긍정적으로 평가하는 2개 집단으로서 35.2%를 점하고 있다. 국유화를 둘러싼 이런 여론의 지형은 전반적으로 국유화를 반대하는 가운데 차베스를 긍정적으로 평가하는 집단들만이 중립 혹은 지지의 입장을 지니고 있으며, 자본에 대한 부정적 평가 여부로 중립과 지지의 입장이 갈라지고 있다는 것을 보여 준다.

이와 같이 기관 평가의 분포와 기관 평가의 효과는 국유화 의견에 대해 상반된 방향으로 영향력을 행사하고 있다. 기관 평가의 분포 측면에서 보면 차베스와 자본의 대립 구도에서 시민들은 자본 측에 더 우호적이기 때문에 국유화 정책이 시민들의 지지를 받기에 불리한 정치적 지형이 형성되어 있다. 반면, 기관 평가의 효과 측면에서 보면 국유화 의견에 대한 차

베스 평가가 자본 평가보다 더 큰 영향력을 지닌다. 이런 현상이 함의하는 바는 두 가지로 정리할 수 있다.

첫째, 자본가들이 긍정적 평가를 받는 것은 정치에 대한 불신으로부터 반사이익을 얻는 측면도 있다. 이는 야당이 자본가와 거의 모든 정치경제적 사안들에서 공동 입장을 취하고 있지만 시민들이 야당을 부정적으로 평가하는 반면, 자본가를 긍정적으로 평가하는 데서 확인된다. 그런 점에서 행위 주체가 취하고 있는 입장 자체의 설득력보다 행위 주체 자체의 신뢰도가 시민들의 의견에 더 큰 영향을 미친다고 할 수 있다.

둘째, 자본가가 차베스에 비해 상대적으로 더 긍정적인 평가를 받고 있지만 국유화에 대한 영향력이 상대적으로 더 약한 것은 시민들이 자본가의 사회적 기여도를 긍정적으로 평가하지만 그것이 사유재산권 보호에 대한 높은 헌신을 의미하는 것은 아니다. 이는 사유재산권 보호 문제가 자본가 평가보다 훨씬 더 복잡하고 다양한 요인들의 영향을 받고 있다는 것을 의미한다. 그 결과 자본가 평가의 취약한 효과는 자본가에 대한 긍정적 평가가 국유화 의견에 미치는 영향력을 완화함으로써 자본가들이 국유화 의견 형성을 주도하기 어렵게 하는 것이다.

이념적 성향과 국유화 의견

이념 지향에 있어 보수 성향 시민은 59.5%로서 진보 성향 시민 24.1%의 두 배가 넘는다(〈표 6-9〉 참조). 이런 보수 성향 지배의 이념적 지형은 국민적 합의를 보수적으로 형성함으로써 국유화에 대한 광범한 반대 여론의 구조적 기반을 만들어 주고 있다.

국유화 반대 여론이 보수 편향 이념 지향에 기초해 있는 현실은 국유화 반대 여론을 지지 여론으로 바꾸는 것을 더욱 어렵게 한다. 국유화 반대 여론이 65.5%로서 찬성 여론 17.5%에 비해 48.0%의 우위로 압도하고 있다

표 6-9 | 이념적 성향의 분포

이념 지향	빈도	퍼센트
보수 성향	773	59.5
중도 성향	214	16.5
진보 성향	313	24.1
합계	1,300	100.0

표 6-10 | 이념적 성향과 국유화 의견의 교차 분포
단위: %

구분		이념 지향			전체
		보수 성향	중도 성향	진보 성향	
국유화 의견	반대	74.8	54.7	49.8	65.5
	중립	11.9	31.8	19.8	17.1
	찬성	13.3	13.6	30.4	17.5
합계		100.0	100.0	100.0	100.0

는 점을 고려하면 자유-평등 척도의 이념적 분포에 비해 국유화에 대한 여론 분포에서 기득권과 지배 질서 유지의 경향성이 훨씬 더 강하다는 것을 의미한다. 이는 자유-평등 척도가 부르주아 민주주의에 기초한 부의 재분배 원칙을 준거로 하는 반면, 국유화 의견 척도는 부르주아 민주주의의 기초를 이루고 있는 자본주의 시장경제체제의 핵심 전제인 사유재산권의 보장과 정면으로 충돌하기 때문이다.

보수 성향보다 진보 성향에서 국유화에 대한 찬성 의견이 높게 나타나는 가운데, 〈표 6-10〉처럼 진보 성향 시민들 속에서도 국유화에 대한 반대 의견이 49.8%로 절반에 달해 찬성 의견 30.4%보다 월등히 높게 나타나고 있다. 이는 차베스 정부가 국유화에 친화적 성향을 지닌 진보 진영을 설득하는 데도 실패하고 있다는 것을 의미한다.

이념적 성향에 따른 정치적 태도를 보면 진보-보수 집단 간 차이는 차베스 대통령 평가와 국유화 의견에서는 .42 정도로 크게 나타남으로써 세 변수들 사이의 높은 상관관계를 보여 준다(〈표 6-11〉 참조). 이는 진보적 성

표 6-11 | 이념 지향 범주별 기관 평가 및 국유화 의견

이념 지향	차베스 평가	자본 평가	국유화 의견
보수 성향	-.0191	.1961	-.6145
중도 성향	-.0105	.1551	-.4112
진보 성향	.4079	.2543	-.1949
전체	.0879	.2038	-.4800
사례수	1,229	1,202	1,300
진보 성향 / 보수 성향	0.4270	0.0582	0.4196

향이 강할수록 21세기 사회주의를 표방하며 변혁적 정책을 추진하는 차베스 정부를 지지하는 경향이 강하고, 사회 공공성을 강화하기 위해 사유재산권을 규제하거나 침해하는 국유화 조치를 긍정적으로 평가하는 한편, 차베스 정부를 긍정적으로 평가하는 사람은 국유화를 포함한 차베스 정부의 변혁 정책에 지지를 보낼 개연성이 높아지는 것이다. 반면, 자본가 평가는 거의 '0'에 가깝게 나타나고 있다. 이처럼 이념적 성향과 무관하게 자본가들에 대해 긍정적으로 평가하는 현상은 자본에 대해 탈이념적으로 실용적 평가를 내리는 경향성을 반영한다.

세 변수들이 강한 상관관계를 보이는 가운데 이념 지향과 차베스 평가의 교차 분포에 따른 국유화 의견을 보면, 국유화를 지지하는 세력은 차베스 정부를 긍정적으로 평가하는 집단들 가운데 진보 혹은 중도의 이념적 성향을 지닌 두 집단에 불과하다(〈표 6-12〉 참조). 나머지 7개 집단들은 모두 국유화에 대해 반대 의견을 제시하고 있는데, 가장 강한 반대는 차베스 정부에 대해 부정적으로 평가하는 세 집단들에서 나타나고 있다. 또한 차베스 정부에 대해 중립적으로 평가하는 집단들도 차베스 정부를 부정적으로 평가하는 집단들에 비해 국유화 반대 의견의 강도는 상대적으로 약하지만 여전히 강한 반대 의견을 표출하고 있으며, 그 가운데 보수 성향 집단이 중도-진보 성향 집단들에 비해 더 강한 반대 의견을 보이고 있다.

국유화에 대한 의견은 차베스 정부에 대한 평가에 의해 일차적으로 유

표 6-12 | 이념 지향과 차베스 평가에 따른 국유화 의견

구분		차베스 평가			전체
		부정적 평가	중립적 평가	긍정적 평가	
이념 지향	보수 성향	-.9648	-.7373	-.1157	-.6117
	중도 성향	-.8545	-.5301	.2075	-.4188
	진보 성향	-.9000	-.5100	.1829	-.1875
	전체	-.9402	-.6420	.0283	-.4768

형화된 다음 이념적 성향의 차별성에 의해 편차 내 편차가 설명된다는 점에서 이념 지향에 비해 차베스 정부 평가가 국유화 의견에 대한 결정력이 더 크다는 것을 의미한다.[14] 이는 〈표 6-4〉에서 확인한 국유화 의견의 회귀분석 결과와도 상응하는 현상이다. 이처럼 차베스 정부 평가가 국유화 의견을 결정하는 가장 강력한 설명 변인이라는 점을 고려하면 부정적 국민 여론 속에서 국유화를 추진하는 차베스 정부로서는 국유화 지지도보다 더 높은 차베스의 지지도가 국유화 지지를 확대하기 위해 동원할 수 있는 가장 효율적인 자원이라 할 수 있다. 그런 맥락에서 차베스는 변혁 정책을 추진하기 위해 반대 세력을 설득·견인하기보다 지지 세력의 지지를 강화하는 "친구 아니면 적"이라는 양분 전략을 선택한 것이다. 이는 차베스에 대한 지지를 국유화를 포함한 변혁 정책에 대한 지지로 전환하는 지지의 전이transfer of commitment를 유도하려는 전략이다.[15]

14_차베스 평가와 이념 지향에 자본 평가 설명 변인을 추가한 국유화 의견의 회귀분석의 결과 .05 수준에서는 세 변수 모두 유의미하게 나타났으나, 자본 평가는 .01 수준에서는 유의미하지 않게 나타남으로써 다른 두 설명 변인에 비해 설명력이 상대적으로 더 떨어진다고 할 수 있다.

15_차베스의 양분 전략의 내용과 설명에 대해서는 이 책의 제2장을 참조할 것.

4. 토론 및 맺음말

국유화에 대한 국민 여론의 분포와 인과적 설명

식품 산업을 중심으로 국유화에 대한 국민 여론을 분석한 결과는 세 가지로 축약될 수 있다.

첫째, 국유화 여론은 반대 의견이 거의 3분의 2 수준으로 압도적 다수를 점하고 있다. 반대 의견 규모가 찬성 의견의 네 배에 가깝게 나타났다는 사실은 차베스의 자본주의 적극 지지층 10% 미만 주장이 경험적 근거를 지니지 못했으며 국가-자본의 대립 구도 속에서 전개되는 국유화의 정치가 국유화를 반대하는 자본 측에 유리한 조건 속에서 진행되고 있다는 것을 보여 준다.

둘째, 시민들의 국유화 의견은 국유화 정치의 행위 주체들에 대한 역할 수행 평가에 의해 크게 영향을 받는데, 국유화 추진 주체의 정점에 있는 차베스가 야당에 비해 더 긍정적 평가를 받고 있지만, 국유화 반대 세력의 핵심을 구성하고 있는 자본가들에 비해 상대적으로 더 부정적인 평가를 받고 있다. 이처럼 기관 평가의 분포에서는 시민들이 차베스에 비해 자본 측에 더 우호적이지만, 기관 평가의 효과에서는 차베스 평가가 자본 평가보다 국유화 의견 형성에 더 큰 영향력을 지니고 있다. 이렇게 기관 평가의 분포와 기관 평가의 효과가 서로 상쇄하는 방향으로 작용하면서 국유화 의견에 대한 실질적인 결정력에서는 자본 측의 우위가 사라지게 된다.

셋째, 다양한 설명 요인들 가운데 차베스 평가와 이념 지향이 국유화 의견에 유의미한 영향을 미치는 것으로 나타났다. 전반적으로 국유화 반대 의견을 중심으로 여론이 형성되어 있는 가운데, 차베스의 직무 수행에 대해 긍정적으로 평가하는 경우 국유화 반대 의견으로부터 상당한 이탈이 이루어지게 되고, 그런 다음 이념 지향에 따라 차베스에 대한 긍정 평가층과 부정 평가층 내부에서 진보적 성향은 국유화 지지로, 보수적 성향은 국유화 반대로 재편되는 경향성을 보이고 있다. 그런 점에서 차베스 평가가 이념 지향보다 더 큰 설명력을 지니고 있다고 할 수 있다.

차베스 정부의 국민 여론 형성 실패

식품 산업 국유화 조치에 대한 압도적 반대의 국민 여론 분포는 국유화 정책이 국민적 합의 형성 없이 추진되고 있다는 것을 반영한다. 이는 차베스와 정부가 국유화 정책에 대한 국민적 합의 형성을 추진하지 않았거나 추진했더라도 실패했다는 것을 의미한다. 차베스의 자본주의 적극 지지층 10% 미만 발언은 국유화 정책의 추진 주체도 국유화 정책에 대한 국민 여론을 예의 주시하고 있다는 것을 확인해 주며, 그런 점에서 부정적 국민 여론은 차베스 정부의 국민 여론 형성 실패로 보는 것이 적절하다.

차베스 정부의 실패는 차베스 정부가 국유화를 추진하면서 제시한 정당화 근거들에 국민 여론이 공감하지 않는다는 것을 의미한다. 첫째, 국유화 대상 선정의 기준 가운데 하나로 지적되고 있는 노동조건과 노동기본권 유린 문제는 방대한 비공식 부문의 노동자들에 비해 식품 산업 대기업들을 포함한 국유화 대상 기업들의 노동조건과 노동기본권 보장 정도가 가히 특전적 수준이라 할 수 있다는 점에서 국민적 공감을 얻기 어렵다. 둘째, 국유화의 정당화 근거로 제시되고 있는 시장독점 해체 문제는 독과점의 존재를 인정한다고 하더라도 독과점 기업의 국유화는 소유권만 사적 자본에서 국가로 바꿀 뿐 해당 업체들의 시장 점유율 자체를 변화시키는 것이 아니며, 이미 정부가 독과점적 지위를 확보하고 있는 산업 부문들도 많기 때문에 국유화 자체가 독과점을 해체하는 것이 아니라 사적 독점에서 공적 독점으로 소유 주체만 바꿀 뿐 시장독점 기업에 대한 징벌 이상의 의미를 지니지 못한다는 점에서 시민들의 지지를 견인하기 어렵다. 셋째,

정부는 국유화를 추진하면서 국유화된 기업들이 사적 소유 시기에 비해 생산성이 향상되었다는 구체적 증거를 제시하지 못함으로써 시민들이 국유화의 생산성 향상 효과에 대해 의구심을 갖게 했고, 생필품의 유통을 위해 신설된 국유 기업 PDVAL이 보인 무능과 부패는 시민들이 지닌 국유화 효과에 대한 부정적 평가를 보강해 주었다고 할 수 있다.

국유화에 대한 부정적 국민 여론의 형성은 국유화 정책 자체가 가져오는 긍정적 성과에 대해서 시민들이 높이 평가하지 않은 결과이기도 하다. 국유화 조치는 이윤 추구에 매몰된 기업 경영 방식을 폐기하고 사회 공공성을 강화한다는 명분으로 추진되고 있으며, 식품 산업의 경우 국민들을 위해 먹거리의 질과 양의 적절한 수준을 보장하는 것이 국유화 조치의 목표라고 구체적으로 명시하고 있다. 하지만 시민들은 식량 주권을 위해 창설된 PDVAL과 기간산업의 국유화 기업들이 식량 주권과 사회 공공성 강화에 기여하지 못했거나, 국유화 조치의 진정한 동기는 식량 주권이나 사회 공공성 강화가 아니라 차베스 정부와 대립하고 있는 보수 성향의 자본 진영을 제어하기 위한 정치적·이데올로기적 동기라고 보고 있는 것이다. 그뿐만 아니라 국유화 조치는, 성공했건 성공하지 않았건, 대상 업체들을 공동경영 혹은 노동자 통제 방식으로 전환하는 긍정적 결과를 가져오지만, 일반 시민들의 관심이나 동의를 유발하지는 못한 것으로 판단된다.

국유화 추진 주체의 전략적 선택과 향후 전망

차베스 정부의 국유화 지지 국민 여론 형성 실패는 차베스와 정부의 전략적 선택에서 기인하는 바도 크다. 국유화 의견에 대해 가장 큰 설명력을 지닌 변인이 차베스 정부 평가이며 국유화 정책에 대한 지지도보다 차베스에 대한 지지도가 월등히 높다는 현실은 차베스 정부가 국유화에 대한 국민적 지지를 확대하기 위해 활용할 수 있는 가장 유용한 자원이 차베스의 높은 지지율이라는 것을 의미한다. 따라서 차베스와 정부가 국유화에 반대하는 시민들 전반을 대상으로 소통하고 설득하며 국유화에 대한 지지를 견인하기보다 국유화 정책에 반대하는 차베스 지지자들에게 차베스 정부의 국유화 정책에 대한 지지를 호소·압박하는 전략을 선택한 것은 합리적 선택이라 할 수 있다.

국유화 추진 주체의 전략적 선택은 차베스와 정부가 각종 변혁 정책을 추진하면서 사용하는 양분 전략으로, 차베스에 대한 지지를 차베스 정부가 추진하는 변혁 정책들에 대한 지지로 전환하려는 시도다. 이런 양분 전략은 차베스 지지자들을 견인하는 과정에서 설득의 논리logic of persuasion보다는 동원의 논리logic of mobilization에 의존하게 된다. 대통령 차베스가 국유 기업 노동자들에게 공장 내 노동자 통제를 반혁명 세력으로부터 보호하기 위해 무장할 것을 촉구하고, 부통령 하우아는 국유화 조치에 대한 저항을 제압하기 위해 국유화 지지 집회의 동원과 노동자 참여를 호소하는 데서 국유화 추진 주체들이 동원의 논리에 대해 크게 의존하고 있다는 것을 확인할 수 있다.

이런 양분 전략과 동원의 논리가 차베스 지지자들의 지지를 강화하는 효과는 가져오지만 부작용도 적지 않다. 차베스 정부에 의해 친구가 아니라 적으로 규정되는 반대파들은 차베스 정부에 대한 적대감을 강화해 차베스 정부의 정책 전반에 대한 거부감으로 키워 갈 수 있다. 또한 차베스에 대해 지지도 반대도 하지 않는 중립적 입장의 시민들은 내부자인 친구 진영으로부터 배제되어 외부자인 적으로 규정됨으로써 국유화를 포함한 차베스 정부의 정책들에 대해 객관적이고 합리적인 판단을 하기보다 부정적으로 편향된 관점에서 접근하기 쉽게 된다. 그 결과, 시민들의 전반적인 보수 의식과 자본가들에 대한 긍정적 평가의 구조적 조건 속에서 정부의 국유화 정책은 차베스에 대해 중립적 평가를 하는 시민들을 대상으로 설득하며 국유화 정책에 대한 지지를 확대하지 못하고 차베스 정부로부터 소외시킴으로써 지지 여론을 형성하기 어렵게 한다.

　이처럼 차베스와 정부가 국유화 정책 등 변혁 정책을 추진하기 위해 선택한 양분 전략과 동원의 논리는 베네수엘라 사회의 정치적 양극화를 더욱 심화시킴으로써 국민적 합의에 기초한 사회적 통합을 이루기 어렵게 한다. 그런 맥락에서 국유화 대상이 기간산업의 수준을 넘어 뽈라르 등 식품 산업 초대형 기업집단으로 확대되며 국가-자본의 대립 구도가 더욱더 첨예화되고 있는 현재 상황을 고려하면 차베스 정부의 국유화 정책은 심각한 국민적 저항에 직면할 수 있을 것으로 전망된다. 이런 결과를 차베스와 정부가 익히 예상하고 있음에도 불구하고 변혁 정책에 대한 낮은 국민적 지지도 문제를 극복하기 위해 차베스에 대한 높은 지지를 변혁 정책에 대한 지지로 전환하고자 양분 전략과 동원의 논리를 선택한 것이다. 결국 차베스와 정부가 국유화 등 변혁 정책 추진을 포기하지 않는 한 베네수엘라 사회는 양극화와 그에 따른 사회정치적 불안정을 피할 수 없을 것이며, 그것은 변혁 정책 추진 주체의 전략적 선택이 변혁 정책 추진을 위한 의도적이며 합리적인 선택이라는 점 때문이다. 이런 차베스와 정부의 변혁 정책 추진 전략 및 그 함의는 국민 여론에 대한 심층 분석을 통해 확인할 수 있었다.

| 7장 |

공동경영 기업의 경영 성과

인베팔과 인베발의 비교 연구

1. 들어가는 말

공동경영은 국가가 노동과 함께 공동으로 기업을 경영하는 방식으로서 자본주의 사유 기업에 대비되는 21세기 사회주의의 대안적 생산관계 및 경영 방식으로서 베네수엘라 차베스 정권 변혁성 상징의 핵심을 구성하고 있다. 공동경영 실험은 2005년 초 베네팔Venepal, Venezolana de Pulpa y Papel과 CNVConstructora Nacional de Válvulas라는 사기업들을 국유화해 각각 새로운 국유 기업 인베팔Invepal, Industria Venezolana Endógena del Papel, S.A.과 인베발Inveval, Industria Venezolana Endógena De Válvulas, S.A.로 창업해 공동경영을 실시하면서 주목을 받게 되었다.

    베네수엘라의 공동경영 실험은 인베팔과 인베발에서 시작된 지 7년이 지났지만 실험의 성공 여부에 대한 체계적 평가는 이루어지지 않았으며, 논란의 핵심에는 경영 성과의 평가가 있다. 차베스는 2005년 메이데이 기념 연설에서 "사회주의 경제는 효율적이어야 한다. 단순히 재정적 측면에서뿐만 아니라 기업과 공동체의 구성원들 사이에 새로운 노동관계를 출현시키는 방식에서도. 여기에 새로운 볼리바르식 경영nueva cogestión bolivariana이 기초해 있다"(ABN 2005)라며 공동경영 실험의 과제를 천명하는 동시에 경제적 효율성의 중요성을 분명히 했다.

국유화와 공동경영 계획에 대한 보도들이 베네수엘라 언론의 뉴스 헤드라인을 장식한 적은 많지만, 공동경영 기업들의 경영 성과에 대한 체계적 분석은 찾기 어렵다. 차베스 집권 10주년에 즈음해 차베스 정부는 볼리바르 혁명의 성과를 대대적으로 홍보했지만 공동경영의 경영 성과에 대해서는 소개하지 않았는데, 공동경영이 차베스 정권의 변혁 정책에서 차지하는 중요성에 비해 매우 의아스런 현상이었다. 공동경영 기업의 경영 성과에 대한 정부의 발표가 없는 것은 경영 실패를 공개하지 않으려는 의도라는 비판은 무성하지만 경영 실패의 객관적 지표는 제시되지 않았으며, 보수 언론들의 공동경영 기업의 경영 실패에 대한 비판적 보도들은 사유 기업의 국유화 반대 이데올로기에 의해 오염되어 있거나 엄밀한 자료에 기초하지 않은 단편적 보도에 불과해 신뢰하기 어려운 것도 사실이다(*El Universal* 2010/05/26;2010/06/22; *El Mundo* 2010/06/15; *informecifras* 2011/06/29). 그런 가운데 인베팔 노동자들이 2011년 9월 말 인베팔은 정상적 공장 가동을 하지 못하는 마비 상태에 빠져 있다고 경영진을 비판하는 항의 시위를 까라까스에서 전개하며 직장 폐쇄에서 복구된 여타 국유 기업들도 사정이 다르지 않다고 지적한 반면, 인베팔 경영진 측이 항의 노동자들을 비판하면서 공동경영 기업들의 경영 성과에 대한 체계적 분석·평가의 필요성은 더욱 절실하게 부각되었다.[1]

이 장의 목표는 공동경영 기업들의 경영 성과를 체계적으로 분석·평가하는 것이며, 이를 위해 인베팔과 인베발이 공동경영 실시 이후 기업의 경제적 효율성을 향상하는 데 성공했는지를 비교 분석하고자 한다.

인베팔과 인베발은 모두 2005년 초 공동경영을 시작한 이래 7년 이상 경과해 다른 일천한 공동경영 기업들에 비해 장기간에 걸친 직장 폐쇄의 부정적 영향을 극복하고 공동경영 방식에 입각해 기업 경영을 실천해 왔다는 점에서 공동경영 실천의 경영 성과에 대한 평가를 실시할 수 있는 시점이 되었다고 할 수 있다. 또한 인베팔과 인베발은 노동자 투쟁으로 촉발된 국유화 조치와 뒤이은 공동경영 전환이라는 공동경영 기업들의 전형적 경로를 밟은 기업들이기 때문에 연구 결과의 일반화 가능성은 매우 높다. 그뿐만 아니라 일베팔과 인베발은 공동경영 모델이 처음 도입된 기업들로서 21세기 사회주의의 상징으로 평가되어 왔기 때문에 차베스 정권의 변혁성과 볼리바르 혁명의 성과를 평가하는 중요한 지표가 될 수 있다는 점에서 이 장의 의의가 크다고 할 수 있다.

2. 공동경영 기업의 특성: 국유화와 공동경영 전환

베네수엘라에서 발견되는 기업들은 〈표 7-1〉처럼 소유권과 지배 경영권의 소재에 따른 기업의 네 가지 유형 가운데 하나다.[2] 소유권 구조는 사적 자본 소유와 국가 소유로 나뉘며 국가 소유의 경우 국가가 노동자와 공동으로 소유하는 경우도 포함한다. 지배 경영권 구조는 소유주가 노동자를

1_인베팔 경영현황을 둘러싼 공방에 대해서는 CMR(2011), Molina(2011), Militante(2011)를 참조할 것.

2_생산자인 노동자들이 집합적으로 소유하며 집합적으로 지배 경영권을 행사하는 생산 협동조합들(cooperativas)은 대체로 50인 이하의 영세 규모이며 본 유형화에서는 배제되었다.

표 7-1 | 베네수엘라 기업의 유형화와 공동경영 기업의 차별성

구분		지배 경영권 구조	
		노동자 배제	노동자 참여
소유권 구조	사적 자본 소유	① 사영 사유 기업: 거의 모든 사유 기업	③ 노동자 공장점거 기업: Sanitarios Maracay(2006년 11월부터) Fama de América(2009년 11월부터)
	국가 소유	② 국영 국유 기업: PDVSA, 제4공화국 국유 기업	④ 공동경영 기업: Cadafe, Alcasa(2004년부터) Invepal(2005년 1월부터) Inveval(2005년 5월부터)

배제하고 독점하는 유형과 소유주가 노동자와 지배 경영권을 공유하는 유형으로 나뉠 수 있다.

사영 사유 기업(①)은 사적 자본이 소유하며 지배 경영권을 독점하고 있는 기업들로서 대부분의 사기업들이 여기에 속하고, 자본주의 경제에서 보편적인 형태로 존재하며 차베스 정부 시기 베네수엘라에서도 다르지 않다. 국영 국유 기업(②)은 국가가 소유하며 지배 경영권도 독점하고 있는 기업들로서 국가사회주의 기업의 보편적 형태다. 자본주의사회 국유 기업의 대다수는 이 유형에 속하며, 차베스 정부하에서도 PDVSA 등 석유산업 국유 기업들은 공동경영이 거부되고 있다. 사영 사유 기업과 국영 국유 기업은 소유주가 사적 자본이냐 국가자본이냐의 차이는 있지만 지배 경영권을 소유주가 독점적으로 행사한다는 점에서 동일한 기업 경영 방식을 실천하고 있으며, 자본주의 시장경제는 대체로 이 두 유형의 기업들로 구성되어 있다.

한편, 노동자 공장점거 기업(③)과 공동경영 기업(④)은 베네수엘라에서 발견되고 있는 특유한 기업 유형이라 할 수 있다. 노동자 공장점거 기업은 사적 자본이 소유하고 있으나 소유주의 공장폐쇄 시도에 맞서 노동자들이 국유화와 공동경영을 요구하는 투쟁을 전개하며 공장을 점거해 경영하는 노동자 통제 기업들이다. 이런 유형은 노동자들의 국유화 요구에도 불구하고 아직 국유화가 실현되지 않아서 일시적으로 노동자 통제 혹은

지배 경영권의 분점 상태가 지속되고 있으며 이런 상태는 사적 자본의 독점적 지배 경영권이 복원되거나 국유화되어 공동경영으로 전환되기까지 지속된다. 상당수의 공동경영 국유 기업들도 이 과정을 거쳐서 국유화와 공동경영 전환이 실시되었다는 점에서 일시적으로 존재하는 과도기적 유형이라 할 수 있다.

공동경영 기업은 국가가 소유한 국유 기업이지만 지배 경영권을 국가가 노동과 공동으로 행사하는 기업으로서 이 장의 연구 대상이다. 공동경영은 사기업의 경우 예외적으로 시도될 수 있지만 대부분의 경우 국유 기업들에서 실시되고 있다. 공동경영이 국유 기업의 경영 방식 가운데 하나이며, 국가가 국유 기업의 지배 경영권을 독점하지 않고 노동과 공유하며 공동경영을 실시한다는 것은 국가가 선택한 결과라는 점에서 공동경영 기업의 존재 자체가 차베스 정부의 변혁적 성격을 반영하고 있는 것이다.

공동경영이 실시되고 있는 기업들의 경영 성과에 대한 체계적인 학문적 분석은 전무하다. 공동경영 기업들의 경영 성과를 체계적으로 분석하는 학술 연구가 전무한 것은 신뢰할 만한 자료의 빈곤 때문이라 할 수 있다. 이 장은 정부 관련 부처 및 산하 기구들의 보고서 등 발표 자료들, 언론 보도들, 각종 문헌 자료들 및 인터넷 공유 자료들을 참조하는 한편, 2008년부터 2010년 사이에 세 차례에 걸쳐 베네수엘라 현지 조사와 관계자들의 심층 면접 조사를 실시했는데, 특히 2010년에 실시한 인베팔과 인베발 방문 현지 조사와 심층 면접 조사 결과를 핵심 자료로 활용한다. 신뢰할 만한 정부 발표 자료들이 희귀하며, 인베팔과 인베발은 경영 성과 관련 핵심 정보에 대해 대단히 방어적인 비밀주의 태도를 취하고 있었고, 언론의 추정 보도들이 서로 상충하거나 사실 관계를 판단하기 어려운 경우가 많다는 것을 현지 조사를 통해서도 확인할 수 있었다.

게다가 경영 성과 분석을 더욱 어렵게 하는 것은 산정 화폐 단위의 일관성 결여다. 베네수엘라 외환시장의 공식-시중 이중 환율 체계 속에서 베네수엘라 통화의 표기와 미국 달러화 표기가 혼재하고, 베네수엘라 통화를 표기할 때도 2007년 말 이전의 볼리바르Bolivar와 2007년 말 이후에 도입된 볼리바르 뿌에르떼BsF를 사용하는 한편, 근년 들어 볼리바르 뿌에르떼를 지칭하면서도 볼리바르라는 명칭을 사용하는 경우들이 많아서 통시적 분석의 경우 혼란이 더욱 가중되고 있다. 베네수엘라는 전통적으로 볼리바르를 화폐 단위로 사용해 왔는데, 2007년 말 볼리바르의 1천배 가치를 지닌 볼리바르 뿌에르떼를 도입해 기존의 볼리바르와 혼용하기 시작했고, 현재는 볼리바르 뿌에르떼를 볼리바르로 통칭하면서 2007년 말 이전의 볼리바르 단위를 대체해 사용하고 있다. 따라서 이 장에서는 현재 통칭되는 볼리바르 단위, 즉 2007년 말 이후 최근까지 볼리바르 뿌에르떼로 불리던 단위를 '볼리바르'로 사용하며 2007년 말 이전에 사용된 통화에 대해서는 1,000분의 1의 가중치를 적용한다.

3. 노동자 투쟁과 사유 기업 국유화

인베팔의 노동자 투쟁과 국유화

베네팔은 종이롤, 복사·인쇄용 종이, 공책, 종이봉투, 종이백, 종이 포대 등 종이 제품을 생산해 주로 내수 시장에 판매하는 사적 소유 제지 기업이었다. 2002년 12월 자본가 단체인 Fedecámaras와 노동조합총연맹인 CTV가 반차베스 총파업-직장폐쇄 투쟁을 시작하자 베네팔 경영진은 직장 폐쇄 합류를 단행했다. 석유산업을 중심으로 총파업-직장폐쇄 투쟁이 장기화되며 이듬해 2월까지 10주간에 걸쳐 전개되자 베네수엘라의 산업과 경제는 거의 마비 상태에 빠지게 되었고, 그 결과 국내총생산은 2002년과 2003년 각각 -8.9%와 -7.8%의 연속 마이너스 성장을 기록하게 되었다.

베네팔은 천만 달러에 해당되는 자금을 대출했는데도 공장 가동을 위해 투자하지 않고 남용하는 등 이미 1990년대 후반부터 재정적 어려움을 겪기 시작했다. 설상가상으로 총파업-직장폐쇄 투쟁의 장기화와 그에 따른 마이너스 성장으로 인해 베네팔은 재정 위기를 극복하지 못하고 결국 2004년 들어 파산을 선언하고 9월에는 900여 명의 노동자들을 정리 해고했다. 하지만 베네팔의 경영진과 함께 반차베스 연대 투쟁을 전개했던 CTV 소속 노동조합은 노동자들의 고용 보호를 위한 어떤 노력도 기울이지 않았다. 이에 베네팔 노동자 350여 명은 공장을 떠나지 않고 노동조합의 지원 없이 베네팔 측에 단체협약 준수를 요구하며 정리 해고 반대 투쟁을 전개하기 시작했다.

사업장 내의 투쟁으로 활로를 찾기 어렵다고 판단한 투쟁 노동자들은 차베스 정부에 대해 베네팔을 국유화해 공장을 정상화할 것을 요구하며 정부가 적절한 조치를 취하지 않을 경우 공장을 점거하겠다고 위협했다. 베네팔의 노사 갈등이 충돌 국면으로 접어들자 의회는 2005년 1월 13일 만장일치로 파산 기업 베네팔의 사회적 공공성을 선언하고 관보 #38106에 게재함으로써 공장 재가동의 길을 열어 주었다. 의회의 선언에 이어 차베스 정부는 1월 18일 법령 #3438을 공포하며 베네팔의 모든 자산에 대한 강제 몰수 명령을 내렸다. 마침내 1월 31일 대통령령 #3499로 베네팔의 자산으로 인베팔이 창설되었고, 노동자들은 4월 초 공장에 출근해 정부 투입 자금으로 기업 복구 작업을 시작했다.[3]

3_베네팔의 몰락과 인베팔의 창설 과정에 대해서는 MCTI(2012a, 411-412), Corpivensa (2010b, 4), Reyes(2010a), Lin(2006, 5-6), Azzellini(2009, 181-182)를 참조할 것.

인베팔은 정부와 노동자가 각각 지분의 51%와 49%를 보유한 공동소유 경영 기업으로 출범했으나, 2009년 2월 노동자 지분을 17%로 감축하고 정부 지분을 83%로 확대함으로써 공동소유는 유지하되 공동소유에 기초한 공동경영의 원칙에서는 크게 후퇴했다(Corpivensa 2010b, 4).

인베발의 노동자 투쟁과 국유화

CNV는 대형 금속 밸브를 생산해 생산품의 거의 대부분을 PDVSA에 납품하는 업체로서 PDVSA 사장 출신 삐에뜨리Andrés Sosa Pietri가 소유한 사기업이었다. 2002년 12월 자본가 단체 Fedecámaras가 노동조합총연맹 CTV의 차베스 사임을 촉구하는 총파업 투쟁에 연대해 직장 폐쇄를 결의하자 삐에뜨리는 이에 합류하기 위해 2002년 12월 9일 CNV에 대해 직장 폐쇄 조치를 취했다. 석유산업을 중심으로 전개된 반차베스 총파업-직장폐쇄 투쟁은 10주간에 걸쳐 전개되며 베네수엘라 경제에 큰 타격을 입혔는데, 그 과정에서 기업들도 상당한 재정적 손실을 감수하며 존립의 위기를 맞기도 했다. CNV는 전국적 투쟁이 종료된 뒤에도 노동자들에게 어떤 물질적 보상도 하지 않은 채 공장을 폐쇄 상태로 방치하고 있었다.

직장 폐쇄에도 불구하고 CNV 노동자 330여 명은 공장을 떠나지 않고 체불임금 지급과 공장 재가동을 요구하며 공장 정문 앞에서 피케팅을 시작했다. 삐에뜨리는 공장 재가동 조건으로 임금의 대폭 삭감과 체불임금 포기를 요구했지만 노동자들은 이를 거부하고 공장점거를 단행했다. 노동부는 CNV 측에 노동자들의 체불임금을 지급하고 재고용할 것을 명령했지만 CNV 측이 이를 이행하지 않으며 직장 폐쇄와 노동자 공장점거 상태는 장기화되었다. 당시 CNV에는 CTV 소속 노조Sintrametal가 있었지만 노동자 투쟁에 반대하며 어떤 지원도 거부했다. 이런 가운데 2003년 4월 결성된 친차베스 노동조합총연맹 UNT는 공장점거를 지지하고 있었지만, UNT가 내부 갈등으로 위원장 선출도 못하며 조직 분열을 극복하지 못하면서 치리노 같은 지도자들이 개별적으로 지지 방문 하는 것 외에는 투쟁 노동자들에게 실질적 도움을 주기는 어려웠다. 당초 63명의 노동자들이 공장점거에 참여했지만 투쟁이 장기화되면서 투쟁 노동자 숫자가 꾸준히 줄어들어 2004년 말에는 결국 공장점거를 중단하게 되었다.[4]

공장점거가 중단되고 한 명의 노동자가 공장 문 밖에 텐트를 치고 농성 투쟁을 하는 가운데 어느 날 밤 사측이 반제품 상태의 밸브와 작업 설비들을 비밀리에 공장 밖으로 반출하려던 시도가 발각되자, 노동자들이 다시 재동원 되기 시작해 공장 밖 농성장에는 점차 더 많은 노동자들이 합류하게 되었다. 그러던 중 2005년 1월 말 차베스가 브라질에서 개최된 세계사회포럼에서 21세기 사회주의 계획을 발표하고 노동자 투쟁에 호응해 베네팔을 국유화하며 공동경영으로 전환할 것을 선언하자 이에 고무된 CNV 노동자들은 2월 중순 다시 공장점거에 들어가게 되었다. CNV의 자매회사인 주조 공장 아세르벤Acerven의 경우 CNV와 함께 직장 폐쇄에 들어간 이후 아세르벤 노동자들이 CNV 노동자들의 공장점거 요구를 외면한 채 해산 수당을 받고 공장을 떠남으로써 재가동되지 않고 있었다. CNV의 점거 노동자들은 원재료 공급 문제로 인해 자신들의 역량으로 CNV를 정상 가동하는 것이 불가능하다고 판단해 국유화를 요구하게 되었다. 결국 차베스가 노동자들 요구에 호응하며 2005년 4월 26일 의회는 CNV의 사회 공공성을 선언했고 다음날 차베스 정부가 CNV 자산의 몰수를 발표했다. 이렇게 CNV는 국유화되어 2005년 5월 9일 대통령령 #3652로 인베발이라

4_ 직장 폐쇄와 노동자 투쟁 과정에 대해서는 Trigona(2006, 1-4), Azzellni(2009, 183-185), Janicke(2007a, 1-4), Alfonso(2010 면담)를 참조할 것.

는 국유 기업으로 창설되었고, 생산 설비의 재점검과 보수·수리를 거친 다음 같은 해 12월 9일 공장 가동을 시작하게 되었다.[5]

인베발은 정부와 노동자가 각각 51%와 49%의 지분을 보유한 공동소유 기업으로 출범했으나, 2007년 11월 노동자들이 보유 지분 전량을 정부에 기증함으로써 100% 국가 소유 기업으로 전환함으로써 공동소유에 기반한 공동경영 모델은 포기되었다(Cormenzana 2009a, 172-173).

인베팔과 인베발의 국유화와 공동경영

인베팔과 인베발은 노동자 투쟁에서 국유화 조치로 귀결되는 공통점을 지니고 있다. 두 업체 모두 반차베스 총파업-직장폐쇄에 동참한 다음 직장폐쇄가 장기화되면서 재정 위기를 겪게 되었고, 결국 공장 가동을 포기하고 정리 해고를 단행해 노동자 투쟁을 야기함으로써 국유화 조치의 단초를 제공했다. 노동자들은 정리 해고를 거부하고 기업을 상대로 체불임금 지급과 공장의 정상화를 요구는 투쟁을 전개하는 가운데, 대자본가 투쟁의 한계를 절감하고 차베스를 향해 해당 기업들의 국유화를 요구하게 되었다. 국유화 절차는 의회가 해당 기업들의 사회적 공공성을 선언한 다음 행정부가 국유화 조치를 단행하는 방식으로 이루어졌는데, 이미 장기간 직장 폐쇄 상태로 기업 운영을 실질적으로 포기하고 있었던 탓에 자본 측의 격렬한 저항은 거의 없었다.

인베팔과 인베발은 모두 2005년 초에 국유화되었으며, 차베스가 21세

5_노동자들의 공장 재점거와 국유화에 이르는 과정에 대해서는 MCTI(2012a, 419-420), FRETECO(2008), Cormenzana(2009b), Trigona(2006, 1-4), González(2010 면담)를 참조할 것.

기 사회주의를 선언한 2005년 1월 말 세계사회포럼을 기준으로, 인베팔은 그 전에, 인베발은 그 후에 국유화가 실시되었다. 이런 시차는 두 국유화 조치들이 인과적으로 연결될 수 있게 했다. 인베팔 노동자들은 자생적으로 국유화 요구를 투쟁 목표로 설정해 국유화를 이루어 낸 반면, 인베발 노동자들은 인베팔의 국유화 조치에 고무되어 투쟁 요구를 기업을 상대로 한 체불임금 지불과 재고용 요구에서 정부를 상대로 한 국유화 요구로 전환함으로써 실현할 수 있었던 것이다.

인베팔과 인베발은 모두 정부와 노동자가 각각 지분의 51%와 49%를 보유한 공동경영 기업으로 출범함으로써 공동소유에 기반한 공동경영의 전범이 되었다. 하지만 지분 변동을 거치며 공동소유에 기반한 공동경영 모델은 사실상 사라지게 되었다. 인베발의 경우 100% 정부 소유 기업이 됨으로써 공동소유가 폐기된 반면, 인베팔의 경우 노동자 지분이 17%로 축소되어 여전히 노동자 지분이 잔존하고 있어 공동소유, 공동경영의 외양은 유지되고 있지만 노동자의 17% 지분은 공동경영을 담보하기 위해 유의미한 역할을 하기 어렵다는 점에서 공동소유에 기반한 공동경영은 포기되었다고 할 수 있다.

4. 공동경영 기업의 경영 성과

인베팔의 경영 성과

인베팔은 현재 까라보보Carabobo 주 모론Morón에 본부와 공장 하나, 아라곤Aragón 주 마라까이Maracay에 공장 두 개를 갖고 있으며, 인베팔 창업 당시 350여 명으로 출범해, 현재는 900명 수준으로 증가했지만 베네팔 시기의 고용 규모 1,500명에는 크게 못 미치고 있다(MCTI 2010a; 2011d; Hererra 2010 면담). 인베팔은 1,320만 볼리바르를 자본금으로 출범했으며 2005년 11월 지급된 정부 지원금 1,000만 볼리바르를 합해 2,420만 볼리바르로 생산 설비를 보수하고 원재료를 확보해 생산을 정상화시키고자 했으나 턱없이 불충분한 액수였다고 한다.[6] 칠레로부터 나무 펄프를 수입해 사용하는 재정적 부담과 수급의 불안정성으로 인해 인베팔은 원재료를 국산으로 대체하고자 했지만 여의치 않았고, 정부도 2005년 11월 이후에는 거의 지원금을 제공하지 않음으로써 인베팔은 만성적 자원 부족 상태를 벗어나기 어렵게 되었다.[7] 정부 지원금은 인베팔 가동을 위해 필요한 자금 규모의 10~20% 수준에 불과했는데, 그나마 최소 170만 볼리바르 이상을 용도 중빙도 없이 사용했다는 사실이 2006년 산업통상부MILCO, Ministerio de Industrias Ligeras y Comercio의 감사 결과 드러났을 정도로 경영진의 부패와 무책임성도 공장 정상화를 어렵게 하는 또 다른 요인이 되고 있었다(Azzellini 2009, 181-183; Carmona 2010 면담).

인베팔 공장 기계들은 평균 연령이 50년 정도였고 2000년대 들어서는 베네팔 시기뿐만 아니라 인베팔 출범 이후에도 거의 정상적 수리·보수를 받지 않은 채 방기되어 기계 설비의 노후화 정도가 매우 심각했다는 점에 대해서는 인베팔의 현 경영진과 그에 비판적인 제지 산업 기술자도 동의하는 부분이다(Frazao 2010 면담; Hererra 2010 면담). 펄프를 종이로 만드는

6_Campos(2006), Lin(2006), Lagardera(2010 면담)를 참조할 것.

7_과학기술산업부 장관 차꼰(Chacón)이 2009년부터 2013년까지 인베팔의 생산 설비 개선을 위해 3단계에 걸쳐 2.5억 BsF에 달하는 대대적인 규모의 투자를 실시하겠다는 계획을 발표한 바 있으나 제대로 집행되지 않고 있다고 한다(*El Nacional* 2009/08/15; Hererra 2010 면담; Lagardera 2010 면담).

공정은 수분이 97% 정도 되는 혼합물의 수분을 증기로 전환해 최종 3% 수준에 달할 때까지 수분을 제거하는 방식이기 때문에 엄청나게 많은 에너지를 지속적이고 안정적으로 공급해 줄 수 있는 발전설비가 필요하지만, 인베팔 공장은 안정적으로 에너지를 공급할 발전설비를 결여하고 있다.

설비 노후화와 에너지 공급 불안정성 문제와 함께 원재료 부족 문제는 인베팔의 정상 가동을 막는 핵심적 장애 요인으로 작동하고 있다. 인베팔 창설과 함께 공장 복구를 위해 생산 현장에 들어갔던 노동자들이 가장 심각한 현안으로 확인했던 문제가 바로 원재료 부족이었다. 원재료는 최종 생산품의 품질 관리를 위해 칠레에서 엄격한 물리화학적 기준에 맞춰 수입해 사용해 왔는데, 원재료 구입 자금을 확보하지 못하거나 칠레 현지 사정으로 인해 원재료가 적기에 적정량이 도착하지 않아 생산에 차질을 빚는 경우가 많고, 실제 그로 인해 인베팔의 가동이 중단되는 경우도 매년 몇 차례씩 발생해 왔다고 한다.[8]

인베팔은 공장 가동 정상화를 위해 터빈발전기를 도입해 에너지 공급 문제를 해결하고, 아르헨티나 정부와 협약을 체결해 노후화된 기계 설비를 개선하며, 기계 설비들의 수리·개선을 통해 생산 활동을 곧 정상화할 것이라는 등의 계획들을 꾸준히 발표해 왔다(Notitarde 2009; *El Nacional* 2009/08/15; Rodríguez 2011). 하지만 에너지 공급 문제를 해소하기 위해 터빈발전기를 구입하는 것은 해당 설비가 1,000만 볼리바르에 달하는 고가에도 불구하고 에너지를 많이 소모한다는 점에서 잘못된 선택이고, 아르헨티나 기술을 이용해 노후화된 기계 설비를 현대화하겠다는 것 또한 아

8_Corpivensa(2010b, 2), Militante(2011), *El Nacional*(2009/08/15), Frazao(2010 면담)를 참조할 것.

르헨티나 기업들이 제지 기계를 생산할 능력을 갖고 있지 못하다는 점에서 기술혁신에 전혀 도움이 되지 않으며, 무엇보다도 정부가 투자 계획을 적극적으로 실현하지 않음으로써 원재료의 적기 확보가 어렵게 되어 생산 활동의 정상화가 진전되지 않는다는 점이 지적되고 있다(Reporte 2008; Hererra 2010 면담; Lagardera 2010 면담). 인베팔의 공장 가동 상황을 보더라도 인베팔 측의 계획이 현실화되지 않고 있다는 것을 확인할 수 있다.

인베팔의 종이 제품 생산능력과 생산량에 대한 통계치는 자료에 따라 편차가 있는데, 인베팔을 관할하는 과학기술산업부MCTI, Ministerio del Poder Popular para Ciencia, Tecnología e Industrias Intermedias 중간재산업공사Corpivensa, Corporación de Industrias Intermedias de Venezuela S.A.에 따르면, 인베팔의 생산능력은 2010년 기준으로 월 16,167톤이라 한다(Corpivensa 2010b, 3 & 10). 인베팔 경영진이 제시한 연도별 생산량은 9,800톤(2005년), 25,000톤(2006년), 27,700톤(2007년), 14,000톤(2008년), 15,000톤(2009년)이며 2007년 연간 생산 27,700톤으로 절정을 이루었음에도 이는 월평균 2,308.33톤으로서 생산능력 대비 가동률은 14.28%에 불과하다(Frazao 2010 면담). 2007년 이후 생산량은 다시 반감해 월평균 생산량은 2008년 1,167톤, 2009년 1,250톤으로 하락함으로써 가동률은 7% 수준에 그치게 되었다.[9] 한편 중간재산업공사의 보고서에 소개된 공장별 생산량을 합산해 각연도 인베팔의 월평균 생산량을 산출하면, 2008년 1,025톤으로 인베팔 측 수치보다 조금 작지만 2009년의 경우 600톤으로서 가동률은 3.7%에 불과해 인베팔 측 수치보다 훨씬 더 비관적인 모습을 보여 주고 있다(Corpivensa 2010b,

---

[9]_제지 기술자 Hererra(2010 면담)에 따르면 인베팔의 생산수준은 베네팔 시기의 5분의 1 수준이라고 한다.

8). 인베팔 경영진은 2008년과 2009년 가동률 하락의 일차적 원인으로 2008년 전기 에너지 공급 문제, 2009년 원재료 수급 문제를 꼽는다(Frazao 2010 면담).

중간재산업공사의 보고서에 소개된 인베팔의 2010년 상반기 월별 생산계획을 보면 매월 생산 목표는 3,880톤으로서 생산능력의 24.0%에 해당되며 가장 높은 가동률을 보였던 2007년의 14.28%보다 훨씬 더 높은 가동률 수준이다(Corpivensa 2010b, 9). 이는 과학기술산업부 장관의 야심찬 2009~13년 투자 계획에 힘입어 에너지 공급과 원재료 수급 문제가 원만하게 해결될 수 있다는 전제 위에서 산정된 목표치로 이해된다. 동 보고서는 2010년 1월과 2월에 한해 실제 생산량 수치도 제시하고 있는데, 1월은 144.39톤, 2월은 281톤으로서 생산 목표 달성률은 각각 3.72%와 7.24%에 해당된다. 이를 생산능력 대비 가동률로 환산하면 2010년 1월의 가동률은 0.89%, 2월의 가동률은 1.74%에 불과한 것이다.

인베팔 경영진은 현재 시장 점유율이 20%인데 인베팔 제품은 품질이 우수해 충분한 수출 잠재력을 지니고 있기 때문에 향후 내수 시장을 넘어 수출 시장을 겨냥한 생산도 추진할 것이라고 차베스에게 보고한 바 있다(MCTI 2010a, 2010b; Corpivensa 2010b, 5; VTV 2010). 하지만 제지 기술자 에레라에 따르면, 흰색 종이 공책을 기준으로 볼 때 현재 베네수엘라에 수입되는 제품들의 품질 순위는 브라질, 미국, 콜롬비아 순인데 이들 모두 베네수엘라산보다 품질이 뛰어나며, 베네수엘라 제품들의 품질을 보더라도 인베팔은 만빠Manpa와 까빠꼬Capaco에도 뒤지는 3위에 불과하다고 한다(Hererra 2010 면담). 인베팔의 제품은 종이에 쓴 글씨를 지우개로 지운 다음 종이 형태가 말끔하게 남아 있지 못할 정도로 종이 질이 여타 경쟁 제품들에 비해 떨어지며 그렇게 열악한 품질로는 수출 시장에서 성과를 내기 어렵다는 것이다.

과학기술산업부의 2011년도 인베팔 사업보고서는 2010년과 2011년에도 계속 엄청난 규모의 적자를 누적하고 있어 낮은 가동률 문제를 여전히 해결하지 못한 것으로 보고하고 있는데(MCTI 2012c, 3-8), 이는 정부의 추가적 투자에 기초한 생산 설비 개선 계획이 제대로 진척되지 않았다는 것을 반영한다. 동 보고서에 따르면 매출 총액은 2010년의 6,295.3만 볼리바르에서 110% 증가한 것으로 나타났고, 2011년 총수입은 1억3,217.7만 볼리바르였는데 정부 지원금도 없고 차감할 판매 할인금과 판매 환불금의 액수도 작은 편이기 때문에 총수입과 큰 차이가 없다.

인베팔의 2011년도 경비 지출을 보면, 2억4,209.7만 볼리바르로서, 2010년도 경비 지출 규모가 제시되지 않아 변동 폭을 확인하기 어렵지만 지출률은 총지출 계획 11억9,711.8만 볼리바르의 20.22%에 불과한 것으로 나타났다(MCTI 2012c, 1-2, 10). 예산 대비 집행률이 가장 높은 항목은 인건비로서 7,012.6만 볼리바르가 지출되었으며 집행률 82.65%는 총지출예산 집행률 20.22%의 네 배에 달하는 수준이다. 반면, 기계 설비 투자를 반영하는 부동산 관련 지출은 1,308.2만 볼리바르로서 집행률은 2.73%에 불과했는데, 그나마 전년 대비 370%가 증가한 액수다. 한편 원재료, 부품 등의 지출 규모는 7,165.5만 볼리바르로서 예산 대비 집행률은 전체 평균 수준인 20.37%로 나타났다. 이는 가동률 제고 계획이 철저히 실패했다는 것을 보여 주는 한편, 전년도에 비해 82% 증가했다는 점에서 가동률이 상승한 것 또한 사실이라는 것을 확인시켜 준다.

인베팔은 2011년도에 낮은 지출예산 집행률에도 불구하고 매출 수익 규모에 비해 월등히 높은 지출 규모의 구조가 계속되고 있었기 때문에 3,944.1만 볼리바르에 달하는 순손실을 기록했다(MCTI 2012c, 8). 이런 순손실 규모는 매출액 증대 덕분에 전년도의 순손실 규모 4,502.1만 볼리바르에 비해 12.4% 감소한 것이지만, 전년도까지의 누적 손실액 1억2,126.8만 볼리바르를 더하면 총부채 규모는 1억6,071만 볼리바르로서 자기 자본 대비 부채비율은 456.71%에 달한다. 부채 규모가 자본금 3,518.9만 볼리바르를 초과해 자본금과 부채의 차액에 해당되는 순자산은 마이너스 1억 2,552만 볼리바르에 달하고 있어 전년도의 마이너스 8,608만 볼리바르에서 45.8%나 확대된 것이며 인베팔이 부도의 위험에 노출된 기업으로서 지속 가능성의 위기에 직면해 있다고 할 수 있다.

인베팔은 기계 설비 개선과 원재료 확보 문제 등 구조적 제약으로 인해 "인베팔은 가동 후 3년 내에는 이익을 낼 수 없을 것이다"(Puntes 2011)라고 창설 1년 뒤인 2006년 중반 산업통상부 차관 꼴메나레스Elio Colmenares가 공언한 바 있다. 실제로, 인베팔은 창업 첫해뿐만 아니라 창업 2년차인 2006년 1,300만 볼리바르, 2007년 1,800만 볼리바르, 2008년 1,400만 볼리바르의 순손실을 기록한 것으로 확인되었다(*El Nacional* 2009/08/15). 이처럼 인베팔은 매년 창업 자금 규모의 순손실을 누적해 왔으며 최고의 가동률을 기록했던 2007년에도 예외가 아니었고, 이런 순손실 행진은 2010년과 2011년에도 지속되었으며 도리어 순손실 규모는 훨씬 더 커진 것이다(Puntes 2011).

과학기술산업부의 사업보고서가 2011년도 인베팔의 가장 중요한 사업 성과로 꼽은 것은 8,742톤의 종이 제품을 염가로 시민들에게 제공했다는 점으로서 인베팔의 대표적인 사회적 기여 활동 방식이다(MCTI 2012a, 413-416). 구체적인 내용을 보면, 교육부가 초등학교 초급 학년 어린이들에게 무료로 배분하기 위해 주문한 공책 1,830톤을 공급했고, 전국의 학생·시민 2만7천여 명을 대상으로 68회에 걸쳐 종이 제품을 저렴한 가격으로 직접 판매했고, 18개 공공 기관들에 1,849톤의 종이 다발들을 공급했다는 점이다. 또한 인베팔이 기계 및 생산 설비들을 현대화했다는 점도 주요 사업 성과로 꼽고 있는데, 주로 제한된 수리·보수 방식에 그쳤고 대대적인 설비 혁신은 보고되지 않았는데 이는 지출 내역에서 확인된 바와도 같다.

학용품 축제Ferias Populares Escolares처럼 인베팔이 생산품을 염가로 시민들에게 배분하는 것은 사기업에서는 찾을 수 없는 유의미한 사회적 기여 활동임에 틀림없다. 하지만 인베팔은 공장의 정상 가동이 이루어지지 않음으로써 제조업체로서 사활의 기로에 놓여 있다는 것은 분명하다.

인베팔이 자체적으로 이윤을 창출하지 못하고 있어 향후 전망이 어두우며, 경영진이나 생산자 협동조합 Covinpa(베네수엘라펄프제지산업협동조합Cooperativa Venezolana de Industria de Pulpa y Papel) 측 모두 그 핵심적 제약 요인으로 세 가지를 꼽는다(MCTI 2012a, 416-7; Puntes 2011; Frazao 2010 면담; CMR 2011).

첫 번째 제약 요인은 노후화된 생산 설비다. 노후화된 생산 설비는 생산성과 제품 품질에 심각한 제약이 되고 있으며, 기계 설비 투자 등 부동산 관련 지출의 집행률이 2.73%에 불과해 설비 혁신이 이루어지지 않는다는 것을 보여 준다. 이는 주로 기존 설비의 개선 및 최적화, 제작 및 사무실 설비의 취득을 위한 지출 등 설비투자가 매우 부진하다는 것을 의미하는데, 부채·적자의 누적으로 인한 투자 재원 부족과 낮은 가동률로 인해 원재료 등 여타 항목들에 비해 투자 우선순위에서 밀리게 된 결과다. 따라서 기계 설비의 노후화가 꾸준히 진행되는 가운데 당면한 가동을 위해 최소한의 보수만 하며 가동되고 있으며 생산 설비의 대대적 혁신은 불가능한 것이다.

두 번째 제약 요인은 전기 에너지 공급의 불안정성이다. 자체 발전설비의 고장으로 인해 외부 에너지원에 의존함으로써 발생되는 추가적 비용 부담과 계획되지 않은 돌발적 단전 사고 등으로 인해 안정적 에너지 공급이 어렵게 되고 있다.

세 번째 제약 요인은 원재료 공급 문제다. 원재료는 주로 외국, 특히 칠레에 크게 의존하고 있는데 인베팔의 자금 부족에 더해 볼리바르의 이중환율 구조와 외환 당국의 볼리바르 환전 통제로 인해 원재료를 적기에 구입하기 어려운 가운데, 칠레의 지진 발생 및 수송 등의 문제 때문에 원재료의 안정적 공급이 더욱 힘들게 되고 있다.

까라까스에서 항의 시위를 전개한 인베팔 노동자들은 인베팔이 완전

마비 상태에 빠져 공장이 가동되지 않고 있는데, 경영진이 사실을 은폐하고 있다고 주장한다. 한편 인베팔 사장 에스삐노사Francisco Espinoza는 2010년 9월 초 학용품 축제에서 차베스에게 인베팔의 현재 생산 가동률이 12%라고 보고했는데(VTV 2010), 인베팔이 최고의 가동률을 보였던 2007년에도 14.28%에 불과했으며 이후 가동률이 하락해 2010년 초에는 1% 수준에 머물렀고 정부 당국에서 그 이후의 향상된 가동률을 발표하지 않았다는 점을 고려하면 사장의 12% 발언도 과장일 가능성이 높다고 할 수 있다.

인베팔의 경영 성과

CNV의 직장 폐쇄 상태에서 중간 관리자와 기술자들도 경영진과 함께 공장을 떠났고 인베팔 창설 이후 노동자들은 정부의 기술자나 관료의 파견 없이 자체적으로 생산과 경영 기능을 수행해 왔다. 인베팔은 창설 이래 현재까지 60명 안팎의 인력으로 가동되어 왔고 현재 사장 포함해 57명이 근무하고 있어, CNV 시기의 고용 규모 330명의 20%에도 못 미친다. 3년 이상 방치되었던 공장을 사적 자본의 투자 없이 재가동하기 위해서는 대대적인 설비투자가 필요했고 그래서 정부 지원은 매우 절실했다. 인베팔 노동자들은 2005년과 2007년 사이 차베스를 세 차례나 만났고 정부 부처는 수시로 만나서 기업 경영, 특히 원재료 확보 문제를 논의했다. 인베팔 노동자들은 차베스와 정부가 인베팔을 특별히 배려해 특전을 준 것은 사실이며, 이는 인베팔이 21세기 사회주의 대안적 기업모델의 상징으로 부각된 때문이라고 설명했다. 인베팔은 2005년 600만 볼리바르, 2009년 290만 볼리바르를 정부로부터 지원받았는데, 인베팔은 2005년 지원금으로 인프라와 기계 설비를 재구축해 2007년 제품 생산을 시작할 수 있었고, 2009년 지원금은 원재료 수입을 위한 결제 대금으로 사용되었다.[10]

인베팔은 생산 활동을 시작하면서부터 원재료 및 수주 확보에 어려움을 겪어 왔다. CNV시절 원재료를 공급했던 주조 공장 아세르벤은 CNV 소유주 뻬에뜨리의 사촌이 소유한 자매 기업으로서 2001년 말 CNV와 함께 반차베스 총파업-직장폐쇄에 합류했다. 차베스 정부는 인베발 노동자들의 국유화 및 재가동 요구에 따라 아세르벤에 대해 사회적 공공성을 선언했지만 몰수하지 않은 채 공장폐쇄 상태로 장기간 방치하고 있다. 아세르벤의 공장폐쇄로 인해 인베발은 원재료 확보에 어려움을 겪기 시작했고 러시아와 브라질의 원재료 수입에 의존하게 됨으로써 생산 비용 증대와 원재료 확보 불안정성의 문제를 벗어나지 못하게 되었다. 인베발 노동자들은 정부에 아세르벤의 재가동을 꾸준히 요구하는 한편, 여타 밸브 생산 업체들과 함께 "밸브산업 발전"Estado Mayor de la Válvula이라는 연대 조직체를 결성해 밸브 산업이 직면한 원재료 수급 등 현안 문제들을 해결하기 위한 집합적 노력을 경주하고 있다. 정부도 2011년 들어 제조업 부문의 발전을 촉진하기 위한 물품의 수입에 대해 부가가치세를 면제해 주는 법령을 공포하고, 동 면세 혜택이 인베발의 생산 프로젝트를 위한 밸브 수입에 적용되며 공포 시점으로부터 1년간 유효하다고 규정하는 등 인베발의 정상화에 각별한 관심을 기울이고 있지만, 아세르벤이 정상화되기 전에는 인베발의 원재료 확보 문제를 근본적으로 해결하기는 어렵다.[11]

직장 폐쇄 전까지만 하더라도 CNV의 밸브 생산은 PDVSA를 위한 주

10_2008년 8월 27일 차베스는 2700만 BsF의 추가 지원금 지급을 승인했지만, 지급되지 않았다고 한다. 인베발의 재가동과 정부의 지원금 사용처 및 정부 지원의 해석에 대해서는 *El Nacional*(2008/04/14), www3.dinero.com.ve(2010/03/07), FRETECO(2008; 2009), Trigona(2006, 1-4), Paredes(2010 면담), González(2010 면담)를 참조할 것.

11_아세르벤과 인베발의 원재료 확보 문제에 대해서는 AVN(2011c), LdC(2010), Quintero (2010 면담), González(2010 면담)를 참조할 것.

문 생산이 핵심을 이루고 있었다. 인베발이 창설되어 공장이 가동되기 시작하자 남은 원재료들을 모두 투입해 PDVSA의 주문 물량을 생산했으나 PDVSA가 주문 계약을 이행하지 않으면서 완제품 밸브들이 8개월 가까이 재고로 쌓이게 되었다. 차베스의 개입으로 PDVSA가 밸브를 구입하기로 합의했으나, 이후 밸브 규격을 인베발이 생산할 수 없는 규격으로 바꾸어 인베발을 배제하는 등 인베발 창설 이후 PDVSA를 통한 제품 수요 확보가 난관을 벗어나지 못하고 있었다. PDVSA는 주문 밸브의 규격과 품질을 들어 인베발에 대한 생산 주문을 기피하는 한편, 세 개 이상의 기업들에 의한 입찰 경쟁 방침을 고수하며 러시아, 중국 등 초국적 업체들을 발주처로 선택하고 있다. 정부는 인베발-PDVSA의 밸브 수급 문제를 해결하기 위해 2008년 말 인베발이 60%, PDVSA가 40%의 지분을 갖는 인수발Insuval이라는 합작 기업을 출범시킨다는 계획을 발표했지만 2,700만 볼리바르에 달하는 막대한 창설 자금 소요로 인해 아직 법인조차 설립하지 못하고 있다.[12]

이처럼 원재료와 밸브 수요 문제가 해결되지 않은 탓으로 인베발은 아직도 정상 가동되지 못하고 있다. 과학기술산업부 산하 중간재산업공사는 인베발의 밸브 생산능력은 월 250톤인데 2010년 월평균 생산량은 30톤으로서 가동률은 12%에 불과했던 것으로 보고하고 있다(Corpivensa 2010a, 27). 노동자들의 증언에 따르면, 2009년에는 원재료 문제로 밸브 생산을 전혀 하지 못했으나 밸브의 유지 보수 서비스를 통해 수입과 비용을 비슷한 수준으로 맞출 수 있었다고 한다(González 2010 면담; Quintero 2010 면담).

12_밸브 수요 문제에 대해서는 Quintero(2010 면담), González(2010 면담), Calzadilla (2010 면담), Janicke(2007a, 1-4)를 참조할 것.

과학기술산업부의 2011년도 인베발 사업보고서는 인베발의 수익 구조가 여전히 밸브 생산 대신 유지·보수 서비스에 의존하고 있으며 가까스로 적자를 면하는 상태가 지속되고 있다는 것을 확인해 준다(MCTI 2012b, 2-8). 동 보고서에 따르면 2011년 총수입은 875.5만 볼리바르로서 전년도 838.6만 볼리바르에 비해 108.97% 증가했는데, 이는 영업 활동의 성과 향상이 아니라 정부 지원금의 배가에 따른 결과다. 정부 지원금을 제외한 매출 총액은 406만 볼리바르로서 전년도 613.9만 볼리바르에서 33.87% 줄어든 것이다. 총매출액과 함께 총지출 규모도 감소했는데, 전년도 550.3만 볼리바르에서 349만 볼리바르로 감소해 감소 폭은 6.57%로 나타났다. 결국, 총수익은 전년도 288.3만 볼리바르에서 526.5만 볼리바르로 82.64% 증가했는데, 정부 지원금 부분을 제외하면 순수익은 전년도 63.6만 볼리바르에서 57만 볼리바르로 10.41% 감소했다. 이처럼 순수익의 감소율이 총매출액의 감소율보다 작게 나타난 것은 총매출액이 감축되는 이상으로 총지출을 감축함으로써 순수익의 감소 폭을 줄일 수 있었기 때문이다.

2011년도 순이익은 전년도 288.3만 볼리바르에서 526.5만 볼리바르로 크게 증가했고, 누적 이익에 초기 자본금 314.1만 볼리바르를 더해 총자산은 1,128.9만 볼리바르가 되었다(MCTI 2012b, 5). 2011년 말 현재 총자산은 전년도 513만 볼리바르의 두 배가 넘게 증식된 것인데, 이는 영업 활동의 성과가 아니라 정부 지원금 증가에 따른 결과인 것이다.

인베발의 공장 가동 상황은 2011년도 경비 지출 내역에서 확인할 수 있다(MCTI 2012b, 8). 인건비 지출은 286.3만 볼리바르로서 전년도에 비해 28%나 감소했지만 총지출 경비의 74.45%를 점하고 있다. 기계 설비 투자, 원재료, 부품, 생산 서비스 비용을 합한 비인건비 지출 총액은 인건비 총액의 3분의 1 수준에 불과해 생산 활동이 정상적으로 전개되지 않고 있다는 것을 보여 준다. 기계 설비 투자의 예산 대비 집행률은 43.83%로서 실제 생산 시설 가동률이 생산계획에 크게 못 미친 결과라고 할 수 있다. 지출 내역을 살펴보면 전년 대비 감축률이 가장 큰 항목은 인건비 외 서비스 비용(77.75%)과 기계 설비 등 부동산 비용(87.07%)으로서 생산 활동이 밸브 제작 대신 밸브의 수리·보수 작업 중심으로 전개되고 있기 때문이다.

과학기술산업부는 2011년도 인베발의 대표적인 사업 성과들로서 PDVSA 산하 빨리또Palito 정유 회사와 2011~12년 밸브의 관리·보수를 위한 계약을 체결한 것, 112개의 CRP 밸브들을 보수한 것, 153개의 EYP 밸브들을 보수한 것, 빨리또 정유 회사의 밸브 50개를 수리한 것 등을 꼽고 있다(MCTI 2012a, 421-422). 이는 인베발이 밸브 생산을 통한 공장 정상화에 실패하고 밸브의 수리·보수 작업에 수익을 의존하고 있다는 것을 확인시켜 준다. 대형 밸브 생산은 업종 특성상 주문생산에 의존할 수밖에 없는데 PDVSA가 인베발에 밸브 생산을 주문하지 않는 상황에서 인베발이 밸브 생산이 정상화되기는 어렵다고 할 수 있다.

인베팔과 인베발의 경영 성과 비교

인베팔과 인베발은 모두 10% 안팎의 낮은 공장 가동률에 머물러 정상 가동에 실패함으로써 생산 활동을 통해 발생하는 적자와 손실을 피하지 못하고 있다. 이런 공장 가동 상황은 직장 폐쇄 이전의 사기업 시기보다 더 악화되었다고 할 수 있다. 공장 가동률을 사기업 시기와 직접적으로 비교하기는 어렵지만 고용 규모 변천을 통해 간접적으로 검토할 수는 있다. 현재 고용 규모가 인베팔의 경우 사기업 시기의 60% 수준, 인베발의 경우 사기업 시기의 20% 미만 수준인데, 사기업들이 통상 가동률을 초과하는 유휴 인력을 고용하지 않는다는 점을 고려하면 현재의 공장 가동률이 사기업 시기에 비해 월등히 하락한 것을 알 수 있다.

인베팔과 인베발은 낮은 가동률이라는 점에서 공통점을 보이지만 수익 구조에서는 대조적인 양상을 보여 준다. 인베팔은 생산 활동의 적자 구

표 7-2 | 공장 가동 현황 및 경영 성과 비교

구분	인베팔	인베발
생산품	종이 제품	금속 밸브
공장 가동률	10% 미만	10% 수준
이윤 창출	이윤 창출 실패	이윤·손실 균형
공장 가동 제약 요인	기계 노후화, 에너지 공급 불안정성, 원재료 확보 문제	생산 주문 부재(PDVSA의 주문 거부), 원재료 확보 문제, 수리·보수 치중
대정부 요구 조건	대대적 재정투자 요구 ⇒ 투자 계획 실현 안 됨	PDVSA의 주문 압박 ⇒ 주문 거부 (밸브 규격 및 경쟁 발주 등 기술적 회피)
정부의 지원	정부 생산품 주문	재정 지원, PDVSA 통한 주문(수리·보수 서비스), 원재료 수입 면세 혜택

조를 탈피하지 못함으로써 적자와 부채가 누적되어 마이너스 순자산이 꾸준히 확대되며 기업 존망의 위기에 직면해 있는 반면, 인베발은 밸브의 생산 대신 수리·보수 서비스 제공을 통해 수익 구조를 맞춤으로써 순이익을 누적하며 총자산을 증식하고 있다(〈표 7-2〉 참조).

낮은 공장 가동률의 원인에 있어 두 업체 모두 원재료 확보에 어려움을 겪고 있다는 점에서 유사성을 보이는 가운데 기업간 차별성도 보여 주고 있다. 인베팔은 기계 노후화로 인한 생산성 및 품질의 신뢰성 하락 문제, 수분 증기화를 위해 기계 작동에 소요되는 에너지 공급의 불안정성 문제도 지니는 반면, 인베발은 생산 주문의 부재 문제를 지니고 있다.

이런 공장 가동의 제약 요인들을 해소하기 위해 인베팔과 인베발은 국유 기업으로서 정부에 대해 공장 정상화를 위한 요구 조건들을 제시하고 있는데, 정부는 인베팔에 비해 인베발을 훨씬 더 적극적으로 지원하고 있다. 인베팔은 정부에 대대적인 재정 자원 투자를 요구해 왔고 정부 또한 야심찬 투자 계획을 발표하기도 했지만 정부 투자 계획은 제대로 실현되지 않았고 정부는 생산품을 주문하는 수준에서 지원하고 있다. 한편 인베발은 정부가 개입해 PDVSA이 인베발에 밸브를 주문하도록 압박했는데, PDVSA는 밸브 규격 불일치 혹은 경쟁 발주 원칙 등의 이유를 들어 인베발에 대한 밸브 주문을 기술적으로 회피하며 기설치 밸브들에 대한 수리·보수 서비스만 주문하고 있다. 정부는 PDVSA의 대외 발주에 대해 개입할 뿐만 아니라 인베발이 순이익을 누적하고 있음에도 불구하고 꾸준히 지원금을 제공하는 한편, 인베발의 밸브 생산을 위한 원재료 수입에 대해 면세 혜택을 법제화하는 등 적극적으로 지원하고 있다.

5. 맺음말

공동경영 기업의 경영 성과 실패 및 원인

인베팔과 인베발은 10% 안팎의 낮은 공장가 동률을 벗어나지 못함으로써 공동경영 기업들이 경영 성과 측면에서 실패했다는 것을 확인시켜 준다. 인베팔은 적자를 누적함으로써 마이너스 순자산 규모가 꾸준히 확대되어 재정적 파산에 직면한 반면, 인베발은 제품 생산 대신 수리 보전 서비스 제공을 통해 이윤과 손실의 균형을 맞추고 있으나 여전히 주조 공장 아세르벤의 정상화를 요구하고 있어 업종 전환이 아닌 업종 다각화 수준에 머물고 있다. 인베팔이 기업 생존에 실패한 반면, 인베발은 손익분기점을 넘어서 기업 생존에는 성공했다. 하지만 인베발도 사유 기업 시기에 비해 낮은 공장 가동률과 함께 고용 규모도 훨씬 더 축소되었다는 점에서 인베팔과 다르지 않으며, 이는 국유화와 공동경영 전환이 경제적 효율성의 향상을 가져오지 못했다는 것을 확인시켜 준다.

공동경영 기업들은 국유화 이전에 정상적으로 가동되던 기업들이 아니라 2년 이상의 직장 폐쇄로 인해 재정 위기를 겪고 있던 기업들이다. 따라서 원재료를 구입하고 기계 설비를 개선하는 데 필요한 최소한의 운전 자금도 고갈되어 있었을 뿐만 아니라 체불임금 등의 형태로 상당한 규모의 부채까지 보유하고 있었다. 그뿐만 아니라 장기화된 직장 폐쇄로 인해 생산 설비들은 정상적으로 보수·유지되지 않은 채 급격하게 노후화되었고, 원재료 취득 경로와 제품 판매 경로도 상실한 상태에서 최고 경영진은 물론 중간 경영인들과 전문 기술자들까지 상당수 공장을 버린 탓으로 기업 경영 경험이 없고 전문 기술력을 결여한 노동자들이 경영 성과를 내기에 어려운 조건이었다는 것은 분명하다. 하지만 국유화와 공동경영 전환 이후 이미 7년 이상 경과했기 때문에 직장 폐쇄 기간을 포함한 사기업 시기로부터 비롯된 문제점들을 극복하기에 충분한 시간적 여유가 있었다는 점에서 공동경영 기업들이 경영 성과 창출에 실패했다는 사실은 부정할 수 없다.

공동경영 기업들이 경제적 효율성 증대에는 실패했다 하더라도 사기업들에서 발견되지 않는 사회적 공공성의 실현에 대해서는 그 성과를 인정해야 한다. 해당 기업들을 국유화할 때 국유화의 근거가 사회적 공공성이었다는 점에서 기업의 존재 근거와 경영 목표가 사기업들과 다르기 때문에 사회적 공공성 실천과 같은 기준들이 공동경영 기업의 경영 성과 평가에서 주요한 한 영역으로 고려되어야 할 것이다. 그런 점에서 공동경영 기업들이 사회적 공공성을 실천하는 만큼 정부가 그에 상응하는 지원을 제공하는 것은 정당한 보상이기 때문에, 인베팔의 경우처럼 그런 보상적 성격의 지원금을 대출금 혹은 차입금으로 처리되는 것은 적절하지 않다고 할 수 있다.

공동경영 기업의 차별성과 딜레마

공동경영 기업들은 여타 기업 유형들과 다른 특성을 지니며(〈표 7-1〉 참조) 그런 차별성은 공동경영 기업들에 특유한 딜레마로 발현되고 있다.

공동경영 기업들 가운데 공동소유를 전제한 공동 소유 경영 기업들은 추가적 자금 투입이 필요한 상황에서 자금 조달에 심각한 제약을 지니게 된다. 장기간에 걸친 직장 폐쇄로 인해 설비 개선과 원재료 확보를 위한 추가 자금이 절실함에도 불구하고, 기업이 이윤을 창출하지 못하기 때문에 노동자들은 추가 출자를 위한 재원을 동원할 수 없다. 이렇게 정부의 추가 출자가 필요 불가결한 상황에서 공동경영 기업은 자금 조달의 딜레마에 빠지게 된다. 그것은 정부가 추가 출자하면 그만큼 노동자 지분은 하락하게 되는 반면, 정부가 출자하지 않고 재정 자원을 대여해 주면 부채가 누증되어 부채 비율은 급상승하고 부채 이자 지불 부담은 가중됨으로써 기업의 재정 구조는 더욱더 악화되기 때문이다.

공동소유 여부와 관계없이 모든 공동경영 기업들은 시장경제 속에서 고립된 변혁적 실험 단위로서 한계를 지니게 된다. 계획경제가 실시되지 않고 있기 때문에 기업들 간의 계획된 생산-소비 혹은 주문-조달의 연계 없이 시장을 통해서만 매개됨으로써 인베발과 PDVSA의 관계에서 확인되었듯이 공동경영 기업은 시장의 불확실성과 경쟁 압박에 그대로 노출된다. 따라서 공동경영 기업은 사기업들과 마찬가지로 이윤 창출 압박을 받는 한편, 국유 기업으로서 사회적 책임성을 다할 것도 동시에 요청받는다는 점에서 사기업들과 다른 차별성을 지닌다. 인베팔이 생산 비용을 감축하기 위해 열악한 노동조건의 계약직 노동자들을 채용해 사용하다가 정리해고하고, 고급 노동력을 유치·보유하고 생산성 향상을 촉진하기 위해 상당한 임금격차를 허용하는 임금정책을 실시하는 데 대해, 이런 경영 방식이 사회적 책임성을 실천해야 하는 공동경영 기업에서 허용될 수 있느냐며 안팎의 격렬한 비난을 받은 것은 이런 공동경영 기업의 딜레마를 잘 보여 준다. 결국, 시장경제가 공동경영 기업들이 주도하는 대안적 경제체제로 전환하지 않는 한 개별 공동경영 기업들은 시장 경쟁과 이윤 논리를 거부할 수 없는 한편, 사회적 공공성도 동시에 실천해야 한다는 것은 사회경제 체제의 변혁이 실현되기 전에는 피할 수 없는 이중 과제의 딜레마다. 자금 조달의 딜레마가 공동소유에 기초한 공동경영 기업들에만 해당되는 반면, 이중 과제의 딜레마는 공동경영 기업들을 포함한 국유 기업들에 보편적으로 적용되며 국유 기업들이 사기업들과 달리 경영 성과 극대화에 절대적 가치를 부여하지 않음으로써 경영 성과 개선에 상당한 제약 요인으로 작용할 수 있다는 것을 의미한다.

공동경영 모델의 내적 이질성과 함의

인베팔과 인베발은 모두 정부의 적극적 지원 속에서 출범했지만, 시간이 경과하면서 재정 지원에 있어 정부는 대조적인 모습을 보여 주고 있다. 인베발은 수익을 내는 상황임에도 불구하고 정부가 적극적으로 재정 자원을 지원하고 법령 제정을 통해 원재료 수입 관련 부가세 면제 혜택을 주었다. 인베팔의 경우 적자·부채가 폭증하는 상황 속에서 사회적 공공성을 위한 노력을 경주하고 있음에도 불구하고 정부는 적극적 재정 지원을 기피하고 있다. 이는 정부가 재정 지원 대상 기업을 선택하고 재정 지원 규모를 결정하는 기준은 해당 기업들이 사회적 공공성을 실천하는 정도나 정부 지원을 필요로 하는 정도가 아니라는 것을 보여 준다.

인베팔과 인베발에 대한 차베스 정부의 대조적 처우의 원인은 두 기업의 지분 변동 내용과 공동경영 방식 변화의 차이에 있을 것으로 추정된다. 인베팔과 인베발이 모두 공동소유에 기초한 공동경영 기업으로 출범했는데도 시간이 경과하면서 인베발 노동자들은 보유 지분을 모두 정부에 헌납하며 100% 국가 소유 기업 내에서 공동경영을 추진한 반면, 인베팔 노동자들은 지분 포기를 거부하며 여전히 공동소유에 기초한 공동경영 모델을 고집하고 있다. 이는 차베스 정부가 공동소유에 기초한 공동경영 모델을 폐기하고 인베발 방식의 모델, 즉 공동소유 없는 공동경영 모델을 중심으로 21세기 사회주의를 건설하고자 하며, 차베스 정부의 변혁 프로그램에서 공동소유에 기초한 공동경영 모델이 폐기되었다 하더라도 공동경영 원칙 자체는 여전히 유효하다는 것을 의미한다.

인베팔은 공동경영 실천뿐만 아니라 노사 협력과 경영 성과에서 모두 실패한 반면, 인베발은 공동경영 실천과 노사 협력에서 모범을 보였을 뿐만 아니라 경영 성과에서도 인베팔에 비해 상대적으로 더 성공적이었다는 점에서 공동경영 실천과 경영 성과 사이의 인과관계 혹은 선택적 친화성이 존재하며 정부의 역할이 주요한 변인이라는 점을 확인시켜 주는 것이다.[13]

연구의 한계와 향후 연구 과제

이 장은 연구 대상과 연구 시기의 특성으로 인한 한계를 지니고 있다.

첫째, 연구 시기의 측면에서 보면, 2008년 말부터 시작된 세계경제 위기와 석유 수입 하락으로 인해 베네수엘라 경제가 침체 국면으로 접어들면서 정부는 공동경영 기업들에 대해 재정 자원을 지원하기 어렵게 되었고, 이에 따라 인베팔과 인베발을 포함한 공동경영 기업들의 정상화에 부정적인 여건이 조성되고 있었다. 따라서 경기가 회복되고 일정 시점이 경과하게 되면 인베팔과 인베발이 좀 더 나은 경영 성과를 보일 수 있다는 점에서, 이 장이 인베팔과 인베발에서 확인한 공동경영 기업의 경영 성과 산출 실패 현상은 일반화에 신중함을 요한다.

둘째, 연구 대상의 측면에서 보면, 인베팔과 인베발은 사유 기업이 지배하는 자본주의 시장경제 내에서 전체 경제 혹은 기업 집단 수준의 계획

13_인베팔과 인베발의 공동경영 실천과 노사 관계에 대해서는 이 책의 제8장을 참조할 것.

경제 혜택 없이 고립된 실험으로 인한 어려움을 벗어날 수 없었다. 한편 차베스 정부가 2009년 7월 22일 '과야나 사회주의 계획'을 발표하면서 국유화와 공동경영 전환 대상은 기간산업들로 확대되기 시작했다. 과야나 사회주의 계획의 핵심을 구성하고 있는 과야나 주 기업집단 CVG는 과야나 주의 철광, 철강, 알루미늄 등 일정 수준의 연관성을 지닌 15개 기간산업 기업들로 구성되어 있다는 점에서 CVG 소속 기업들의 경우 기업 집단 수준의 계획경제와 그에 따른 연관 효과에 힘입어 경영 성과 산출에 있어 인베팔·인베발에 비해 훨씬 더 유리한 조건하에 있다는 것은 자명하다.

이런 연구 시기와 대상 선택의 한계로부터 자유로운 연구 분석을 위해서는 과야나 사회주의 계획 실시 후 일정 시점이 경과한 뒤에 CVG 등 기업 집단 소속 공동경영 기업들을 대상으로 연구를 수행할 것이 요구된다.

| 8장 |

베네수엘라 공동경영의 실천

인베팔과 인베발의 비교 연구

1. 들어가는 말

2년 이상 장기화된 직장 폐쇄에 맞서 노동자들이 투쟁을 전개하며 국유화를 요구하는 가운데 차베스 정부는 2005년 초 해당 업체들을 국유화해 인베팔과 인베발을 창립하며 정부와 노동자의 공동소유에 기반을 둔 공동경영 모델을 처음으로 도입해 실시했다. 차베스가 같은 시기 세계사회포럼에서 21세기 사회주의 건설을 선언한 뒤 인베팔과 인베발의 실험을 격찬하면서 공동경영은 소련 등 동구권의 국가사회주의와 차별화된 21세기 사회주의의 핵심적 상징으로 부상하게 되었다.

차베스 정부의 국유화 조치와 공동경영 계획에 대한 발표와 공동경영 기업들에 대한 선전 홍보는 많았지만 개별 기업들이 구체적으로 얼마나 명실상부하게 공동경영을 실천하고 있는지에 대한 체계적 설명은 제시되지 않았다. 그런 가운데 정부와 경영진이 공동경영 및 노동자 의사 결정권을 인정하지 않고 기업의 지배·경영권으로부터 배제하는 데 대해 항의하며 국유화 기업 노동자들이 공동경영과 노동자 통제를 보장하는 법제화를 요구하는 투쟁들을 전개하고 있다(CMR 2011; Perarson 2011a; Boothroyd 2011). 그뿐만 아니라 2012년 5월 1일 선포된 신노동법(Chávez 2012, 203-204)도 노동자 경영 참가와 공동경영을 보장하는 구체적 법 조항들을 포함하지 않은 채, 추후 별도의 특별법이 제정될 것이라는 정도로 명문화하는 데 그침으로써 공동경영이 생산 현장에서 제대로 실천되고 있는가에 대한 의구심과 함께 향후 발전 방향에 대해 부정적 전망을 갖게 했다.

 이 장의 목표는 21세기 사회주의의 표상으로 도입된 공동경영의 실질적 실천 여부를 검토하고 그 동학을 설명하는 것이다. 이를 위해 인베팔과 인베발을 사례연구 대상으로 선정해 공동소유에 기초한 공동경영 모델이 도입된 이후 제대로 실천되고 있는지, 도입 이후 공동경영 모델은 어떤 동학 속에서 어떻게 발전 혹은 변화해 왔는지, 도입 초기의 공동경영 모델이 지속되지 않고 있다면 어떤 변혁적 모델이 새로운 대안으로 설정·실천되고 있는지, 공동경영과 노동자 참여의 정도에서 공동경영 실천 기업들 가운데 어떤 편차가 있으며 그 편차는 어떻게 설명될 수 있는지, 그리고 공동경영의 향후 전망은 어떤지를 체계적으로 분석하고자 한다.

2. 인베팔-인베발 사례연구의 배경

차베스 정부는 공동경영 외에도 사회주의 기업, 공장 평의회, 노동자 평의회, 생산자 협동조합, 노동자 통제, 현장 강화 등 다양한 유형들을 자본주의 사유 기업들과 대비되는 베네수엘라 21세기 사회주의의 대안적 기업모델로 제시해 왔다. 이들은 소유주가 노동자들을 배제하고 기업을 배타적으로 지배하는 자본주의 시장경제 사유 기업들의 보편적 지배 구조를 거부하고, 기업의 소유주가 노동자들과 함께 기업의 지배·경영권을 일상적으로 공유한다는 공통점을 지닌다. 본 연구는 특정 사안들에 한정해 소유주가 노동자들과 협의·결정하는 스웨덴·독일의 공동 결정제 형태의 경영 참가와 차별화하기 위해 차베스 정부가 주창한 이런 다양한 유형들을 통칭해 공동경영[1]으로 규정한다.

공동경영은 국유 기업들 가운데서도, 주로 차베스 정부하에서 새롭게 국유화된 기업들을 대상으로 도입되었다. 인베팔과 인베발은 차베스 정부하에서 국유화되어 공동경영으로 전환된 업체들로서 정부와 노동자가 각각 지분의 51%와 49%를 보유함으로써 공동소유에 기초한 공동경영 모델, 즉 공동소유 경영 모델을 도입하며 출범했고, 출범 초기 산업통상부MILCO의 관리하에 있었으나 이후 정부 부처 재편 과정에서 과학기술산업부MCTI로 담당 부처가 바뀌었다.

인베팔과 인베발은 공동경영 모델의 전형적 사례로 평가되고 있을 뿐만 아니라 출범 후 7년 이상 경과한 기업들이다. 따라서 이들은 일천한 역사의 여타 공동경영 기업들에 비해 공동소유 경영 모델을 포함한 다양한 공동경영 모델들을 실험하며 최적의 모델을 개발해 실천할 수 있는 시간적 여유를 지녔었다는 점에서 공동경영의 실질적 실천 여부를 평가할 수 있는 적절한 대상이라 할 수 있다.

---

[1] 본고의 공동경영 개념은 기업 주식의 공동소유를 전제하지 않는 포괄적 개념으로 사용하는 한편, 공동소유에 기초한 공동경영 모델은 공동소유 경영 모델로 지칭한다. 베네수엘라 차베스 정권하에서 사용되는 'cogestión' 개념은 당초 공동소유의 전제 없는 공동경영을 포괄적으로 의미했으나, 공동소유 경영 모델을 실패한 실험으로 규정하면서 'cogestión'은 공동소유 경영 모델을 지칭하는 좁은 의미의 개념으로 사용되기 시작했다. 따라서 본고의 공동경영 개념은 초기의 'cogestión' 개념에 해당한다.

표 8-1 | 인베팔과 인베발의 공동경영 단계별 특성 비교

구분	인베팔	인베발
공동경영 전사	공장폐쇄, 노동자 공장점거 투쟁 및 국유화 요구	공장폐쇄, 노동자 투쟁 국유화 요구로 전환
공동경영 도입	공동소유 공동경영	공동소유 공동경영
공동경영 실험	노동자 지분 축소·유지, 정부-노동자 갈등	노동자 지분 반납, 정부-노동자 협력
경영 방식 정착	국가 지배, 노동자 배제	노동자 통제

그뿐만 아니라 인베팔과 인베발은 모두 공동경영을 실천하기에 매우 유리한 조건들을 지니고 있다.

첫째, 인베팔과 인베발은 차베스의 격찬을 받은 공동경영의 상징이라는 점에서 정부의 재정 자원 수혜 등의 측면에서 유리한 입장에 있을 뿐만 아니라, 공동경영과 노동자 경영 참여에 부정적 혹은 소극적 입장을 지닌 정부 관료와 경영진의 방해 공작으로부터 상대적으로 더 자유로울 수 있었다.

둘째, 국유화와 공동경영 전환은 사적 자본의 직장 폐쇄에 대항한 투쟁을 통해 쟁취했기 때문에 노동자들은 여타 공동경영 기업들에 비해 강한 조직력과 함께 정부와 경영진에 대해 유의미한 발언권을 지닐 수 있었다는 점에서 명실상부한 공동경영 실천을 압박하기에 유리한 조건에 있었다.

인베팔과 인베발은 국유화 이전 차베스 정권 전복을 위한 직장 폐쇄가 진행되는 가운데 노동자들이 국유화를 요구하는 투쟁을 전개했고, 국유 기업으로 창업하며 공동소유 경영 기업으로 출범하는 공통점을 보여 주었다. 하지만 출범 후 머지않아 두 업체는 서로 차별화되며 대조적인 경로를 거치게 되었는데, 단계별 특성을 간략하게 정리하면 〈표 8-1〉과 같다.

공동경영에 대한 선행 연구들은 주로 베네수엘라 차베스 정권의 변혁적 실험에 주목하며 공동경영이 21세기 사회주의혁명에서 차지하는 중요성을 분석하고 비교 사회학적 의미를 검토하거나, 노동계급의 주체 형성과 참여 정도에 주목하고 노동자들이 어떻게 투쟁을 통해 국유화와 공동

경영 전환을 쟁취하며 주도적으로 참여·개입해 왔으며 향후 어떤 역할을 수행해야 하는가라는 관점에서 분석하는 데 초점을 맞추고 있다(Harnecker 2005; Vera 2006; Bermúdez et al. 2006; Álvarez 2010; Irama 2009; Carcione 2010; Cormenzana 2009a). 한편 공동경영 현황을 분석한 일부 사례연구들(Lucena 2007a, 2007b; Azzellini 2009; Cormenzana 2009a)도 상대적으로 공동경영 도입 초기에 집중함으로써 공동경영 실험 자체가 논란 속에서 변화를 겪는 과정의 동학과 현재의 상황을 포괄하는 체계적 분석에는 이르지 못했다.

이 장은 개별 기업들이 공동경영을 도입 초기부터 어떤 과정을 거쳐 어떻게 실천해 오고 있는가에 대한 심층적이고 체계적 분석을 실시하며, 이를 위해 공동경영 모델의 양대 상징인 인베팔과 인베발을 분석 대상으로 한다.

3. 인베팔: 공동경영의 실천과 후퇴

공동경영의 실천과 지배·경영권 각축

인베팔은 정부가 투입한 자금 132억 볼리바르를 자본금으로 출범했고, 주식은 정부 51%, 노동자 49%로 배분되었다. 베네팔의 국유화 투쟁을 전개했던 노동자들은 노동조합을 해산하고 300여 명으로 생산자 협동조합 Covinpa[2]를 조직했고 노동자들은 협동조합을 통해 인베팔의 지분을 집합적으로 소유하게 되었다. 차베스는 Covinpa가 생산 활동으로부터 발생한 이윤으로 정부 보유 주식의 추가적 인수를 점차적으로 진행함으로써 정부 지분을 상징적인 '황금 지분' 1%만 남기고 전체 지분의 99%까지 보유할 수 있도록 했다.

인베팔의 이사회junta directiva는 5명으로 구성하되 정부가 사장 포함 3명을 임명하고 Covinpa는 2명을 임명하도록 했으나, 차베스의 지시로 임명권을 보유한 산업통상부가 양보해 노동자 대표는 3명으로 다수를 차지할 수 있게 되었다. Covinpa는 전 노조위원장 뻬냐Edgar Peña를 인베팔 사장으로, 오르네보Alexis Hornebo를 협동조합장으로 선출해 이사회에서 노동자 대표로 활동하도록 했다.[3]

베네팔을 국유화하며 차베스는 베네팔과 같은 사적 기업의 국유화는 예외적 조치에 해당한다고 공언하는 동시에 소유주가 기업을 폐쇄하거나 포기하면 정부가 개입한다고 발언하기도 했다. 이처럼 사적 기업의 국유화 조치에 대해 다소 애매한 입장을 보여 주었지만,[4] 차베스는 생산관계의 변혁은 필수적이라며 인베팔에 도입된 노동자-국가 공동경영 도입의 역사적 의미를 강조했다(Bruce 2008, 101-102). 한 달 뒤 방영된 〈알로 쁘레시덴떼〉 프로그램에서 차베스는 인베팔을 새로운 생산관계의 모델로 향하는 첫 단계로 제시하며 "내 운명은 이[인베팔] 노동자들에게 맡겼다"(Campos 2006)라고 발언함으로써 인베팔의 공동경영 실험이 베네수엘라 혁명 과정의 상징으로서 지닌 중요성을 확인해 주었다.

2_자본금 132억 볼리바르 가운데 노동자 협동조합 출자금 64억6,800만 볼리바르는 금융 기구가 정부의 보증으로 대출해 준 것이며 협동조합은 지분을 99%까지 높일 수 있도록 했을 뿐만 아니라 세제 혜택도 부여했다(Azzellini 2009, 182).

3_인베팔 창설과 이사회 구성 과정에 대해서는 VTV(2005), Prada & Ramírez(2006), Militante (2011), Lin(2006, 5-6)을 참조할 것.

4_차베스는 베네팔 몰수 석 달 뒤 CNV를 국유화해 공동경영으로 전환했고, 이후 폐쇄 공장들의 국유화를 검토하기 위해 조사하고 있다고 발표함으로써 국유화와 공동경영 전환 조치가 2005년 중반경부터 정부 정책으로 자리 잡게 되었다는 것을 보여 주었다.

인베팔 이사회는 노동자 대표들이 다수를 차지하고 있었지만 출범 후 얼마 지나지 않아 정부 측 이사들이 기업 경영을 위한 전략적 의사 결정 과정을 실질적으로 주도하기 시작했고, 사장을 포함한 노동자 대표들은 노동자들의 이해관계를 대변하기는커녕 일반 노동자들과 제대로 소통하지도 않았다고 한다. Covinpa 조합원 노동자들은 2005년 11월 조합원 거의 전부에 해당되는 287명의 서명을 모아 경영 방식의 문제점을 논의하기 위해 노동자 총회 소집을 요구했으나 이사회에 의해 거부당했다. 이에, 노동자들은 Covinpa 조합원 총회를 개최해 프레이떼스Mirta Freites를 사장으로 하는 노동자 대표 이사들을 선출하고 Covinpa 조합장으로 라가르데라Ramón Lagardera를 선출했지만 인베팔 이사회는 노동자 대표 이사들의 교체를 거부했다(Prada & Ramírez 2006; Militante 2011). 노동자들이 정부 부처들을 항의 방문하며 인베팔 노동자들의 80% 이상이 사장 뻬냐의 해임을 원한다고 호소하자 산업통상부 장관 하우아Elías Jaua는 "다수도 과오를 범한다. 예수를 살해할 때도 그랬었다"(Campos 2006)며 노동자 대표 이사들의 교체를 거부했다.

정부는 2006년 4월 Covinpa가 추천한 노동자 대표들을 거부하고 일방적으로 이사진을 임명하며 신임 산업통상부 장관 이글레시아스María Cristina Iglesias로 하여금 인베팔 사장을 겸직하도록 했다. 이렇게 노동자 대표 이사는 3명에서 2명으로 줄었고 그나마 노동자들에 의해 선출되지 않고 정부 측에 의해 임명되면서 정부 측 대표들이 기업 경영 관련 의사 결정권을 사실상 독점하게 되어 노동자들의 이해관계 대변이나 노동자들과의 소통은 더욱 어렵게 되었다. 이글레시아스는 장관직 겸직으로 인해 인베팔 경영에 깊게 관여하기 어려웠으며, 실제로 임기 동안 인베팔에 자주 나타나지도 못했다. 결국 정부는 2008년 9월 이글레시아스를 해임하고 2007년부터 사실상 사장 직무를 대행했던 것으로 알려진 현역 군인 에스삐노사Francisco Espinoza를 사장으로 임명했다. 이런 두 차례의 사장 교체 과정은 노동자들에 대한 의견 수렴이나 상황 설명 없이 진행되었고, 그 결과 노동자들은 더욱더 기업 경영으로부터 배제되었다. 특히 군인 사장 임명 이후 사정은 더욱 악화되어 사소한 기업 경영 관련 정보들조차 비밀로 취급되어 Covinpa와 일반 노동자들은 기업 내부 사정에 대해 거의 알지 못하게 되었다고 한다.[5]

Covinpa는 현재 900명 정도에 달하는 인베팔의 전체 노동자들 가운데 360여 명이 조합원으로 참여하고 있는데, 베네팔 시기에 국유화 투쟁을 주도했던 노동자들을 중심으로 구성되어 있으며, 인베팔 출범 이후 신규 채용된 노동자들은 인베팔 이사회와 Covinpa의 갈등 구도 속에서 대부분 Covinpa 합류를 기피하고 있다. Covinpa는 2005년 11월 임기 1년도 안 된 조합장 오르네보를 해임하고 라가르데라를 후임 조합장으로 선출했다. 라가르데라는 3년 임기를 마친 뒤 재선되어 임기를 수행하던 중 사측이 근무시간을 일일이 체크해 월급에서 공제하는 등 사측과의 대립·갈등 속에서 심화된 정신적·금전적 압박으로 인해 2009년 사임했고 2010년 7월 선출된 올란도Almaza Orlando가 조합장 직을 이어 받았다. Covinpa와 조합원 노동자들은 이사회의 인베팔 경영 방식을 정부 측 이사진의 배타적 지배·경영권 독점에 따른 전횡으로 규정하고 이글레시아스와 뒤이은 에스삐노사 사장 체제하에서도 저항을 멈추지 않았다. 2006년 총회에 이어 2007년 총회에서도 노동자 대표를 선출했으나 인베팔 이사회에 의해 거부되었다. 2006년 선출된 노동자 대표 이사들 임기가 2009년 4월 만료된다는 점에서 노동자들은 새로운 노동자 대표 이사들을 선출하는 노동자 총회 소집

5_사장의 교체 과정과 결과에 대해서는 CMR(2011), López(2010 면담), Carmona(2010 면담)를 참조.

을 2008년 4월부터 요청했으나 역시 이사회에 의해 거부되었다. 결국 2008년 9월 에스삐노사가 사장으로 임명되었고 노동자들이 자체적으로 선출한 노동자 대표 이사들은 이사회 합류가 거부되었다.[6]

정부는 인베팔 출범 당시 노동자 보유 지분을 99%까지 확대할 수 있다는 약속과는 반대로 정부 보유 지분 확대를 추진해 나갔다. 2008년 6월 15일 인베팔 경영진은 Covinpa 보유 주식 전량을 국가에 반환하는 조치에 대해 찬반 의견을 묻는 노동자 총투표referendum를 실시해 통과시켰다. Covinpa 측이 투표 참여를 거부한 가운데 진행된 총투표의 투표율은 51%에 불과했는데 학생 등 투표권이 없는 지역사회 구성원들이 투표에 동원되었다는 지적이 제기되는 등 총투표 결과는 정당성 시비에 휩싸이게 되었다. 정부는 인베팔 출범 이후 추가로 투자 혹은 대여한 지원금들을 주식으로 전환함으로써 2009년 2월부로 정부 지분은 51%에서 83%로 증가하고 노동자 지분은 49%에서 17%로 감축되었다고 발표했다. 하지만 Covinpa 측 관계자들은 노동자 지분 감축은 정부 측 주장일 뿐 Covinpa와 조합원들은 주식을 증여한 적이 없으며 여전히 49%를 보유하고 있다고 주장하는 등 지분 포기를 거부하고 있다. 인베팔 사장 에스삐노사는 2010년 내로 정부 지분을 100% 수준까지 확대하겠다는 의지를 밝혔으나 아직껏 실현되지 않았다. Covinpa 측이 인베발 노동자들과 달리 노동자 보유 지분을 포기하지 않는 것은 노동자들이 49%의 지분을 보유하고 있을 때에도 노동자 참여는 정부 대표들에 의해 묵살되었는데 노동자 지분의 추가적 축소는 노동자 대표권을 완전히 포기하는 것이라고 판단하기 때문이다.[7]

6_노동자 대표 이사 선출을 둘러싼 Covinpa와 이사회의 갈등 과정에 대해서는 Militante (2011), Hinds(2008), Pulgar(2010), Lagardera(2010 면담), Hernández(2010 면담)를 참조.

일반 경영 평의회와 노사 갈등

에스삐노사 사장 취임 이후 Covinpa를 배제하고 정부 측 이사 주도의 이사회가 지배·경영권을 독점하며 100% 정부 지분 국유 기업을 추진하는 가운데 인베팔 내 역학 관계는 새로운 평형을 형성하기 시작했다. 2009년 들어 인베팔은 공동경영 모델을 완전히 대체하는 새로운 경영 모델로 일반 경영 평의회consejo general de gestión를 건설했다.

노동자 총회의 통제하에서 이사회가 경영권을 행사하던 공동경영 모델과는 달리 일반 경영 평의회 체제에서는 이사회를 정점으로 하는 지배·경영 구조하에서 사장이 자문 기구들의 자문을 받으며 경영권을 책임지고 행사하며, 위계 구조의 하위 수준에 경영 위원회comité de gestión들을 두고 있다(Invepal 2009, 9-11; Marrero 2010 면담). 노동자 대표들은 관리직들과 함께 건강·안전·환경 위원회, 사회교육 및 숙련 형성 위원회, 정보·통신·선전 위원회, 윤리와 사회주의 정치 위원회, 품질·생산 및 사회주의적 분배 위원회, 사회복지·문화·스포츠 위원회, 자원봉사 위원회 등 13개 영역별 경영 위원회에 결합해 일상적 의사 결정 및 집행권을 행사할 수 있도록 했다.

인베팔은 관련 규정집에서 일반 경영 평의회를 사회주의적 경영 모델의 원칙하에서 노동자들의 주체적이고 직접적인 참여를 제도화한 것으로서 "낡은 자본주의 구조들을 타파하기 위한"(Invepal 2009, 9) 장치로 규정했다. 하지만 인베팔 노동자들의 존재 조건은 직접적 참여와 탈자본주의적 생산관계와는 거리가 먼 것으로 나타나고 있다.

7_노동자 지분 변화와 Covinpa의 대응에 대해서는 Corpivensa(2010b, 4), Reyes(2010b), Hinds(2008), Lagardera(2010 면담), López(2010 면담), Carmona(2010 면담)를 참조.

인베팔은 2005년 초 공장 가동을 시작한 뒤 마라까이 공장에서 정규직보다 열악한 임금 등의 노동조건으로 계약직 300명 정도를 채용해 사용하던 중 11월 들어 그 가운데 120명을 해고했다. 이에 항의하는 해고 노동자들이 바리케이드를 설치하고 격렬한 투쟁을 전개하면서 계약직 사용과 차별처우 사실이 외부에 알려지게 되었다(Azzellini 2009, 182-183; Mather 2006b). 노동자들은 최저임금 수준의 임금을 받고 있는데 창업 초기에는 노동자들이 동등한 수준의 임금을 받았지만 쿠바 자문단이 제안한 임금표에 입각해 임금을 차별화하게 되었다. 한편 경영진은 노동자들의 다섯 배 이상을 통상급으로 받을 뿐만 아니라, 상당한 액수의 보너스를 받고 있어 노동자들과의 임금격차는 훨씬 더 크다고 한다(Reyes 2010a; Pulgar 2010; CCURA 2006a). 차베스는 인베발에서 실시하고 있는 동일 임금 정책을 지지한다고 밝혀 왔지만, 인베팔 사장 에스삐노사는 전임 사장들처럼 임금 차별화 정책을 고집하고 있어 임금격차는 축소되기 어려울 것으로 전망된다(Reyes 2010b).

열악한 노동조건과 임금격차에 대한 노동자들의 불만 속에서 Covinpa를 중심으로 노동자들은 노동조합을 결성하고 단체협약 체결을 위한 단체교섭을 수차에 걸쳐 요구한 바 있다. 이런 시도의 배경에는 인베팔 창립 초기에 주목받았던 공동경영이 유명무실화되고 정부 측 이사들이 지배·경영권을 독점하며 이사회의 노동자 대표를 통한 노동자 이해관계 대변이 불가능하게 되자 Covinpa가 기업의 지배·경영권에 개입하기 위해 시도하는 대안적 전략의 모색이 있다. 하지만 경영진은 노동자들이 기업의 소유주이기 때문에 노동조합을 결성하거나 단체협약을 체결할 주체가 되지 못한다는 이유로 노동조합을 인정하거나 단체교섭에 응하는 것을 거부하고 있다(Reyes 2010b; Frazao 2010 면담; Marrero 2010 면담; Lagardera 2010 면담). 결국 노동자들은 임금 등 노동조건의 결정 과정에 개입할 수 없게 되었고, 임금 인상률도 노사 간 단체교섭 없이 연도별 예산으로 결정되며 대체로 9월 중순경에 차년도 임금 인상률이 확정되고 있다(Reyes 2010c).

　Covinpa 측 노동자들은 2011년 9월 28일 까라까스로 가서 대통령궁으로 행진하며 인베팔 경영진의 실패를 알리는 시위를 했다. Covinpa와 조합원 노동자들이 인베팔 경영진과 대립·갈등하는 데는 네 가지 쟁점이 있다.[8]

　첫째, 노동자들은 정부 측 대표들이 기업의 지배·경영권을 독점하고 노동자 선출 대표를 거부하며 노동자 총회 의결 사항을 존중하지 않는다고 비판하는데, 경영진은 일반 경영 평의회가 노동자들의 참여를 제도화한 것으로서 의사 결정을 위한 내부 논의는 개방되어 있으며 노동자들은 13개 위원회들에 참여하고 있다고 반박한다.

　둘째, 노동자들은 경영진이 Covinpa의 지분을 회수하며 Covinpa를 통한 노동자들의 의사 결정 참여 채널을 봉쇄하려 한다고 비판하는데, 에스뻬노사는 "우리는 상법 규정들을 준수하고 있다. 주주총회를 열어서 모든 절차를 밟았다. 그들은 49%의 지분 획득으로 인해 국가에 대한 부채를 아직도 지고 있다. …… 그들이 주식을 반납하면 부채는 없어진다"(Reyes 2010b)라며 노동자 지분 포기를 거부하는 Covinpa를 비난한다.

　셋째, 노동자들은 인베팔이 창설되며 노동자들이 공장 복구에 나서 2번·3번 기계 등 핵심 생산 설비와 발전소가 정상 가동되었는데, 군인들이 경영을 맡으면서 핵심 기계들도 정지되었고 발전소도 작동하지 않아 전기 동력을 구입해 사용하는 등 공장은 마비 상태에 빠져 있다며 경영진을 비판한다. 노동자들은 경영진에게 공장이 정상 가동되고 있는 것처럼 "인민과 대통령을 속이지 말라"고 촉구하는데, 이에 대해 경영진은 생산 설비들

8_CMR(2011), Molina(2011), Militante(2011), Hinds(2008)를 참조.

그림 8-1 | 인베팔의 조직도

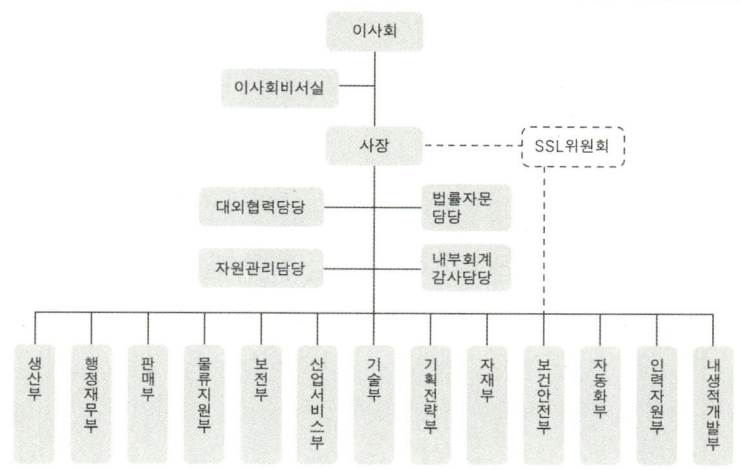

자료: MCTI(2012a, 411).

과 발전소가 노후화되었고 베네팔 시기에 관리되지 않은 탓으로 돌리며 현재 복구 중에 있다고 반박한다.

넷째, 노동자들은 베네팔 시절부터 누적되어 온 체불임금에 대해 인베팔이 변제해 줄 것을 요구하고 있는데, 경영진은 체불임금이 베네팔 소유주의 부채이므로 인베팔은 변제 의무가 없다고 반박한다.

공동경영의 후퇴

노동자들과 경영진의 대립·갈등 심화는 지배·경영권을 둘러싼 각축에서 비롯되었으며 그 핵심에는 일반 경영 평의회가 노동자들의 참여를 제도화한 것인가에 대한 평가가 있다. 일반 경영 평의회 규정집은 노동자 총회 Asamblea general de trabajadores y trabajadoras가 "모든 노동자들로 구성되며 일반 경영 평의회에 의한 모든 전략적 혹은 근본적 목표의 주제들에 대한 의사 결정에 있어 최상위 기구를 형성한다"(Invepal 2009, 12)라 규정하고 있으나, 인베팔의 조직도는 이사회를 정점으로 사장이 13개 경영 위원회들과 함께 집행을 수행하며 책임을 지는 구조로 되어 있다(〈그림 8-1〉 참조). 이런 인베팔의 조직도는 인베발의 조직도와 대조되며 도리어 일반 사기업의 지배 구조 모델과 다르지 않고, 실제 노동자 총회가 인베팔의 주요 전략적 의사 결정을 내리고 있다는 경험적 근거는 제시되지 않고 있어 노동자들의 비판이 상당 정도 타당성을 지닌 것으로 볼 수 있다.

사기업과 차별화되는 인베팔의 독특성은 기업 내부 지배 구조 및 경영권 행사 방식보다는 외부를 향한 사회적 기여 부분에서 확연히 드러난다. 인베팔이 가장 중시하는 사회적 기여 방식은 자사 제품을 비시장적 방식으로 시민들에게 돌려주는 학용품 축제Ferias Populares Escolares다. 2009년의 경우 8월 15일부터 전국 18개 주들을 순회하며 172회에 걸쳐 학용품 축제를 개최해 당년도 생산량의 1%에 해당되는 147톤의 종이 제품 학용품들을 저렴한 연대 가격precios solidarios으로 시민들에게 제공했다. 예컨대 시장 가격 9볼리바르의 100장짜리 공책들을 3볼리바르에 판매하고, 시장가격 35~45볼리바르의 인쇄·복사용 종이팩을 20볼리바르에 판매하는 등 50~70% 할인된 가격으로 배포했다. 이런 학용품 염가 판매 행사는 2010년과 2011년에도 전국을 순회하며 학용품 축제 형태로 반복되었는데, 인베팔은 그 외에도 연방 정부 기구들과 공동체 위원회들consejos comunales을 매개로 지역 주민들에게 판매하거나, 메르깔Mercal과 PDVAL 등 국유 유통 업체들의 판매망을 통해 일반 시민들에게 판매하기도 하고, 보까 데 야라꾸이Boca de Yaracuy나 몰리노Molino 등 공장 주변 지역의 주민들에게 무상으로 기증하기도 했다.[9]

인베팔은 모론 지역과 인근 항구를 연결하는 간선도로를 보수하고, 공동체 회관, 학교, 기타 공공 시설물들을 수리하는 등 지역사회의 인프라를 개선하는 활동을 전개하는 한편, 지역사회에 다양한 서비스를 제공하는 각종 자원봉사 활동으로 주변 지역공동체들에 기여한다.[10] 하지만 아직 인베팔의 일반 경영 평의회에 지역사회 공동체 위원회 대표자들은 참여하지 않고 있어 지역사회가 이해 당사자로서 인베팔의 기업 지배 구조에 참여하는 수준에는 이르지 못했고, 현재 에너지 문제 등 지역사회의 현안 문제들을 조사·분석하고 해결책을 모색하는 작업을 지역사회 공동체 위원회들과 공동으로 수행하는 수준에 머물고 있다(Marrero 2010 면담).

인베팔 경영진들은 인베팔이 아직 사회주의 기업이 되지 못했다는 점을 인정한다(Frazao 2010 면담; Marrero 2010 면담). 공동소유 경영 모델이 포기된 것도 분명하며, 여기에는 공동경영은 잘못된 실험이며 100% 국가 소유 기업으로 복원해야 한다는 쿠바 측 입장이 차베스를 통해 간접적으로 영향을 주었을 뿐만 아니라 인베팔에 파견된 쿠바 자문단을 통해 직접적으로 영향을 미친 결과로 이해되고 있다(Reyes 2010a; Lagardera 2010 면담).

창설 초기 도입되었던 공동경영 모델은 폐기되었지만 아직 사회주의 기업모델이 도입되지 않았다는 점에서 인베팔의 일반 경영 평의회는 새로운 사회주의적 생산 모델nuevo modelo productivo socialista을 건설하기 위한 과도기적 경영 방식이라 할 수 있다(Invepal 2009). 사회주의 기업으로 이행하기 위해 경영진이 의미 부여하며 상당한 성과를 거둔 것은 생산 제품을 이윤을 위한 교환가치가 아니라 염가의 사용가치로 시민들에게 제공함으로써 생산 활동의 성과를 사회로 환원하는 한편, 지역사회 인프라 개선과 자원봉사 서비스를 제공하는 등의 사회적 기여다(AVN 2010; Lin 2006).

9_중하층 주민들에게 저렴한 가격 혹은 무상으로 생산품을 돌려주는 실천들에 대해서는 MCTI(2009; 2012a, 413-6), RNV(2011), Marrero(2010 면담)를 참조.

10_AVN(2011a; 2011b), MCTI(2012a, 413-6)를 참조.

사회주의 기업의 핵심에 해당하는 노동자 통제를 실현하기 위해 인베팔은 일반 경영 평의회의 각종 경영 위원회들에 노동자들이 참여해 기업의 의사 결정 과정에 직접 참여하는 것이 중요하다고 판단하고 있다. 이런 취지에서 인베팔은 6개월 단위로 200명씩 위원회 활동에 참여해 2년 동안 모든 노동자들이 참여의 기회를 갖도록 한다는 계획을 추진하기도 했다 (AVN 2011a; Frazao 2010 면담; Marrero 2010 면담). 또한 인베팔 경영진은 사회주의 기업으로 이행하기 위해 노동자 의식화가 필수적이라고 판단해 일반 경영 평의회의 목표 가운데 하나를 의식과 혁명적 논쟁을 촉진하는 것으로 규정하고 "볼리바르 혁명의 최고 지도자인 차베스가 설파한 메시지들의 토론과 분석을 고무하는 활동"(Invepal 2009, 118-119)을 주요 실천 항목으로 설정해 이를 통해 사회주의 기업을 건설하기 위해 노동자들의 참여를 촉진한다는 계획을 천명했다.

인베팔은 공동경영 실천 혹은 노동자 통제 실현과 사회주의 기업으로의 이행을 위한 연대 활동에는 대단히 소극적이다. 인베팔이 지배·경영권을 둘러싸고 심각한 내부 갈등을 겪던 2005~06년 시기에 친차베스 노총 UNT 지도자 가운데 한 명인 마스뻬로는 인베팔이 아주 잘 가동되고 있으며 Covinpa와 라가르데라 조합장이 인베팔의 공동경영은 끝났다는 등 거짓말을 하고 있다고 비난했다. 이에 대해 UNT 내 계급주의파를 주도하던 치리노와 뻬레스 등 CCURA 그룹은 그런 발언은 잘못된 것이라며 마스뻬로의 반노동자적 입장을 비판하는 한편, 진정한 공동경영과 노동자 통제를 촉구하며 인베팔 노동자들과 연대했다. 하지만 공동경영이나 노동자 통제를 반대해 온 코포라티즘파 FSBT가 노동자 지지 기반도 없으면서 정권의 지원에 의존해 노동법 제·개정 과정을 주도할 정도로 영향력을 행사하는 상황에서 인베팔 노동자들이 강력한 외부 연대 세력을 확보하기는 어렵다. 인베팔 노동자들이 차베스를 제외한 관료들을 불신하고 UNT 주도 세력들과도 연대하기 어려운 상황에서 경영진과 정부 정책에 항의하는 시위를 까라까스에서 전개했을 때도 적극적으로 결합한 세력은 인베발 노동자들과 UNT 내 소수파 가운데 하나인 CMR뿐이었다.[11]

4. 인베발: 공동경영에서 노동자 통제로

공동경영의 실천

인베발은 공동경영 방식을 채택해 주식을 정부가 51%만 보유하고 노동자들이 협동조합을 조직해 49%를 집합적으로 소유하도록 했다. 대중경제부 MEP, Ministerio de Economía Popular는 경영진을 국가에서 임명하는 공동경영 모델을 제안했으나 노동자들이 정부 측 제안을 거부하자 지배 구조를 둘러싼 협상은 몇 달 동안 난항을 겪다가 마침내 2005년 8월 4일 협약을 체결했다. 이사진은 5명으로 하되 정부가 사장을 포함한 3명을 임명하고 노동자들이 노동자 총회asamblea de trabajadores에서 2명을 선출하며, 주 단위로 개최되는 노동자 총회에서 중요한 의사 결정을 내리도록 했다. 하지만 차베스가 인베발의 사장을 노동자들이 직접 선출하도록 지시함으로써 노동자 대표 이사가 3명으로 과반수를 차지하게 되었다.

두 명의 정부 지명 이사들도 초창기에는 이사회에 참여하며 제 역할을 수행했지만, 점차 회사에 나타나지 않으면서 결국 정부 측 이사 자리는 공석으로 남게 되었다. 정부 측 이사들이 기업에 출근할 때도 생산 활동 관련

11_CCURA(2006a), CMR(2011), Militante(2011), López(2010 면담)를 참조.

결정에는 거의 개입하지 않았었는데, 정부 측 이사들이 나타나지 않으면서 인베발의 기획과 운영에 대한 정부 측 개입력은 최소화되며 정부 부처들을 통한 간접적 규제·지원 방식으로 바뀌게 되었다. 이렇게 하여 공동소유 경영하에서도 인베발은 실질적으로 노동자들과 그들의 대표들에 의해 기획·운영되었고, 그럼으로써 노동자 총회의 위상은 더욱 강화될 수 있었다.[12]

인베발 노동자들은 2006년 12월부터 공장 평의회 consejo de fábrica 건설 필요성을 둘러싸고 노동자 총회와 작업장 모임들에서 논의를 진행한 끝에 2007년 1월 29일 노동자 총회를 열어 거의 만장일치로 공장 평의회 건설을 결의하고 32명의 평의원을 선출했다. 차베스가 공동경영은 잘못된 것이었다고 지적하는 가운데,[13] 인베발 노동자들은 협동조합이 자본주의 체제의 일부로서 한 명의 자본가를 60명의 자본가가 대체한 것에 불과하다고 평가하며 그해 11월 노동자 지분 49%를 아무런 대가 없이 국가에 헌납했다. 노동자들이 가장 비판적이었던 부분은 협동조합 전환으로 주식을 보유하게 된 노동자들이 기업주 의식을 키우게 되었고 이윤을 내고 시장 점유율을 증대해야 한다는 압박감으로 노동자들 사이의 경쟁이 부추겨진다는 점이었다. 실제 협동조합은 기업 경영 관련 전략적 의사 결정과 이데올로기적 토론 과정을 주도하거나 적극적으로 개입하지도 못했으며, 노동자 총회에 이어 공장 평의회가 건설되자 더욱더 유명무실화되었고 결국 지분 반납 이후 해소되었다.[14]

12_인베발의 창설 이후 공동경영의 내용과 실천에 대해서는 Cormenzana(2009a, 159), Azzellini(2009, 183-185), Quintero(2010 면담)를 참조.
13_차베스는 2007년 1월 28일 방영된 프로그램 〈알로 쁘레시덴떼〉에서 인베깔과 인베발을 지칭하며 노동자들에게 주식을 소유하도록 한 것은 과오였다고 인정했다(Inveval 2007).

그림 8-2 | 인베발의 조직도

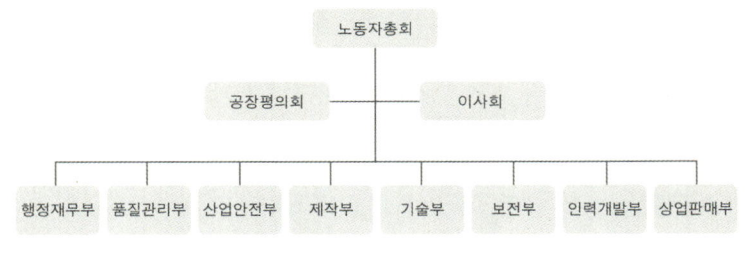

자료: MCTI(2012a, 419).

공장 평의회 건설과 노동자 통제

2007년 1월 말 건설된 공장 평의회는 노동자 총회 다음으로 높은 권위를 부여받아 이사회의 상급 기구로 자리매김되었다. 공장 평의회는 초기 32명에서 줄어 현재는 각 부서를 대표하는 14명의 평의원들로 구성되어 있고, 인베발의 경영을 위한 계획을 수립하고 경영 과정 및 성과를 분석·평가하는 한편, 기업 경영 관련 주요 쟁점들을 넘어 진정한 사회주의 기업 empresa socialista으로 발전하기 위한 전략들에 대한 논의도 진행하며 기업 경영 방향을 실질적으로 결정하는 역할을 수행한다.[15] 하지만 인베발의 최고 의사 결정권은 모든 노동자들이 참여해 최종적 결정을 내리고 사장을 포함한 이사진을 선출하는 노동자 총회에 있다. 한편 사적 소유 기업들과 달리 이사회는 법적으로 인베발을 대표할 뿐 기업 경영의 집행을 담당하

14_ 공장 평의회 건설과 지분 반납에 대해서는 *El Nacional*(2009/10/27), *Avance*(2010/05/18), Cormenzana(2009a, 172-173), González(2010 면담), Quintero(2010 면담)를 참조.

15_ 공장 평의회와 기업 지배 구조에 대해서는 LdC(2010), Quintero(2010 면담), González (2010 면담)를 참조.

는 하위 주체에 불과하다. 이처럼 노동자 총회를 정점으로 공장 평의회와 이사회가 위계적으로 배치되는 인베발의 지배 구조는 조직도(MCTI 2012a, 419; Corpivensa 2010a, 28)에서도 잘 확인될 수 있으며(〈그림 8-2〉 참조), 이것이 노동자 통제가 실천되는 방식이다.

    노동자 총회는 생산직 노동자들과 트럭 운전기사 및 사장을 포함한 모든 구성원들이 동일 임금을 받으며 공장 내 직무를 순환 담당하도록 했다. 노동자들은 인베발 창립 이후 2005년 7월 1일부터 임금을 받기 시작했으며 CNV 시기의 체불임금에 대해서는 전 소유주를 대상으로 법정 소송 등을 통한 체불임금 지급 투쟁을 아직까지 지속하고 있다. 한편 노동자들은 2008년 7월 7일 노동조합 SINSOTRAIN(인베발사회주의노동조합Sindicato Socialista de los Trabajadores de la Inveval)을 결성해 주로 예산 문제에 관여하고 있으나 아직 단체협약은 체결하지 않았는데 단체협약 체결 필요성에 대해서는 여전히 의견이 모아지지 않고 있다.[16]

    인베발은 공장 평의회를 건설하고 노동자 통제로 전환하면서 지역사회와의 연대 활동을 더욱더 적극적으로 전개해 나갔다. 공장 평의회는 건설 직후인 2007년 4월 22일 지역사회 공동체 위원회들과 첫 회동을 시작해, 2009년 8월에는 지역사회 공동체 위원회가 공장 평의회에 결합했고, 현재 공장 평의회의 14명 평의원들 가운데 공동체 위원회 대표 2명이 군부대 대표 1명과 함께 외부 인사로 참여하고 있다. 인베발은 지역사회의 공장 평의회 결합을 통해 공동체 친화적인 기업 경영을 지향하는 한편, 문맹 퇴치와 초등교육을 위한 미션 로빈손Misión Robinson과 중등교육 미이수자들

16_임금 등 노동조건과 노동조합 활동 및 단체협약을 둘러싼 논란에 대해서는 Paredes (2007), Azzellini(2009, 183-185), González(2010 면담), Alfonso(2010 면담)를 참조.

의 재교육을 위한 미션 리바스Misión Ribas 등 교육 개발 프로그램들과 생활 필수품 유통 프로그램 메르깔Mercal의 사회 서비스 프로그램들 등을 회사 내에서 제공하며 지역사회의 쓰레기 처리와 지역사회 활동에 대한 자원봉사 제공 및 기부금 제공 등을 통해 사회적 기여 활동을 꾸준히 강화하고 있다.[17]

노동자 통제의 성과와 한계

차베스는 인베발이 2007년 1월 공장 평의회를 건설한 다음 4월에 경제개발위원회 회의에서 인베발 노동자들과 회동해 공장 운영 관련 설명을 청취한 다음 인베발의 실험은 모범적 사례라며 "당신들은 이 과정의 목적을 이해하고 있다"(Cormenzana 2009a, 193-196)고 격찬했다. 차베스는 그 자리에서 인베발이 100% 국가 소유 기업이 되어도 공장 평의회를 통한 노동자 통제는 그대로 유지될 것이라고 지적했는데, 같은 해 10월 인베발 노동자들을 다시 만난 자리에서도 이를 재확인하고 노동자들은 혁명의 전위가 되어야 하며 기업들은 지역사회를 지도하는 중심을 구성해야 한다고 강조했다(Betancourt & Cormenzana 2007).

인베발이 노동자 통제의 전형적 모델로 평가받는 가운데 사장을 포함한 인베발 노동자들은 인베발이 공장 평의회와 함께 노동자 통제를 실천하는 진정한 '사회주의 기업'empresa socialista이라며 상당한 자부심을 표현한다(FRETECO 2009; Paredes 2010 면담; González 2010 면담). 하지만 인베발

17_지역사회 연대 활동에 대해서는 CMR-LT(2007), LdC(2010), Paredes(2010 면담), Alfonso (2010 면담)를 참조할 것.

노동자들은 경제체제가 변화하지 않는다면 한 기업의 노동자 통제를 통한 사회주의 기업의 실험은 명백한 한계를 지닌다고 지적한다. 예컨대 인베발이 밸브 주문 없이 생산을 중단하고 있는데도 PDVSA는 인베발에 밸브를 주문하지 않고 외국에서 수입하는 현상이 발생하고 있다. 이는 토지, 은행, 기업들이 대부분 자본가들의 수중에 남아 있고 국가 차원의 계획경제가 실시되지 않기 때문에, 개별 기업은 자체적 계획에 따라 생산 행위를 진행하고 인베발의 실험은 고립된 채 진행되고 있기 때문이라는 것이다.

이런 한계를 극복하기 위해 인베발 노동자들은 2006년 초 FRETECO[18]를 결성했다. FRETECO는 창립 첫해 10월에 국제 컨퍼런스를 조직하는 등 국내외 노동자 공장점거와 자주 관리 운동의 구심점을 형성하며 연대와 확산을 위한 운동을 주도해 왔으나 2006년 12월 대통령 선거와 2007년 12월 헌법 개정 국민투표 등 차베스 정권의 존망이 걸린 정치 일정 속에서 공동경영과 노동자 공장점거 및 국유화 조치들이 소강 국면을 맞게 되면서 활기를 잃게 되었다. FRETECO는 인베발 등 5개 업체가 참여하고 있으나 지금은 인베발도 적극적으로 관여하지 않는 가운데 유명무실화되고 있다.

한편 2009년 들어 차베스가 2월 대통령 연임 제한 철폐 국민투표에 승리하고 기간산업의 국유화에 박차를 가하면서 노동자 통제 문제가 다시 화두로 대두되었고, 2012년 말부터 친차베스 UNT 진영은 노동자 통제 법제화를 포함한 혁명적 노동법 제정을 적극적으로 요구하기 시작했다. 하지만 노동법 제·개정 논의는 정부와 코포라티즘파인 FSBT 중심으로 전개되고 있는데, 노동계급과 의회 내 공론화를 통해 입법화해야 한다는 인베

18_FRETECO는 인베발이 공동경영에서 공장 평의회 체제로 전환한 이후 Frente Bicentenario de Empresas bajo Control Obrero로 개명했으나 약칭은 여전히 FRETECO를 사용하고 있다.

발 노동자들을 포함한 UNT 계급주의파들의 주장과는 반대로 공론화와 국민 여론의 동원 없이 차베스에게 위임된 입법권을 활용한 법제화를 추진하고 있다. FSBT 지도부는 공동경영이나 노동자 통제에 대해 애매한 태도를 보이고 있지만 노동자들의 시도르 국유화 투쟁을 탄압하는 등 적극적 반대의 경력을 지닌 세력이라는 점에서 혁명적 노동법 제·개정 추진 방식뿐만 아니라 반노동자적 입장으로 인해서도 UNT 내에서 상당한 비판을 받고 있다. 인베발 노동자들이 차베스 정권에서 진정으로 노동자 통제를 지지하는 유일한 인물은 차베스뿐이라고 비판하는 것도 정부 부처 관료들의 태도뿐만 아니라 이런 코포라티즘파의 주도권 행사 과정의 문제점을 지적하는 것이기도 하다.[19]

5. 인베팔과 인베발의 공동경영 비교 분석

인베팔과 인베발은 직장 폐쇄에 대항한 노동자 투쟁 속에서 국유화된 다음 공동경영으로 전환된 공통점을 지니고 있으나, 시간이 경과하면서 양자 간의 차이점이 점차 확대되었다(〈표 8-2〉 참조). 공동소유 경영 모델은 창업 2년 만에 폐기되었고, 인베팔은 정부·경영진과 노동의 갈등 속에서 노동자 배제의 경영 방식이 정착된 반면, 인베발은 정부와 노동의 협력 속

---

[19] 인베발 노동자들은 상대적으로 노동자 통제에 우호적인 것으로 알려진 노동부 장관 이글레시아스에 대해서도 부정적 평가를 하고 있다. 노동법 제·개정 추진 방식과 인베발 노동자들의 문제의식에 대해서는 CMR(2012), Cormenzana(2009b), Paredes(2010 면담), Alfonso(2010 면담), González(2010 면담)를 참조.

에서 노동자 통제 모델로 발전했다.

공동소유 경영 모델의 실천과 폐기

베네팔과 CNV가 반차베스 총파업-직장폐쇄 투쟁이 장기화되며 재정적 어려움에 직면해 정리 해고를 단행하자 노동자들은 고용 보장 및 체불임금 지급을 요구하며 투쟁을 전개하기 시작했다. 노동자들은 사측에 의한 해결 가능성이 없다고 판단하고 차베스 정부에 국유화를 요구하게 되었고, 베네팔과 CNV는 2005년 초 국유화되어 공동경영으로 전환되었다. 이런 과정을 통해 인베팔과 인베발은 정부 51%, 노동자 49%의 지분 배분으로 공동소유 경영 기업으로 출범했다. 두 업체는 차베스가 2005년 1월 말 세계사회포럼에서 21세기 사회주의 건설을 선언한 뒤 국가사회주의 방식과 차별화된 변혁적 경영 모델로 21세기 사회주의의 상징이 되었다.

인베팔과 인베발이 출범할 당시 차베스는 양사의 공동경영 모델을 혁명적 대안으로 극찬하며 기업 이윤으로 정부 지분을 지속적으로 추가 매입해 노동자 지분을 극대화함으로써 노동자 소유 공동경영 기업으로 전환할 것이라고 공언했다. 하지만 차베스는 2년도 안 되어 공동 소유 경영 모델은 실패했다고 선언했다. 이는 차베스와 정부가 공동경영 모델이 21세기 사회주의 내에서 차지하는 높은 위상에도 불구하고 마스터플랜과 장기적 전망 없이 공동경영 정책을 추진했다는 것을 반영하며, 차베스가 직장폐쇄 상태의 베네팔을 국유화하며 예외적 사태라고 규정했다가 이후 확산 의지를 공언하며 번복한 데서도 확인된다.

실제로 인베팔과 인베발 노동자들도 투자 재원 동원의 어려움으로 인해 지분을 포기 혹은 대폭 감축함으로써 공동소유 경영 모델을 포기하게 되었다. 두 업체 모두 2년 이상 직장 폐쇄 상태로 방치되었다가 가동을 시작한 탓으로 정상적 공장 가동을 통한 이윤 창출이 어려운 조건 속에서 노

표 8-2 | 인베팔과 인베발의 공동경영 특성 비교

구분	인베팔	인베발
공동경영 모델		
기업 유형	과도기적	사회주의 기업(empresa socialista)
경영 모델	일반 경영 평의회(consejo general de gestión)	공장 평의회(consejo de fábrica)
노동 측 주식 지분	49% → 17%	49% → 0%
노동자 총회	유명무실	최고 의사 결정 기구
지배 구조		
기업통제 주체	국가	노동자
의사 결정권	경영진 의사 결정권 독점	노동자 대표 의사 결정권 보유
사장	외부 인사(군인)	노동자 출신
사장 임명 방식	국가의 임명	노동자 총회 선출
노동자 대표 이사진	사측 이해관계 대변	전체 이해관계 대변
노동자 협동조합 현황	유지됨, 경영진과 갈등	해소됨
노동자 협동조합 역할	적극적 역할 추구	무력화(총회 역할로 대체됨)
정부 개입		
정부 보유 지배권	직접 행사함	직접 행사 않음
정부의 경영 개입	대리인 통한 기업 지배	노동자에 경영권 위임
정부 관료 파견	사장, 핵심 경영직	없음
군인 개입	사장, 핵심 경영직 담당	공장 평의회 참여
쿠바 자문위원	임금 도표, 공동경영 자문	없음
정부 재정 지원	정부 지원 취약	정부 적극 지원
정부-노동자 관계	기업 지배, 노동자 항의	정부 지원, 노동자 지지
노동자 구성/조직		
노동자 구성	정규직 및 비정규직 / 조합원 및 비조합원	정규직
임금 편차	임금 불평등	동일 임금
노동조합	창업 전 해산, 재조직 불인정	창업 전 해산, 노조 재조직
노동자 조직 형태	협동조합(Covinpa)	공장 평의회
단체협약	노동자 요구, 사측 거부	필요성 논의 중
체불임금 요구 대상	Invepal	CNV(선행 사기업)
노동자 조직 역량	보통 수준	강력함
노자 관계	노자 분열, 대립	노자 평화

동자들이 투자 재원을 추가적으로 동원하는 것은 거의 불가능했다. 하지만 노동자 투자 없이 정부가 자원을 투입할 경우 노동자 지분이 급격하게 감축하거나 기업 부채가 급팽창하게 된다는 점에서 건전한 재무구조로 공동소유 구조를 유지하는 것은 불가능하게 된다. 대다수 국유화 기업들이 공장 가동 정상화 지연으로 인해 재정적 곤궁 상태를 벗어나지 못하고 있었고(Pulgar 2010; González 2010 면담), 그 과정에서 인베발 노동자들은 노동자 지분 전액을 정부에 조건 없이 기증한 반면, 인베팔 노동자들은 지분

반환을 거부했지만 정부 지원금의 부채-자본금 전환을 통해 49%에서 17%로 지분이 감축되었다.

공동소유 경영 모델 이후의 공동경영: 인베발 vs 인베팔

공동소유 경영 모델이 폐기되면서 인베팔과 인베발은 일정 기간의 모색 혹은 각축 과정을 거쳐 새로운 대안적 경영 모델을 실천하기 시작했다. 인베발은 노동자 통제라는 대안적인 공동경영 모델을 실천하고 있는 반면, 인베팔은 사기업과 다르지 않은 경영 방식을 실천하면서 공동경영 모델로부터 크게 이탈하고 있다.

인베발의 경우 노동자 총회가 최고 의사 결정 기구로서 노동자들이 집합적으로 최고 수준의 의사 결정권을 행사하는 반면, 인베팔에서는 유명무실하게 존재함으로써 노동자들은 의사 결정권에서 배제되어 있다. 기업 경영 관련 전략적 의사 결정의 권한과 책임은 인베발에서는 공장 평의회가 노동자 총회의 통제하에서 담당하는 반면, 인베팔에서는 이사회가 노동자 총회 등의 기업 내부 통제 없이 전담하고 있다. 인베발의 경우 노동자들은 최고 의사 결정 기구인 노동자 총회를 구성하는 한편, 공장 평의회에도 부서별 대표를 파견한다. 반면, 인베팔의 경우 정부 측 이사들이 실질적 최고 의사 결정 기구인 이사회를 주도하고 노동자 대표 이사들이 노동자들과 소통하며 이해관계를 대변하는 기능을 기피하는 가운데, 노동자들은 위계 구조 하위 수준의 경영 위원회들에 부서별 대표들을 파견할 뿐이다.

인베팔은 이사회가 노동자들을 배제하고 정부 측 이사들을 중심으로 경영권을 독점적으로 행사함으로써 사회주의 기업 수준에 크게 못 미칠 뿐만 아니라 공동소유 경영 모델에서도 훨씬 더 후퇴한 것이라 할 수 있다. 인베팔은 일반 경영 평의회 규정집에서 노동자 총회가 최고의 의사 결정 기구라고 정의하고 있지만 노동자 총회는 기업의 조직도에서도 누락되어 있을 뿐만 아니라 주요한 의사 결정을 내려 이사회가 수용한 사례도 보고된 바 없다. 노동자들을 배제한다는 비판에 대해 인베팔 사장이 상법 규정을 준수하고 주주총회 절차를 밟고 있으며 노동자들을 선발해 쿠바 여행 혜택을 부여하면서 "누가 여행을 갈지를 결정하는 것은 노동자들"(Reyes 2010a)이라는 예를 들며 반박한 데서도 공동경영과 노동자 참여에 대한 낮은 인식 수준이 표출되고 있다.

지배 구조와 경영 방식의 비교를 통해 확인할 수 있는 것은 인베발과 인베팔이 공동소유 경영 모델의 폐기 이후 새로운 공동경영 모델을 모색하며 시행착오를 거치고 있지만 인베발에서 보았듯이 공동경영의 목표와 원칙은 포기되지 않았다는 사실이다. 또한 공동경영은 공동소유의 전제 위에서만 실현될 수 있는 것이 아니며, 공동경영 실천 여부는 정부 측에 의해 좌우된다는 것은 창업 초기 노동자 대표의 사장 임명 과정이나 이후 인베발과 인베팔의 차별화 과정에서도 확인될 수 있다.

공동경영과 정부·노동자의 전략적 선택

공동경영은 국유 기업들에 한해 도입되고 있고, 도입 여부는 과반의 소유권을 보유한 정부가 결정한다. 공동소유 기업의 노동자 지분 감축은 이런 조건을 더욱 보강할 뿐이다.

국유 기업들 가운데 PDVSA 등은 정부가 지분의 100%를 보유하며 지배·경영권을 배타적으로 독점하는 가운데 공동소유는 고사하고 공동경영도 시도한 적이 없다. 인베팔과 인베발을 국유화한 이후 지분의 공동소유에 기초한 공동경영을 실시하기로 결정한 것은 정부였으며, 기업 창설 당시 사장을 노동자 대표로 임명하도록 한 것도 정부였고, 이후 인베팔의 사장을 현직 장관, 그리고 현역 군인으로 교체 임명한 반면, 인베발의 사장을 노동자 대표로 유지하도록 한 것도 정부였으며, 정부의 정점에는 차베스의 전략적 선택이 있다.

정부는 지분의 과반 혹은 전체 소유를 통해 확보한 지배·경영권을 인베팔의 경우 직접적으로 행사하며 자신이 임명한 장관 혹은 군인을 통해 기업을 지배·경영하는 반면, 인베발의 경우 노동자 대표와 공장 평의회에 위임해 행사하도록 하고 있다. 인베발이 차베스의 공동소유 경영 모델 실패 발언 이후 노동자 보유 지분을 정부에 조건 없이 기증한 반면, 인베팔은 지분 기증·포기를 거부했다. 이처럼 인베팔에 비해 인베발의 경우 차베스 정부의 입장에 호응하는 정도뿐만 아니라 정부의 지배·경영권 위임 정도도 높다는 점에서 두 변인들 사이의 상관관계를 유추할 수 있다. 또한 인베팔의 경우 인베발에 비해 자산과 고용 규모가 훨씬 더 커서 시장에 유의미한 영향을 미칠 수 있기 때문에 정부가 지배·경영권의 위임에 더 신중한 것이며, 이는 UNT 계급주의파의 강력한 요구에도 불구하고 PDVSA에 대한 공동소유와 공동경영을 거부한 데서도 확인할 수 있다.

정부 정책에 대한 호응 정도와 시장에 미치는 영향력 크기에 의해 정부의 지배·경영권 위임 여부가 크게 영향을 받는다는 점에서, 인베발은 공동소유를 포기하며 지배·경영권을 보장받을 수 있었지만, 인베팔의 경우 노동자 지분을 포기하더라도 지배·경영권을 보장받기 어려웠을 것으로 추정할 수 있다. 그 점에서 인베팔 노동자들이 49%의 지분으로도 공동경영을 실천하지 못했는데 소유 지분이 소멸되면 공동경영과 의사 결정 참여 가능성으로부터 더욱더 배제된다며 지분 포기를 거부하는 것도 합리적인 전략적 선택이라 할 수 있다.

이처럼 지배·경영권 위임 여부와 그에 따른 노동자 참여 혹은 배제 과정에서 정부 측과 노동자들 사이에 인베발의 경우 신뢰가 축적된 반면, 인베팔의 경우 불신만 증폭되었다. 인베발의 경우 상호 신뢰는 상호 협력 속에서 대안적 모델을 실험할 수 있도록 했지만, 인베팔의 경우 상호 불신은 갈등 속에서 공동소유 경영 모델을 완전히 폐기하지도 못하고 새로운 공동경영 모델을 도입하지도 못하게 했다. 이처럼 정부 측과 노동자들 사이의 상호 신뢰 정도가 대안적 경영 모델의 모색 과정이 동의와 협력 혹은 대립과 갈등 속에서 진행되는가를 결정할 뿐만 아니라 정부의 지배·경영권 위임 여부와 노동자들의 호응 여부에도 영향을 미친다.

인베발 공동경영 실험의 의미

공동소유 경영 모델이 폐기되면서 다양한 공동경영 모델들이 각축하는 가운데 인베팔의 대안 모색 실험은 실패한 반면, 인베발의 실험은 성과를 거두어 노동자 통제 모델이 사회적 기업의 대안적 모델의 전형으로 주목받을 수 있게 되었다.

인베팔과 인베발의 비교 분석을 통해 확인한 바와 같이 정부가 모든 국유 기업들에 노동자 통제 모델을 도입하는 것이 아니라 정부 정책에 호응하는 기업들 가운데서도 시장에 미치는 영향력이 클 경우 공동경영 전환 대상에서 제외할 가능성이 높다는 것이다. 이는 PDVSA 같은 대표적 전략 산업 국유 기업이 공동경영 대상에서 제외되고 공장 평의회도 건설되지 않았다는 데서도 확인될 수 있다. 그 밖에도 다양한 변인들이 개입함으로써 2010년 현재, 국유 기업들 가운데 공장 평의회가 건설된 곳은 30% 수준에 불과할 정도로 소수에 그치고 있다(Calzadilla 2010 면담). 이처럼 정부가 인베발의 노동자 통제 모델을 일부 국유 기업들에 한정해 도입한다는 한계에도 불구하고, 인베발 모델은 공동소유 공동경영 모델 이후의 대안적 공동경영 모델로 평가될 수 있다는 것은 분명하다. 실제로 인베발은 차베스의 격찬을 받으며 공동소유 경영 모델을 대체하는 좀 더 발전적인 공동경영 모델로 평가되고 있으며, 현재 특별법이 추진되는 노동자 평의회의 전범으로 꼽히고 있다(Cormenzana 2009a; Lebowitz 2010 면담).

인베발은 공장 평의회 제도에 기초해 노동자 통제를 실시함으로써 새로운 대안적 공동경영 모델을 수립해 전형적인 사회주의 기업의 모습을 보여 주고 있다. 인베발 노동자들은 인베발에서 실천하는 노동자 통제 모델이 유고슬라비아 자주 관리 모델과 같이 노동자들이 주식을 보유하지 않지만 정부가 개입하지 않고 노동자들이 집합적으로 경영권을 행사하는 것이라고 증언한다(Quintero 2010 면담; González 2010 면담). 그런 점에서 인베발의 노동자 통제 모델은 인베팔과는 달리 국가 관료에 의해 전제적으로 지배되는 국가사회주의의 기업모델과 차별화되는 21세기 사회주의의 대안적 기업모델이라 할 수 있다.

자본주의 시장경제 내에서 노동자들의 기업 내 경영 참가 수준이 가장 높다고 할 수 있는 스웨덴과 독일의 공동 결정제의 경우 특정 사안, 특히 노동자들의 이해관계와 밀접하게 연관된 사안들에 한해 경영진이 노동자들과 협의해 결정한다. 하지만 인베발의 노동자 통제 모델은 노동자들이 일상적으로 기획, 집행, 생산 등 기업 경영 관련 전략적 의사 결정 권한을 행사한다는 점에서 공동 결정제를 훨씬 능가하는 수준의 공동경영을 실천하는 것이라 할 수 있다.

이런 인베발식의 노동자 통제 모델을 높은 수준의 공동경영 실천이라고 한다면, 인베발과 인베팔의 초기처럼 노동자 대표들이 참여 혹은 주도하는 이사회를 중심으로 경영진과 노동자들이 경영권을 공유하는 모델은 공동소유라는 조건을 제외하고 지배·경영권의 행사 방식만으로 보면 공동 결정제와 유사한 방식이다. 이런 초보적 단계의 공동경영 모델은 한국을 포함한 자본주의 시장경제 내 사기업들의 경우 상대적으로 도입·실천하기 수월하며, 그런 다음 노동자 총회를 도입해 이사회에 대해 견제 혹은 통제의 역할을 수행하도록 하는 과도기적 단계를 거쳐서 인베발식의 노동자 통제 모델로 이행하는 단계적 접근법도 가능하다고 할 수 있다.

공동경영 실험의 향후 전망

차베스가 인베팔의 노동자 통제 모델을 바람직한 사회주의 기업모델로 격찬하고 있어 인베팔 모델은 꾸준히 확산될 수 있을 것으로 예상된다. 하지만 인베팔을 포함한 베네수엘라 공동경영 실험에 대한 진정한 평가 기준은 차베스 이후의 생존 가능성이다.

차베스 정부는 마스터플랜 없이 공동경영 실험을 시작했지만 2009년 7월 22일 '과야나 사회주의 계획'을 발표하면서 기간산업을 중심으로 한 국유화와 공동경영 전환에 대해 차베스가 확고한 의지를 지니고 있다는 것을 재확인해 주었다. 하지만 차베스의 확고한 의지가 차베스 이후 공동경영 실험의 생존 전망까지 보장해 주는 것은 아니며, 거기에는 심각한 제약 여건들이 도사리고 있다.

첫째, 국민 여론은 국유화에 대해 대단히 부정적이다. 최근 현안이 되고 있는 식품 산업 국유화의 경우 찬성 의견은 17.5%에 불과한 반면, 반대 의견이 65.5%로서 압도적 다수를 차지하고 있다. 이런 여론 분포는 국유화 기업의 재사유화 조치가 국민 여론의 지지를 받을 수 있다는 것을 의미하기 때문에 공동경영 실험의 지속 가능성에 제약 요인이 되고 있다.[20]

둘째, 공동경영 실험의 법적 기초가 마련되지 않았다. 이런 법제화 미비로 인해 공동경영이 도입된 기업들 사이에도 기업 지배 구조와 실천 방식의 차이가 크고 최소한의 공동경영 실천도 담보되지 않은 채 정부 측의 선의지에 의존하게 되고, 인베팔의 경우에서 보았듯이 경영진과 노동자 협동조합의 권한과 의무가 불명료하기 때문에 서로 상대의 권한과 권위를

20_식품 산업 국유화에 대한 국민 여론과 과야나 사회주의 계획에 대해서는 이 책의 제5장을 참조.

인정하지 않는 것으로 인해 발생하는 대립·갈등 상황을 해결하기 어렵다. 하지만 노동자들의 요구에도 불구하고 2012년 5월 1일 공포된 개정 노동법은 노동자 평의회에 대한 구체적인 법적 근거 및 보호 조항들을 포함하지 있지 않고 별도의 특별법 형태로 제정될 것이라는 점만 명문화하는 데 그쳤다.

셋째, 정부 관료와 국유 기업 경영진들 또한 공동경영에 대해 부정적 태도를 지니고 있다. 인베발과 인베팔의 노동자들뿐만 아니라 차베스 정권 안팎의 이론가들도 일관되게 지적하는 것은 차베스 정부 내에서 공동경영과 노동자 통제에 적극적인 인사는 차베스 대통령이 거의 유일하며 정부 부처 고급 관료들과 국유 기업 경영진들은 거의 모두 적대적이거나 소극적이라는 점이다(Lebowitz 2010 면담; Perez 2008 면담; Chirino 2009 면담; Calzadilla 2010 면담; Fuentes 2009 면담).

이처럼 적대적 국민 여론 속에서 법적 근거가 취약하고 정권 내 지원 세력이 폭넓게 형성되어 있지 않은 채 차베스 개인의 지지에 과도하게 의존하고 있다는 점은 차베스 이후의 생존 가능성에 대한 우려를 갖게 한다. 차베스 정부의 국유화·공동경영 정책에 대해 자본가들은 극단적인 적대의식과 공포심을 지니고 있는데, 주베네수엘라 미국 상공회의소 지도자 에레라Tony Herrera의 "베네수엘라의 문제는 지옥으로 가는 도로가 잘 포장되어 있다는 점"(Bruce 2005)이라는 발언에서도 잘 표현되어 있다. 그런 점에서, 2012년 말 대통령 선거 혹은 암투병 실패로 대통령이 교체된다면 국유 기업 사유화 조치와 함께 공동경영 실험 폐기가 시도될 것은 명약관화하다. 그렇다면 과연 베네수엘라의 공동경영 실험들은 차베스 이후에도 적대적 여건 속에서 지속될 수 있을까? 공동경영 실험의 불가역성irreversibility 수준은 몇 가지 변인들에 의해 결정된다.

첫 번째 요소는 노동자들의 공동경영에 대한 헌신성과 공동경영 기업에 대한 동일시 정도다. 이는 얼마나 실질적으로 공동경영이 실천되고 있는지, 공동경영 모델의 모색·실천 과정에서 정부 측과 노동자들 사이에 얼마나 상호 협력이 잘 이루어지며 상호 신뢰를 축적했는지에 달려 있다.

두 번째 요소는 공동경영 기업의 자산 가운데 정부가 임의로 처분할 수 없는 지분의 크기다. 이는 공동소유 기업들에서 노동자들이 집합적으로 보유한 지분의 크기로서 노동자들이 집합적 소유주로서 재산권을 행사하며 매각을 거부할 수 있는 법적 근거를 제공해 주기 때문이다.

세 번째 요소는 노동자들의 주체 형성 정도다. 이는 노동자들이 보유한 기업 단위의 조직력과 동원 역량을 넘어 국유화 기업들 및 공동경영 기업들, 더 나아가서 전체 국유 기업들의 노동자 주체들과 어느 정도 강한 연대체를 형성할 수 있는가에 달려 있다.

네 번째 요소는 정상적 공장 가동을 통한 이윤 창출 능력 및 시장 경쟁력이다. 정부에 의한 재정 자원 및 판매 경로 지원이 단절될 경우 자체적으로 생존할 수 없다면 공동경영 기업은 재정적 파산에 직면해 정부의 지원에 의존하게 되기 때문이다.

이런 불가역성 요소들을 종합적으로 고려하면, 인베팔은 노동자 지분 17%를 지니고 있어 유리한 측면도 지니지만 적자와 부채가 누적되는 상황에서 노동자 지분은 꾸준히 잠식될 수 있다는 점에서 불가역성은 매우 낮다고 할 수 있다.[21] 반면, 인베발은 노동자 보유 지분은 없지만 정부 측과 노동자들은 동의와 협력을 통해 공동경영 모델을 모색하며 상호 신뢰를 구축해 왔고, 노동자들이 공장 평의회와 노동조합을 중심으로 결집되어 높은 결속력과 동원 역량을 지니고 있을 뿐만 아니라 FRETECO 활동 등을 통해 초기업 수준의 연대체 구성 등 연대 활동도 적극적으로 수행해 왔다

21_인베팔과 인베발의 경영 성과에 대해서는 이 책의 제7장을 참조할 것.

는 점에서 인베팔에 비해 훨씬 높은 불가역성을 지닌다고 할 수 있다. 그런 점에서 대 정부 기증을 통해 노동자 보유 지분이 소멸된 것은 불가역성의 물질적 기초를 보강할 수 있는 계기를 상실하게 했다는 점에서 다소 아쉬운 부분이라 할 수 있다.

공동소유에 기초한 공동경영 모델이 개별 기업 수준에서 시행될 경우 이윤 창출 외의 투자 재원 확보 어려움과 노동자들의 기업주 의식 형성 및 이윤 창출 압박감 발생 등의 문제점들을 야기할 수 있다는 것은 인베팔과 인베발의 사례에서 확인되었다. 따라서 노동자들의 기업 소유권은 개별 기업 단위가 아니라 초기업 수준에서 추진되어야 하며, 스웨덴의 임노동자 기금과 같이 기업 이윤의 일정 부분을 집합적 기금으로 적립하고, 이 기금의 운용을 통해 개별 기업들에 대해 지배권을 행사하는 방식이 더 적절하다고 할 수 있다.

제4부

차베스 정권과 변혁성의 정치

| 9장 |

차베스 정권과 변혁성의 정치

불가역성의 관점에서 본 변혁 실험

제9장에서는 베네수엘라 실험의 변혁성을 확인하고, 변혁 실험의 추진 과정과 추진 전략을 검토하며, 추진 주체 형성의 실패와 변혁 실험 성과의 불가역성 문제를 논의한 다음, 실천적 함의를 도출하고자 한다.

1. 베네수엘라 좌파 집권의 비교 역사적 맥락

베네수엘라 변혁 실험을 분석하기에 앞서, 베네수엘라를 포함한 중남미 좌파 집권 붐의 비교 사회·역사적 맥락을 검토하면 〈표 9-1〉처럼 정리될 수 있다. 중남미 국가들은 경제 위기를 극복하기 위해 신자유주의 정책을 추진함으로써 심각한 사회적 폐해가 누적되어 있는 가운데 경제적 측면의 긍정적 효과가 사라지고 구조적 문제점들이 노정되면서 좌파 정당들이 재

표 9-1 | 중남미 좌파 집권의 역사적 맥락

구분		경제 위기 이전 시기	경제 위기 시기	신자유주의 시기	신자유주의 이후
유럽		포드주의 계급 타협	경제 위기	신자유주의	좌파 재집권
	시기 구분	1945~70년대 중반	1970년대 후반	1980년대~90년대 초반	1990년대 중반
중남미		군사독재 정권	경제 위기	민주 정권/신자유주의	좌파 재집권
	시기 구분	1960~70년대	1980년대	1990년대	2000년대
한국		군사독재 정권	민주화 / 경제 위기	민주 정권/신자유주의	우파 신자유주의
	시기 구분	1961~87년	1990년대 후반	1998~2008년	2008년~

집권하는 붐이 촉발되었다. 그 점에서 중남미 국가들은 유럽의 좌파 정당 집권 붐의 형성 과정을 반복하는 것처럼 보이는데, 우리 사회는 신자유주의 정권의 실패가 좌파 집권으로 이어지지 않고 자유주의 신자유주의 세력이 보수 우파 신자유주의 세력으로 교체되었다는 점에서 차별성을 보이고 있다.

베네수엘라와 브라질[1]을 비교해 보면, 브라질은 군사독재 정권이 경제 위기를 야기하며 붕괴한 다음 시민 정권이 신자유주의 경제정책을 추진하는 전형적 중남미 국가들의 모습을 보여 주는 반면, 베네수엘라는 시민 정권이 경제 위기를 야기하며 신자유주의 경제정책을 추진했다는 점에서 다소 예외적인 유형을 보여 주었다. 하지만 유럽의 경우 경제 위기 발발 전에 포드주의 계급 타협에 기초해 노동기본권 보장을 위한 제도적 장치들이 수립되고 복지국가 제도들이 완비된 반면, 군사독재 여부에 관계없이 경제 위기 발발 이전 기간 기득권 세력들이 지배하며 소득재분배 실시나 복지 제도 구축은 거부하며 노동기본권을 억압하는 노동 통제 체제를 유지했다는 점에서 베네수엘라는 브라질을 포함한 여타 중남미 국가들과 다르지 않다.

1_이 장에서 언급되는 브라질 부분은 조돈문(2009)에, 베네수엘라 부분은 이 책에서 검토된 내용에 기초해 논의한다.

2. 21세기 사회주의와 베네수엘라의 실험:
　　변혁성 vs 대중주의

　차베스 정권이 1999년 출범해 14년여 지속되는 동안 차베스 정권을 둘러싼 학술·비학술 담론은 대중주의populism 관점과 사회주의 관점으로 양분되어 정권의 성격을 둘러싼 논란은 끊이지 않았다.

　제4공화국과는 달리 차베스 정권은 사유재산제를 절대시하지 않으며 공익을 위해 규제했고, 기간산업을 국유화해 공동경영으로 전환하는 등 사회주의적 시장경제 모델을 추진했고, 사회개발 프로그램들을 통해 부의 재분배를 실시하는 한편 권력 자원을 기득권 세력으로부터 공동체와 시민들에게 이양하는 등 정책적 차별성을 보여 주었다(〈표 1-3〉 참조). 이처럼 차베스 정권은 전형적 자본주의 시장경제 모델을 실천한 제4공화국에 비해 상대적으로 좀 더 변혁적 성격을 보였으며, 그런 점에서 차베스 정권을 대중주의로 규정하는 관점보다 사회주의로 규정하는 관점이 더 높은 경험적 타당성을 지닌다.

　차베스 정권은 자본주의 시장경제 모델을 비판하는 동시에 소련과 동구권에서 시도되었던 국가사회주의와 차별화된 21세기 사회주의 모델을 실현한다고 주장했다. 차베스가 시작한 21세기 사회주의 실험은 동구권과 같이 일거에 '행정적으로 처방된 변혁'administered transformation이 아니라 자본주의 사회경제 체제에서 대안 체제로 이행하는 과정에 있다는 점에서 아직 그 변혁적 성격의 실체를 단정적으로 규정하기는 어렵지만 변화의 방향과 함께 변혁성 존재 여부는 판정할 수 있다(〈표 9-2〉 참조).[2]

2_사회경제체제의 비교 및 시장사회주의 모델에 대해서는 조돈문(2002)을 참조할 것.

표 9-2 | 사회·경제 체제의 핵심 운영 원리 비교

체제 구성 요소	자본주의	국가사회주의	고전적 마르크스주의	민주적 시장사회주의	베네수엘라 차베스 정권
소유 체계	사적 소유	공적 소유(국가 독점)	공적 소유	공적 소유(포괄적)	국유화 추진
자원 배분	시장	중앙 계획	중앙 계획	시장(사회적 규제)	시장·사회적 규제
권력 행사 (국가/생산 현장)	민주적 / 전제적	전제적	민주적	민주적	민주적 / 공동경영

베네수엘라의 21세기 사회주의 실험은 자본주의 체제를 넘어 국가사회주의와 같은 공적 소유 체계를 지향한다. 현재 석유산업, 정보 통신, 항공, 언론 미디어, 시멘트, 알루미늄, 철강, 제지, 식품 산업 등으로 국유화 정책이 확산되고 있지만 아직 사적 소유권이 지배하는 시장경제 체제 속에서 공적 소유 대상이 확대되는 수준에 불과하다.

베네수엘라의 실험은 시장 중심으로 자원 배분을 실시하되 사회적으로 규제한다는 점에서는 국가사회주의의 중앙 계획 수준에는 크게 못 미친다. 예컨대 식품 산업의 경우 일부 업종들을 대상으로 사기업들에 대해서도 생산 품목과 생산량을 구체적으로 규제하는 등 높은 수준의 사회적 규제를 부과하고 있지만, 전체적으로 보면 중앙 계획은 기간산업 중심의 국유 기업들에 한정되어 있다.

한편, 권력 행사의 측면에서 보면, 베네수엘라의 21세기 사회주의 실험은 국가 수준뿐만 아니라 생산 현장에서도 권력의 민주적 행사를 추진한다는 점에서 국가사회주의와 대조된다. 차베스 정권은 바로 이런 생산 현장의 민주적 통제를 "아래로부터의 사회주의"로 규정하며 국가사회주의와 확연히 다른 21세기 사회주의의 핵심적 차별성으로 꼽는데, 생산 현장에서는 정부와 노동의 공동경영 형태로 실천하고 있다.

공동경영 실험은 국가사회주의보다 우월한 21세기 사회주의의 차별성을 잘 보여 주고 있지만, 한계 또한 분명히 지니고 있다.

첫째, 공동경영은 사기업들은 배제하고 국유 기업들을 대상으로 실시되고 있는데, 주로 차베스 집권 후 국유화된 기업들이 공동경영으로 전환되고 있으며 초대형 석유 기업 PDVSA 등은 제외되고 있다.

둘째, 공동경영으로 전환된 기업들도 아직 진정한 의미의 공동경영을 실천하는 사례들은 흔치 않다. 예컨대 인베발은 최고 의사 결정 기구인 노동자 총회의 지배하에서 공장 평의회가 지배권의 일상적 집행을 담당하고, 노동자들이 선출한 노동자 대표가 최고 경영자 역할을 수행하면서 진정한 공동경영, 더 나아가서 노동자 자주 관리를 모범적으로 실천하고 있다. 하지만 인베팔 등 일부 공동경영 기업들은 정부에 의해 임명된 경영진이 전권을 휘두르고 있다는 점에서 사기업들의 지배 구조와 다르지 않다.

셋째, 국유 기업들 가운데 공동경영 전환 여부를 결정하는 주체는 노동자들이 아니라 차베스 개인이다. 공동경영 모델을 통한 생산 현장의 민주적 통제 수준이 국가사회주의 국가들에 비해 우월한 것은 사실이지만, 공동경영이 실시되는 국유 기업들에서도 노동자 대표 경영인 혹은 노동자 선출 경영인이 노동자들과의 협의 없이 정부에 의해 일방적으로 교체되는 사례들이 빈발하는 등 여전히 정부와 노동의 역학 관계는 지나치게 비대칭적이다.

넷째, 공동경영 실험은 마스터플랜 없이 추진되고 있어 사례마다 공동경영 실천 방식 및 수준에서 차이를 보일뿐만 아니라 공동경영 실험의 지속 가능성이 담보되기 어렵다. 예컨대 인베팔과 인베발을 전형적 모델로 삼아 정부 대 노동, 51 대 49의 지분 배율로 공동경영 실험을 시작하며 차베스가 노동 측 지분을 99%까지 단계적으로 확대할 것이라고 천명했지만 현재 국가가 지분 전량을 소유하는 방식으로 후퇴하고 있어 마스터플랜의 부재에 따른 혼선을 확인해 주고 있다.

3. 공동경영과 변혁적 실험의 동학dynamics

차베스가 21세기 사회주의를 처음 공식 선언한 것은 2005년 1월 브라질 뽀르뚜 알레그레에서 개최된 세계사회포럼에서였다. 그러나 국가사회주의와 차별화된 '아래로부터의 사회주의'로 규정된 21세기 사회주의의 구체적 내용과 프로그램은 제시되지 않았다. 21세기 사회주의가 구체적 실체를 드러낸 것은 인베팔과 인베발을 필두로 하는 공동경영 실험이었으며, 정부와 노동의 공동소유에 기초한 공동경영은 스웨덴과 독일 등 일부 자본주의 국가에서 시행되고 있는 공동 결정제를 넘어서 유고슬라비아의 자주 관리와 유사한 것이었다.

2001년 말 CTV와 Fedecámaras가 연대해 차베스 정권 전복을 위한 총파업-직장폐쇄 투쟁을 시작한 이래, 네 차례에 걸친 총파업-직장폐쇄 투쟁과 48시간의 집권에 이른 군부 쿠데타 등으로 인해 차베스 정권은 정권의 위기를 벗어나지 못하고 있었다. 그러나 2004년 8월 차베스 소환 여부를 묻는 국민투표에서 승리하면서 정권의 안정을 회복할 수 있게 된 것이 2005년 1월 차베스가 사회주의를 공식적으로 표방할 수 있게 한 결정적 계기였다.

공동경영 실험은 2005년 초 인베팔과 인베발에 도입된 이후 21세기 사회주의의 표상으로 주목을 받았으나 2006년 대선과 2007년 헌법 개정 국민투표 등 정권 재창출의 명운이 걸린 정치 일정으로 인해 국유화와 공동경영 전환 정책은 뒷전으로 밀리게 되었다. 하지만 2009년 2월 헌법 개정 국민투표에서 승리한 이후 차베스는 5월 과야나 사회주의 계획을 발표하며 기간산업의 국유화와 공동경영 실천 의지를 재천명하는 한편 대대적 국유화 공세를 추진했다. 이처럼 2005년 21세기 사회주의 선언과 함께 공동경영 실험이 시작되고 2009년 국유화와 공동경영의 정치가 재점화될 수 있었던 것이 차베스 정권이 정권의 위기 혹은 정권 재창출의 각축 시기를 넘어 정권의 안정성을 확보한 뒤였다는 점은 차베스 정권 변혁의 정치가 정치적 안정성의 함수라는 것을 확인해 주는 것이다.

　2000년대 초 차베스의 지지도는 구지배 세력의 정권 전복 기도를 유발할 정도로 취약했으나 일련의 반차베스 총파업-직장폐쇄 투쟁, 특히 2002년 12월부터 이듬해 2월까지 전개된 석유산업 중심의 총파업-직장폐쇄 투쟁은 경제성장률을 마이너스로 떨어뜨릴 만큼 베네수엘라 경제에 심각한 타격을 주면서 야당들을 포함한 구지배 세력의 정치적 정당성은 크게 실추되었다. 반면, 2003년부터 시작된 미션들을 중심으로 한 사회정책 프로그램들과 최저임금의 급격한 인상 및 농지 개혁 정책 등은 중하층 서민들에게 실질적인 물질적 혜택을 주는 한편, 도시 서민들은 공동체 위원회를 통한 정치 참여와 볼리바르 서클을 통한 조직화의 진전으로 정치적 무관심을 극복하고 있었다. 이렇게 사회정책 프로그램들이 확대되고 도시 서민들의 정치 세력화가 진전되면서 차베스의 지지도는 꾸준히 상승했고, 1998년 대선에서는 확인하기 어려웠던 계급 투표 성향이 가시화되기 시작했다. 그 결과 2004년 8월 국민투표와 2006년 12월 대선에서 차베스가 승리할 수 있었으며, 차베스 정권은 비로소 정권의 위기를 완전히 극복할 수 있었다.

　차베스 정권이 정치적 안정성을 확보하며 변혁적 실험을 추진할 수 있었던 데에는 몇 가지 배경적 요인들도 유리하게 작동했다.

　첫 번째 요인은 야당의 전략적 오류다. 반차베스 구지배 세력은 정권 전복 기도들의 부정적 효과로 정치적 정당성을 상실했을 뿐만 아니라, 1999년 4월 제헌의회 조직 국민투표부터 시작해 2005년 12월 국회의원 선거에 이르기까지 제헌의원 선거, 지방의회·지자체장 선거 및 국회의원 선거 등을 보이콧함으로써 친차베스 세력들이 국회를 포함해 전국과 지방 수준의 국가기구들을 완벽하게 장악할 수 있게 했다(〈표 2-1〉 참조).

　두 번째 요인은 군부의 확고한 지지다. 2002년 4월 발발한 쿠데타의 일시적 승리로 인해 반차베스 정치군인들의 다수가 실체를 드러내게 되었고 48시간만의 패퇴로 인해 핵심 인자들은 사법 처벌을 받거나 국외로 도피하면서 군부의 권좌를 떠나게 되었다. 차베스가 군부 출신으로 공식적 지휘 라인뿐만 아니라 비공식적 네트워크까지 확보하고 있는 가운데 반차베스 세력이 거세되면서 군부는 확실하게 친차베스 세력에 의해 통제될 수 있게 되었다.

　세 번째 요인은 막대한 석유 수입이다. 차베스 정부가 국유화를 위한 사기업들의 유상 점유를 실시할 수 있었던 것뿐만 아니라 미션들을 중심으로 한 다양한 사회정책 프로그램들을 추진하는 등 사회복지와 소득재분배를 위해 상당한 재원을 투입할 수 있었던 것은 PDVSA가 내부에 유보하거나, 불필요한 자산 매입을 위해 낭비했던 석유 수입의 상당 부분을 정부 예산으로 이전하도록 했기 때문이다. 석유 수입에 의한 추가 재원 확보로 인해 차베스 정부는 추가적 증세 조치 없이 사회적 예산 지출을 크게 확대할 수 있었고, 그 결과 증세로 인한 정당성 공방 부담과 복지 지출 증대로 인한 재정 위기 심화로 표출되는 복지국가의 딜레마를 회피할 수 있었기 때문에 잠재적 증세 대상이었던 중산층을 위시한 일반 시민들에 대한 물질적 부담을 가중하지 않을 수 있었다.

4. 변혁 추진 전략: 양분 전략과 불안정성의 정치

베네수엘라인 가운데 사회주의나 공산주의가 바람직한 사회경제 체제라는 의견은 17.2%(〈표 2-6〉 참조), 생필품을 생산하는 식품 산업의 국유화에 찬성하는 의견은 17.5%에 불과하다(〈표 6-2〉 참조). 차베스 정권의 수년에 걸친 변혁 정책과 사회정책 및 적극적인 대국민 홍보 활동에도 불구하고 변혁 정책에 대한 지지율이 17%에 불과했다.

이렇게 적대적인 여론 환경 속에서 차베스 정권이 선택한 변혁 추진 전략은 "친구 아니면 적"의 양분 전략이었다. 차베스 정권이 양분 전략을 선택한 동기는 두 가지로 해석된다.

첫 번째 동기는 지지자들의 동원으로 정권을 수호하려는 의도다. 정권 전복을 위한 총파업-직장폐쇄 투쟁과 군부 쿠데타 등으로 수년에 걸쳐 정권의 위기를 경험한 바 있는 차베스 정권은 정권 수호를 위해 지지자들에게 호소한 것이다. 이는 2002년 4월 차베스 지지자들의 동원으로 쿠데타 세력이 축출되고 차베스가 권좌에 복귀할 수 있었던 경험의 학습 효과이며, 변혁 정책이 불러올 수 있는 또 다른 정권 위기의 위험에 대비하려는 의도라 할 수 있다.

두 번째 동기는 차베스 지지자들에게 변혁 정책에 대한 지지를 압박하려는 의도. 변혁 정책에 대한 지지도가 차베스에 대한 지지도에 비해 월등히 낮다는 사실은 차베스 지지자들 가운데 상당수가 변혁 정책을 지지하지 않는다는 것을 의미한다. 차베스 정권은 차베스를 지지하지 않는 시민들을 대상으로 변혁 정책에 대한 이해를 구하는 것이 아니라 차베스 지지자들에게 차베스가 추진하는 변혁 정책도 지지해 줄 것을 호소한 것이다.

양분 전략은 차베스의 높은 지지도를 변혁 정책에 대한 지지도로 전환하려는 것으로서 양자 사이의 괴리가 큰 조건을 고려하면 차베스 정권의 합리적 선택이라 할 수 있다. 양분 전략은 차베스 지지자들을 겨냥한 전략으로서 핵심 표적은 지지자들 가운데 변혁 정책을 지지하지 않는 집단들이다. 양분 전략은 이처럼 차베스 지지자들의 결속력과 헌신성을 강화하며 변혁 정책에 대한 지지를 견인하는 '의도된 효과'를 가져오는 한편, 차베스를 지지하지 않는 시민들은 "친구 아니면 적"으로 규정하며 적대시함으로써 차베스 정권의 정책 및 성과에 대한 객관적이고 정당한 평가가 아니라 정서적 혐오감과 적개심을 자극하는 '의도되지 않은 효과'도 유발한다.

결국 양분 전략은 차베스 지지자와 비지지자 간의 균열을 확대하며 베네수엘라 사회의 정치적 양극화를 심화함으로써, 사회적 통합에 기초한 정치적 안정이 아니라 대립과 갈등에 따른 정치적 불안정성을 보강한다.

정권 수호를 넘어서 변혁 정책의 지지를 동원하기 위해 추진한 이와 같은 양분 전략으로 인해, 차베스 정권이 2004년 차베스 소환 국민투표 승리로 정권의 위기를 극복한 뒤에도 베네수엘라 사회의 정치적 불안정은 가시지 않았다. 이처럼 정치적 불안정은 지속되고 있지만 정치적 불안정의 성격은 바뀌었다. 2004년 국민투표 이전의 정치적 불안정성은 제4공화국을 지배했던 구지배 세력의 정권 전복 기도라는 외적 요인들에 의해 야기된 반면, 국민투표 이후의 정치적 불안정성은 변혁 정책을 추진하기 위한 전략적 선택의 결과로 유발된 것이다. 따라서 2004년 이전의 불안정성은 그 자체 정권의 위기를 표현한 것으로서 외적으로 주어진 것인 반면, 2004년 이후의 불안정성은 "위기 없는 불안정성"으로서 변혁 정책의 의지를 표현한 것이며 주체적으로 조장된 것이라 할 수 있다.

이렇게 베네수엘라 차베스 정권은 정책적 변혁성과 정치적 불안정성의 특성을 지녔다는 점에서 정책적 개혁성과 정치적 안정성의 특성을 보인 브라질 룰라 정권과 좋은 대조를 이루며 중남미 좌파 정권의 양대 전형을 구성하고 있다(〈표 9-3〉 참조). 결선투표제가 도입되어 있는 브라질의 경우 룰라는 2002년 말 대선 1차 투표에서 46.4%를 득표한 반면, 결선투표제가 없는 베네수엘라의 경우 차베스는 1998년 말 대선에서 과반수를 초과하는 56.2%의 높은 득표율을 보였다. 한편, 쟁권 재창출의 계기였던 2006년 대선에서, 룰라는 1차 투표에서 과반수에 미달한 48.6%를 득표하고 2차 투표에서 60.8%를 득표한 반면, 차베스는 62.8%를 득표해 룰라의 2차 투표 득표율보다도 더 높은 지지도를 확보하고 있다는 것을 확인시켜 주었다. 이처럼 차베스가 룰라에 비해 월등히 더 큰 지지 기반을 확보하고 있다는 것에도 불구하고 베네수엘라 사회는 정치적 불안정을 벗어나지 못

표 9-3 | 중남미 좌파 정권의 두 모델

구분	브라질 룰라 정권	베네수엘라 차베스 정권
정권 특성		
정치적 안정성 정도	정치적 안정	정치적 불안정
변혁 정책 추진 정도	개혁적 성격	변혁적 성격
통치전략	사회통합 전략	양분 전략
집권 및 재집권		
좌파 정권 출범	2003년 1월	1999년 2월
집권 득표율(대선)	46.4 / 61.3%(2002년 1차 / 2차)	56.2%(1998년)
재집권 득표율(대선)	48.6 / 60.8%(2006년 1차 / 2차)	62.8%(2006년)
정치 체제		
정치체제 작동 방식	합의 도출 방식	다수파 지배 방식
정치체제 특징	정당 비례 투표	강력한 대통령제
정당구조	다당 권력 분점	여당 독점
정당 제도화 수준	제도화된 정당	무정형적 정당
대통령과 정당의 관계	정당의 기획 및 견제	대통령의 절대적 지배

한 것이다.

　브라질의 경우 정당 비례 투표제와 그에 따른 다당 권력 분점 방식의 정당 구조로 인해 정치적 형성이 구조적으로 강제되고 있다. 반면, 베네수엘라의 경우 정당 비례 투표제 없이 대통령에게 의회 해산권과 한시적 입법권까지 부여하는 강력한 대통령제가 구축되어 있는 가운데, 야당의 선거 보이콧으로 집권 여당이 정치권력을 독점함으로써 극단적 방식의 다수파 지배 방식이 관철될 수 있었다. 이처럼 사회적 합의 도출 압박이 약한 정치체제로 인해 브라질의 룰라 정권에 비해 베네수엘라 차베스 정권의 경우 사회 통합을 위협하는 정치적 선택으로 야기되는 제도적 저항이 상대적으로 덜 심각했다고 할 수 있다. 따라서 차베스 정권은 기득권 위협 정도가 큰 변혁 정책과 함께 비지지자들을 적대화하는 양분 전략을 선택할 수 있었으며, 그 결과는 2004년 국민투표 승리 이후의 "위기 없는 불안정성"으로 나타났고 베네수엘라 사회는 정치적 불안정을 지속하게 된 것이다.

5. 의사 코포라티즘 체제와 노동계급 형성의 실패

노동계급은 자본주의 한계를 넘어서는 변혁 실험을 추동하는 주체로서 체제 이행 전략의 핵심을 구성할 것으로 기대되었지만, 베네수엘라의 변혁 실험에서 노동계급은 실종되었다. 그것은 차베스 정권이 의사 코포라티즘 체제를 구축하면서 노동계급의 계급 형성이 진전될 수 없었기 때문이라 할 수 있다.

차베스 정권하에서 노동계급은 친차베스-반차베스 진영으로 나뉘어 조직되었고, 친차베스 노동 진영조차 계급주의파와 코포라티즘파의 분열로 내적 통합을 이루지 못했다는 점에서 노동계급의 조직적 형성은 실패했다고 할 수 있다. 한편, 자본계급과 결탁한 반차베스 조직 노동은 차치하고, 친차베스 조직 노동 부문 내에서도 노동계급의 계급적 이해관계를 대변하며 계급적 과제 실현에 우선권을 부여하는 계급주의파는 주변화되고, 계급적 과제 대신 정권 수호 과제를 절대시하는 탈계급적 코포라티즘파가 패권을 구축하면서 노동계급의 이념적 형성도 이루기 어려웠다. 이와 같은 계급 형성의 실패로 인해 노동계급은 변혁적 실험을 주도하기는커녕 노동조건 개선조차 이루지 못하며 노동자 대중으로부터 소외되는 존재로 전락하게 되었다.

이렇게 친차베스 노동 진영 내에서 계급주의파가 주변화되며 코포라티즘파가 패권을 장악하게 된 것은 차베스와 정부의 직·간접적 개입의 결과라 할 수 있다. 차베스는 현재의 베네수엘라 같은 혁명적 국면에서 노동조합은 사라져야 할 불필요한 존재라고 단언하며 노동조합의 자율성을 반혁명적 "독극물"로 매도했다. 차베스에 따르면, 정부와 집권 여당이 노동자들의 이해관계를 적절하게 대변하기 때문에 노동조합 같은 노동자 대변 기구는 불필요하고, 노동조합이 허용되더라도 자율성을 포기하고 집권 정당의 한 부분으로 편입되어야 한다는 것이었다. 따라서 차베스 정권하에

표 9-4 | 브라질과 베네수엘라의 정부-노동 관계 비교: 노동 체제

구분	브라질 룰라 정권	베네수엘라 차베스 정권
노동 체제	코포라티즘	의사 코포라티즘
집권 기초 및 지지 기반	조직 노동계급	미조직 비공식 부문 / 빈민
대통령과 조직노동의 관계	협력 및 협의(정책 개입)	일방적 지배(후견인)
정부의 노동조합 활동 개입	노조 자율성	노조 자율성 경시
노동기본권 보호 정도	높음	낮음

서 구축된 노동 체제는 노동조합을 변혁의 주체가 아니라 통제의 대상에 불과한 노정 관계의 하위 파트너로 포용하는 의사 코포라티즘 체제이며, 그런 점에서 브라질의 코포라티즘 체제와는 상당한 차별성을 보인다(〈표 9-4〉 참조).

친차베스 노동 진영 내에서도, 계급주의파는 차베스 정권이 구축하는 의사 코포라티즘 체제의 수용을 거부하는 반면, 코포라티즘파는 의사 코포라티즘 체제가 규정하는 노동조합 역할과 동일시한다. 정부의 적극적 개입은 편파적 성격을 피할 수 없었고, 그 결과 친차베스 진영 내에서 다수파를 형성하던 계급주의파는 괴멸의 길을 걷게 되었고 대중적 지지 기반을 결여한 코포라티즘파가 패권을 차지하게 된 것이다. 이런 친차베스 노동 진영 내 역학 관계 변화는 온건 계급주의파 Marea Socialista의 선택에서 잘 나타나고 있다. Marea Socialista는 치리노가 주도하는 강경 계급주의파 CCURA보다 계급적 정체성을 결여한 코포라티즘파에 대해 더 비판적이었지만, CCURA가 차베스와 맞서는 것은 "정치적 자살 행위"라며 계급주의파와 코포라티즘파를 망라한 전체 친차베스 노동 진영 차원에서 결성했던 UNT를 탈퇴하고 코포라티즘파가 UNT 해소를 주창하며 결성한 CSBT에 결합했다. 이는 차베스 정권의 적극적 개입에 의해 계급주의파의 정치적 거세와 코포라티즘파의 패권 구축이 완성되었다는 것을 의미하며, 2012년 정부 주도로 추진된 노동법 개정 과정에서 확인할 수 있었다.

계급주의파는 친차베스 노동 진영의 다수파를 구성할 만큼 노동계급

내 폭넓은 지지 기반을 확보하고 있었고, 계급적 정체성과 함께 변혁 정책에 대한 높은 헌신성을 지니고 있었다는 점에서 불리한 여론 지형과 정치적 불안정 속에서 차베스 정권이 변혁 정책을 추진하기 위한 이상적 연대 대상이었다고 할 수 있다. 그렇다면, 차베스가 변혁 정책에 대해 무관심 혹은 반대 입장을 지니며 대중적 지지 기반도 결여한 코포라티즘파를 연대의 대상으로 선택하고 계급주의파를 타도의 표적으로 설정한 것은 어떻게 설명할 수 있을까?

이런 물음에 대해 단정적 설명은 불가능하지만 추론적 논의는 가능하다. 첫째, 계급주의파가 석유산업의 PDVSA을 포함한 모든 국유 기업들에 대해 공동경영을 요구했는데, 이는 정부 수입의 급격한 감축을 수반할 수 있다. 둘째, 계급주의파는 노동조합 자율성을 요구하며 집권 여당에의 편입과 정부에 의한 일방적 지배를 거부한다는 점에서 집권 여당 밖에서 독자적 정치 세력화를 추진할 가능성을 배제하지 않았다. 셋째, 계급주의파는 공동경영의 대상을 확대하고 국유화 방식도 유상 점유 방식에서 무상 몰수 방식으로 전환할 것을 주창하고, 차베스 정권이 변혁 실험의 종착점이 아니라 이행 과정에 불과하다고 규정하며 차베스 정권의 한계를 극복할 것을 주창했다. 넷째, 계급주의파는 차베스 정권이 변혁 과정에서 노동계급을 의도적으로 배제함으로써 변혁 실험에서 노동계급 중심성이 실종되었고, 그 결과 공동경영은 유명무실한 고립된 실험에 불과하다고 비판하며, 베네수엘라의 현 국면을 '국가자본주의'capitalismo de estado로 규정한다. 이는 계급주의파가 차베스 정권에 대해 가장 신랄하게 비판하는 지점으로서 차베스 정권이 주창하는 21세기 사회주의의 변혁성 및 국가사회주의와의 차별성 주장을 정면으로 반박하며 변혁적 실험에 대해 근본적 문제 제기를 한다는 점에서 여타 요인들에 비해 차베스 권위에 대한 심대한 도전으로 받아들여질 수 있었다.

차베스 정권은 친노동적 성격을 견지하되 계급주의파를 배제하고 코포라티즘파를 하위 파트너로 포용하는 의사 코포라티즘 체제를 통해 일방적 지배 방식으로 노동 통제 의도를 관철하고 있었다. 최저임금을 큰 폭으로 인상하고 사적 부문에 비해 공공 부문에 상대적으로 높은 임금 인상률을 부여하되, 차베스는 노동 진영과의 협의나 노동조합과의 교섭 없이 이를 일방적으로 선언하곤 했다. 그뿐만 아니라 국유화 기업들을 중심으로 정부 임명 경영진과 노동자 대표들이 공동경영을 담당하도록 하지만 국유 기업들 가운데 공동경영 전환 대상은 차베스가 일방적으로 선정하고, 공동경영 기업에 노동자 대표를 최고 경영진으로 임명하더라도 일방적으로 교체하기도 했다. 코포라티즘파는 이런 일방적 지배 방식의 의사 코포라티즘 체제를 무비판적으로 수용했지만, 친차베스 노동 진영 내 비판·저항 세력은 확대되고 있었으며 노동자 대중들의 비판 의식도 심화되고 있었다. 일반 노동자들의 관점에서 보면, 코포라티즘파는 친차베스 세력으로서 제4공화국 지배 세력에 예속된 CTV 노동조합들과 정치적으로는 대립되지만, 정당 등 외부 주체들에 대한 호응성을 실현하기 위해 노동자 대중에 대한 호응성을 포기하고 노동조합의 일상적 실천을 방기하고 있다는 점에서 CTV 노동조합들과 다를 바 없는 것이다. 최근 친차베스 노동 진영 내 노동조합 집행부 선거에서 정부와 집권 여당이 적극 지원하는 코포라티즘파 후보들이 패배하는 사례가 속출한 것은 노동자 대중의 코포라티즘파에 대한 비판적 평가의 결과이며 차베스 정권에 대한 실망감을 반영한다고 할 수 있다.

6. 변혁 실험의 성과와 불가역성 과제

제4공화국과 차별화되는 차베스 정권의 성과는 급진적 사회정책과 변혁 실험에 있다.

소득재분배 정책을 중심으로 한 사회정책은 최저임금 인상 및 농지 배분 정책과 함께 빈곤층을 감축하며 사회경제적 불평등을 완화하는 성과를 거두었다. 이런 소득재분배 정책과 그에 따른 불평등 완화 효과는 브라질 룰라 정부도 의욕적으로 추진한 개혁 정책으로서, 서구 국가들의 경우 제2차 세계대전 이후 포드주의 계급 타협 시기에 복지국가 건설과 함께 실시된 것인데, 중남미의 경우 권위주의 정권에 의해 실천이 지연된 것이라 할 수 있다.

소득재분배 사회정책이 서구 국가들이나 브라질 등 여타 중남미 국가들에서도 쉽게 발견될 수 있는 반면, 변혁적 실험은 베네수엘라의 차별성으로 규정될 수 있다. 국유화와 공동경영 전환을 중심으로 한 베네수엘라의 변혁 실험은 21세기 사회주의의 핵심을 구성하며 국유화를 통한 소유 체계 변화, 국유 기업 중심의 자원 배분 중앙 계획 및 시장의 사회적 규제, 국유 기업 공동경영에 기초한 생산 현장의 민주적 통제를 실시하는 등 자본주의 체제뿐만 아니라 국가사회주의 모델과도 차별화된 민주적 시장 사회주의의 대안적 사회경제 체제 원리를 실천한다고 할 수 있다〈표 9-2〉 참조).

변혁 실험에 따른 사회 변화가 불가역성을 담보하는 것은 아니라는 점에서 변혁 성과는 변화의 정도 기준과 변화의 불가역성 기준으로 동시에 평가되어야 한다. 따라서 혁명적 변화도 불가역성이 취약하다면 불가역성이 높은 개혁적 변화보다 더 바람직하다고 평가하기 어렵다. 공동경영의 전제는 국가 소유인데, 소유 구조를 사적 소유에서 국가 소유로 전환하는 것은 어렵지만 국가 소유에서 사적 소유로 전환하는 것은 상대적으로 수월하다. 실제, 브라질의 경우 자본주의 사회경제 체제가 유지되는 가운데 까르도주 정권이 기간산업의 국유 기업들을 대상으로 신속하게 사유화를 실시할 수 있었지만 룰라 정권은 사유화 기업의 재국유화를 거의 실시하지 못했다. 그런 점에서 자본주의 사회경제 체제하에서 국가 소유를 전제로 한 변혁 실험들은 불가역성의 과제를 간과할 수 없다.

　차베스 이후 변혁 실험의 불가역성 정도를 조망하기 위해서는 차베스 정권의 변혁 실험을 가능하게 했던 외적 요인들을 먼저 검토해야 한다. 첫 번째 요인은 야당의 전략적 오류였는데, 야당이 선거 보이콧 전략을 폐기하고 참여를 통한 경쟁으로 전환하며 각종 선거에 적극적으로 참여하기 시작했다는 점에서 권력 독점의 조건은 상실되었다고 할 수 있다. 이런 야당의 전략 전환 효과는 2012년 10월과 2013년 4월 대선에서 야권이 단일 후보를 중심으로 일사불란하게 선거운동을 전개하며 선전했다는 데서 잘 확인할 수 있다. 두 번째 요인은 군부의 지지였는데, 군부 엘리트들의 충성심은 차베스의 변혁 정책이 아니라 차베스 개인을 향한 것이었기 때문에 차베스 이후 시기에는 차베스가 군부 출신으로서 활용할 수 있었던 사적 네트워크를 활용하기 어렵게 된다는 점에서 군부 지지 관련 불확실성은 높아진다. 세 번째 요인은 막대한 석유 수입이었는데, 경기변동에 민감한 유가의 속성과 석유 수입에 대한 과도한 의존으로 인한 위험부담은 피할 수 없겠지만 석유 수입은 차베스 이후에도 지속될 것이다.

　이처럼 외적 조건들이 차베스 이후 시기에 크게 악화될 수 있다는 점에서 변혁 실험의 불가역성 문제와 관련해 부정적 전망을 갖게 한다. 그렇다면, 친차베스 지배 블록이 대안적 사회경제체제와 국유화에 대한 부정적 국민 여론에 맞서서 변혁적 실천을 방어하고 강화할 수 있는 주체적 조건을 갖추고 있는가?

　첫째, 변혁의 제도화 수준은 매우 낮다. 국유화 및 공동경영 전환 대상 기업은 사회적 합의 절차가 아니라 차베스 개인에 의해 일방적으로 결정되었다. 또한 차베스 정부의 국유화 조치들이 기업 공공성의 법정 판결 전제, 소유주의 점유 합의, 시장 가격 책정, 현금 일시불 지급 등의 법적 절차를 위반했다는 논란이 지속되고 있고 국유화-공동경영 기업의 경영 성과가 부진하다는 평가를 받고 있는 반면, 국유 기업의 재사유화 시도를 제어

할 제도적 수단들은 미비되어 있다. 그뿐만 아니라 국가권력을 장악한 세력의 정치적 결단에 따라 정부 지분의 경우 처분이 용이하다는 점에서 노동자 소유 지분의 소멸은 변혁 실험의 불가역성을 크게 약화시킬 수 있다.

둘째, 변혁 실험에 대한 국민적 합의는 형성되지 않았다. 차베스 정부는 변혁 정책에 대한 지지를 조직하기 위해 차베스 지지자들을 겨냥해 양분 전략을 추진함으로써 비지지자들을 적대시했다. 이는 국민적 합의 형성을 포기하고 당면한 정책 과제를 추진하기 위해 필요한 최소한의 지지라도 확보하려는 전략이었다. 차베스 지지자들에 대해서도 마스터플랜에 입각해 체계적으로 변혁 실험을 추진하며 진지한 토론과 설득의 과정을 거치는 숙의 민주주의 절차는 결여한 채 "사회주의 아니면 죽음을", "차베스, 조국의 핵심"과 같은 추상적 구호들로 지지자들의 정서에 호소하는 접근법이 추진되었다. 결국 차베스 반대파들은 물론 차베스 지지자들에 대해서도 "친구 아니면 적"의 양분 전략으로 동의를 압박함으로써 변혁 정책에 대한 폭넓은 사회적 공감대를 형성할 수 없었다.

셋째, 친차베스 지배 엘리트는 도덕적 지도력을 결여하고 있다. 친차베스 지배 엘리트는 변혁적 지향성 없는 부패한 기득권자로 간주되며 볼리바르 부르주아boli-burguesa로 불리고 있다. 차베스를 정점으로 하는 친차베스 블록의 후견주의는 반차베스 세력의 공세에 맞서 집합적 보호 본능과 결합하며 자기 성찰과 자기 정화의 기능을 상실하게 되었다. 따라서 친차베스 지배 블록은 제4공화국의 구지배 세력과 마찬가지로 부패와 관료주의 등 내부의 문제점을 발본색원하지 않고 두둔함으로써 후견주의와 부패는 서로 상호 보강하며 더욱더 악화되었고, 도덕적 지도력을 구축하는 것은 불가능하게 되었다.

넷째, 변혁 실천을 추진할 노동계급의 계급 형성은 이루어지지 않았다. 변혁 정책의 핵심 주체가 되어야 할 노동계급은 친차베스 진영의 내부 분열과 탈계급적 코포라티즘파의 패권으로 계급 형성을 진전시킬 수 없었다. 의사 코포라티즘 노동 통제 체제하에서 노동조합 자율성이나 노동계급 이해관계 대변 과제는 주변화되고 차베스와 노동 통제 체제에 대한 비판은 금기시되었다. 노동계급은 내적 역동성과 계급 정체성을 상실하게 되었고, 코포라티즘파 패권에 대한 노동자 대중의 불만이 확산되고 있었지만 차베스의 절대적 영향력하에서 의사 코포라티즘 노동 체제는 여전히 변화를 거부하며 강건하게 버틸 수 있었다. 노동계급의 계급 형성이 지지부진한 반면, 자본계급은 노동계급에 비해 계급 형성도 더 진전되었을 뿐만 아니라 상대적으로 더 높은 사회적 신뢰를 받고 있다. 결국 노동계급은 변혁 실험 과정에서 주요한 행위 주체의 역할을 수행할 수 없게 되었다.

이처럼 변혁 실험은 외적 조건, 국민 여론과 주체적 조건의 측면에서 매우 취약한 불가역성을 노정하고 있다. 반면에, 사회정책은 도시 빈민 수혜자들을 중심으로 주체 형성과 함께 높은 지지를 받으며 추진되어 왔고, 석유 수입이 급락하지 않는 한 여타 계층들에 대한 추가적 조세 부담 없이 지속될 수 있다. 그런 점에서 소득재분배 정책을 중심으로 한 사회정책은 변혁 실험에 비해 불가역성이 매우 높다고 할 수 있다. 따라서 친차베스 세력이 실권할 경우, 변혁 실험은 중단되고 국유화 기업들이 재사유화되며 사기업 독점의 시장 구조가 복원되지만, 사회정책 프로그램들은 지속될 개연성이 매우 높다는 점에서 '우파 대중주의' 시대가 열릴 수도 있다.

7. 베네수엘라 변혁 실험의 실천적 함의

베네수엘라의 변혁 실험이 갖는 실천적 함의는 변혁 실험의 불가역성, 변혁 실험의 제약, 변혁 추진 전략, 변혁 주체 형성, 집권 전 변혁 프로젝트와 이행 전략 등의 측면에서 논의될 수 있다.

베네수엘라 실험의 변혁성과 불가역성의 과제

소련과 동구권의 국가사회주의 붕괴 이후 유럽의 좌파 집권 붐도 변혁적 실험 없이 종료되었는데, 중남미에 재등장한 좌파 정권들 가운데 베네수엘라의 경우 브라질과는 달리 유의미한 변혁적 실험을 시도했다. 21세기 사회주의로 선언된 베네수엘라 변혁 정책의 핵심은 국유화와 공동경영 전환이며, 전체 사회경제 체제의 전환에는 이르지 못했지만 대안적 사회경제 체제로서 민주적 시장 사회주의의 가능성을 확인시켜 준 의미 있는 실험이라 규정할 수 있다.

하지만 베네수엘라 변혁 실험은 불가역성의 측면에서 한계를 보여 주었다. 동구권 붕괴 과정은 권력이란 시민들로부터 소외되면 재생산되기 어려우며, 일단 권력이 교체되면 국가 소유에 기반한 대안 체제는 급격한 재사유화 조치와 함께 일거에 와해될 수 있다는 것을 확인시켜 주었다. 이처럼 변혁의 불가역성은 변혁의 정도 못지않게 변혁 실험의 중요한 평가 기준이 되는데, 베네수엘라의 경우 소득재분배 사회정책에 비해 변혁 실험의 불가역성이 매우 취약하다는 점에서 차베스 이후 변혁 실험의 전망은 그리 밝지 않다고 하겠다.

부정적 국민 여론과 사회적 합의 형성 과제

브라질 룰라 정권에 비해 베네수엘라 차베스 정권이 상대적으로 높은 정치사회적 불안정을 겪은 것은 직·간접적으로 변혁 실험에 기인한 바가 크다. 소련과 동구권의 국가사회주의의 붕괴로 상징되는 대안 체제 실패의 경험은 자본주의 체제를 대체하는 사회주의 체제를 포함한 모든 대안 체제 모델들에 대한 절대적 불신을 형성하게 되었고, 현실 사회주의 정권들에 대한 부정적 평가는 이런 대안 체제에 대한 불신을 보강하고 있다.

사회주의 대안 체제가 불신의 대상이 되고 있는 한 대안 체제를 지향하는 변혁 실험들에 대해 시민들이 강한 거부감을 표출하는 것은 자연스런 귀결이다. 그에 더하여 변혁 정책이 사회질서 변화를 추진하며 기득권을 위협하기 때문에 베네수엘라 변혁 실험도 부정적 국민 여론에 직면해 사회적 합의를 형성하기 어려웠다.

변혁 실험들에 대한 국민적 거부감이 베네수엘라에서 극대화된 형태로 발현된 것은 아니다. 차베스 정권은 변혁 정책을 추진하는 동시에 사회정책 프로그램들을 중심으로 소득재분배와 복지 정책을 추진하며 정권에 대한 긍정적 여론을 조성할 수 있었으며, 석유 수입을 합리적으로 전용함으로써 사회정책에 대한 예산뿐만 아니라 사기업 국유화를 위한 유상 점유 재원을 확보할 수 있었다. 따라서 일반 시민들은 추가적 조세 부담으로부터 자유로울 수 있었으며 자본가들도 유상 점유로 인해 국유화에 따른 재산상의 피해를 최소화할 수 있었다. 반면, 막대한 공공 부채를 안고 출범한 브라질 룰라 정권의 경우 석유 수입 같은 안정적 세원 없이 재정 적자 부담 속에서 사회정책 확대를 넘어 사유화 기업 재국유화를 위한 추가적 재원을 확보함에 있어 상당한 제약 조건을 지니고 있었으며, 한국도 그 점에서 브라질과 크게 다르지 않다.

변혁 추진 과정의 전략적 선택: 설득의 논리 vs 동원의 논리

재분배 정책에 비해 변혁 정책에 대한 지지도가 낮은 것은 개별 국가를 초월한 보편적 현상이기 때문에 베네수엘라 차베스 정권이 재분배 정책과 변혁 정책을 병행 추진했다는 점에서 재분배 정책만 추진한 브라질 룰라 정권에 비해 부정적 여론과 정치사회적 불안정성의 부담이 큰 것은 피하기 어려웠다. 따라서 브라질 룰라 정권이 차베스 정권처럼 변혁 정책을 추진했었더라면 상대적으로 부정적 여론과 정치사회적 불안정성이 더 커졌을 것으로 추정할 수 있다.

부정적 국민 여론 속에서 변혁 정책을 추진했다 하더라도 브라질 룰라 정권은 여전히 양분 전략보다는 사회 통합 전략을 취했을 개연성이 높다. 그것은 차베스 정권과 룰라 정권의 전략 선택이 각각 자국의 정치체제 특성과 작동 방식에 의해 상당 정도 규정되기 때문이다(〈표 9-3〉 참조). 룰라 정권은 재분배 정책에 대한 우호적 여론 지형 속에서 합의 도출 정치에 부합하는 사회 통합 전략을 선택한 반면, 차베스 정권은 변혁 정책에 부정적인 여론 지형 속에서 독점적 국가권력을 이용해 변혁 정책을 관철하기 위해 다수파 지배 방식의 정치에 상응하는 양분 전략을 선택한 것이다. 따라서 변혁 정책을 추진한다고 하더라도 국가권력을 독점하지 않은 조건 속에서는 양분 전략을 추진하기 어렵다는 점에서 룰라 정권의 전략이 차베스 정권의 전략에 비해 한국을 포함한 여타 국가들에 도입하기에 더 적합하다고 할 수 있다.

룰라 정권의 전략은 진지전의 헤게모니 전략으로서 '설득의 논리'logic of persuasion에 기초한 반면, 차베스 정권의 전략은 기동전의 패권 전략으로서 '동원의 논리'logic of mobilization에 기초해 있다. 그런 점에서, 베네수엘라에서 설득의 논리에 기초한 헤게모니 전략을 실천했다면, 노동자들이 변혁 정책의 마스터플랜에 입각해 국유화 및 공동경영 전환 대상 기업의 선정 단계부터 전략적 의사 결정 과정에 참여함으로써 정부와 대등한 책임 주체로서 공동경영을 일상적으로 실천하기에 더 수월했을 것이다. 그렇게 되면 공동경영의 정치는 숙의 민주주의를 실천·체득하는 과정이 되며 공동경영을 발전시키는 동시에 국민적 합의를 형성하고 차베스 이후 시기에도 생산 현장 안팎에서 공동경영을 지켜 낼 수 있는 불가역성도 크게 높일 수 있었을 것이다.

노동계급 형성 실패와 변혁 주체 형성의 과제

베네수엘라 노동계급은 변혁 실험 과정에서 변혁 주체의 역할을 담당하지 못했는데, 그것은 노동계급이 극심한 분열로 인해 계급 형성에 실패했기 때문이다.

차베스 정권은 친노동계급 성향을 지녔음에도 불구하고, 노동계급을 변혁의 주체가 아니라 객체로 설정했고 노동계급을 정부의 하위 파트너로 포용하는 의사 코포라티즘 체제를 구축했다. 의사 코포라티즘 체제는 노동계급의 종속적 위치와 노동조합 자율성 포기를 요구하는데, 친차베스 노동 진영 내에서 계급주의파는 이런 요구를 거부한 반면, 코포라티즘파는 적극적으로 수용했기 때문에, 차베스 정부의 노동조합 활동 및 노사 관계 개입 방식은 계급주의파의 괴멸을 통한 코포라티즘파의 패권 구축을 지향했던 것이다.

대중적 기반을 결여한 코포라티즘파는 차베스와 정부의 지원에 절대적으로 의존하며 노동조합 자율성과 함께 계급 정체성과 계급적 과제들을 포기하고 정부·여당의 지시를 무비판적으로 맹종해 왔다. 노동계급은 조직적 형성과 이념적 형성의 양 측면에서 계급 형성의 진전을 이룰 수 없었고, 그 결과 변혁적 실험의 지속 가능성과 불가역성을 담보하는 이행 주체의 역할을 수행할 수 없었다. 결국, 노동계급 계급 형성에 기초하지 않은 차베스 정권의 변혁 실험은 자기 성찰과 자기 정화의 능력을 결여함으로써 체제 이행 프로젝트의 역동성 상실과 함께 전략적 실천의 오류를 수정·극복하는 메커니즘을 구비할 수 없었다. 따라서 변혁적 실험의 불가역성은 제4공화국 기득권 세력이라는 외부의 적이 아니라 '볼리바르 부르주아' 지배 엘리트와 노동 진영의 코포라티즘파라는 차베스 진영 내부의 적에 의해 더 큰 타격을 입었다고 할 수 있다.

집권 전 변혁 프로젝트의 필요성

베네수엘라는 브라질 등 여타 중남미 국가들과 마찬가지로 신자유주의 정권의 실패 이후에 좌파 정당이 집권했다. 신자유주의의 실패가 시민들의 불만을 야기한 것은 사실이지만 자동적으로 계급 투표를 통해 좌파 정당 집권을 가져온 것은 아니었다. 계급 투표 성향은 좌파 정당 집권을 가져온 대선보다 집권 좌파 정당의 정권을 재창출한 대선에서 더 강하게 나타났다. 이는 계급 투표 성향이 실패한 신자유주의 정권에 대한 불만보다 좌파 정권의 계급 친화적 정책에 의해 더 크게 영향 받는다는 것을 의미하며, 그것은 좌파 정권하에서 노동계급의 계급 정체성이 강화되었고 좌파 정권에 의한 정치사회적 보호와 물질적 혜택이 박탈될 위험에 맞서 방어 의식이 작동한 때문이라 할 수 있다.

베네수엘라의 좌파 정당 집권이 신자유주의 정권의 실패와 계급 투표 성향 발현만으로 설명될 수는 없다. 무능과 부패로 인해 구지배 세력이 정치적으로 파산한 가운데 좌파 정당 이외의 정치적 대안이 없었다는 점이 시민들로 하여금 최소한의 변화로 핵심적 사회경제 문제들을 해결하는 것이 불가능하다고 판단하게 한 것이며, 그 점에서 브라질과 여타 중남미 국가들도 다르지 않다.

베네수엘라와 브라질 등 중남미 국가들과는 달리, 한국에서 중도 신자유주의 세력의 실패 이후 좌파 정당이 아니라 우파 신자유주의 세력이 선택된 것은 계급 투표의 기초가 되는 노동계급의 계급 형성이 진전되지 못했고 지리멸렬한 진보 정치 세력은 정치적 대안으로 고려되지 않은 탓이라 할 수 있다. 따라서 한국에서 좌파 정당이 집권에 이르기 위해서는 노동계급 계급 형성을 진전시키는 과제와 좌파 세력을 유의미한 정치적 대안으로 만드는 과제를 동시에 추진해야 한다는 점에서 '집권을 통한 변혁'이 아니라 '집권 전 변혁' 프로젝트가 필요하다고 하겠다.

이행 전략으로서의 비개혁주의적 개혁

이행 전략의 관점에서 집권 전 변혁 프로젝트를 추진하기 위해서는 '비개혁주의적 개혁non-reformist reform 전략'이 요구된다. 비개혁주의적 개혁 전략은 국가권력을 이용해 일거에 위로부터 변혁 정책을 부과·집행할 수 없는 조건 속에서 단계적으로 대안 체제를 지향하는 개혁적 조치들을 추진하되 제도 변화를 통해 자본주의 체제의 근간을 내부로부터 와해시키며 이행의 주체를 형성하는 전략이다.

비개혁주의적 개혁을 통한 제도 변화 가운데 소유 체계 변화에 비해 시장의 사회적 규제와 민주적 통제가 상대적으로 더 용이하게 도입·실천될 수 있다. 또한 이행 주체의 형성 측면에서 봐도 시장의 사회적 규제와 소유 체계 변화에 비해 민주적 통제의 효과가 월등히 더 크기 때문에 비개혁주의적 개혁 전략은 민주적 통제의 도입·실천을 중심으로 추진하는 것이 바람직스럽다고 할 수 있다. 민주적 통제는 국가 권력을 확보하지 못했다 하더라도 생산 현장과 지역공동체 수준에서 우선적으로 추진할 수 있다.

생산 현장의 민주적 통제는 베네수엘라 차베스 정권이 실시한 국유 기업의 공동경영 실험에서 그 구체적 실천 방식을 찾을 수 있다. 베네수엘라의 경우 사기업의 국유화가 실시되고 국유화 기업들을 중심으로 공동경영 전환이 이루어졌다는 점에서 집권 전 변혁 프로젝트의 이행 전략으로 설정하기는 어렵다. 그런 점에서 국가권력의 지원 없이 '복구 기업들'empresas recuperadas을 중심으로 진행된 아르헨티나 자주 관리 실험의 자기방어와 연대를 통한 생존 전략의 성공 경험은 집권 전 변혁 프로젝트의 유익한 귀감이 될 수 있다.[3]

---

[3] 아르헨티나의 자주 관리 경험에 대해서는 Atzeni & Ghigliani(2007), Collective(2004),

지역공동체의 민주적 통제 사례는 베네수엘라 차베스 정권하에서 추진된 공동체 위원회 활동과 브라질 노동자당에 의해 추진된 참여 예산제 실험을 꼽을 수 있다. 두 사례 모두 지역공동체 수준에서 어떻게 민주적 통제를 실천할 수 있는지를 잘 보여 준다는 점에서 인도 케랄라의 실험[4]과 함께 소중한 경험으로 평가될 수 있다. 베네수엘라의 공동체 위원회 활동은 집권 후 도입된 반면, 브라질 노동자당의 참여 예산제 실험은 국가권력 장악 이전에 지역 단위로 도입·실천된 다음 전국적으로 확산되었다는 점에서 공동체 위원회는 참여 예산제와 함께 집권 전 변혁 프로젝트의 좋은 전범이 될 수 있다.

대안 체제에 대한 불신과 변혁 실험에 대한 거부감이 전 세계적으로 보편화되어 있는 가운데 우리 사회의 경우 경제 위기와 신자유주의 시기를 거치면서 시민들의 사회 정치의식이 전반적 보수화 추세를 겪었다[5]는 점에서 대안 체제에 대한 시민들의 동의를 형성하는 것이 급선무라 할 수 있다. 따라서 생산 현장과 지역공동체 수준의 작은 변혁 실험들[6]을 통해 대안 체제 모델의 사회 공공성과 효율성을 입증하며 변혁 실험에 대한 거부감을 해소하고 대안 체제에 대한 신뢰를 축적해 가는 접근법이 적절하다고 할 수 있다. 실제 브라질 노동자당은 참여 예산제 실험의 성공을 통해 노동자당의 대안적 통치 모델을 사회적으로 각인시키는 동시에 노동자당의 통

Vieta(2009)를 참조할 것.

4_케랄라의 실험에 대해서는 Heller(1999), Isaac & Heller(2003)를 참조할 것.

5_노동계급을 포함한 사회 전반적 보수화에 대해서는 조돈문(2011)의 제9장과 제11장을 참조할 것.

6_우리 사회의 지역공동체 중심 전략과 작은 실험들에 대해서는 조돈문·배성인·장진호(2011)를 참조할 것.

치 능력을 입증함으로써 노동자당에 대한 시민들의 공포심을 극복하고 신뢰를 축적하며 집권의 길을 열 수 있었다.

베네수엘라 사례는 집권 후 변혁 실험의 가능성과 제약 조건들을 보여준 반면, 브라질 사례는 좌파 대통령 후보 개인의 인기도보다 좌파 정당이 추진한 비개혁주의적 개혁 전략의 성과에 기초해 좌파 집권이 이루어졌다는 점에서 집권 전 변혁 프로젝트를 위한 비개혁주의적 개혁 전략의 성공 가능성을 확인시켜 주었다. 이처럼, 중남미 좌파 집권의 경험은 무조건적 추종이 아니라 우리 사회의 구조적 조건과 주체적 조건뿐만 아니라 베네수엘라와 브라질의 좌파 정당 집권과 통치의 경험을 고려한 '맥락적 벤치마킹'contextual benchmarking을 요구하고 있다.

| 덧붙이는 글 |

책자 원고를 출판사에 넘기고 며칠 지나지 않아 차베스가 사망했다는 소식이 날아왔다. 2013년 4월 14일로 예정된 대선이 치러진 다음 대선 결과를 반영해 원고의 일부를 재집필하기로 했다. 그것은 특히 변혁 실험의 불가역성 과제에 대해 논의한 부분이 대선 결과에 따라 전혀 다른 각도에서 검토될 수 있기 때문이었다. 대선에 승리한 친차베스 마두로Nicolás Maduro가 대통령직에 취임했지만, 재개표 논란 속에서 불확실성은 계속되고 있다. 불확실성은 상당 기간 지속될 것이라 판단되어, 필자는 현시점에서 원고를 마무리하기로 했다. 차베스의 생존을 전제로 쓰여진 제9장은 차베스의 서거를 반영하도록 시제를 교정하는 수준에서 수정하고, 후기를 덧붙이기로 했다.

4·14 대선의 중요성과 대선 후 불확실성

친차베스 대 반차베스 후보의 양자 대결로 치러진 4·14 대선이 차베스 정권이 추진했던 정책의 지속 여부를 좌우하는 중대한 계기라는 데에는 이론의 여지가 없었다. 대선 투표가 완료되고 중앙선관위가 마두로의 승리를 선언했지만, 야당 후보 까쁘릴레스Henrique Capriles는 패배를 인정하지 않고 100% 재개표를 요구했다.

까쁘릴레스가 선관위의 당선자 선언에 대한 국민적 저항을 촉구하며 대규모 시위가 이어지고 사상자가 발생하기 시작했다. 당선자가 발표될 당시 개표는 99.1%만 완료된 상태에서 표차는 1.5%에 불과했고, 이후 중앙선관위가 100% 완료된 개표 결과와 선거구별로 세분화된 득표 현황을 공개하지 않은 상태에서 홈페이지를 한동안 폐쇄함으로써 선거 결과를 둘러싼 의구심을 더욱 커지게 했다. 결국, 중앙선관위는 검표 절차를 거치지 않은 46%를 대상으로 재개표하겠다고 선언하면서 갈등 상황이 진정되기 시작했다. 최종 재개표 결과가 발표되기까지는 공식적 재개표 절차가 시작되는 시점으로부터 한 달 정도 소요될 것으로 예측된다.

4·14 대선에서 마두로는 50.78%를 득표해 48.95%를 득표한 까쁘릴레스에 1.83% 차이로 승리를 거뒀으며, 표차는 27만3,056표에 불과했다. 지난 10월 대선 결과와 비교하면, 까쁘릴레스는 71만1,344표를 더 득표했지만, 마두로는 차베스에 비해 61만5,428표를 상실한 것이다. 대선 전 여론조사들에서 마두로가 대체로 10~20% 차이를 유지하며 여유 있게 앞서는 것으로 나타났던 것에 비추어 보면 선거 결과는 예상을 크게 빗나간 것이었다.

선거 및 정치 일정	기권율	내용	비고
2012.10.7 대선	19.5%	차베스 55.07% 당선 (819만1,132표)	야당 단일 후보 까쁘릴레스 44.31%(659만1,304표) (10.76%, 159만 9,828표 차)
2013.3.5		차베스 사망	3.8 마두로 대통령직 승계
2013.4.14 대선	20.2%	마두로 50.78% 당선 (757만5,704표)	야당 단일 후보 까쁘릴레스 48.95%(730만2,648표) (1.83%, 27만3,056표 차)
2013.4.19		마두로 대통령 취임	

까쁘릴레스의 우파 대중주의populism

중앙선관위는 친차베스 위원들이 다수를 점하고 있지만, 소수파 위원인 디아스Vicente Diáz도 정교한 전자식 투표 체계로 산출된 개표 결과의 정확성에 대해서는 의심할 여지가 없다고 증언했다는 점을 고려하면, 개표 결과가 뒤집힐 가능성은 매우 낮다고 할 수 있다. 하지만 만약 재개표 결과가 까쁘릴레스가 승리한 것으로 판정된다면, 친차베스 주도 중앙선관위가 투표 결과를 조작하고 개표 과정에서 부정행위를 저지르고 그 결과에 근거해 마두로가 대통령에 취임한 것이 되어 친차베스 진영은 엄청난 도덕성의 타격을 입을 것이다. 또한 대통령과 함께 권력의 주체가 교체되는 과정은 친차베스-반차베스 진영의 대규모 지지자 동원 집회와 격돌로 이어져 베네수엘라 사회를 대혼돈 속으로 몰아넣을 것이 자명하다.

까쁘릴레스 정부가 출범해 대혼돈을 극복하고 정치적 안정성을 확보하게 될 경우, 새 정부가 취하게 될 정책 방향을 예측하는 것은 어렵지 않다.

까쁘릴레스는 대선 운동 과정에서 소득재분배 중심 사회정책을 이어갈 것을 거듭 강조한 바 있다. 이는 유권자들, 특히 친차베스 유권자들의 지지를 견인하고자 하는 정치적 의도를 반영하는 한편, 차베스 정권이 추진한 사회정책의 광범한 수혜층 분포와 높은 국민적 지지도에 굴복한 측면도 있다. 반면, 직접민주주의를 실천하는 공동체협의회는 차베스 정권의 핵심 지지 기반을 형성하는 메커니즘으로 작동해 왔다는 점에서 유명무실화 혹은 폐기될 가능성이 높다. 까쁘릴레스 정부가 공동체위원회에 대한 예산 지원을 차단하고 공동체위원회 사업의 내용은 유지하되 지자체·지방의회로 사업을 이관할 경우 공동체 주민들의 반대가 위협적인 수준에 이를 개연성은 높지 않다.

한편, 차베스 정권의 변혁 정책은 반차베스 후보가 당선될 경우 즉각적으로 폐기되고 원상 복원될 것이 자명하다. 공동경영 실험은 사기업의 국유화에 기초해 추진되었는데, 까쁘릴레스 정부가 추가적인 국유화를 중단하고 국유화 기업들의 전면적인 재사유화를 진행하게 되면 공동경영 실험은 존재 근거를 상실하며 소멸하게 될 수 있다.

결국, 까쁘릴레스 정부는 변혁 정책들을 폐기하되 소득재분배 중심 사회정책은 지속함으로써 우파 대중주의의 양상을 띠게 될 가능성이 높다. 이런 우파 대중주의는 사민당의 장기 집권 뒤에 "노동자 정부"를 표방하며 출범한 스웨덴 우파 정권의 대중주의에서 그 가능성이 확인된 바 있다.

마두로의 "친구 아니면 적" 양분 전략

재개표 결과가 마두로의 승리를 재확인하게 될 가능성이 매우 높은데, 그럴 경우 중앙선관위의 대선 관리 방식을 강도 높게 비판하며 개표 결과 발표를 수용하지 않은 까쁘릴레스와 야권은 심대한 정당성의 타격을 받게 될 것이다. 그 결과 야권 내 까쁘릴레스의 장악력이 약화되고 패권 다툼이 가열되며 마두로의 카리스마 부재로 인한 취약성을 상쇄해 줄 수 있다.

마두로는 대선 기간 동안 '자신이 차베스가 공식적으로 지명한 후계자이고 차베스 정부의 정책을 지속할 것'을 강조하며 차베스 지지자들을 결속하는 전략을 추진했다. 선거 과정의 상호 비방 현상은 마두로가 차베스의 "친구 아니면 적"의 양분 전략을 견지하도록 했고, 중앙선관위의 당선자 발표 이후 가열된 상호 비방 속에서 양분 전략은 더욱더 강화되었다.

마두로의 양분 전략은 합리적인 전략적 선택이라 할 수 있지만 차베스의 선택과는 성격이 전혀 다르다. 차베스가 양분 전략을 선택한 동기는 자신이 추진하는 변혁 정책의 낮은 지지도 문제를 극복하기 위해 자신에 대한 지지를 변혁 정책에 대한 지지로 전환하려는 것이었다. 반면, 마두로가 양분 전략을 선택한 동기는 자신의 취약한 지지 기반을 만회하기 위해 차베스에 대한 지지를 자신에 대한 지지로 전환하기 위한 것이다. 따라서 양분 전략은 변혁 정책 추진을 위한 선택에서 정치적 안정성을 위한 전략으로 성격이 바뀌었다.

　　마두로의 양분 전략은 차베스 시기처럼 정치적 양극화와 대립 격화를 통해 정치적 불안정성을 심화하는 비용을 치러야 한다. 이런 정치적 불안정성은 차베스 집권 후기 변혁 추진 과정의 '위기 없는 불안정성'과는 달리 정권의 안정성이 아니라 정권의 불안정성에 기초한 것이라는 점에서, 정치적 안정성을 위해 불안정성을 유발하는 역설적 상황이 상당 기간 지속될 수 있다.

21세기 사회주의 제2기: "차베스 없는 차베스주의"

마두로는 차베스의 공식 후계자로서 차베스 정권과의 연속성을 강조해 왔다. 그런 점에서 차베스가 시작한 21세기 사회주의 변혁 실험은 제2기로 접어들고 있으며, 제1기는 "차베스의 차베스주의"Chávismo con Chávez, 제2기는 "차베스 없는 차베스주의"Chávismo sin Chávez라 부를 수 있다.

　　공동경영 실험에서 확인했듯이 변혁 실험은 거시 정치의 함수다. 공동경영 실험은 2005년 초 의욕적으로 시작되었지만, 대통령 선거와 대통령 연임 제한 관련 국민투표 등 차베스 정권 재창출을 둘러싼 각축 상황에서는 정체·후퇴 양상을 보였다가 2009년 초 대통령 연임 제한 철폐 국민투표에서 승리하며 다시 재활성화된 바 있다. 공동경영 실험이 공세적으로 추진되기 시작한 2005년 초와 2009년 초는 차베스 정권이 정권의 위기를 극복하거나 정권 재창출에 성공하면서 정치적 안정을 회복한 시점이었다.

　　차베스 정권이 정치적 안정을 확보·유지할 수 있었던 것은 야당의 전략적 오류, 군부의 지지, 막대한 석유 수입에 의해 조성된 유리한 외적 조건에 힘입은 바 크다. 그러나 상황은 변했다.

　　첫째, 야당은 선거 보이콧 전략을 폐기하고 내적 분열을 극복하며 적극적으로 선거운동을 전개하고 있으며, 이는 2012년 10월과 2013년 4월 대선에서도 확인된 바 있다. 결국 야당의 전략적 오류에 따른 변혁 추진 세력의 정치권력 독점의 가능성은 전무하게 되었다.

둘째, 마두로는 군부 출신이 아니며 군부 내 비공식적 네트워크 없이 공식적 지휘 체계를 통해 통제해야 한다는 한계를 지니고 있다. 마두로는 국민적 지지 기반뿐만 아니라 친차베스 진영 내부의 장악력도 매우 취약하며, 특히 군부 출신 국회의장 까베요Diosdado Cabello와의 대립 구도로 인해 군부의 대통령에 대한 충성도 수준이 차베스 시기와는 비교될 수 없다. 이런 문제점을 인식해 마두로는 군 장성 출신들을 새 내각의 국방 장관뿐만 아니라 내무·법무 장관에도 임명했지만, 군부의 지지를 견인·확보하는 데 한계가 있다는 점에서 군부 지지의 불확실성 문제는 해소하기 어렵다.

셋째, 석유 수입은 지속되지만, 석유 수입에 대한 과도한 의존으로 인한 위험 부담은 여전히 남아 있다.

이처럼 석유 수입을 제외하면 외적 조건들이 전반적으로 차베스 정권 시기에 비해 악화되었다고 할 수 있다. 따라서 차베스보다 지지 기반이 취약한 마두로가 정치적 불안정성을 극복하는 것은 더욱더 어렵게 되었다.

변혁 실험의 불가역성 과제와 "변혁성 없는 차베스주의"

마두로 정부가 차베스 정권의 제도·정책들을 유지할 것은 자명하지만 변혁 실험의 동력과 변혁성까지 담보하는 것은 아니다.

기간산업의 국유화는 공동경영의 기초를 이루고 있는데, 국민 여론은 국유 기업의 공동경영 전환에 대해서는 관심이 적고 사기업의 국유화에 대해서는 지지보다 반대 여론이 훨씬 더 강하다. 취약한 지지 기반과 불리해진 외적 조건에 기인한 정치적 불안정성을 벗어나기 어려운 가운데, 마두로 정부가 차베스 정권처럼 국민 여론의 반대에 맞서 기간산업 국유화와 공동경영 전환을 중심으로 한 변혁 정책을 적극적으로 추진할 가능성은 높지 않다. 한편, 마두로 정부가 차베스 지지 기반을 견인·결속하기 위해 양분 전략에 의존하면서 국민적 합의를 형성하는 노력을 경주할 개연성도 낮고, 그렇게 하더라도 성공할 가능성 또한 매우 낮다.

차베스 정권하에서 추진된 기간산업 국유화와 공동경영 전환 정책은 제도화 수준이 매우 낮기 때문에 불가역성의 문제에 취약하다. 특히 국유화 절차를 둘러싼 법적 다툼들이 진행되고 있어, 반차베스 세력 집권시 추진될 수 있는 국유화의 원천 무효화와 전반적 재사유화 수준에는 못 미치겠지만, 개별 사례들을 중심으로 국유화 절차와 정당성 문제가 법적 다툼 수준을 넘어서 정치적 쟁점으로 부상할 수 있다. 따라서 마두로 정부가 추가적 국유화 조치들을 공세적으로 추진하는 것은 물론 국유기업들의 공동경영 실험을 방어하는 것조차 버거워질 수 있다.

마두로를 포함한 친차베스 지배 세력은 부패와 권력욕에 찌든 '볼리부르게사'boli-burguesa로 비하되고 있다. 친차베스 진영의 계급주의파 노동운동 지도자들과 공동경영 기업의 노동자 활동가들은 한결같이 차베스 정부 내 진보적인 인사는 차베스 한 명뿐이라며 볼리부르게사 지배 세력의 보수성을 비판해 왔다. 마두로도 볼리부르게사 기득권 세력의 일원으로 분류되고 있는데, 마두로가 변혁적 이념을 지니고 있다 하더라도 볼리부르게사 지배 세력을 통제할 역량은 물론 의향도 결여한 것으로 비쳐지고 있다. 이는 마두로가 부패와 관료주의를 척결하겠다고 공언하고 있지만, 차베스 정권 시기 권좌에 있던 인사들을 새 내각의 핵심으로 임명했다는 사실에서도 잘 확인되고 있다.

무엇보다도 21세기 사회주의 변혁 실험의 불가역성과 마두로 정권의 변혁성을 의심하게 하는 것은 노동계급 주체 형성의 문제다. 차베스 정권하에서 수립된 의사 코포라티즘 노동 통제 체제는 계급주의파를 배제하고 코포라티즘파의 패권을 구축하면서 노동계급 주체 형성을 어렵게 해왔다. 2012년 노동법 개정 과정에서, 계급주의파들이 노동계급의 개입과 공론화를 요구했지만 차베스 정부는 계급주의파들의 요구를 묵살하고 코포라티즘파 인사들을 중심으로 노동법 개정 과정을 추진했고 그 핵심에 당시 외무 장관 마두로가 있었다. 마두로는 코포라티즘파의 협력을 확보하며 코포라티즘파를 중심으로 친차베스 노동운동을 통제하는 의사 코포라티즘 체제를 유지하며 계급주의파를 배제하고 코포라티즘파의 패권을 구축하는 정책을 지속할 개연성이 높다. 따라서 코포라티즘파가 정부의 지원에 힘입어 친차베스 노동 진영을 지배하는 가운데 코포라티즘파 지도부와 생산 현장 노동자 대중의 괴리 현상은 더욱더 악화될 것으로 전망된다. 결국, 코포라티즘파의 패권하에서 노동계급은 분열된 채 계급적 목표를 포기하게 될 것이기 때문에 변혁적 정책을 주도하고 방어하는 역할을 맡을 수 없다.

그런 점에서, 차베스가 21세기 사회주의를 표방하면서 추진한 변혁 실험이 강화될 가능성은 거의 없고 생존 가능성조차 의심받게 되었다. 다만 계급주의파가 생산 현장에서 도덕적 지도력을 강화하며 노동자 대중의 지지를 결집해 차베스 정권이 구축한 의사 코포라티즘 체제와 코포라티즘파의 패권을 전복하는 수준에 이를 경우 노동계급 주체 형성을 이루고 변혁 정책 추진을 압박하며 변혁 실험의 불가역성을 확보하는 길이 열릴 수 있을 것이다.

2013년 4월
조돈문

| 참고문헌 |

김기현. 2003. "차베스 정권의 등장과 위기로 본 베네수엘라의 정치경제변동: 예외주의의 종결인가?" 『라틴아메리카연구』 16-1호.
조돈문. 2002. "국가사회주의 실패와 대안체제의 가능성: 평등과 효율성에 기초한 '민주적 시장사회주의'의 모색." 『동향과 전망』 52호.
_____. 2009. 『브라질에서 진보의 길을 묻는다: 신자유주의시대 브라질 노동운동과 룰라정부』. 후마니타스.
_____. 2011. 『노동계급 형성과 민주노조운동의 사회학』. 후마니타스.
조돈문·배성인·장진호 엮음. 2011. 『위기의 한국사회, 대안은 지역이다』. 메이데이.
홍욱헌. 2006. "차베스 정부의 좌파 정책: 21세기 사회주의 아니면 임시 처방인가." 『이베로아메리카』 8-2호.

ABN. 2005. "Presidente Chávez apoya nueva cogestión de trabajadores venezolanos." *Agencia Bolivariana de Noticias, ABN.* 2005/05/01.
_____. 2007a. "UNT propone estructura gremial dentro del Partido Socialista Unido." 2007/02/05. psuv.blogspot.com (2007/02)
_____. 2007b. "Fuerza Bolivariana de Trabajadores analizará en congreso papel de UNT." 2007/01/25. psuv.blogspot.com (2007/01)
_____. 2007c. "UNT: Modelo de cogestión aún está en construcción." *Agencia Bolivariana de Noticias, ABN.* 2007/01/23.
Achkar, Soreaya. 2007. "Gestión participaticva y socialismo del siglo XXI." Margarita López Maya ed. *Ideas Para Debatir El Socialismo Del Siglo XXI* Vol. 1. Caracas: Alfa.
Acosta, Vladimir. 2007. "Siglo XXI: capitalismo y socialismo." Gregorio Castro ed. *Debate por Venezuela.* Caracas: Alfa.
Albrecht, Hermann. 2009. "Chavez Calls on Workers to Push for Workplace Democracy in Venezuela." *Defence of Marxism.* 2009/05/29.
Alfonzo, Carmen Sofía. 2010. "Trabajadores públicos tienen cinco añnos sin recibir aumento de salario." *El Nacional.* 2010/11/16.
Álvarez, Víctor. 2010. *Venezuela: Hacia donde va el modelo productivo?.* Caracas: Centrol Internacional Miranda.

Aporrea. 2011. "Los trabajadores de Toyota-Cumanáa tienen dos semanas en huelga." aporrea.org (2011/08/15)

Aranguren Alvarez, Williams. 2010. "Violación a la normativa laboral en Venezuela: un análisis desde los servicios de inspección del trabajo." *Gaceta Laboral* 16-2.

Arenas, Nelly & Luis Gómez Calcaño(2006), Populismo Autoritario: Venezuela 1999-2005, Caracas: CENDES.

Atzeni, Maurizio & Pablo Ghigliani. 2007. "Labour process and decision-making in factories under workers' self-management: empirical evidence from Argentina." *Work, Employment and Society* 21-4.

AVN. 2010. "Invepal aspira a producir 30 millones de cuadernos dentro de cinco años." *Agencia Venezolana de Noticias, AVN.* 2010/09/19.

_____. 2011a. "Paper Factory Workers Support New Management Model." AVN/Prensa Minci. 2011/05/09.

_____. 2011b. "Rompiendo la estructura capitalista: Trabajadores de Invepal apoyan nuevo modelo de gestión en fábricas socialistas." AVN/Prensa MinCI. 2011/05/06.

_____. 2011c. "Exoneran del IVA importación de bienes para impulsar sector productivo nacional." *El Universal.* 2011/06/15.

_____. 2012. "Four Million Jobs Created Under the Government of President Chávez." *AVN.* 2012/07/13.

Azzellini, Dario. 2009. "Venezuela's solidarity economy: Collective ownership, expropriation, and workers self-management." *The Journal of Labor and Society* 21.

Bak, Lennart. 2003. "Populism and labor relations in Venezuela." *International Journal of Political Economy* 31-2.

Barrios, Froilán A. 2002. "Un movimiento sindical con perfíl propio." Mary Ferrero, ed. *Chávez y el Movimiento Sindical en Venezuela.* Caracas: Alfadil Ediciones.

_____. 2005. "Congestión obrero chavista ¿Solución revolucionaria o contrabando neocorporativista?." www.analitica.com (2005/04/29)

Bermúdez, Abreu y otros. 2006. "Algunas consideraciones sobre la cogestión laboral en Alemania, España y Venezuela." *Gaceta Laboral* 12-3.

Betancourt, Antonio & Pablo Cormenzana. 2007. "Chávez: Inveval, un ejemplo a seguir." *Aporrera.* 2007/10/27.

Boothroyd, Rachael. 2011. "Chávez Responds to Workers' Protests, Promises

Historic New Labour Law." *Venezuelanalysis*. 2011/11/13.
_____. 2012a. "Venezuelans Begin Registering in Government's Knowledge and Work Mission." *Venezuelanalysis*. 2012/01/17.
_____. 2012b. "Drafting of New Venezuelan Labour Law Moves into Final Phase, Instrument for 'Highest Stage of Socialism'." *Venezuelanalysis*. 2012/03/22.
_____. 2012c. "Venezuela's Chavez Signs New Labour Law in Act of 'Social Justice' for Workers." *Venezuelanalysis*. 2012/05/01.
_____. 2012d. "Dismissal of Sidor President Denounced as "Contradiction" for Worker Control." *Venezuelanalysis*. 2012/08/18.
Bruce, Iain. 2005. "Chavez Calls for Democracy at Work." *BBC*. 2005/08/18.
_____. 2008. *The Real Venezuela: Making Socialism in the Twenty-first Century*. London: Pluto Press.
Buxton, Julia. 2007. "The deepening of Venezuela's Bolivarian revolution: why most people don't get it." Open Democracy.net (2007/05/07)
Campos, Miguel. 2006. "Un año después... ¿Qué ocurre en Invepal?" *CMR Caracas*. 2006/03/21.
Canache, Damarys. 2004. "Urban Poor and Political Order." Jennifer L. McCoy & David J. Myers eds. *The Unraveling of Representative Democracy in Venezuela*. Baltimore: Johns Hopkins University Press.
_____. 2007. "Pobreza urbana y orden político." Jennifer L. McCoy & David J. Myers eds. *Venezuela: Del Pacto de Punto Fijo al Chavismo*. Caracas: El Nacional.
Canova González, Antonio & Luis Alfonso Herrera Orellana & Karina Anzola Spadaro. 2009. *Expropiaciones o vías de hecho?: La degradación continuada del derecho fundamental de propiedad en la Venezuela actual*. Caracas: Fundación Estudios de Derecho Administrativo.
Carcione, Carlos. 2010. *Control Obrero: desafío en la Revolución Bolivariana*. Caracas: Centro Internacional Miranda.
Carlson, Chris. 2012a. "Labor Disputes in Venezuela Lead to Protests." *Venezuelanalysis*. 2012/11/14.
_____. 2012b. "Unions March in Venezuela over Labor Rights." *Venezuelanalysis*. 2012/12/13.
Castro, Gregorio ed. 2007. *Debate por Venezuela*. Caracas: Alfa.
Castro, Jesús. 2011. "Hay un estado de indefensión de los trabajadores en el país." *Notitarde*. 2011/09/03.
Castro, Ulises. 2007. "La revolución se llama pueblo, potencia rebelde." Gregorio

Castro ed. *Debate por Venezuela*. Caracas: Alfa.

CBST. 2012. "Consejo Superior Del Trabajo." centralbst.org (2012/05/22)

CCURA. 2006a. "Declaración de Caracas: Congreso y elecciones democráticas en nuestra Central." www.aporrea.org (2006/02/20)

_____. 2006b. "Reestablecer funcionamiento unitario de la UNT propone plenaria nacional de corriente CCURA." *Apporea*. 2006/09/08.

_____. 2006c. "Trabajadores de Invepal y Coordinadores de la UNT rechazan declaraciones de Marcela Máspero." *Aporrea*. 2006/10/02.

_____. 2007a. "Dirigentes de la corriente C-CURA de la UNT, acuerdan sumarse a la construcción del PSUV." *Aporrea*. 2007/05/09.

_____. 2007b. "Exitoso Plenario Nacional Unitario de la UNT." *Marea*. 2007/08/11.

_____. 2007c. "Sindicalistas revolucionarios responden al Presidente Chávez en torno a la "no autonomía" de los sindicatos." *Aporea*. 2007/03/27.

_____. 2007d. "Dirigentes de la corriente C-CURA de la UNT, acuerdan sumarse a la construcción del PSUV." *Aporrea*. 2007/05/09.

_____. 2007e. "Dirigente sindical desmiente al Diputado Oswaldo Vera sobre declaración de que: 'La UNT no representa a los trabajadores'." Prensa Marea Clasista y Socialista. 2007/08/01.

Chávez, Hugo. 2007. "Discurso en el acto de lanzamiento del PSUV." *Caracas*. venezuela.indymedia.org/es/2008/12/19397.html (2007/03/24)

_____. 2012. Decreto #8938: Decreto con rango, valor y fuerza de ley orgánica del trabajo, los trabajadores y las trabajadoras. 2012/04/30.

Chirino, Orlando. 2007a. "A unidade dos trabalhadores, a autonomia sindical e a relação dos trabalhadores com o PSUV." www.cstpsol.com/entrevistacomchirino.html (2007/08/03)

_____. 2007b. "Orlando Chirino: Declaraciones del presidente Chávez alejan posibilidad de que sectores sindicales clasistas y revolucionarios vayan al PSUV." *entrevista por Aporrea*. www.aporrea.org/ideologia/n93050.html (2007/04/10)

_____. 2007c. "Interview: Trade Unions and Socialism in Venezuela." Aporrea.org (2007/04)

Chirinos Portillo, Lisbeth Milena & Jorge Jesús Villasmil Espinoza. 2010. "El diálogo social y la concertación como práctica política en la Venezuela contemporánea." *Revista de Ciencias Sociales* 16-4. año.

CMR(Corriente Marxista Revolucionaria). 2007. "Trabajadores de empresas recuperadas presentan sus propuestas para las empresas socialistas."

Aporrea. 2007/07/09.
_____. 2011. "Invepal: Los trabajadores denuncian paralización de la empresa por gestión burocrática." *El Militante*. 2011/09/29.
_____. 2012. "Trabajadores de empresas expropiadas del país, discuten cómo conseguir una LOT socialista: El Colectivo por el Control Obrero avanza hacia la Unidad y Fortalecimiento Nacional en el debate por la Nueva LOT revolucionaria y socialista." *El Militante*. 2012/01/26.
CMR-LT. 2007. "Consejos Comunales de Los Teques e Inveval abordan diversas problematicas en sus zonas." *CMR Los Teques*. 2007/04/23.
Collective, Lavaca. 2004. *Sin Patrón: Stories from Argentina's Worker-run Factories*. Chicago: Haymarket Books.
Collier, Ruth Berins & David Collier. 1991. *Shaping the Political Arena: Critical Junctures, the Labor Movement, and Regime Dynamics in Latin America*. Princeton: Princeton University Press.
Collins, Sheila D. 2005. "Breaking the Mold? Venezuela's defiance of the neoliberal agenda." *New Political Science* 27-3.
Cormenzana, Pablo. 2009a. *La batalla de inveval: la lucha por el control obrero en Venezuela*. Madrid: Fundacion Federico Engels.
_____. 2009b. "Un día inolvidable para los trabajadores de la nueva INVEVAL." *CMR*. 2009/04/26.
Corpivensa. 2010a. *Inveval*. Carcas: MCTI Corpivensa.
_____. 2010b. *Invepal: Industria venezolana papel*. Carcas: MCTI Corpivensa.
Cruelles, Josep. 2010. "Worker Control, and Self-management." www.Kaosenlared.net (2010/07/19)
Delgado, Yosmary. 2012. "Carabobo: Trabajadores y Trabajadoras continúan conflicto con la Gobernación." www.aporrea.org (2012/12/11)
Díaz, Ana. 2011. "El gobierno tiene engavetadas 300 convenciones colectivas." *El Nacional*. 2011/05/01.
Domínguez, Francisco. 2007. "Understanding Venezuela." *Soundings*. 2007/12.
Ellner, Steve. 2005. "Revolutionary and non-revolutionary paths of radical populism: Directions of the Chavista Movement in Venezuela." *Science & Society* 69-2.
_____. 2007. "Trade union autonomy and the emergence of a new labor movement in Venezuela." Steve Ellner & Miguel Tinker Salas eds. *Venezuela: Hugo Chávez and the decline of an 'exceptional democracy'*. Lanham: Rowman & Littlefield Publishers.

_____. 2008. *Rethinking Venezuelan Politics: Class, Conflict,and the Chávez Phenomenon*. London: Lynne Rienner.

Erickson, Kenneth & Patrick Peppe & Hobart Spalding. 1974. "Research on the Urban Working Class in Argentina, Brazil and Chile: What is Left to be Done?" *Latin American Research Review* 9-2.

Ferrero, Mary ed. 2002. *Chávez y el Movimiento Sindical en Venezuela*. Caracas: Alfadil Ediciones.

Firmantes, Abajo. 2010. "Proponemos ante la expropiación de Agroisleña." www.aporrea.org (2010/10/15)

FRETECO. 2008. "Control obrero en inveval ejemplo de lucha." Prensa FRETECO. 2008/05/10.

_____. 2009. "Trabajadores de la empresa SOCIALISTA INVEVAL, en pie de lucha." Prensa FRETECO. 2009/07/08.

FSBT. 2007. "Esperan ley para formalizar consejos de trabajadores." *Últimas Noticias*. 2007/07/20.

Fuenmayor, Ronald Chacín. 2006. "Aspectos políticos, jusfilosóficos y constitucionales de la cogestión obrera." *Gaceta Laboral* 12-3.

Fuentes, Federico. 2006. "Power to the People: communal councils in Venezuela." *Green Left Weekly*. 2006/04/26.

_____. 2007. "Venezuela's revolution accelerates." *Green Left Weekly* No. 707. 2007/04/25.

_____. 2008. "The Struggle for Industry to Serve the Venezuelan People." *Green Left Weekly*. 2008/09/01.

_____. 2009a. "When the working class roars, capitalists tremble." *Green Left Weekly*. 2009/06/01.

_____. 2009b. "Venezuela: Class Struggle Heats up over Battle for Workers' Control." *Green Left Weekly*. 2009/07/26.

García, Daniela. 2010. "Discusión de contratos colectivos cayó 87% en gestión de Chávez." *La Verdad*. 2010/06/23.

Gates, Leslie C. 2010. *Electing Chavez: The Business of Anti-neoliberal Politics in Venezuela*. Pittsburgh: University of Pittsburgh.

Gil-Yépes, José Antonio. 2007. "Opinión pública, socialización política y estabilización del régimen." McCoy Jennifer L. & Myers David J. eds. *Venezuela: Del Pacto de Punto Fijo al Chavismo*. Caracas: El Nacional.

Gindin, Jonah. 2004. "Unity in UNT? Venezuelan rival labor leaders meet." Venezuelanalysis.com (2004/12/16)

_____. 2005. "Made in Venezuela: The struggle to reinvent Venezuelan labor." *Monthly Review* 57-2.

Gómez, Gonzalo. 2012. "The Revolution Will Not Be Decreed: An interview with Gonzalo Gómez, Marea Socialista." *The Bullet: Socialist Project E-Bulletin* Vol. 682. 2012/08/17.

Gómez, Luis. 2008. "El país y el ciudadano vistos por el "Proyecto Ético Socialista Bolivariano." *CENDES*.

Granadillo, Andrés Santeliz. 2007. "La economía venezolana y sus tendencias. Después de 57 años, ahora se tiene la mejor oportunidad para mejorar la economía y la sociedad." Gregorio Castro ed. *Debate por Venezuela*. Caracas: Alfa.

Hanecker, Marta. 2004. "After the Referendum: Venezuela faces new challenges." *Monthly Review* 56-6.

_____. 2005. *Los desafíos de la cogestión: Las experiencias de CADAFE y CADELA*. Caracas: La Burbuja Editorial.

Heath, Oliver. 2008. "Explaining the rise of class politics in Venezuela." *Bulletin of Latin American Research* 27-3.

Heller, Patrick. 1999. *The Labor of Development: Workers and the Transformation of Capitalism in Kerala, India*. Ithaca: Cornell University Press.

Hellinger, Daniel. 2007. "When 'No' means 'Yes to Revolution': electoral politics in Bolivarian Venezuela." Steve Ellner & Miguel Tinker Salas eds. *Venezuela: Hugo Chávez and the decline of an 'exceptional democracy*. Lanham: Rowman & Littlefield Publishers.

Hernández Alvarez, Oscar & Antonio Romero Milano. 2008. "Temas relevantes de las relaciones laborales contemporáneas en Venezuela." *Revista Gaceta Laboral* 14-3.

Hernandez Alvarez, Oscar & Jacqueline Richter Duprat. 2010. "Democracia y Derecho del Trabajo: Referencia al caso venezolano." *Gaceta Laboral* 16-2.

Hinds R., Alejandro. 2008. "Invepal, cogestión muerta." *Tal Cual*. 2008/11/18.

IDM. 2012a. "Venezuela: Foiled Assassination Plot Against Trade Union Leader." *Defence of Marxism*, www.marxist.com (2012/05/25)

_____. 2012b. "Foiled Attempt to Kill a Trade Union Leader in Venezuela: Campaign for Justice." *Defence of Marxism*. www.marxist.com (2012/06/01)

Invepal. 2009. *Reglamento Interno Transitorio del Consejo General de Gestión y de los Comités de Gestión por Área de Invepal S.A..* Carabobo: Invepal. Octubre.

Inveval. 2007. "Declaración de los trabajadores de inveval creando un consejo de trabajadores y batallon socialista." *Aporrea.* 2007/02/22.

Irama, García M. 2009. "Participación de los trabajadores en la gestión de la empresa y su incidencia en el movimiento sindical venezolano." Universidad Rafael Belloso Chacín, Venezuela.

Iranzo, Consuelo & Jacqueline Richter. 1999. *La Privatización: ruptura en las relaciones laborales?.* Caracas: CENDES.

_____. 2005. *Politica laboral y acción sindical, 1989-2004.* Informe, CENDES/UCV.

Iranzo, Consuelo & Jacqueline Richter. 2007. *Acción del sindicalismo frente al Estado en la transición, 2005-2006.* Informe, CENDES/UCV.

_____. 2008. "Los principales problemas del sindicalismo en la actualidad." *UCAB, Una Lectura Sociológica de la Venezuela Actual IV.* Caracas: Universidad Católica Andrés Bello.

Iranzo, Consuelo. 2011. "Chávez y la Política Laboral en Venezuela," *Revista Trabajo* 5-8. Trabajo y sindicatos durante los gobiernos de izquierda (Tercera época).

Isaac, T. M. Thomas & Patrick Heller. 2003. "Democracy and development: decentralized planning in Kerala." Archon Fung & Erik Olin Wright eds. *Deepening Democracy: Institutional Innovations in Empowered Participatory Governance.* London: Verso.

Iturraspe, Francisco. 2002. "Movimiento Sindical en América Latina en la época de la mundialización. El caso venezolano: Un intento de periodización." Universidad Centralde Venezuela.

Janicke, Kiraz. 2007a. "Venezuela's Co-Managed Inveval: Surviving in a Sea of Capitalism." Venezuelanalysis.com (2007/07/27)

_____. 2007b. "Without Workers Management There Can Be No Socialism." Venezuelanalysis.com (2007/10/30)

_____. 2010. "Venezuelan Unionists Push to Re-found the National Union of Workers." *Venezuelanalysis.* 2010/04/26.

Korpi, Walter. 1978. *The Working Class in Welfare Capitalism: Work, Unions and Politics in Sweden.* London: Routledge & Kegan Paul.

Lanz, Carlos. 2005. "El socialismo y la cogestión revolucionaria." www.aporrea.org (2005/10/04)

_____. 2007. "Balance y Perspectivas de la Cogestión en ALCASA." www.aporrea.org (2007/05/10)

Larsen, Patrick. 2010. "Chávez Appoints Workers to Lead Factories in Guayana." Venezuelanalysis.com (2010/06/02)

LdC(Lucha de Clases). 2010. "A cinco años de su creación: ¡INVEVAL Avanza!." Prensa Lucha de Clases. 2010/08/09.

Lebowitz, Michael. 2003. "Analysis of the 1st national congress of the National Union of Workers(UNT)." Venezuelanalysis.com (2003/09/12)

_____. 2006. *Build It Now: Socialism for the Twenty-First Century*. New York: Monthly Review Press.

Libertario. 2008. "Sindicalismo entre burocratas y sicarios." *El Libertario, Venezuela*. 2008/12/23.

Lin, Sharat G. 2006. "Can the Bolivarian process achieve socialism?: five worker-controlled factories in Venezuela." Venezuelanalysis.com (2006/09/05)

López Maya, Margarita ed. 2007. *Ideas Para Debatir El Socialismo Del Siglo* XXI Vol. 1. Caracas: Alfa.

Lucena, Héctor. 2007a. *Lo Laboral en Tiempos de Transición, Valencia*. Venezuela: Universidad de Carabobo.

_____. 2007b. *Cooperativas, Empresas, Estado y Sindicatos*. Valencia, Venezuela: Universidad de Carabobo.

_____. 2008. "Revolución Bolivariana y Sindicalismo." *Revista Veredas, Revista de Pensamiento Sociológico* Vol. 16. Universidad Autónoma Metropolitana.

_____. 2009a. "Estado y Relaciones de Trabajo: Intervención para fragmentar." Universidad de Carabobo. 2009/04/15.

_____. 2009b. "Fomento Estatal para la participación laboral en la gestión de empresas." Universidad de Carabobo. 2009/04/16.

_____. 2010a. "Venezuela: Reestructuracion productiva en Venezuela: balance laboral." Enrique de la Garza Toledo & Julio Cesar Neffa eds. *Trabajo y modelos productivos en America Latina: Argentina, Brasil, Colombia, Mexico y Venezuela luego de las crisis del modo de desarrollo neoliberal*. Buenos Aires, Argentina: CLACSO.

_____. 2010b. "El enfoque de las relaciones industriales y los estudios laborales." *Relaciones Laborales* Vol .22.

_____. 2011. "Realidad y perspectivas de los estudios del trabajo." 2011/02/11.

Magdaleno G., John. 2007. "Cuál mediación?: Viejos y nuevos desafíos de los partidos políticos venezolanos." *Gregorio Castro ed. Debate por Venezuela*. Caracas: Alfa.

Maingon, Thais. 2007. "Consejos comunales, ciudadanía, Estado y poder popular." Gregorio Castro ed. *Debate por Venezuela*. Caracas: Alfa.

Marea Socialista. 2012a. "Habíamos retado a la Dirección del PCV a debatir de cara a los trabajadores y no se han hecho presentes." Prensa Marea Socialista. 2012/12/03.

_____. 2012b. "Venezuela after Chavez's Presidential Victory: Interview with members of Marea Socialista(interview by Franck Gaudichaud)." *Europe Solidaire Sans Frontieres*. 2012/10/09.

Martínez, Félix. 2011. "Urgente unificar y dar respuesta a los casos de criminalización de trabajadores, campesinos, pobladores y bases revolucionarias." www.aporrea.org (2011/08/30)

Mather, Steven. 2006a. "The second UNT labor congress one month later: the real fracture in Venezuela's labor movement is ideological." Venezuelanalysis.com (2006/07/10)

_____. 2006b. "Conference of co-managed and occupied factories' workers' revolutionary front." Venezuelanalysis.com (2006/10/25)

_____. 2010. "Two Day Worker Summit Expresses Content and Discontent." *Correo Del Orinoco International*. 2010/09/29.

McCaughan, Michael. 2005. *The battle of Venezuela*. New York: An Open Media Book.

McCoy, Jennifer. 2004. "The Americas: What really happened in Venezuela?" *The Economist* 372(8391), 52. 2004/09/04.

_____. 2005. "One Act in an Unfinished Drama: The Referendum in Venezuela." *Journal of Democracy* 16-1.

McIlroy, Jim & Coral Wynter. 2006. "Divisions erupt in Venezuela's pro-government union federation congress." Venezuelanalysis.com (2006/06/07)

MCTI. 2009. "Cuadernos elaborados en Invepal abaratan los Costos del Mercado Tradicional." Prensa MCTI. 2009/09/18.

_____. 2010a. "Empresa Socialista Invepal producirá 26 mil toneladas de implemento escolares este año: Además de cuadernos, se producen dentro de la cadena productiva, las hojas de examen, libretas y la fabricación de cajas." Prensa MCTI/VTV. 2010/09/08.

_____. 2010b. "Invepal aspira a producir 30 millones de cuadernos dentro de

cinco años." Prensa MCTI/AVN. 2010/09/19.
_____. 2011. "Trabajadores de Invepal apoyan nuevo modelo de gestión en fábricas socialistas." Prensa MCTI/AVN. 2011/05/06.
_____. 2012a. *Memoria y Cuenta*. Caracas: MCTI.
_____. 2012b. *Exposición de Motivo—Cuenta 2011: Inveval*. MCTI: Corpivensa.
_____. 2012c. *Exposición de Motivo—Cuenta 2011: Invepal*. MCTI: Corpivensa.
Michelena, Héctor Silva. 2007. "Es viable el socialismo del siglo XXI." *Gregorio Castro ed. Debate por Venezuela*. Caracas: Alfa.
Militante. 2011. "Entrevista a Trabajadores de INVEPAL: Estamos unidos en defensa de un plan que reactive la empresa y garantice los empleos, los derechos de los trabajadores y las prestaciones sociales." *El Militante*. 2011/10/12.
Molina, Alexander José. 2007. "El sistema venezolano de partidos en el período enero 2006: de la partidocracia al personalismo y la des-institucionalización." Jennifer L. McCoy & David J. Myers eds. *Venezuela: Del Pacto de Punto Fijo al Chavismo*. Caracas: El Nacional.
_____. 2011. "Réplica del Colectivo 13 de abril nueva esperanza INVEPAL: En Invepal la revolución no se detiene vamos fortaleciendo El Control Obrero." *Aporrea*. 2011.9.30.
MPD(Ministerio del Poder Popular para la Planificación y Desarrollo). 2008a. *Logros de la Revolución: En un país de 28 millones de habitantes*. Ministerio del Poder Popular para la Planificación y Desarrollo. 2008/10.
_____. 2008b. *10 años de Gestión del Gobierno Revolucionario*. Ministerio del Poder Popular para la Planificación y Desarrollo. 2008/07.
_____. 2008c. *Logros Sociales*, Ministerio del Poder Popular para la Planificación y Desarrollo. 2008/10..
Munckton, Stuart. 2007. "The Struggle for Workers' Power in Venezuela." *Green Left Weekly*. 2007/07/31.
Myers, David. 2004. "The normalization of Punto Fijo Democracy." Jennifer McCoy & David Myers. *The Unraveling of Representative Democracy in Venezuela*. Baltimore: Johns Hopkins University Press.
_____. 2007. "La normalización del Pacto de Punto Fijo." Jennifer L. McCoy & David J. Myers eds. *Venezuela: Del Pacto de Punto Fijo al Chavismo*. Caracas: El Nacional.
Nakatani, Paulo & Rémy Herrera. 2008. "Structural changes and planning of the economy in revolutionary Venezuela." *Review of Radical Political*

Economics 40-3.

Navarro, Willmaly. 2010. "Expropiaciones de empresas son negativas para el país opinan neoespartanos." www.elsoldemargarita.com.ve (2010/06/08)

Notitarde. 2009. "Invepal adquirirá dos turbos generadores por crisis energética." *Notitarde Edo*. Carabobo. 2009/10/30.

Ortega, Carlos. 2002. "La Confederación de Trabajadores de Venezuela en el centro del torbellino histórico." Mary Ferrero ed. *Chávez y el Movimiento Sindical en Venezuela*. Caracas: Alfadil Ediciones.

Panitch, Leo. 1986. *Working Class Politics in Crisis: Essays on Labour and the State*. London: Verso.

Parenti, Christian. 2006. "Venezuela's revolution and the oil company inside." *NACLA Report on the Americas* 39-4. 2006/01~02.

Pearson, Tamara. 2010a. "Worker Self-Management Introduced in Primary Industry Companies in Guayana, Venezuela." Venezuelanalysis.com (2010/05/16)

_____. 2010b. "Venezuelan Mitsubishi Workers Protest Further Firings and Government Treatment." *Venezuelanalysis*. 2010/10/06.

_____. 2011a. "Coca-Cola Workers on Strike in Carabobo, Venezuela." *Venezuelanalysis*. 2011/01/18.

_____. 2011b. ""We don't Need Coca-Cola" Says Venezuela's Chavez." *Venezuelanalysis*. 2011/02/07.

_____. 2011c. "Venezuela's Minimum Wage to Increase 26.5% in 2011." *Venezuelanalysis*. 2011/04/26.

_____. 2011d. "First National Meeting of Socialist Workers' Councils Takes Place in Bolivar, Venezuela." *Venezuelanalysis*. 2011/05/24.

Penfold-Becerra, Michael. 2007. "Clientelism and social funds: evidence from Chávez's misiones." *Latin American Politics and Society* 49-4.

Peralta H., Moravia. 2008. "La co-gestión o la democracia del proletariado." www.aporrea.org (2008/02/08)

Pérez Borges, Stalin. 2007. "Vamos al PSUV con nuestras propuestas clasistas y socialistas." *Aporrea*. 2007/05/09.

_____. 2012. "Entrevista: A Referendum is Necessary so the Working People Can Approve the New Labour Law." *Marea Socialista Press*. 2012/03/27.

Perlasca Navas, Ana Carla. 2011. "Externalización laboral sobre los actores sociales de los sistemas de producción." *Observatorio Laboral Revista Venezolana* 7-4.

Petkoff, Teodoro. 2005. *Dos Izquierdas*. Caracas: Alfadil Ediciones.
Piñeiro Harnecker, Camila. 2009. "Workplace democracy and social consciousness: A study of Venezuelan cooperatives." *Science & Society* 73-3.
Piper, Stuart. 2007. "The Challenge of Socialism in the 21st Century: Some initial lessons from Venezuela." *IV Online magazine* IV389. 2007/05.
Prada, Ramón & Luisana Ramírez. 2006. "¿Que pasa en INVEPAL?." *Aporrea*. 2006/03/08.
Prensa Presidencial. 2011. "Noticias: Nace la Central Bolivariana Socialista de Trabajadores y Trabajadoras." *Prensa Presidencial*. www.chavez.org.ve.
Provea. 2008. *Situación de los Derechos Humannos en Venezuela: Informe Anual Octubre 2007/Septiembre 2008*. Caracas: Provea.
_____. 2009. *Situación de los Derechos Humannos en Venezuela: Informe Anual Octubre 2008/Septiembre 2009*. Caracas: Provea.
_____. 2010. *Situación de los Derechos Humannos en Venezuela: Informe Anual Octubre 2009/Septiembre 2010*. Caracas: Provea.
_____. 2011a. *Situación de los Derechos Humannos en Venezuela: Informe Anual Octubre 2010/Septiembre 2011*. Caracas: Provea.
_____. 2011b. "The 2011 Provea report detects stagnation of the struggle against poverty and improvement of the civil and political rights situation," Provea. 2011/12/07.
Przeworski, Adam. 1985. *Capitalism and Social Democracy*. Cambridge: Cambridge University.
Pulgar, Heyleen. 2010. "INVEPAL paralizada ······ pero sigue importando ······." *Noticiero Digital*. 2010/06/21.
Puntes, Suhelis Tejero. 2010. "Nómina estatal se ha abultado 79% en la última década." *El Universal*. 2010/10/10.
_____. 2011. "Pérdidas de Invepal se amplían hasta Bs 27,4 millones en 2010: Bajas ventas, deudas, cortes eléctricos y devaluación causan números en rojo." *El Universal*. 2011/04/17.
Ramos, Alfredo. 2002. "La clase trabajadora venezolana es el mayor segmento de la sociedad civil." Mary Ferrero ed. *Chávez y el Movimiento Sindical en Venezuela*. Caracas: Alfadil Ediciones.
Reardon, Juan. 2010a. "Venezuelan Workers March for More Participation and More Rights." Venezuelanalysis.com (2010/11/11)
_____. 2010b. "Venezuelan Steel Company and Housing Developments

Nationalized." Venezuelanalysis.com (2010/11/01)
———. 2011a. "Venezuelan Workers March in Support of Government, Push for New Labor Law." *Venezuelanalysis*. 2011/02/11.
———. 2011b. "Minimum Wage Set to Rise Once Again, Says Venezuela's Chavez." *Venezuelanalysis*. 2011/04/7.
Reporte. 2008. "Ya se pasaron!" *Reporte*. 2008/07/23.
Reyes, Yolanda Ojeda. 2010a. "En Invepal se gesta el modelo socialista de relación laboral." *La Clase*. 2010/03/02.
———. 2010b. "Gobierno vs sindicatos: Empresas de Producción Social." *El Mundo*. 2010/03/04.
———. 2010c. "Sindicatos-convenciones colectivas y revolución, una difícil convivencia." *El Mundo*. 2010/03/04.
RNV. 2011. "125 empresas nacionales participan en Ferias Escolares." *Radio Nacional de Venezuela*. 2011/08/31.
Robertson, Ewan. 2011. "Venezuela's Chavez Establishes Presidential Commission to Draft New Labour Law." *Venezuelanalysis*. 2011/12/11.
———. 2012a. "Venezuela's Minimum Wage to Rise 32.25% in 2012." *Venezuelanalysis*. 2012/04/09.
———. 2012b. "Fury over Violent Dispersal of Worker Protest in Venezuela." *Venezuelanalysis*. 2012/12/10.
Rodríguez, María López. 2011. "Problemas eléctricos afectan producción de papel en Invepal." www.el-carabobeno.com (2011/01/15)
Rondón de Sansó, Hildegard. 2008. *La Situación Actual de la Propiedad Industrial*. Caracas: Fundación Estudios de Derecho Administrativo.
Ross, Maxim. 2007. "Cuán sostenible es el modelo económico actual?" Gregorio Castro ed. *Debate por Venezuela*. Caracas: Alfa.
Sader, Emir. 2005. "Taking Lula's Measure." *New Left Review* 33(May/June).
Sanchez, Roberto Lopez. 2012. "A propósito de las elecciones en Ferrominera." *Marea Socialista*. 2012/07/31.
Spalding, Hobart. Jr. 1977. *Organized Labor in Latin America*. New York: Harper & Row.
Suggett, James. 2008. "Exxon Is Demanding Ten Times its Investment, Says Venezuelan Oil Minister." *Venezuelanalysis*. 2008/02/16.
———. 2010a. "Venezuelan National Workers Union Calls for Greater Worker Control." Venezuelanalysis.com
———. 2010b. "Venezuelan Unions March to Control Companies, Throw Out

'Reformist' State Management." Venezuelanalysis.com
Sustar, Lee. 2007. "Where is Venezuela going?: Chávez and the meaning of twenty-first century socialism." *International Socialist Review* 54.
Trigona, Marie. 2006. "Workers in control: Venezuela's occupied factories." Venezuelanalysis.com (2006/11/09)
Trinkunas, Harold. 2007. "Los militares: de la marginalización al escenario central." Jennifer L. McCoy & David J. Myers eds. *Venezuela: Del Pacto de Punto Fijo al Chavismo*. Caracas: El Nacional.
Ulloa, Víctor. 2003. *El movimiento sindical chileno: del siglo XX hasta nuestros días*. Santiago: OIT-CUT.
UNETE-Anzoátegui. 2012. "No a la represión contra los trabajadores de Galletas Carabobo." www.aporrea.org (2012/12/10)
UNETE-Zulia. 2012. "Zulia: dirigentes de la UNETE rechazan represión de la guardia nacional contra dirigentes sindicales." www.aporrea.org (2012/12/05)
UNT. 2005. "Projecto de ley de participación de trabajadores y trabajadoras en la gestión de empresas públicas y privadas." www.lacamaradecaracas.org.ve (2005/05/01)
Valverde, Marcos David. 2011. "Con presencia de la milicia Ferrominera fortalece el socialismo." *El Universal*. 2011/04/05.
Venezuelanalysis. 2012. "Chapter by Chapter Summary of Venezuela's New Labour Law." *Venezuelanalysis*. 2012/05/09.
Vera Colina, Mary A. 2006. "Cogestión de empresas y transformación del sistema económico en Venezuela: algunas reflexiones." *Revista Gaceta Laboral* 12-2.
Vera, Oswaldo. 2007. "La UNT no representa a los Trabajadores." *El Mundo*. 2007/07/31.
Vieta, Marcelo. 2009. "The social innovations of autogestión in Argentina's worker-recuperated enterprises." *Labor Studies Journal*. 2009/07.
VTV. 2005. "Empresa mixta creada por decreto presidencial: Invepal iniciará operaciones con un capital de 13 mil millones de bolívares." *Venezolana de Televisión*. 2005/01/31.
_____. 2010. "Empresa Socialista Invepal producirá 26 mil toneladas de implementos escolares este año." *Venezolana de Televisión*. 2010/09/08.
Webber, Jeffery R. & Susan Spronk. 2010. "Voices from Venezuela on Worker Control and Bureaucracy in the Bolivarian Revolution." *Against the*

Current. 2010/09/07.
Weisbrot, Mark & Luis Sandoval. 2008. "Update: The Venezuelan economy in the Chávez years." *Center for Economic and Policy Research*. 2008/02.
Wilpert, Gregory. 2003. "Collision in Venezuela." *New Left Review* 21.
_____. 2006. "The meaning of 21st century socialism for Venezuela." *Venezuelanalysis*. 2006/07/11.
Wilpert, Gregory. 2007. *Changing Venezuela by Taking Power: The history and politics of the Chávez government*. London: Verso.
_____. 2011. "An Assessment of Venezuela's Bolivarian Revolution at Twelve Years." Venezuelanalysis.com (2011/02/02)
WNU. 2010. "Venezuela: 15 Cops Sentenced in Unionists' Deaths." *Weekly News Update*. 2010/08/11.

● 면담 자료

Alfonso, Roberto. 2010. Entrevista con Roberto Alfonso, Coordinador de consejo de fábrica, Inveval. 2010/08/05.
Calzadilla, Euler. 2010. Entrevista con Euler Calzadilla, Coordinador Frente Bicentenario & CMI/CMR/PSUV 청년회 활동가. 2010/08/17.
Carmona, Hermes. 2010. Entrevista con Hermes Carmona, Professor of Economics, Universidad de Carabobo, Valencia 경제학 교수. 2010/08/08.
Chirino, Orlando. 2009. Entrevista con Orlando Chirino, UNT coordinador & CCURA líder. Caracas. 2009/07/29-31.
Frazao Sosa, José Ygnacio. 2010. Entrevista con José Ygnacio Frazao Sosa, Coordinación General de Planificación Estratégica, Invepal. 2010/08/10.
Fuentes, Fred. 2008. *Green Weekly Review* 기자. Marea Socialista 소속. 2008/07/29-30, 08/01.
_____. 2009. *Green Weekly Review* 기자. Marea Socialista 소속. 2009/07/04, 19.
González, Julio. 2010. Entrevista con Julio González, Coordinador de consejo de fábrica, Inveval. 2010/08/03.
Hererra, José. 2010. Entrevista con José Hererra, Expert Engineer in Paper Industry. 2010/08/09.
Hernández, Juan. 2010. Entrevista con Juan Hernández: suplente de secretaria de Covinpa. 2010/08/12.
Iranzo, Consuelo. 2008. CENDES, UCV 교수. 2008/07/17.

Iturraspe, Francisco. 2008. Entrevista con Francisco Iturraspe, Universidad Central de Venezuela(UCV) 노동법 교수. Caracas. 2008/07.
_____. 2009. Entrevista con Francisco Iturraspe, Universidad Central de Venezuela(UCV) 노동법 교수. Caracas. 2009/07/20, 28.
Lagardera, Ramón. 2010. Entrevista con Ramón Lagardera, Presidente deCovinpa. 2010/08/10.
Lebowitz, Michael. 2010. Entrevista con Michael Lebowitz, Centro Internacional Miranda. 2010/07/28.
López, Carlos. 2010. Entrevista con Carlos López, Secretaria de Covinpa. 2010/08/12.
Lucena, Héctor. 2008. Entrevista con Héctor Lucena, Universidad de Carabobo 사회과학부 교수. Valencia, Carabobo. 2008/07/14, 31.
_____. 2009. Entrevista con Héctor Lucena, Universidad de Carabobo 사회과학부 교수. UTAL, Miranda. 2009/07/09.
_____. 2010. Entrevista con Héctor Lucena, Universidad de Carabobo 사회과학부 교수. 2010/08/08.
Marrero Romero, Omar José. 2010. Entrevista con Omar José Marrero Romero, Director I, Invepal. 2010/08/10.
Paredes, Jorge. 2010. Entrevista con Jorge Paredes, Presidente de Inveval. 2010/08/06.
Pérez Borges, Stalin. 2008. Entrevista con Stalin Pérez Borges, UNT coordinador & Marea líder. Caracas. 2008/07/30.
Quintero, José. 2010. Entrevista con José Quintero, Ingenieria/directiva, Inveval. 2010/08/05.
Tremont, Arturo. 2009. SINFUCAN 노조 위원장. 2009/07/23.

● 일간지 및 언론 매체

ABN(Agencia Bolivariana de Noticias)
Aporrea(www.aporrea.org)
Avance(www.avancediario.com.ve)
AVN(Agencia Venezolana de Noticias)
CNE(Consejo Nacional Electoral, www.cne.gov.ve)
Datanalisis(www.datanalisis.com)
Dinero(www3.dinero.com.ve)

Economist.
El Carabobeño(www.el-carabobeno.com)
El Libertario, Venezuela
El Mundo(www.elmundo.com.ve)
El Nacional(www.el-nacional.com)
El Universal(www.eluniversal.com)
Infocifras(informecifras.com)
informecifras
La Clase(laclase.info)
Laradiodelsur
Notitarde
Ultimas Noticias
Venezuelanlysis(venezuelanalysis.com)
Últimas Noticias

● 웹페이지

www.unionradio.net
www.acienpol.com
www.elsoldemargarita.com.ve
www.globovision.com
www.gobiernoenlinea.ve
www.Kaosenlared.net
www.tsj.gov.ve

| 찾아보기 |

ㄱ

게라, 아르만도(Armando Guerra) 130
경영 성과 155~157, 217~219, 221, 227, 235, 239~242, 244~246, 279, 299
계급주의파 82~84, 88, 93, 103, 104, 109~111, 126~131, 140~142, 144, 145, 147, 149, 166, 174, 180, 182, 262, 269, 274, 294~296, 305, 317, 318
곤살레스, 루벤(Rubén González) 137, 145
공동경영 12, 14, 16, 37, 45~47, 87, 90, 91, 104, 114, 143, 152, 153, 155~158, 160~191, 193, 194, 198, 214, 217~221, 224~227, 241~252, 256, 257, 259, 261~264, 268~280, 285~288, 296~299, 302, 304, 307, 313~317
공동소유 156, 157, 193, 224, 226, 227, 242~245, 247~250, 261, 264, 269~276, 279, 280, 288
공동체위원회 40, 162, 313
공장 평의회 158, 248, 264~268, 271, 272, 274, 275, 279, 287
국가사회주의 11, 36, 106, 158~162, 166, 220, 247, 270, 276, 285~288, 296, 298, 302
국가자본주의 194, 296
국민 여론 55, 59, 152, 154, 158, 183, 188, 190, 195, 200, 201, 206, 211~214, 216, 269, 277, 278, 299, 301~304, 316

국유 기업 16, 24, 37, 45, 46, 95, 138, 143, 145, 156, 158, 162, 163, 166, 167, 171~175, 179, 181, 182, 194, 198, 214, 215, 217, 218, 220, 221, 226, 240, 243, 244, 249, 250, 256, 273, 275, 278, 279, 286, 287, 296~299, 307, 316
국유화 12, 16, 23, 24, 37, 45, 47, 87, 90, 91, 104, 124, 136, 143, 152~155, 157, 160~227, 236, 241, 242, 246~252, 254, 268~271, 273, 277~279, 285~288, 290, 296~299, 301~304, 307, 313, 314, 316, 317
기간산업 12, 16, 24, 37, 45, 47, 49, 87, 130, 137, 167, 180, 183, 184, 187, 190, 192~195, 199, 214, 216, 246, 268, 277, 285, 286, 288, 298, 316, 317
까라까소(Caracazo) 26, 29, 30, 95
까르모나, 뻬드로(Pedro Carmona) 50
까베요, 디오스다도(Diosdado Cabello) 316
까쁘릴레스, 엔리께(Henrique Capriles) 59, 312~314
깔데라, 라파엘(Rafael Caldera) 24, 25, 27, 28, 34, 35, 37, 38
꼴메나레스, 엘리오(Elio Colmenares) 233

ㄴ

노동계급 12, 13, 20, 25, 26, 29, 41, 83,
　　　87~92, 103~106, 109~111, 113,
　　　141~144, 149, 150, 175, 181, 250,
　　　268, 294~296, 300, 301, 305, 306,
　　　308, 317, 318

노동자 총회 253, 254, 256, 258~260, 263,
　　　264, 265, 266, 271, 272, 276, 287

노동정책 84, 92, 114, 123~125, 140,
　　　146~148, 150

노동조건 29, 82~84, 95, 98, 113~115, 118,
　　　119, 123, 124, 126, 131, 132, 136,
　　　139, 142, 145~150, 154, 194, 213,
　　　243, 257, 266, 294

노동조합운동의 딜레마 108, 110

노동조합운동의 이중구조 83, 99, 102, 108, 109

노정 관계 85, 93, 96, 113, 114, 140, 148, 295

ㄷ

단체교섭 98, 121, 123, 126, 134~136, 140,
　　　147, 257

단체협약 84, 101, 117, 119~126, 132,
　　　134~139, 141, 142, 146~148, 180,
　　　181, 223, 257, 266, 271

디아스, 비센떼(Vicente Diáz) 313

ㄹ

라가르데라, 라몬(Ramón Lagardera) 253, 254,
　　　262

라미레스, 라파엘(Rafael Ramirez) 125, 140

란스, 깔로스(Carlos Lanz) 163

랑헬, 빌(Will Rangel) 128, 141, 142, 181

레온, 페데리꼬(Federico Ramirez) León 97

로살레스, 마누엘(Manuel Rosales) 59

리바스, 아브람(Abraham Rivas) 133

ㅁ

마두로, 니꼴라스(Nicolás Maduro) 311~318

마추카, 라몬(Ramón Machuca) 100~102

미션(misión) 38, 39, 55, 56, 67, 73~75, 77,
　　　135, 161, 266, 267, 289, 290

ㅂ

바리오스, 프로일란(Froilán Barrios) 179, 198

베라, 오스발도(Oswaldo Vera) 105, 142

변혁성 13, 17, 30, 47, 53, 54, 57, 58, 61,
　　　67~70, 75~78, 114, 152, 159~162,
　　　165, 168, 169, 174, 184, 185, 187,
　　　189, 217, 219, 283, 285, 292, 296,
　　　302, 316, 317

볼리바르 서클 40~42, 47, 54, 56, 77, 289

불가역성 13, 158, 278~280, 283, 297~302,
　　　304, 305, 311, 316~318

비개혁주의적 개혁 307, 309

빈민 20, 26, 29, 30, 38, 39, 41, 42, 45, 54~57,
　　　73, 295, 301

뻬냐, 에드가(Edgar Peña) 252, 253

뻬레스, 깔로스(Carlos Andrés Pérez) 24~26,
　　　28, 37, 38

뻬레스, 스딸린(Stalin Pérez) 107, 129, 163,
　　　166, 262

뽈랑꼬, 알렉시스(Alexis Polanco) 137

삐에뜨리, 안드레스(Andrés Sosa Pietri) 224, 236

ㅅ

사유재산권 16, 17, 35, 44, 47, 49, 50, 64, 67, 152, 168, 171, 174~179, 183, 184, 187, 196, 197, 201, 202, 208~210

사회경제체제 190, 285, 299

사회적 공공성 156, 175, 223, 226, 236, 242~244

사회정책 프로그램 38, 39, 41, 47, 55, 64, 116, 119, 146, 161, 289, 290, 301, 303

사회주의 11~13, 16, 17, 20, 21, 32, 34, 36, 37, 45~50, 52~54, 56, 62, 67~69, 71, 75, 76, 87, 106, 107, 111, 143, 158~166, 169, 171~175, 177, 182~185, 189~191, 193~195, 198, 210, 217, 219, 225, 227, 235, 244, 246~248, 250, 256, 261, 262, 265, 268, 270, 272, 276, 277, 285, 286, 288, 290, 296, 298, 302, 315, 317, 318

식품 산업 37, 154, 190, 193, 195~201, 212~214, 216, 277, 286, 290

신자유주의 16, 24~26, 28, 29, 35, 37, 44, 45, 50, 87, 89, 90, 95, 109, 162, 169, 283, 284, 306, 308

ㅇ

양극화 18, 20, 22, 24, 25, 41, 42, 44, 45, 47, 58, 65, 68, 77~79, 155, 188, 201, 202, 216, 292, 315

양분 전략 18, 73, 74, 77~79, 140, 149, 155, 188, 211, 215, 216, 290~293, 300, 304, 314, 315, 317

에레라, 또니(Tony Herrera) 278

에스삐노사, 프란시스꼬(Francisco Espinoza) 235, 253~258

오르네보, 알렉시스(Alexis Hornebo) 252, 254

오르테가, 깔로스(Carlos Ortega) 97, 98, 100, 124

올란도, 알마사(Almaza Orlando) 254

올리베이라, 깔로스(Carlos D' Oliveira) 143

우파 대중주의 301, 313, 314

의사 코포라티즘 85, 147~150, 294, 295, 297, 301, 305, 317, 318

이글레시아스, 마리아(María Cristina Iglesias) 253, 254, 269

이스뚜리스, 아리스또블로(Aristóbulo Istúriz) 97, 98, 124

21세기 사회주의 12, 36, 37, 107, 157, 158, 160~166, 169, 171, 173~175, 182~185, 189, 191, 210, 217, 219, 225, 227, 235, 244, 247, 248, 250, 270, 276, 285, 286, 288, 296, 298, 302, 315, 317, 318

이행 전략 294, 301, 307

인베발(Inveval) 37, 152, 155~158, 164, 169, 172, 174, 178, 184, 185, 191, 192, 217~219, 221, 224~227, 235~241, 243~251, 255, 257, 260, 263~280, 287, 288

인베팔(Invepal) 37, 152, 155~158, 164, 169, 172, 174, 178, 184, 185, 191, 192, 217~219, 221~224, 226~235, 239~262, 264, 269~280, 287, 288

ㅈ

자본주의 11, 12, 17, 36, 37, 45, 50, 62,
67~72, 75, 76, 89, 111, 160~162,
165, 168, 169, 172, 175, 181, 190,
194, 209, 212, 213, 217, 220, 245,
248, 249, 256, 264, 276, 285, 286,
288, 294, 296, 298, 302, 307

자주 관리 37, 158, 163, 180, 268, 276, 287,
288, 307

정권의 위기 16, 17, 52, 58~61, 91, 153, 186,
288, 289, 291, 292, 315

정치적 불안정성 13, 16, 17, 51~55, 57, 61, 73,
76, 77, 292, 315, 316

정치적 양극화 41, 42, 44, 45, 47, 65, 78, 155,
188, 216, 292, 315

제4공화국 16, 20~24, 26~31, 34, 37, 38,
40~49, 52, 53, 60, 71, 82, 83, 88,
92~94, 96, 97, 99, 102, 106,
108~111, 113, 114, 124, 150, 169,
220, 285, 292, 297, 300, 305

주체적 직접민주주의 16, 32, 34, 38, 42, 43

직장 폐쇄 92, 100, 153, 155, 157, 163, 164,
178, 186, 187, 218, 219, 222,
224~226, 235, 236, 239, 241~243,
247, 250, 269, 270

집권 전 변혁 프로젝트 301, 306~309

ㅊ

체제 이행 17, 21, 30, 42, 45, 46, 48~50, 54,
78, 79, 294, 305

총파업 16, 17, 19, 20, 37, 41, 49~52, 54, 55,
58, 59, 82, 88, 91, 97~100, 102,
108, 110, 114, 115, 124, 126, 137,
139, 163, 164, 171, 174, 175, 178,
179, 183, 185, 189, 191, 193,
222~224, 226, 236, 270, 288, 289,
291

ㅋ

코포라티즘 20, 95, 96, 99, 102, 108~111, 123,
139, 148~150, 294, 295, 297, 301,
305, 317, 318

코포라티즘파 82, 83, 84, 88, 93, 104,
109~111, 126~129, 131, 137, 139,
140, 142~145, 147~149, 180, 182,
184, 188, 262, 268, 269, 294~297,
300, 301, 305, 317, 318

키르치너, 네스또르(Nestor Kirchner) 170

ㅍ

파업 활동의 범죄화 85, 123, 146

프레이떼스, 미르따(Mirta Freites) 253

피게라스, 오스까(Oscar Figueras) 129

ㅎ

하우아, 엘리아스(Elías Jaua) 195, 215, 253

행위 주체 14, 149, 152, 153, 160, 168, 171,
182, 185, 186, 190, 204~206, 208,
212, 301

호응성 82, 94, 95, 99, 108, 109, 131, 297

히메네스, 뻬레스(Pérez Jiménez) 22

A

AD(민주행동당) 22, 23, 27, 29~31, 33, 49, 54, 94, 95, 97~99, 108, 109, 124

C

CANTV(베네수엘라전화전국협·자회사) 192

CBST(전국노동자볼리바르사회주의자총연맹) 128, 129, 131, 142~145, 147~149

CCLP(대중투쟁형사범죄화반대위원회) 139

CMR(혁명적마르크스주의흐름) 144, 263

Copei(사회기독당) 22, 23, 27, 30, 31, 33, 45, 49, 54, 94, 95, 97, 99, 108, 109, 124

Covinpa(베네수엘라펄프제지산업협동조합) 234, 251~258, 262, 271

CTR(혁명노동자회) 104, 105, 127, 128, 144

CTV(베네수엘라노동자총연맹) 29, 31, 41, 54, 59, 82, 83, 88, 91~102, 107~111, 124, 126, 129, 139, 164, 167, 169, 171, 175, 178, 179, 183, 198, 199, 222~224, 288, 297

CUT(통합노동자총연맹, 브라질) 90, 111

CUT(통합노동자총연맹, 칠레) 90

CUTV(베네수엘라노동자총동맹) 100

CVG(과야나베네수엘라기업집단) 194, 246

F

FBT(볼리바르노동자세력) 99, 100, 101, 104, 126, 127

Fedecámaras(베네수엘라상공업협회) 31, 54, 88, 98, 99, 102, 108, 110, 124, 126, 164, 176, 222, 224, 288

Fedepetrol(석유노동자연맹) 97

FRETECO(공동경영및점거기업노동자혁명전선) 164, 268, 279

FSBT(볼리바르사회주의노동자세력) 83, 88, 103, 105~107, 109, 110, 111, 128, 129, 131, 137, 141~145, 262, 268, 269

M

Marea Socialista(사회주의 흐름) 107, 128, 129, 141, 144, 149, 295

MSL(노동연대운동) 107

MVR(제5공화국운동) 41, 56, 59

P

PCV(베네수엘라공산당) 128, 129, 141, 144

PDVAL(베네수엘라식품생산유통공사) 197, 214, 260

PDVSA(베네수엘라석유공사) 24, 35, 36, 38, 98, 125, 130, 140, 166, 174, 182, 183, 192, 197, 220, 224, 236, 237, 239~241, 243, 268, 273~275, 287, 290, 296

Provea(베네수엘라인권교육및행동프로그램) 122, 131

PSUV(베네수엘라통합사회당) 56, 104~107, 110, 127, 128, 130, 147, 193

S

SINSOTRAIN(인베발사회주의노동조합) 266

SUTISS(철강산업통합노동조합) 100, 102

U

UNT(전국노동자동맹) 82, 83, 88, 90~93, 96,
99~111, 116, 124, 126~130, 132,
133, 137, 139, 141, 142, 144,
147~149, 153, 163, 167, 169~171,
175, 178~185, 187, 224, 233, 234,
252, 262, 263, 268, 269, 274, 295

URD(민주공화연합) 22

V

VTV(베네수엘라텔레비전) 181